高等学校管理类专业互联网＋新实践系列教材

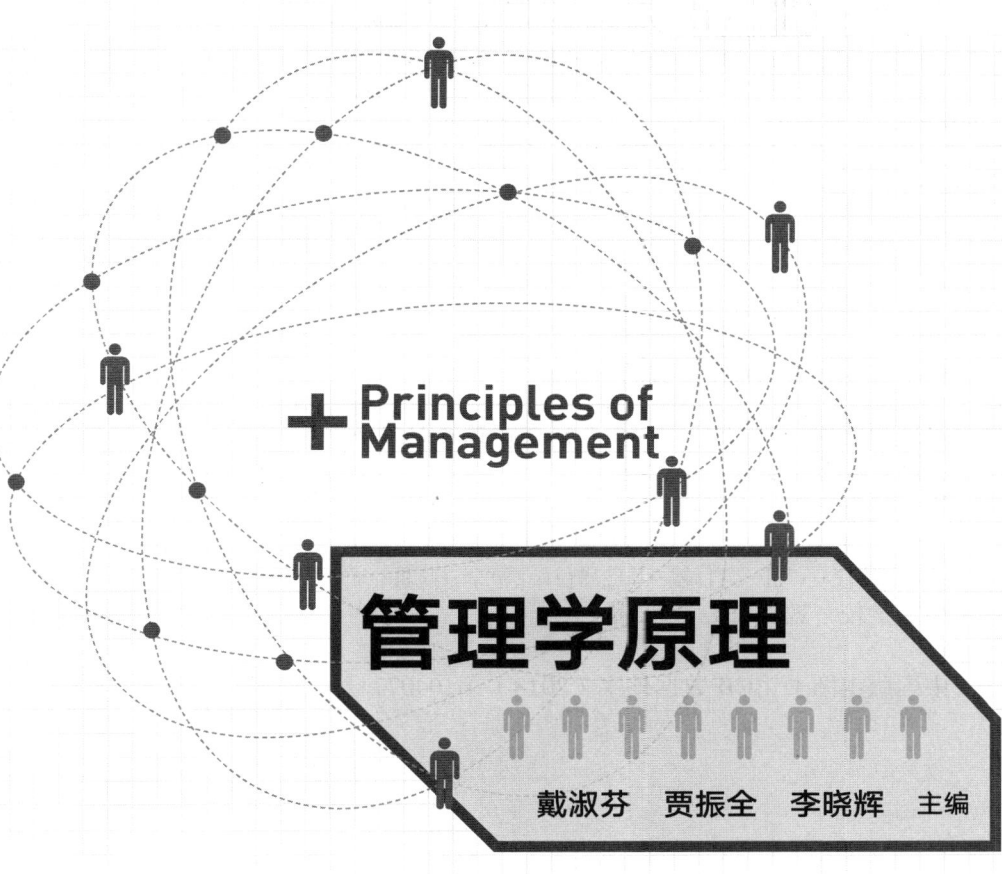

管理学原理

Principles of Management

戴淑芬　贾振全　李晓辉　主编

高等教育出版社·北京

内容简介

本书是高等学校管理类专业互联网＋新实践教材。

本书以管理职能为主线展开，包括概述、计划、组织、领导、控制五大章，以易于读者理解管理学原理。本书特点体现在：一是突出国际视野、中国实践，尤其体现本土实例和案例的运用。二是纸质教材内容与网络资源互为补充，通过二维码关联电子学习资源，并可为教师专门提供更多配套的案例和习题等。三是教材篇幅充分考虑与多数高校管理学课程的教学时数的匹配。此外，依照不同的章节知识特点，每章均衡设置了不同类型的专栏，如管理现象观察、管理评论等，以扩展最新知识、加深读者对理论知识的理解；每章后配有综合案例，从而保障学习效果，激发读者思考与讨论。

图书在版编目（CIP）数据

管理学原理 / 戴淑芬，贾振全，李晓辉主编. —北京：高等教育出版社，2018.8
ISBN 978-7-04-049852-3

Ⅰ.①管… Ⅱ.①戴… ②贾… ③李… Ⅲ.①管理学－高等学校－教材 Ⅳ.①C93

中国版本图书馆CIP数据核字（2018）第104077号

Guanlixue Yuanli

策划编辑	牛　杰	责任编辑	牛　杰	封面设计	赵　阳	版式设计	于　婕
责任校对	张　薇	责任印制	刘思涵				

出版发行	高等教育出版社	网　　址	http://www.hep.edu.cn
社　　址	北京市西城区德外大街4号		http://www.hep.com.cn
邮政编码	100120	网上订购	http://www.hepmall.com.cn
印　　刷	中青印刷厂		http://www.hepmall.com
开　　本	787 mm×1092 mm　1/16		http://www.hepmall.cn
印　　张	19.25		
字　　数	400千字	版　　次	2018年8月第1版
购书热线	010-58581118	印　　次	2018年8月第1次印刷
咨询电话	400-810-0598	定　　价	39.00元

本书如有缺页、倒页、脱页等质量问题，请到所购图书销售部门联系调换
版权所有　侵权必究
物　料　号　49852-00

在经济、管理类各专业的培养方案中,管理学都是一门必修的学科基础课。作为一门具有较强实践性的重要课程,管理学涉及的知识范围广泛、实效性强。一本内容涵盖面恰当、知识体系清晰的教材,无疑能够帮助学生更加系统、全面地掌握管理学基础知识。本教材编写者多年来从事管理学一线教学,从2001年起,就一直采用国外原版教材开展本科生管理学原理课程的双语授课,经过十多年的积累,对于授课对象的特点以及国内外大学相关课程的内容设置都有非常深入的理解,积累了丰富的经验。为满足高等学校管理学课程教学需要,同时适应"互联网+"时代的要求,我们编写了《管理学原理》这本新形态教材。在保持管理学教材内容体系的基础性、通用性和经典性的前提下,结合近年来管理学的发展以及多年的教学经验和教学需要,立足本土,放眼国际管理学领域发展的前沿,此次编写的过程中力求使该教材体现出以下特点:第一,教材逻辑结构以管理职能为主线展开,强调基本概念和原理的解释与运用,易于管理学初学者理解和教师教学;第二,突出国际视野、中国实践,尤其体现本土实例和案例的运用;第三,纸质教材内容与网络资源互为补充,通过二维码关联点提供大量电子学习资源,并配套电子案例库和习题库;第四,教材篇幅充分考虑与多数高校该课程的教学时数的匹配。除此之外,依照不同知识的特点,各章开篇均从读者熟悉的案例或思考视角出发,引起其共鸣;每章均衡设置不同类型栏目,扩充最新知识,加深对理论知识点的理解和阐述;每一章章后配有综合案例以便应用相关知识进行分析,提升知识运用能力以及对现实管理实践的理解。所有这些都将为教师教学、学生学习带来更好效果。

本教材定位于管理学基础性教材,适合本科生作为课程教材使用;同时,由于教材充分考虑了实践部分的内容,因此也适用于管理专业研究生以及爱好管理学知识、希望系统掌握管理学知识体系的初学者。

本书的编写工作由北京科技大学东凌经济管理学院戴淑芬教授、贾振全副教授和李晓辉副教授合作完成。在编写过程中,我们查阅和参考了其他学者的教材和专著,在此致以深深的谢意!同时本书的出版也得到了高等教育出版社各位编辑的大力支持,感谢他们为此所做的工作和所付出的努力,他们的编辑加工使本书增色许多。

敬请广大读者批评指正!

编 者

2018年6月

目录

第一章 管理概述 ……………………… 001
第一节 管理的概念及性质 ……… 002
一、什么是管理 ………………… 002
二、管理的本质及性质 ………… 006
第二节 管理的职能 ……………… 008
一、管理基本职能的内涵 ……… 008
二、管理职能的发展 …………… 010
第三节 管理者及其应具备的技能 …… 013
一、管理者的角色和类型 ……… 013
二、管理者必备的技能 ………… 017
第四节 管理环境 ………………… 019
一、环境对组织的影响 ………… 019
二、组织的一般环境要素 ……… 020
三、组织的特定环境要素 ……… 023
四、两种环境分析方法 ………… 028
第五节 管理的主要思想及其演变 …… 030
一、早期管理思想 ……………… 030
二、管理学理论萌芽 …………… 031
三、管理学的产生与形成 ……… 033
四、现代管理理论丛林及其发展 …… 042
五、当代管理学两个热点问题 …… 050

第二章 计划 …………………………… 063
第一节 决策的过程 ……………… 065
一、什么是决策 ………………… 065
二、决策的过程 ………………… 067
三、决策活动的特点 …………… 075
第二节 决策的方式 ……………… 077
一、理性决策模型 ……………… 077
二、有限理性决策模型 ………… 078
三、直觉决策模型 ……………… 079
第三节 决策的类型 ……………… 081
一、程序化决策与非程序化决策 …… 081
二、群体决策与个体决策 ……… 084
三、战略决策与战术决策 ……… 090
第四节 决策的影响因素及发展趋势 …… 091
一、决策者面临的环境条件 …… 091
二、影响决策的因素 …………… 092
三、决策中的认知偏差 ………… 094
四、影响决策的新因素 ………… 096
第五节 计划及其意义 …………… 099
一、什么是计划 ………………… 099
二、计划的意义 ………………… 101
三、计划对组织的作用 ………… 102
第六节 战略计划 ………………… 104
一、什么是战略计划 …………… 104
二、战略计划的步骤 …………… 106
第七节 计划的类型及影响因素 …… 118
一、常见的计划类型 …………… 118
二、影响计划的权变因素 ……… 120
第八节 目标的制定及目标管理 …… 122
一、目标制定的内容与方式 …… 122
二、什么是目标管理 …………… 124
三、目标管理的过程 …………… 124
四、目标管理的基本条件 ……… 127

五、目标管理的优点和存在的
　　　　问题 ……………………… 129
第九节　计划的方法 ……………… 131
　　一、预测 …………………………… 132
　　二、经营单位组合分析 …………… 132
　　三、盈亏平衡分析 ………………… 133
　　四、滚动计划法 …………………… 133
　　五、网络计划法 …………………… 134

第三章　组织 ……………………… 141
第一节　组织职能概述 …………… 142
　　一、组织及组织工作的含义 ……… 142
　　二、组织工作的重要性 …………… 144
第二节　组织结构的分析要素 …… 144
　　一、工作分解 ……………………… 144
　　二、控制幅度 ……………………… 147
　　三、部门划分 ……………………… 150
　　四、职权与职责 …………………… 152
　　五、集权与分权 …………………… 157
　　六、组织的正式化程度 …………… 159
　　七、机械式组织与有机式组织 …… 160
第三节　组织结构的类型 ………… 161
　　一、简单的组织结构 ……………… 161
　　二、职能型组织结构 ……………… 161
　　三、事业部制组织结构 …………… 162
　　四、矩阵式组织结构 ……………… 164
　　五、多维立体型组织结构 ………… 166
　　六、组织结构发展新趋势 ………… 167
第四节　组织结构设计及影响因素 … 170
　　一、组织结构设计 ………………… 170
　　二、组织结构的影响因素 ………… 173
　　三、非正式组织 …………………… 181
第五节　组织变革 ………………… 183
　　一、组织变革的动力 ……………… 183

　　二、组织变革的过程 ……………… 185
　　三、组织变革的关键因素 ………… 187

第四章　领导 ……………………… 197
第一节　激励 ……………………… 199
　　一、什么是激励 …………………… 199
　　二、早期激励理论 ………………… 204
　　三、当代激励理论 ………………… 209
　　四、管理实践中的激励方法 ……… 220
第二节　领导 ……………………… 225
　　一、定义领导者与领导 …………… 225
　　二、领导特质理论 ………………… 228
　　三、领导行为理论 ………………… 231
　　四、领导权变理论 ………………… 235
　　五、领导理论研究的最新进展 …… 242
第三节　沟通 ……………………… 246
　　一、管理者如何进行有效的沟通 … 247
　　二、管理者如何提升人际
　　　　沟通技能 ……………………… 252

第五章　控制 ……………………… 265
第一节　控制的概念和重要性 …… 267
　　一、什么是控制 …………………… 268
　　二、管理控制的目的 ……………… 268
　　三、管理控制的特点 ……………… 269
　　四、控制为何重要 ………………… 269
第二节　管理者如何从事控制
　　　　工作 …………………………… 271
　　一、测量实际业绩 ………………… 272
　　二、与标准进行对比 ……………… 275
　　三、采取管理措施 ………………… 276
第三节　管理者应该控制什么 …… 278
　　一、控制何时发生 ………………… 278
　　二、管理者需要控制哪些领域 …… 281

第四节 有效控制的原则 …………… 287
一、控制应该同计划与组织
　　相适应 …………………… 287
二、控制应该突出重点,强调例外…… 288
三、控制应该具有灵活性、及时性
　　和经济性的特点 …………… 289
四、控制过程应避免出现目标
　　扭曲问题 …………………… 290
五、控制工作应该培养组织成员的
　　自我控制能力 ……………… 290

参考书目 ……………………………… 297

第一章 管理概述

本章要点

(1) 组织活动的构成及管理活动对组织的重要性。
(2) 管理的含义及应用范围。
(3) 管理的性质,尤其是对管理的科学性和艺术性的理解。
(4) 管理基本职能的构成、发展及各职能之间的关系。
(5) 组织中管理者的主要类型及对管理者技能的要求。
(6) 环境对管理的影响,组织一般环境的构成以及企业的市场环境要素。
(7) 管理思想和理论发展经历的主要阶段及各阶段的主要特点。
(8) 管理发展历史上,科学管理阶段的主要代表人物及其主要观点。
(9) 现代管理理论的主要学派和主要特点。
(10) 企业的社会责任和企业家创业精神的内涵。

案例导读

在当今激烈的市场竞争中,一个组织随时都有可能遭遇失败。组织成败的成因何在?其中最主要的原因在于没有优秀的管理者。这些管理者工作于各行各业,他们的年龄、性别、肤色等虽然不同,但其工作目标都是创造收益和获取社会价值。然而,管理者仅仅凭借自己的力量还不够,只有通过与他人共同努力方能达到目标。管理者需要制订计划,控制经营活动,并创造富于产出的工作环境。马云就是这样一个创业者和管理者。1999年,经历了几次创业挫折的马云,带领一批跟随自己多年的合作伙伴,从北京回到杭州,创立了阿里巴巴。虽然屡屡碰壁,但"做中国最好的企业"一直是他们共同的理想。

马云曾说:"并不是阿里巴巴有多么了不起,也不是马云有多了不起,很长时间以来,很多人都不看好我,不相信B2B模式能赚钱,可我们一直看好这个行业,始终没有改变。2002年,网络经济泡沫破裂,许多做B2B贸易的网站相继倒下,最后只剩下阿里巴巴。无论是互联网的冬天也好,泡沫期也好,我们都始终坚定地一路走来。有些人是晚上想试多条路,早上起来走原路,注定成功不了。"2002年,在互联网最困难的时候,多数企业全面收缩战线，马云并没有关闭阿里巴巴在美国、欧洲的办事处，反而继续四处参展，开拓市场。坚持到底的回报就是阿里巴巴在海外培养了大批有实力的买家，为进出口贸易打下了基础。可见，企业成功的一个重要原则就是：确定好自己的目标和规划，然后坚持到底。

很难想象，阿里巴巴和淘宝网的创造者马云不懂计算机，对软件、硬件都不精通，但他懂得管理，尤其懂得用人。马云认为，组织最需要打造一个明星团队，而不只是拥有明星领导人。马云自己最欣赏的就是唐僧师徒团队。"唐僧是一个好领导，他知道孙悟空要管紧，所以要会念紧箍咒；猪八戒小毛病多，但不会犯大错，偶尔批评批评就可以；沙僧则需要经常鼓励一番。这样，一个明星团队就成形了。"在马云看来，一个企业里不可能全是孙悟空，也不能都是猪八戒，更不能都是沙僧，"要是公司里的员工都像我这么能说，而且光说不干活，会非常可怕。我不懂电脑，销售也不在行，但是公司里有人懂就行了。"马云认为造就一个优秀的企业，并不是要打败所有的对手，而是形成自身独特的竞争力优势，建立自己的团队、机制和文化。他的目标之一是在离开阿里巴巴、淘宝之前构建起其独特的竞争优势和企业成长机制，到时候，有没有马云并不重要。

随着中国电子商务的不断发展，阿里巴巴已经拥有5 000万中小企业会员，从2002年互联网最低谷时期盈利1元钱，到后来每天营业额100万元，再到每天利润100万元，成长速度惊人。他们相信互联网能够创造公平的竞争环境，让小企业通过创新与科技扩展业务，并在参与国内或全球市场竞争时处于更有利的位置。2016年，阿里巴巴正式宣布成为全球最大的零售交易平台。

马云可谓是一名成功管理者的典型。这仅仅是一桩成功的事例而已，成功的管理者并没有一个统一的模式。可能是18岁以下的小青年，也可能是80岁以上的老人；可能是男性，还可能是女性。他们管理着大公司、小公司、政府机构、医院、学校等。有些人位居企业高职，也有些人是中层管理者，还有些人是基层管理者。

本章讲述了有关马云以及成千上万像他这样的管理者的工作、活动。我们将向你介绍管理者与管理。至少我们会这样来提问：谁是管理者？他们在哪里工作？什么是管理？管理者都做些什么？为什么你要花时间去学管理？等等。

第一节 管理的概念及性质

一、什么是管理

管理是最重要的人类活动之一。自从人们开始形成群体去实现个人无法达到的目标以来，管理工作就成为协调个人努力必不可少的因素了。组成群体无非是为了集结个人的力量，以发挥集体的更大作用。这种群体实际上就是人类社会普遍存在的"组织"现象。所谓组织，是指由两个或两个以上的个人为了实现共同的目标而组成的有机整体。组织是一群人的集合，组织的成员必须按照一定的方式相互合作，共同努力去实现既定的组织目标。这样，组织才能形成整体力量，以完成单独个人力量的简单总和所不能完成的各项活动，实现不同于个人目标的组织总体目标。组织存在于日常生活和工作的各个方面。企业是一种组织,医院、学校和其他事业单位等也都是组织的具体表现形式。任何一个组织,都有其基本的使命和目标。例如,医院的使命和目标是治病救人,学校的使命和目标是培育人才,企业的使命和目标是满足用户的需要,等等。组织的使命和目标说明了组织存在的理由。

  为了完成组织的使命和目标,组织需要开展业务活动(统称作业工作),如医院中的诊治、学校中的教学、工业企业中的生产等。组织是直接通过作业活动来达成组织目标的,而作业活动的开展自然离不开人力资源(人员)、物力资源(原材料、机器设备)和财力资源(资金)等的运用,否则想完成作业活动就只能成为无米之炊。既然一个组织需要各种资源去完成作业活动,这些资源是否能够良好地协调和配合,就直接影响了组织的作业活动能否有效而顺利地进行。对组织而言,这就需要开展另一项活动管理。管理是伴随着组织的出现而产生的,是保证作业活动实现组织目标的手段,是协作劳动的必然产物。凡是需要通过集体努力去实现个人无法达到的目标,管理就成为必要。因此,小至企业,大至国家,任何组织都需要管理,它是协调个人努力必不可少的因素。正如马克思指出的那样:一切规模较大的直接社会劳动或共同劳动,都或多或少地需要指挥,以协调个人的活动,并执行生产总体的活动所产生的各种一般职能。一个单独的小提琴手是自己指挥自己,一个乐队就需要一个指挥。指挥之于乐队,就像经理人员之于企业,他们的存在是确保组织各项活动实现预定目标的条件。

  管理的重要性伴随着组织规模的扩大和作业活动的复杂化而日益明显。如果说简单的组织只需要简单的管理,因而管理的重要性还不十分突出的话,那么时至今日,科学技术和经济已获得高度发展,组织的规模越来越大,组织面临的环境越来越复杂,作业活动越来越现代化,在这样的时代中,管理就越来越成为影响组织生死存亡和社会经济发展的关键因素。国际上有许多著名的管理学家和经济学家都非常强调管理的重要性,如有人把管理看成工业化的催化剂和经济发展的原动力,同土地、劳动和资本并列为社会的"四种经济资源",或者同人力、物力、财力和信息一起构成组织的"五大生产要素";还有的人则把管理、技术和人才的关系比喻为"两个轮子一个轴"。如同没有先进的科学技术,作业活动乃至管理活动无法有效地开展一样,没有高水平的管理相配合,任何先进的科学技术都难以充分发挥作用,而且,科学技术愈先进,对管理的要求也愈高。由此可见管理活动对现代组织的重要性。组织中的活动包括作业活动和管理活动两大部分。组织是直接通过作业活动来达到组织目标的,但组织为了确保这一基本过程(对企业来说,该基本过程表现为生产过程)顺利而有效地进行,还需要开展管理活动,管理是促成作业活动顺利实现组织目标的手段和保证。

  什么是管理?管理的定义在中外许多管理学著作中均有描述。由于这些学者从不同角度和侧面对管理加以解释,因此这些定义会有一些不同。综合这些定义,能够较全面地概括管理这一概念的内涵和外延的定义是:

  管理,就是在特定的环境下,对组织所拥有的资源进行有效的计划(Planning)、组织(Organizing)、领导(Leading)和控制(Controlling),以便达到既定的组织目标的过程。这个定义有以下四层含义:

  第一,管理活动是在特定的组织内外部环境的约束下进行的,任何组织都存在于一定的内外部环境之中,并受到环境的约束。企业的生存离不开外部的原材料供应和顾客的需求,其生产经营活动要受到国家政策、法律等多种因素的影响;学校的生存取决于学生求学的欲望和用人单位的需求。管理理论的学习和管理实践活动必须注重组织的内外部环境,适应环境,利用内外部环境的各种有利因素,并根据内外部环境的变化而不断创新。

第二,管理是为实现组织目标服务的。管理活动具有目的性,其目的是实现组织的目标。一个组织要实现的目标即使在同一时期也往往是多种多样的。企业的目标包括提高组织资源的利用效率和利用效果,主动承担社会责任以便获得更好的发展空间,不断开拓市场,最大限度地获取经济利益,创造条件促进职工发展等;学校的目标包括培养出高素质的毕业生,提高教师的教学科研水平等。不管是什么样的组织,都要重视效率(Efficiency)和效果(Effectiveness)问题,效率和效果是衡量管理工作的重要标志。

第三,管理工作要通过有效利用组织的各种资源来实现组织目标。资源是一个组织运行的基础,也是开展管理工作的前提。传统意义上的资源主要是指人、财、物,强调的是内部的、有形的资源。现代意义上的资源远不止这些,组织管理成效的好坏、有效性如何,集中体现在它能否使组织投入最少的资源,产出最大的、合乎需要的成果。产出一定、投入最少,或者投入不变、产出最多,甚至是投入最少、产出最多,这些都意味着组织具有较为合理的投入产出比,有比较高的效率。然而,仅仅关心效率是不够的,管理者还必须使组织的活动实现正确的目标,这就是追求活动的效果(效能)。效率和效果是两个不同的概念。效率涉及的只是活动的方式,它与资源利用相关,只有高低之分而无好坏之别。效果则涉及活动的目标和结果,不仅有高低之分,而且可以在好坏两个方向上表现出明显的差别。高效率只是正确地做事,好效果则是做正确的事。效率和效果又是相互联系的。例如,如果某个人不顾效率,他很容易达到好效果。很多企业的产品如果不考虑人力、材料等投入成本的话,能被生产或制造得更精细、更吸引人。因此,管理不仅关系到使活动达到目标,而且要做得尽可能有效率。只有"正确地做正确的事",组织才具有最大的有效性,把效率和效果结合起来(见图1-1)。作为一个组织,管理工作不仅追求效率,更重要的是从整个组织的角度来考虑组织的整体效果以及对社会的贡献。因此,要把效率和效果有机地结合起来,把管理的目的体现在效率和效果之中,即通常所说的绩效(Performance)。成功的管理者承诺改善绩效,选取正确的资源——必须是有效的——并且高效地使用它们达到高水平的绩效。没有优秀的管理者,资源将会利用不足,同时不会多产。

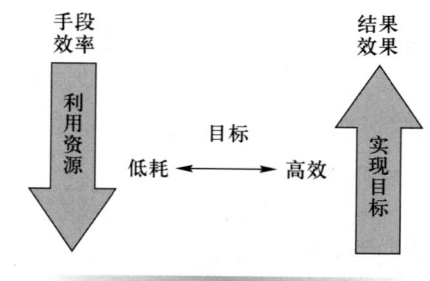

图1-1 效率与效果

案例讨论

诞生于 19 世纪 80 年代的柯达公司，几乎在整个 20 世纪被认为是"感光界当之无愧的霸主"，胶卷时代占据全球 2/3 市场份额。尤其在 20 世纪 60 年代，即时拍照相机上市，1964 年当年销售 750 万架，创下了照相机销量的世界最高纪录。1966 年，柯达海外销售额达 21.5 亿美元，当时位于感光界第二位的爱克发销量仅及它的 1/6。1990 年和 1996 年，在品牌顾问公司排名的 10 大品牌中，柯达位居第 4，1997 年 2 月市值最高 310 亿美元。在巅峰时期，柯达的全球员工达到 14.5 万，130 年攒 1 万多项专利。它吸引了全球各地的工程师、博士和科学家前往其纽约州罗彻斯特市的总部工作，很多专业人士都以在该公司工作为荣。

早在 1975 年，美国柯达实验室就研发出了世界上第一台数码相机，但由于担心胶卷销量受到影响，柯达一直未敢大力发展数码业务。1998 年已经深感传统胶卷业务萎缩之痛，但柯达的决策者们仍然没有选择大力发展数字业务。2000 年之后，全球数码市场连续高速增长，翻了差不多两倍，而全球彩色胶卷的需求开始以每年 10% 的速度急速下滑。2002 年，柯达的数字化率只有 25% 左右，而竞争对手富士已达到 60%。直至 2003 年，柯达最终选择了从传统影像业务向数码业务转型，但为时已晚。2004 年之后，柯达仅在 2007 年一年实现全年盈利，公司市值也从 1997 年的 310 亿美元降至 1.75 亿美元，十余年蒸发 90% 以上。2012 年 1 月，因平均收盘价连续 30 个交易日位于 1 美元以下，纽交所向柯达发出退市警告。

作为 20 世纪世界 500 强知名企业的柯达公司，当时被公认是世界上最有效率的企业之一，因其没有顺应新经济图像数字化的变化，目标选择失误而导致破产的结局。这应该是企业发展史上有效率无效果的典型案例。

第四，管理最终要落实到计划、组织、领导和控制等一系列管理职能（Functions of Management）上。管理职能是管理者开展管理工作的手段和方法，也是管理工作区别于一般作业活动的重要标志。这些管理职能是每个管理者都必须做的事情，是管理理论研究和管理实践的重点，不为社会制度、组织规模和管理者的喜好所左右。

构成这一概念的四个要素的关系如图 1-2 所示。

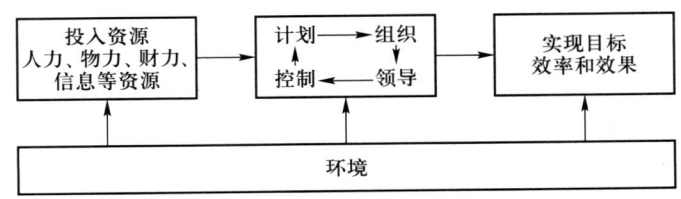

图 1-2　管理活动

从上面对管理的分析不难看出，管理普遍适用于任何类型的组织。因为任何组织都有特定的组织目标，都有其特定的资源调配和利用问题，所以，也就有管理问题。

营利性组织需要管理,这类组织十分重视投入与产出的比较,十分强调对资源的利用效果。但是,人们往往认为只有大企业才需要管理,因为大企业拥有更多的资源,职工人数更多,更需要有周密的计划和高效率的沟通与协调。事实上,小企业同样需要管理。每年都有大量的小企业破产倒闭,其原因并不仅仅是小企业拥有的资源少,更重要的原因是管理方面的问题。

从非营利性组织来看,不仅政府、军队、公安等组织需要管理,学校需要管理,医院、诊所和医疗保险单位需要管理,研究所、报社、博物馆及大众性广播、邮电和交通服务单位需要管理,而且各种基金会、联合会、俱乐部及政治党派、学术团体和宗教组织等都需要管理。管理活动遍布人类社会的方方面面,无时无处不在。

当然,不同类型的组织,由于其作业活动的目标和内容存在一些差异,因而管理的具体内容和方法也不尽相同。但从基本管理职能、管理原理和方法来看,各种不同类型的组织具有相似性和共通性。

二、管理的本质及性质

(一)管理的本质

学习和运用管理,首先要准确地把握管理工作的本质及特性。管理工作不同于生产、科研、教学、治疗等具体的作业活动,它具有一定的特殊性。要把握管理的本质和特性,可以从分析管理工作和作业工作的关系入手。

首先,管理工作是独立进行、有别于作业工作又为作业工作提供服务的活动。

其次,管理不是独立存在的,管理活动和作业活动并存于一个组织之中,才能保证组织目标的圆满实现。

最后,从事管理工作的人并不是绝对不可以做一些作业工作。对管理工作与作业工作的概念区分,并不意味着这两类活动一定要由截然不同的两批人去做。事实上,组织中有不少被列为"管理人员"的人在有些时候也从事作业工作,如医院院长可能也做手术,学校校长可能也授课、做科研,企业销售经理可能也参与业务谈判和签订销售合同等。在某些时候,管理者参与作业工作并非坏事,这往往有利于促进领导者与下属人员之间的沟通和理解。但是,如果一位管理者把绝大部分时间和精力都用于从事作业工作而不是管理工作(新从基层提拔上来的管理者易出现这种情况),那么,他就忘记了自己的管理者身份,还不了解管理工作与作业工作的区别,就不可能成为一位称职的管理者。

管理工作的本质,就是从事管理工作的人通过他人并使他人同自己一起实现组织的目标。在通常情况下,管理人员并不亲自从事具体工作,而是委托他人去干,自己花大量时间和精力进行计划安排、组织领导和检查控制其他人的工作。管理人员之所以在身份和地位上不同于其他人,就是因为其分内工作的性质与这些人的作业工作有着迥然的差异,而且管理人员要对这些人的工作好坏负最终责任。正是在促成他人努力工作并对他人工作负责这一点上,管理人员与作业人员有所区别,他们构成了组织中相对独立的两大部分。

> **管理现象观察**
>
> 2011年秋季,湖南大学新任校长赵跃宇教授面对3 000多名师生,郑重做出"两不"承诺,即担任校长期间不申报新课题、不新带研究生。无独有偶,2012年,北京师范大学董奇教授接任新校长,在其就职演讲中进一步做出"四不"承诺,明确表示在出任期内不申报新课题、不招新的研究生、不申报任何教学科研奖,个人不申报院士,把精力百分之百用于学校管理;同年,刚刚履新的北京外国语大学校长韩震教授公开承诺"任职期间,将不再做我的专业即外国哲学的学术研究,而是用全部精力做名副其实的校长;我将不再申请自己原有学科的研究课题,而是集中精力细心谋划北外的发展战略;我将不再承担任何专业课程,不再谋求与教学相关的个人荣誉,而是努力为老师们服务,从整体上巩固和提高人才培养的质量"。这些"几不"承诺开启了大学校长管理专业化时代,是大学校长作为管理者角色本位的回归,全心全意做好学校管理工作,谋划学校发展策略。
>
> 作为高等学府的一校之长,多是学术专家、学者,做了大学校长之后或者源于职业习惯,或者不想牺牲对学术目标和成就的追求等原因,依旧把很多精力用于科研、教学的情况并不鲜见。大学校长需要摆正个人业务和学校管理之间的关系,虽然身兼数种不同角色,既是高校管理者,又是学者,在行政事务、传道授业与社会活动中游走,但是其最重要的角色是一所大学的管理者,最重要的使命是率领其管理团队确定学校的整体发展目标和战略,并克服一切困难去执行和实现。三位校长的承诺是他们在管理工作与个人业务发展的关系上做出的选择。你怎么看?

(二) 管理的科学性与艺术性

关于管理的性质,许多管理学者从多方面进行过分析、总结,其中强调管理工作具有科学性和艺术性的双重特征,最能刻画出管理工作的本质特性。对管理科学性的了解,可从以下两个方面来看:

首先,管理是一门科学,是指它以反映客观规律的管理理论和方法为指导,有一套分析问题、解决问题的科学的方法论。管理学发展到今天,已经形成了比较系统的理论体系,揭示了一系列具有普遍应用价值的管理规律,总结出许多管理原则。这些规律和原则是由大量的学者和实业家在长期总结管理工作的客观规律的基础上形成的,是理论与实践高度凝结的产物,不会因为地域、文化乃至社会制度的差异而不同,也不以人们的主观意志为转移。

其次,管理是一门不精确的科学,指导管理的科学比较粗糙,不够精确。这一方面因为管理是一门正在发展的科学,与数学、物理学等自然科学相比,管理学的发展历史较短,还需要一个逐步走向完善的过程;另一方面管理工作所处的环境和要处理的许多事务常常是复杂多变的,管理学并不能为管理者提供一切问题的标准答案,仅凭书本上的管理理论和公式进行管理活动是不能成功的。主管人员只有在管理实践中发挥积极性、主动性和创造性,因地制宜地将管理知识与具体的管理活动相结合,才能进行有效的管理。这一点决定了管理的艺术性。

管理的艺术性,就是强调管理活动除了要掌握一定的理论和方法外,还要有灵活运用这些知识和技能的技巧和诀窍。管理的艺术性强调了其实践性,没有实践则无所谓艺术。无视实践经验的积累,无视对理论知识灵活运用能力的培养,管理工作注定失败。基于对管理艺术性的认识,在20世纪70年代,权变管理理论在管理学界产生了极大的影响。对权变管理思想进行系统论述的是美国管理学家弗雷德·卢桑斯(Fred Luthans)。他在《权变管理理论:走出丛林之路》和《管理导论:一种权变学说》等论文和著作中,把权变管理思想归纳为管理理论方法和环境之间的函数关系,即管理理论方法 = ϕ(环境)。其中环境是自变量,管理理论方法是因变量。这种函数理论关系可进一步解释为"如果……就要……"模式,即如果某种环境存在或发生,就要采用某种相应的管理思想、管理方法和技术,以便更好地达到组织目标。权变管理理论认为没有一成不变的、普遍适用的、最好的管理理论和方法,一切应取决于当时的既定情况。这种强调应变性、灵活性的管理思想充分体现了管理工作的艺术性特点。

【延伸阅读】

[1] Fred Luthans. The Contingency Theory of Management: A Path out of the Jungle. *Business Horizons*, June, 1973.

[2] Fred Luthans, Schonberger R, Morey R. *Introduction to Management: A Contingency Approach*. McGraw-Hill, 1976.

管理的科学性与艺术性并不互相排斥,而是互相补充的。不注重管理的科学性而只强调管理工作的艺术性,这种艺术性将会表现为随意性;不注重管理工作的艺术性,管理科学将会是僵硬的教条。管理的科学性来自管理实践,管理的艺术性要结合具体情况并在管理实践中体现出来,二者是统一的。

第二节　管理的职能

一、管理基本职能的内涵

关于管理的基本职能,在管理的定义里已经阐明,是计划、组织、领导和控制,也就是说管理是由这样一系列相互关联、连续进行的活动构成的,或者说管理作为一个过程,管理者在其中要发挥这样的作用。

在管理学的发展历史上,一些学者对管理的基本职能做出了不同的描述。20世纪初期法国工业学家亨利·法约尔(Henri Fayol)提出,所有的管理者都履行以下五种管理职能:计划(Plan)、组织(Organize)、指挥(Command)、协调(Coordinate)和控制(Control)。另一个比较有影响和代表性的观点是美国管理学家哈罗德·孔茨(Harold Koontz)在20

世纪 50 年代提出的管理包括计划、组织、人员配备、指导和领导、控制五项职能的观点。除此以外,还有七项职能等观点,如美国的卢瑟·古利克(Luther Gulick)在 20 世纪 30 年代提出管理职能包括计划、组织、指挥、控制、协调、人事、沟通等。

【延伸阅读】

[1] Thomas A. Mahoney, Thomas H. Jerdee and Stephen J. Carroll. The Job(s) of Management. *Industrial Relations A Journal of Economy & Society*, February, 1965.

[2] Henri Fayol, Administration Industrielle et générale (in French), Paris, 1917.

关于管理职能的比较流行的观点是将其简化为四个基本职能:计划、组织、领导、控制。

(一) 计划

如果你在旅行时没有任何特定的目的地,那么任何路线你都可以选择。由于组织的存在是为了实现某些目的,因此就需要有人来规定组织要实现的目的和实现目的的方案,这就是管理的计划职能应做的工作。计划是管理的首要职能,管理活动从计划工作开始。具体来说,计划工作的程序和内容如下:

第一步,在研究活动条件的基础上,确定组织在未来某个时期内的活动方向和目标。组织的业务活动是利用一定条件在一定环境中进行的。活动条件研究包括内部能力研究和外部环境研究。内部能力研究主要是分析组织内部在客观上对各种资源的拥有状况和主观上对这些资源的利用能力;外部环境研究是分析组织活动的环境特征及其变化趋势,了解环境是如何从昨天演变到今天的,找出环境的变化规律,并据以预测环境在明天可能呈现的状态。

第二步,制定业务决策。活动条件研究为业务决策提供了依据。所谓业务决策,是在活动条件研究的基础上,根据这种研究揭示环境变化中可能提供的机会或造成的威胁,以及组织在资源拥有和利用上的优势和劣势。

第三步,编制行动计划。在确定了未来的活动方向和目标以后,还要详细分析为了实现这个目标,需要采取哪些具体的行动,这些行动对组织的各个部门和环节在未来各个时期的工作提出了哪些具体的要求。因此,编制行动计划的工作,实质上是将决策目标在时间上和空间上分解到组织的各个部门和环节,对每个单位、每个成员的工作提出具体要求。

(二) 组织

再好的计划方案也只有落实到行动中才有意义。要把计划落实到行动中,就必须有组织工作。组织工作决定组织要完成的任务是什么,谁去完成这些任务,这些任务怎么分类组合,谁向谁报告,以及各种决策应在哪一级上制定,等等。组织工作的具体程序和内容如下:

1. 设计组织

它包括设计组织的机构和结构。机构设计是在分解目标活动的基础上,分析为了实现组织目标需要设置哪些岗位和职务,然后根据一定的标准将这些岗位和职务加以组合,形成不同的部门;结构设计是根据组织业务活动及其环境的特点,规定不同部门在活动过程中的相互关系。

2. 人员配备

根据各岗位所从事的活动要求以及组织员工的素质和技能特征,将适当的人员安置在组织机构的适当岗位上,使适当的工作由适当的人承担。

3. 组织变革

根据业务活动及其环境特点的变化,研究与实施组织结构的调整与变革。

(三) 领导

每一个组织都是由人力资源和其他资源有机结合而成的,人是组织活动中唯一具有能动性的因素。管理的领导职能是指指导和协调组织中的成员,包括管理者激励下属、指导他们的活动、选择最有效的沟通渠道、解决组织成员之间的冲突等,从而使组织中的全体成员以高昂的士气、饱满的热情投身到组织活动中去。

(四) 控制

为了保证组织目标的实现和既定计划的顺利执行,管理者必须监控组织的绩效,必须将实际的表现与预先设定的目标进行比较。如果出现了任何显著的偏差,管理的任务就是使组织回到正确的轨道上来。内容包括行动偏离目标和标准时对组织活动的纠正以及对目标和标准的修改和重新制定,后者是指当组织内外环境发生变化时,原来制定的目标和标准已不再适用。

控制工作过程包括衡量组织成员的工作绩效、发现偏差、采取矫正措施三个步骤,控制不仅是对以前组织活动情况的检查和总结,而且可能要求某时点以后对组织业务活动进行局部甚至全局的调整。因此,控制在整个管理活动中起着承上启下的连接作用。计划、组织、领导和控制是最基本的管理职能,它们分别重点回答了一个组织要做什么、怎么做、靠什么做、如何做得更好及做得怎么样等基本问题。管理各项职能不是截然分开的独立活动,它们相互渗透并融为一体。从管理职能在时间上的关系来看,它们通常按照一定的先后顺序发生,即先计划,继而组织,然后领导,最后控制。对于一个新创建的企业来说往往更是如此。然而,这种前后工作逻辑在实践中并不是绝对的,没有哪个管理者是周一制定计划,周二开展组织工作,周三实施领导工作,周四采取控制活动。这些管理职能往往相互融合,同时进行。没有计划便无法控制,没有控制也就无法积累制定计划的经验。人们往往在进行控制工作的同时,需要编制新的计划或对原计划进行修改。同样,没有组织架构,便无法实施领导,而在实施领导的过程中,又可能反过来对组织进行调整。管理过程是一个各职能活动周而复始的循环过程(见图 1-3)。

二、管理职能的发展

如前所述,对计划、组织、领导和控制这四个基本职能,早在 20 世纪初管理界就已有认识。时至今日,这种认识也未发生根本性的变化,只是随着管理理论研究的深化和客观环境对管理工作要求的变化,人们对管理职能有了进一步的认识。这表现在:一方面,人们对于上述各项基本职能所涵盖的内容和使用的方法已经加深了理解,并在这四个职能的实施中有了很多的新方法,如计划工作中的网络计划技术、滚动计划等,组织工作中组织结构有了许多较新的形式,如事业部制组织结构和矩阵制组织结构等;另一方面,人们

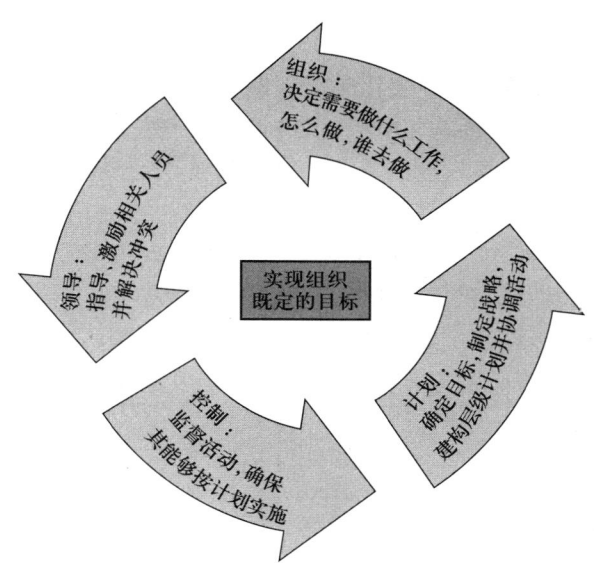

图1-3 管理的基本职能

在此基础上提出了一些新的管理职能,或者更准确地说,是对原有四个职能的某些方面进行强调,从中分离出新的职能,其中比较引人注目并得到一致认可的是决策(Decision Making)和创新(Innovating)这两个职能。

从20世纪下半叶开始,决策和创新职能受到了管理界的普遍重视。管理者从某种意义上可以被看作决策者,从另一种意义上也可以被看作创新者,或者是具有企业家精神的管理者。

决策职能从20世纪50年代开始受到人们的重视。管理就是决策,决策贯穿于管理过程的始终。因为无论计划、组织、领导还是控制,其工作过程说到底都是由决策的制定和决策的执行两大部分活动所组成的。决策渗透到管理的所有职能中,所以管理者在某种程度上也被称为决策者。

【延伸阅读】

Herbert A Simon. Rational Decision-Making in Business Organizations. *Economic Science*, December, 1978.

所谓创新,顾名思义,就是使组织的作业工作和管理工作不断有所革新、有所变化。管理界对于创新职能的重视始于20世纪60年代。因为当时的市场正面临着急剧的变化,竞争日益加强,许多企业感到不创新就难以生存下去,所以有不少管理学者主张将创新看成管理的一项新职能。创新是组织活力之泉源,创新关系到组织的兴衰成败。美国有位著名的管理学家说过:"如果管理人员只限于继续做那些过去已经做过的事情,那么,即使外部条件和各种资源都得到充分利用,它的组织充其量也不过是一个墨守成规的组织。这样下去,很有可能衰退,而不仅是停滞不前,在竞争情况下尤其是这样……"在传统管理中,组织环境变化比较缓慢,问题多是重复的,创新并不显得十分突出。现代管理面临的是动荡的环境和崭新的问题,在这个变化日新月异的时代,我们都可以体会到唯有"创新"是不变的真理。这种创新,不但基于技术和管理层面,更基于商业模式乃至消费体验层面。很多活生生的例子摆在我们面前,有些之前我们印象中的"百年老店"、行业中的航空母舰式的老牌企业,在固执和傲慢中消失,但也有的在持续创新中重新焕发生机。世间没有绝对的基业长青,企业的生死存亡充满了诸多的不确定因素。同样,创新和变化虽不能完全确保企业永立潮头,但却是今天企业持续生存和发展的必要前提。任何故步自封不思创新均难以赢得未来,而傲慢和忽视消费体验更将令其难以持久。

◆ 管理现象观察

世界上曾经有一家世界500强的企业,名叫"柯达"。在1991年的时候,它的技术领先世界同行10年,但是2012年1月破产了,被做数码的打败了。当索尼还沉浸在数码领先的喜悦中时,突然发现,原来全世界卖照相机卖得最好的不是它,而是做手机的诺基亚,因为每部手机都是一部照相机,当时的索尼业绩大幅下滑,这个曾经的电子产品王国几乎濒临破产。然后呢,原来做计算机的苹果出来了,把手机世界的老大诺基亚逼入绝境,而且没有还手之力。2013年9月,诺基亚被微软收购了。淘宝电子商务每年万亿级的销量,逼得苏宁、国美这些传统零售巨头不得不转型,逼得李宁服装关掉了全国千余家专卖店,连天上发了卫星的沃尔玛都难以招架……这样的案例越来越多。腾讯微信的出台,已达8个亿的用户量还在增加,直接抢了中国移动、电信和联通的饭碗。

2010年,移动互联网呼啸而来,腾讯在所有互联网巨头中第一个转身。大象的转身是如此的轻盈而迅速。从2011年1月推出到年底,微信在1年的时间里更新了11个版本,平均每个月迭代一个版本。1.0版本仅有聊天功能,1.1版本增加对手机通讯录的读取,1.2版本打通腾讯微博,1.3版本加入多人会话,2.0版本加入语音对讲功能。这个时候,腾讯完成了对竞争对手的模仿和追赶,开始创新之路。2.5版本率先引入查看附近的人,正是这个功能的推出,实现了对主要对手米聊的技术创新和用户大爆炸式增长。3.0版本率先加入漂流瓶和摇一摇功能,3.5版本增加英文界面,全面进军海外市场。4.0版本率先推出相册和朋友圈功能,4.2版本增加视频聊天插件,4.3版本增加语音搜索功能,4.5版本增加多人实时聊天,语音提醒和根据对方发来的位置进行导航的功能。微信的社交平台功能日趋完善,并且一步步向移动智能助手的角色发展。5.0版本添加了表情商店和游戏中心,扫一扫功能全新升级,可以扫街景、扫条码、扫二维码、扫单词翻译、扫封面,微信支付体系打通,一个移动商业帝国的框架已经基本搭建。只要方向正确,专注创新,奇迹总会发生。腾讯已经成为全球互联网的一个创新领导者。

> **现代管理工具**
>
> **颠覆性创新实验室（Disruptive Innovation Labs，DIL）**
>
> 　　颠覆性创新实验室从事具有高风险、高收益特征的颠覆性创新活动，其开始通常在一个市场的底层突破，但最终会取代现有竞争者的地位。由于在公司核心业务中从事颠覆性创新活动较为困难，公司往往创建可分离设施。
>
> 　　颠覆性创新相较于渐进式（或可持续性）创新而言，需要差异化时间架构、过程、绩效度量、人员和技能。经验证据表明，与商业核心业务分离后的颠覆性创新实验室运行更为有效。分离的主要益处包括：
> - 具备取得和维持卓越才能的能力
> - 专业化设备
> - 质疑（挑战）传统观点的自主性
> - 减少官僚主义，增加灵活度
> - 浓厚的创业文化和激励

> **【延伸阅读】**
>
> Darrell K. Rigby, *Management Tools 2015——An Executive's Guide*, Bain & Company, 2015.

　　除了决策和创新之外，现代管理对协调（Coordinating）职能也十分看重。实际上，法约尔早已将协调列为管理的五大职能之一，今天更多人认为把协调看作管理的核心似乎更为确切。因为所谓协调，就是指组织的一切要素、工作或活动都要和谐地配合，以便于组织的整体目标得到顺利的实现。协调是管理活动所力图实现的根本要旨。管理者的任务，归根到底就是协调组织的各个部分以及组织与环境的关系，以便更好地实现组织的目标。协调包括组织内部各个方面的协调、组织与外部环境的协调以及组织的现实需要与未来需要之间的协调。因此可以说，每一项管理职能的开展，都是为了更好地促进协调。有了协调，组织可以收到个人单独活动所不能收到的良好的效果，这就是通常所说的1+1>2的协同效应。

第三节　管理者及其应具备的技能

一、管理者的角色和类型

　　管理活动通常是通过人来进行的，人是进行管理活动的主体，因此把执行管理任务的人统称为"管理人员""管理者"。简便起见，把组织内的所有成员分为两类：作业人员和管理者。作业人员是指那些直接从事某些具体工作或任务，不必负有责任去监管他人工作的员工。例如，工厂车间的操作工人、超市的收银员、学校办公室办理学生注册的人等，都属于作业人员。管理者指的是在一个组织中管理他人工作的那些人。他可能管理的是作业人员,也可能管理的是下一层级的管理者。作业人员和管理者的一个显著区别是管理者有员工向他们汇报工作,而作业人员却没有。

管理者是组织最重要的资源,其工作绩效的好坏直接关系着组织的成败兴衰。所以,美国管理学家彼得·德鲁克(Peter F. Drucker)曾这样说:"如果一个企业运转不动了,我们当然是去找一个新的总经理,而不是另雇一批工人。"那么,管理者在组织中具体扮演什么角色呢?

(一)管理者的角色

20世纪60年代末期,加拿大管理学家亨利·明茨伯格(Henry Mintzberg)对五位总经理的工作进行了一项仔细的研究。在此研究及大量观察的基础上,明茨伯格提出了一个管理者究竟在做什么的分类纲要。

明茨伯格的结论是管理者扮演10种不同但却高度相关的角色(Managerial Roles)。这10种角色可以进一步组合成三个方面:人际关系、信息传递和决策制定,具体如表1-1所示。

表1-1　明茨伯格的管理者角色

角色	描述	可被辨识的活动
人际关系		
挂名领导	象征性的首脑;必须担任许多法定的或社会性的例行职务	礼节性接待访客,签署法律文件
领导者	负责对下属进行激励和鼓励;负责人力资源、培训和其他辅助性事务	执行与下属有关的所有活动
联络者	与那些能为组织提供支持和信息的外部人员维持自我发展的网络联系	回函;外部董事会的工作;执行其他与外部人员有关的活动
信息传递		
信息监听者	收集并接收各种专门信息(其中许多是最新资讯),以便对组织和环境有彻底的了解;成为组织内部和外部信息的神经中枢	阅读期刊和报告;保持个人联系
信息传播者	将来自其他员工的信息传播给组织成员;有些是事实方面的信息,有些是会对组织产生影响的各种不同价值观的解释和意见综合	主持信息工作会议,通过电话发布信息
发言人	将组织的计划、政策、行动、结果等信息传递给组织以外的人,担当组织的产业专家角色	召开董事会;向媒介传递信息
决策制定		
企业家	审视组织发展及其环境变化中的机会,制定"改进性方案"以求变革;对某些项目的设计进行监督	发起新项目开发的战略性和审核性会议
故障处理者	在组织遭遇重大的突发事件时,负责采取正确的补救行动	主持突发事件和危机事件的战略性、审核性会议
资源分配者	负责对组织的各种资源进行有效分配,做出或批准所有组织重大决定	安排进程;要求授权;执行其他预算编制以及安排下属工作等活动
谈判者	代表组织来负责主要的谈判工作	参加工会合同谈判,或参加与供应商的谈判工作

资料来源:*The Nature of Managerial Work* (paperback) by H.Mintzberg. Table 2, pp. 92-93. Reprinted by Permission of Pearson Education Inc. Upper Sadde River, NJ.

在人际关系方面,经理人员首先要扮演好挂名领导的角色,承担这种角色,经理要在所有的礼仪事务方面代表其组织。此外,经理还要扮演联络者和领导者的角色。作为联络者,经理要同组织以外的其他经理和其他人相互交往,维护自行发展起来的外部接触和联系网络。作为领导者,经理要处理好同下属的关系,对组织成员做好激励和调配工作。

在信息传递方面,经理人员主要扮演信息监听者、传播者和发言人的角色。作为监听者,经理要注意接收和收集信息,以便对组织和环境有彻底的了解,进而成为组织内外部信息的神经中枢。作为传播者,经理要把外部信息传播给他的组织,并把内部信息从一位下属传播给另一位下属。作为发言人,经理要把组织的有关信息传递给组织以外的人,既包括董事会和更上一层次的管理当局,也包括供应商、同级别的人、政府机构、顾客、新闻媒体及竞争对手。

在决策制定方面,经理人员又要扮演企业家、故障处理者、资源分配者和谈判者的角色,并相应执行四个方面的任务:一是寻求机会,制定方案,从事变革,并对某些方案的设计进行监督;二是在组织面临重大的、出乎预料的故障时,采取补救措施;三是负责对组织的所有资源进行分配,事实上就是做出或批准所有重大的组织决定;四是代表组织参加与外界的重要谈判。

这些角色是一个相互联结的整体,虽然各种类型的管理者由于行业、等级和职能的不同,担任每一角色的分量也不完全相同,但总的来说,都或多或少地担任着这些角色。因为了解和确定管理者在组织中的角色十分重要,所以,明茨伯格提出的关于管理者角色的这一研究成果受到管理学界的较大关注。当然,管理学这一学科还处于发展之中,今后对管理者工作的理解还会不断地深入和扩充。

【延伸阅读】

Henry Mintzberg. *The Nature of Managerial Work*. New York: Harper & Row, 1973.

(二) 管理者的类型

一个组织中从事管理工作的人可能有很多,可以从不同角度进行管理者的类型划分。虽然前面提到组织中所有的管理者扮演的角色大体上差不多,但不同位置上的管理者工作的侧重点或者说扮演每一角色的分量会有很大的不同,因此通过管理者类型的划分,使不同层次、不同领域的管理者进一步明确自己所扮演角色的工作细节,对组织管理工作的完善十分重要。

1. 管理者的层次分类

组织的管理人员可以按其所处的管理层次区分为高层管理者、中层管理者和基层管理者。同时,整个组织层次包括一层作业人员(见图1-4)。

高层管理者是指对整个组织的管理负有全面责任的人。他们的主要职责是:制定组织的总目标、总战略,掌握组织的大政方针并评价整个组织的绩效。他们在与外界交往中,往往代表组织以"官方"的身份出现。高层管理者的头衔有公司董事会主席、首席执行官、总

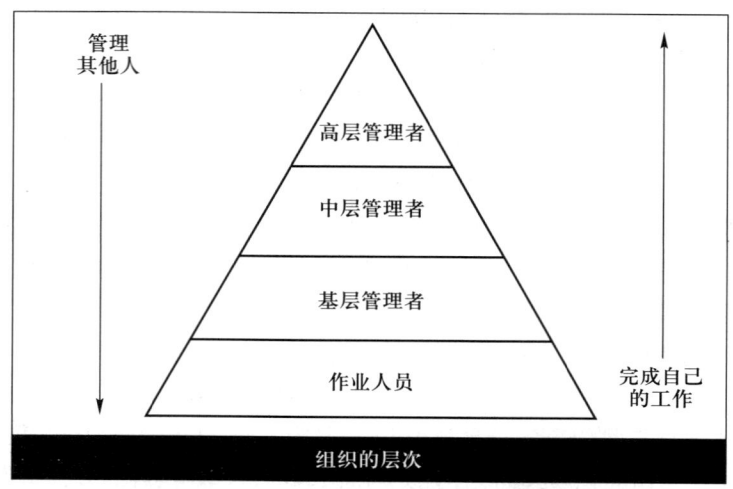

图 1-4　组织的层次

裁或总经理及其他高级资深经理人员以及高校的校长、副校长和其他处于或接近组织最高层位置的管理人员。

中层管理者通常是指处于高层管理者与基层管理者之间的一个或若干个中间层次的管理人员。他们的主要职责是贯彻执行高层管理者所制定的重大决策，监督和协调基层管理者的工作。中层管理者通常享有部门或办事处主管、科室主管、地区经理、产品事业部经理或分公司经理等头衔。与高层管理者相比，中层管理者更注意日常的管理事务，在组织中起承上启下的作用。

基层管理者亦称第一线管理人员，也就是组织中处于最低层次的管理者，他们所管辖的仅仅是作业人员而不涉及其他管理者。他们的主要职责是给下属作业人员分派具体工作，保证各项任务的有效完成。在企业的生产部门，基层管理者可能被称为领班、工头或工段长，而在职能部门则是科长来担任。

作为管理者，不论他在组织中的哪一层次上承担管理职责，其工作的性质和内容应该基本上是一样的，都包括计划、组织、领导和控制几个方面。不同层次管理者工作上的差别，不是职能本身不同，而是各项管理职能履行的程度和重点不同。

如图 1-5 所示，高层管理者花在计划、组织和控制职能上的时间要比基层管理者多，而基层管理者花在领导职能上的时间要比高层管理者多。即便是就同一管理职能来说，不同层次管理者所从事的具体管理工作的内涵也并不完全相同。例如，就计划工作而言，高层管理者关心的是组织整体的长期战略规划，中层管理者偏重的是中期、内部的管理性计划，基层管理者则更侧重于短期的业务和作业计划。

作业人员与管理者，即使是基层管理者也有本质区别。这种区别就在于管理者要促成他人努力工作并对他人工作的结果负责。当然，如前所述，管理人员有时也可能参与作业工作。另外，在鼓励民主管理或参与管理的组织中，作业者也可能参与自己工作或他人工作的管理。

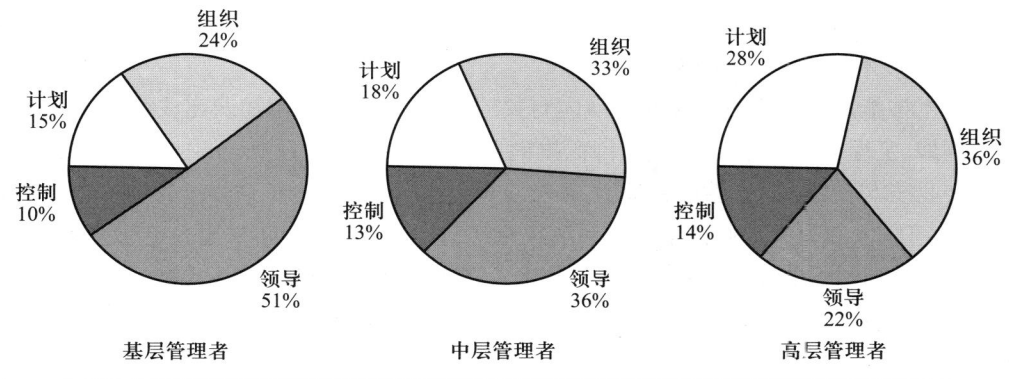

图 1-5　不同层级管理职能的时间分配

2. 管理者的领域分类

管理人员还可以按其所从事管理工作的领域宽度及专业性质的不同,划分为综合管理人员与专业管理人员两大类(见图 1-6)。

综合管理人员是指负责管理整个组织或组织中某个事业部全部活动的管理者。对于小型组织(如一个小厂)来说,可能只有一个综合管理者,那就是总经理,他要统管该组织包括生产、营销、人事、财务等在内的全部活动。而对于大型组织(如跨国公司)来说,可能按产品类别设立几个产品分部,或按地区设立若干地区分部,此时该公司的综合管理人员就包括总经理和每个产品或地区分部的经理,每个分部经理都要统管该分部包括生产、营销、人事、财务等在内的全部活动。

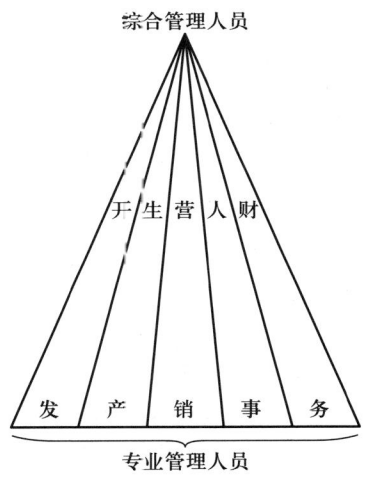

图 1-6　管理者的领域分类

除了综合管理人员外,组织中还可能存在专业管理人员,即仅仅负责管理组织中某一类活动(或职能)的管理者。根据这些管理者管理专业领域性质的不同,可以具体划分为生产部门管理者、营销部门管理者、人事部门管理者、财务部门管理者及研究开发部门管理者等。这些部门的管理者,可以泛称为生产经理、营销经理、人事经理、财务经理和研究开发经理等。对于现代组织来说,随着其规模的不断扩大和环境的日益复杂多变,将需要越来越多的专业管理人员,他们的地位也将变得越来越重要。

二、管理者必备的技能

管理人员的分类很多,他们的工作重点各有区别,通常他们所能发挥作用的大小,以及他们能否开展行之有效的管理工作,在很大程度上取决于他们是否真正具备了管理所需的相应管理技能。由于管理工作的复杂性,要把承担管理工作的全部技能都列出来是不大可能的。管理者应具备的技能和前面讲过的管理者的角色相关。通常而言,一名管理人员应该具备的管理技能包括技术技能(Technical Skill)、人际技能(Interpersonal Skill)、概念技能(Conceptual Skill)、政治技能(Political Skill)四大方面。

(一) 技术技能

技术技能是指使用某一专业领域内有关的工作程序、技术和知识完成组织任务的能力。例如,工程师、会计师、广告设计师、推销员等,都掌握了相应领域的技术技能,所以被称作专业技术人员。对于管理者来说,虽然没有必要使自己成为精通某一领域技能的专家(因为他可以依靠有关专业技术人员来解决专门的技术问题),但要掌握一定的技术技能,否则就很难与他所主管的组织内的专业技术人员进行有效的沟通,从而也就无法对他所管辖的业务范围内的各项管理工作进行具体的指导。医院院长不应该是对医疗过程一窍不通的人;学校校长也不应该是对教学工作一无所知的人;工厂生产经理更不应该是对生产工艺毫无了解的人;如果是生产车间主任,就更需要熟悉各种机械的性能、使用方法、操作程序,各种材料的用途、加工工序,各种成品或半成品的指标要求等。

(二) 人际技能

人际技能是指与处理人事关系有关的技能或者说是与组织内外的人打交道的能力。对一个组织而言,如一个企业,对于不同层次和领域,管理者可能分别需要处理与上层管理者、同级管理者以及下属的人际关系,要学会说服上级领导,学会同其他部门的同事紧密合作,同时掌握激励和诱导下属的积极性和创造性的能力以及正确指导和指挥组织成员开展工作的能力。人际技能要求管理者了解别人的信念、思考方式、感情、个性以及每个人对自己、对工作、对集体的态度,个人的需要和动机,还要掌握评价和激励员工的一些技术和方法,最大限度地调动员工的积极性和创造性。

(三) 概念技能

概念技能是能够洞察企业与环境相互影响的复杂性,并在此基础上加以分析、判断、抽象、概括并迅速做出正确决断的能力。任何管理都会面临一些混乱而复杂的环境,管理者应能看到组织的全貌和整体,并认清各种因素之间的相互联系,如组织与外部环境是怎样互动的,组织内部各部分是怎样相互作用的,等等,并经过分析、判断、抽象、概括抓住问题的实质,进而做出正确的决策。这就是管理者应具备的概念技能。

概念技能包含一系列的能力:把一个组织看成一个整体的能力,识别某一领域的决策会对其他领域产生何种影响的能力,提出新想法和新思想的能力,以及进行抽象思维的能力。

(四) 政治技能

政治技能是指强化个体在组织中的地位,建立权力基础并维系社会关系方面的能力。组织是人们竞夺资源的政治舞台,拥有较高政治技能的管理者可以比那些政治技能较差的管理者为其群体争获更多的资源,并有助于管理者得到更好的评价和更多的提升。成功的管理者通过他们的权力、政治影响力来影响与他人的网络关系以及在其中的地位,从而实现其职业目标。你将会在第四章了解到更多管理学中关于权力的内涵。

上述四种技能是各个层次管理者都需要具备的,只是不同层次的管理者对这四个技能的要求程度会有区别。一般来说,越是处于高层的管理人员,越需要制定全局性的决策,所做的决策影响范围越广,影响期限越长。因此,他们需要更多地掌握概念技能,进而把全局意识、系统思想和创新精神渗透到决策过程中。由于他们并不经常性地从事具体的作业活动，因此并不需要全面掌握完成各种作业活动必须具备的技术技能。但是，他们也需要对技术技能有基本的了解，否则就无法与他们所主管的专业技术人员进行有效的沟通，从而也就无法对他所管辖的业务范围内的各项管理工作进行具体的指导。在现实生活中，对技术性能一窍不通的人不能成为高层管理者，但那些在某一专业领域是专家而对其他相关领域专业技术知识一无所知的人也绝对不会成为一名称职的高级管理者。例如，医院的院长不应该对医疗过程一窍不通，但如果他仅仅精于外科手术而不具有基本的财务管理知识，他就不应该当院长，而应该在医生的职位上寻求发展。

作为基层管理者，他们每天大量的工作是与从事具体作业活动的工作人员打交道。他们有责任检查工作人员的工作，及时解答并同工作人员一起解决实际工作中出现的各种具体问题。因此，他们必须全面而系统地掌握与本单位工作内容相关的各种技术技能。当然，基层管理者也可能面临一些例外的、复杂的问题，也要协调好所管辖工作人员的工作，制定本部门的整体计划。为了做好这些工作，他们也需要掌握一定的概念技能。人际技能和政治技能是组织中各层管理者都应具备的技能。因为不管是哪一层次的管理者，都必须在与上下左右进行有效沟通的基础上开展管理工作，都必须具有影响力而使得下属愿意追随去共同完成组织目标。因此，人际技能和政治技能对高层、中层、基层管理者是同等重要的。

第四节　管理环境

任何组织都不是独立存在、完全封闭的。组织存在于由外部各种因素构成的环境中，在与环境中其他组织之间的相互作用过程中谋求其自身目标的实现。要进行组织的管理，就必须了解和把握环境对组织的影响、环境要素的种类及特点等，就需要对组织的环境进行研究。

一、环境对组织的影响

环境是组织生存的土壤，它既为组织活动提供条件，也必然对组织的活动起制约作用。

以大量存在的从事经济活动的企业组织为例。企业经营所需的各种资源需要从属于外部环境的原料市场、能源市场、资金市场、劳动力市场中去获取。离开外部的这些市场，企业经营便会成为无源之水、无本之木。与此同时，企业出售用上述各种资源生产出来的产品或服务也要在外部环境中实现。没有外部市场，企业就无法销售产品、得到销售收入，生产过程中的各种消耗就不能得到补偿，经营活动就无法继续。

外部环境为企业生存提供了条件，也必然会限制企业的生存。企业只能根据外部环境能够提供的资源种类、数量和质量来决定生产经营活动的具体内容和方向。既然企业的产品要通过环境中的市场才能实现，那么，在生产之前和生产过程中就必须考虑到这些产品能否被用户接受，是否受市场欢迎。因此，外部环境在提供了经营条件的同时，限制了企业的经营。

对组织活动有着如此重要作用的环境是在不断变化的。如果环境是静态的，那它的影响再大，对其研究也无须反复强调、高度重视。因为在这种情况下，环境研究可以是一劳永逸的；对一成不变的外部环境进行一次深入的分析，便可把握它的特点，制定相应对策。然而，实际情况却并非如此，外部存在的一切都在不断变化，比如技术在发展，消费者收入在提高，教育在不断普及，就连执政者也在经常更换。

环境的种种变化可能给组织带来两种不同程度的影响：一是为组织的生存和发展提供新的机会，比如新资源的利用可以帮助企业开发新的产品，执政者的变化可能导致环保政策的修订；二是环境在变化过程中对组织的生存造成某种威胁，比如技术条件或消费者偏好的变化可能使企业产品不再受欢迎。组织要继续生存，要在生存的基础上不断发展，就必须及时地采取措施，积极地利用外部环境在变化中提供的有利机会，同时要采取对策，努力避开这种变化可能带来的威胁。要利用机会、避开威胁，就必须认识外部环境；要认识外部环境，就必须研究外部环境、分析外部环境。这种研究不仅可以帮助我们了解外部环境今天的特点，而且可以使我们认识外部环境是如何从昨天演变到今天的，从而揭示外部环境变化的一般规律，并据此预测它在未来的发展和变化趋势。

组织面对的环境非常复杂而且难以理解和预测，因此，如果能把环境区分成不同的部分，将十分有利于组织识别和预测环境的影响。环境是由众多因素交错而成的整体，难以准确而清楚地区分，所以，管理学界有许多环境分类结果。这里采用较常见的一种分类，即把环境分成三大类：一般（宏观）环境、具体（微观）环境、组织内部环境。

二、组织的一般环境要素

极端地说，外部世界存在的一切均会或多或少地对组织活动产生一定的影响，因而都在"外部环境研究"的对象范围内。但是，这个广义环境中存在的所有因素对组织活动的影响有直接或间接的区别，程度有深浅之分。因此，对于组织活动影响程度很低的因素似乎没有必要紧密跟踪、详细研究，同时，人力和经费的限制决定了不能将外部环境的研究对象确定得过于宽泛，只能将这种研究集中于那些对组织活动影响程度较高、方式较直接的因素。

就不同组织而言，环境中对其直接产生重要影响的因素是不同的，但一般来说，大致可归纳为政治、社会文化、经济、技术、自然五个方面。

（一）政治环境

政治环境包括一个国家的社会制度，执政党的性质，政府的方针、政策、法令等。不同的国家有着不同的社会制度，不同的社会制度对组织活动有着不同的限制和要求。即使社会制度不变的同一个国家，在不同时期，由于执政党不同，其政府的方针特点、政策倾向对组织活动的态度和影响也是不断变化的。对于这些变化，组织可能无法预测，但一旦变化产生后，它们对组织活动的影响是可以分析的。组织必须通过政治环境研究，了解国家和政府目前禁止组织干什么、允许组织干什么、鼓励组织干什么，从而使组织活动符合社会利益，受到政府的保护和支持。

（二）社会文化环境

社会文化环境包括一个国家或地区的居民受教育程度、文化水平、宗教信仰、风俗习惯、价值观念、审美观念等。文化水平会影响居民的需求层次；宗教信仰和风俗习惯会禁止或抵制某些活动的进行；价值观念会影响居民对组织目标、组织活动及组织存在的态度；审美观念则会影响人们对组织活动内容、活动方式及活动成果的态度。

（三）经济环境

经济环境是影响组织，特别是作为经济组织的企业活动的重要环境因素，主要包括宏观和微观两个方面的内容。

1. 宏观经济环境

它主要指一个国家的人口数量及其增长趋势、国民收入、国民生产总值及其变化情况以及通过这些指标能够反映的国民经济发展水平和发展速度。如人口众多既为企业经营提供了丰富的劳动力资源，决定了总的市场规模庞大，又可能因其基本生活需求难以充分满足，从而成为经济发展的障碍；经济的繁荣显然能为企业的发展提供机会，而宏观经济的衰退则可能给所有经济组织带来生存的困难。

2. 微观经济环境

它主要指企业所在地区或所需服务地区消费者的收入水平、消费偏好、储蓄情况、就业程度等因素。这些因素直接决定着企业目前及未来的市场大小。假定其他条件不变，一个地区的就业越充分，收入水平越高，那么该地区的购买能力就越强，对某种活动及产品的需求就越大。一个地区的经济收入水平对其他非经济组织的活动也有重要影响。比如，在温饱没有解决之前，居民很难自觉主动地去关心环保问题，支持环保组织的活动。

（四）技术环境

任何组织的活动都需要利用一定的物质条件，这些物质条件反映着一定技术水平下社会的技术进步会影响这些物质条件的技术水平的先进程度，从而影响利用这些条件的组织的活动效率。

技术环境对企业的影响就更为明显了。企业生产经营过程是一定的劳动者借助一定的劳动条件生产和销售一定产品的过程。不同的产品代表着不同的技术水平，对劳动者和劳动条件有着不同的技术要求。技术进步了，可能使企业产品被那些反映新技术的竞争产品取代，可能使旧的生产设施和工艺方法显得落后，使生产作业人员的操作技能和知识结构不再符合要求。因此，企业必须关注技术环境的变化，及时采取应对措施。

研究技术环境，除了要关注与所处领域直接相关的技术手段的发展变化外，还应及时了解国家对科技开发的投资和支持重点、该领域技术发展动态和研究开发费用总额、技术转移和技术商品化速度、专利及其保护情况等。

（五）自然环境

中国人做事，向来重视天时、地利、人和。如果说天时主要与国家政策相关的话，那么，地利则主要取决于地理位置、气候条件以及资源状况等自然因素。

地理位置是制约组织活动，特别是企业经营的一个重要因素，当国家在经济发展的某个时期对某些地区采取倾斜政策时尤其如此。比如，20世纪80年代我国沿海地区的开放政策吸引了大批外资，促进了投资环境的改善，给这些地区的各类组织提供了充分的发展机会。此外，企业是否靠近原料产地或产品销售市场，也会影响资源获取的难易程度和交通运输成本等。

气候条件及其变化亦然。气候趋暖或者趋寒会影响空调生产厂家的生产或者服装行业的销售，而四季如春、气候温和则会鼓励人们到郊外远足，从而为与旅行或郊游有关的产品制造提供机会。

资源状况与地理位置有着密切的关系。资源特别是稀缺资源的蕴藏不仅是国家或地区发展的基础,而且为所在地区经济组织的发展提供了机会。没有地下蕴藏的石油,许多中东国家就难以在沙漠中建造绿洲。我国一些资源型城市或地区的发展,也是靠优越的地理位置、靠资源开采而逐渐发展起来的。资源的分布通常影响着工业的布局,从而可能决定了不同地区、不同产业企业的命运。

管理现象观察

忽如一夜春风来,千树万树梨花开。自2016年摩拜单车的风靡,到后来ofo与之齐头并进,共享单车以迅雷不及掩耳之势占据街头。随后,小白单车、小鸣单车、小蓝单车纷纷流入市场,势头强劲。为什么共享单车在我国一些城市呈现爆发式成长?

首先,技术发展对共享单车的成功提供了最重要的支撑。其一,通信技术的高速发展,特别是准确的定位技术是共享单车迅速流行的前提。公共自行车并非一朝一夕的概念,北京、深圳等地自2007年开始已有固定地点停放的公共自行车租赁服务,但由于其只能在特定的地点开取和停放,其便捷性受限,因此并没有成为潮流。而共享单车通过准确的定位技术,使得就地停放成为可能,在便捷性方面实现突破性创新。其二,支付手段的发展和智能手机的普及成为共享单车风靡的推手。早年的公共自行车租赁需要市民到相关管理部门办理市民卡,使用自行车时刷卡取车。当今手机应用与互联网支付的便捷性,使取车、停车、结算仅使用手机APP即可快速完成。其三,制造业的发展使自行车采用新型的齿轮驱动而非传统的链条驱动(摩拜单车)使得自行车坚固而不易损坏。

其次,共享单车成功的一个隐藏因素就在于它出现在一个经济水平恰到好处的时间点。如若在经济发展落后的20年或者30年前,共享单车则无法成功,因为在那时,自行车对于家庭来说是奢侈品,人们会有较强的动力把"共享"变为"独占"。虽然在当前破坏与占为己有行为也时有发生,但毕竟是少数,该行为也受到公众的强烈谴责。而若出现在经济更发达的10年后,太富裕的经济环境可能使共享单车作为政府免费福利模式出现,共享单车企业无法从中获利。因此,正是在当下的经济环境给共享单车提供了取得成功的空间。

除此之外,随着汽车保有量逐渐增加,交通拥堵问题已成为中国的城市之痛,特别是在北京、上海等特大型城市,早已无路可建。这种情况下人们开始寄希望于公共交通,因此,从公共交通站点到最终目的地这"最后一公里"的出行方便问题成了共享单车的巨大需求量的根本原因。还有重要的一点就是共享单车绿色、低碳、环保的特点顺应了我国低碳发展要求与绿色城市、生态城市建设方向。

总之,共享单车在中国的成功与环境的推动密不可分。未来共享单车是否会保持长久的蓬勃趋势,仍不可妄下定论。随着外部环境的不断变化,共享单车也需在发展策略、管理手段与技术创新方面不断提高。

三、组织的特定环境要素

组织不仅在一般环境中生存,而且在特殊领域内活动。一般环境对不同类型的组织均产生某种程度的影响,而与具体领域有关的特殊环境则直接、具体地影响着组织的活动。

下面以企业为例来讨论具体组织的特殊环境。

企业是在一定行业中从事经营活动的。行业环境的特点直接影响着企业的竞争能力。美国学者迈克尔·波特(Michael E.Porter)认为,影响行业内竞争结构及其强度的主要有现有竞争对手、潜在竞争对手、替代品生产企业、供应商及用户这五种环境因素(见图1-7)。

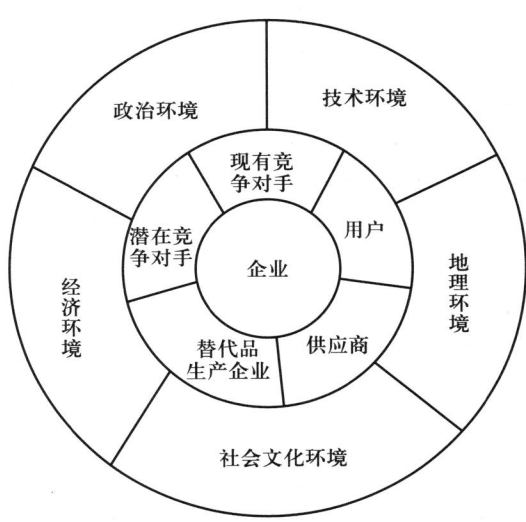

图1-7 企业组织的环境要素

【延伸阅读】

[1] Michael E. Porter. How Competitive Forces Shape Strategy. *Harvard Business Review*, March–April, 1979.

[2] Michael E. Porter. *Competitive Advantage*. New York: The Free Press, 1985.

(一)现有竞争对手研究

企业面对的市场通常是一个竞争市场。从事同种产品制造和销售的通常不止一家企业。多家企业生产相同的产品,必然会采取各种措施争夺用户,从而形成市场竞争。现有竞争对手的研究主要包括以下内容:

1. 基本情况的研究

基本情况的研究内容包括:竞争对手的数量有多少?分布在什么地方?它们在哪些市场上活动?各自的规模、资金、技术力量如何?其中哪些对自己的威胁特别大?基本情况研究的目的是找到主要竞争对手。

为了在众多的同种产品生产厂家中找出主要竞争对手,必须对它的竞争实力及其变化情况进行分析和判断。反映企业竞争实力的指标主要有三类:

(1) 销售增长率。指企业当年销售额与上年相比的增长幅度。销售增长率为正且数值高,说明企业的用户在增加,反映了相关企业的竞争能力在提高;反之则表明企业竞争能力的衰退。这个指标往往在与行业发展速度和国民经济发展速度进行对比分析时才有意义。如果企业当年销售额比上年有所增加,但增加的幅度小于行业或国民经济的发展速度,则表明经济背景是有利的,市场总容量在不断扩大,但企业占领能力相对地下降了。

(2) 市场占有率。是指市场总容量中企业所占的份额,或指在已被满足的市场需求中有多大比例是由本企业占领的。市场占有率的高低可以反映不同企业竞争能力的强弱。这是一个横向比较的指标。某企业占有的市场份额大,说明购买该企业产品的消费者多;消费者购买该企业而非其他企业的产品,说明该企业产品在价格、质量、售后服务等各方面的综合竞争能力比较强。同样,市场占有率的变化可以反映企业竞争能力的变动。如果一家企业的市场占有率本身虽然不高,但与上年相比有了进步,则表明该企业的竞争实力有所增加。

(3) 产品的获利能力。这是反映企业竞争能力能否持续的指标,可用销售利润率表示。市场占有率只反映了企业目前与竞争对手相比的竞争实力,并未告诉我们这种实力能否维持下去;只表明企业在市场上销售产品的数量较多还是较少,并未反映销售这些数量的产品是否给企业带来了足够的利润。如果市场占有率高,销售利润率也高,则表明销售大量产品可给企业带来高额利润,从而可以使企业有足够的财力去维持和改善生产条件,因此较高的竞争能力是有条件持续下去的。相反,如果市场占有率很高,而销售利润率很低,那么则表明,企业卖出去的产品数量虽然很多,得到的收入却很少,在补偿了生产消耗后很少有(甚至没有)剩余,较高的市场占有率是以较少的利润为代价换取的。长此以往,企业的市场竞争能力是无法维持的。

2. 主要竞争对手的研究

比较不同企业竞争实力,找出了主要竞争对手后,还要研究其对本企业构成威胁的主要原因,是技术力量雄厚、资金多、规模大,还是其他原因。研究主要竞争对手的目的是找出主要对手的竞争实力的决定因素,帮助企业制定相应的竞争策略。

3. 竞争对手的发展动向

竞争对手的发展动向包括市场发展或转移动向与产品发展动向。要收集有关资料,密切注视竞争对手的发展方向,分析竞争对手可能开发哪些新产品、新市场,从而帮助本企业先走一步,争取时间优势,争取在竞争中占据主动地位。

根据波特的观点,在判断竞争对手的发展动向时,要分析退出某一产品生产的难易程度。下列因素可能妨碍企业退出某种产品的生产:

(1) 资产的专用性。如果厂房、机器设备等资产具有较强的专用性,则其清算价值很低,企业既难用现有资产转向其他产品的生产,也难以通过资产转让收回投资。

(2) 退出成本的高低。某种产品停止生产,意味着原来生产线工人的重新安置。这种重新安置需要付出一定的费用(比如新技能的培训)。此外,企业即使停止了某种产品的生产,但对在此之前已经销售的产品在相当长的时间内仍有负责维修的义务。职工安置、售后维修服务的维持等费用如果较高,也会影响企业的产品转移决策。

(3) 心理因素。特定产品可能是由企业某位现任领导人组织开发成功的,曾对该领导人的升迁产生过重要影响,因此该领导人可能对其有深厚的感情,即使已无市场前景可能也难以割舍。考虑到这种因素,具体部门在决策时也可能顾虑重重。那些曾经作为企业成功标志的产品生产的中止,对全体员工可能带来很大的心理影响,因此人们在决定让其"退役"时必然会犹豫不决。

(4) 政府和社会的限制。某种产品的生产中止,某种经营业务的不再进行,不仅对企业有直接影响,可能还会引起失业,影响所在地区的社会安定和经济发展,因而可能遭到来自社区政府或群众团体的反对或限制。

(二) 潜在竞争对手研究

一种产品的开发成功,会引来许多企业的加入。这些新进入者既可能给行业注入新的活力,促进市场竞争,也会给原有厂家造成压力,威胁其市场地位。新厂家进入行业的可能性大小,既取决于由行业特点决定的进入难易程度,又取决于现有企业可能做出的反应。原有企业可能采取的反击措施,迫使那些对某种产品生产跃跃欲试的企业不得不认真思考,慎重决策。

进入某个行业的难易程度通常受到下列因素的影响:

1. 规模经济

这个概念实际上描述了两个相互联系的经济现象:第一,它表明企业经营只有达到一定的规模,才能收回经营过程中的各种投入。小于此规模,企业经营不仅不能赢利,反而会出现亏损。与之相应的经营规模称"保本产量"或"盈亏平衡产量"。这是由企业在生产经营中必须投入较高的固定费用所决定的。比如,在特定时期,不论某种产品的生产数量有多少,这种产品的生产都要占用一定的生产设施和厂房。实际上,不仅产品的生产,而且物资的采购、资金的筹措、产品的销售、营销渠道的利用等均存在这样的最小规模。产品的性质不同,技术的先进程度不同,生产和经营的最小规模也会不一样。第二,这个概念还表明,企业生产和经营在达到盈亏平衡点以后,在未超过某个上限之前(在产量的增加尚未引起生产设施的调整,从而追加投资之前),单位产品的生产成本随产量的增加而下降。在这种情况下,生产规模越大,企业就越具有成本优势。显然,最小经济规模、达到此规模以后扩大产量的必要性都给企业进入该行业后的投资量提出了较高的要求。并非所有希望进入的企业都能满足这种资本要求。

2. 产品差别

不同企业提供的产品并不是完全均质的,必然存在某种程度的差异。这种差异是客观存在的,既可能是由产品的材料性质、功能特点或外观形状决定的,也可能是由主观因素形成的,比如广告宣传等因素使得某种产品对消费者具有一种特殊的魅力。如果原已生产这种产品的厂家,其市场地位已确定,其品牌已经获得了用户的广泛认同,甚至使用户对其产生了一定的感情,那么新进入者要想把用户吸引过去,就需付出很大的代价。

3. 在位优势

它是指老厂家相对于新进入者而言所具有的综合优势。这种优势表现在多个方面。

比如，原有企业已经拥有某种专利，从而可以限制他人生产相关产品；原有企业已经拥有一批熟练的工人和管理人员，从而具有劳动成本优势；原有企业已经建立了自己的进货渠道，从而不仅可以保证自己扩大生产的需要，甚至可以控制整个行业的原材料供应，限制新厂家的进入；原有企业已经建立的分销网络对新竞争者进入销售渠道也可能形成某种障碍。

（三）替代品生产企业分析

企业生产的产品，从表面上看是具有一定外观形状的物质品，但抽象地分析，它们是能够满足某种需要的使用价值或功能。企业向市场提供的不是一种具体的物质品，而是一种抽象的使用价值或功能。不同的产品，其外观形状、物理特性可能不同，但完全可能具备相同的功能。比如，自行车、摩托车、汽车、轮船、火车、飞机，是一些外观形状、内部结构以及物理性能等都有很大差异的产品，但它们都具有帮助人们在地球上两点之间移动的功能。产品的使用价值或功能相同，能够满足的消费者需要相同，在使用过程中就可以相互替代，生产这些产品的企业之间就可能形成竞争。因此，行业环境分析还应包括对生产替代品企业的分析。

波特认为，替代品通过规定某个行业内企业可能获利的最高限价来限制该行业的潜在收益。也就是说，由于替代品的存在，即使行业内只存在少数生产企业，几乎垄断行业市场，也不能随心所欲地制定价格，侵害消费者的利益。

替代品生产企业的分析主要包括两方面内容：第一，确定哪些产品可以替代本企业提供的产品。这实际上是确认具有同类功能产品的过程。相对而言，这项工作是易于进行的。第二，判断哪些类型的替代品可能对本企业（行业）经营造成威胁。这项工作较为复杂。为此，需要比较这些产品的功能实现能够给使用者带来的满足程度与获取这种满足所需付出的费用。如果两种相互可以替代的产品，其功能实现可以带来大致相当的满足程度，但价格却相差悬殊，则低价产品可能对高价产品的生产和销售造成很大威胁。相反，如果这两类产品的功能／价格比大致相当，则相互间不会造成实际的威胁。

（四）用户研究

用户在两个方面影响着行业内企业的经营：其一，用户对产品的总需求决定着行业的市场潜力，从而影响行业内所有企业的发展边界；其二，不同用户的讨价还价能力会诱发企业之间的价格竞争，从而影响企业的获利能力。用户研究也因此而包括两个方面的内容：用户的需求（潜力）研究，以及用户的讨价还价能力研究。

1. 用户的需求（潜力）研究

（1）总需求研究。包括以下问题：市场容量有多大？总需求中有支付能力的需求有多大？暂时没有支付能力的潜在需求有多少？

（2）需求结构研究。包括以下问题：需求的类别和构成情况如何？用户属于何种类型，是机关团体，还是个人？主要分布在哪些地区？各地区比重如何？

（3）用户购买力研究。包括以下问题：用户的购买力水平如何？购买力是怎样变化的？有哪些因素影响购买力的变化？这些因素本身是如何变化的？通过分析影响因素的变化，可以预测购买力的变化，从而预测市场需求的变化。

2. 用户的讨价还价能力研究

用户的讨价还价能力是众多因素综合作用的结果。这些因素主要有：

（1）购买量的大小。如果用户其购买量占企业销售量比重较大，是企业的主要顾客，他们则会意识到其购买对企业销售的重要性，因而拥有较强的讨价还价能力。同时，如果用户对这种产品的购买量在自己的总采购量以及总采购成本中占有较大比重，其必然会积极利用这种讨价还价能力，努力以较优惠的价格采购货物。

（2）企业产品的性质。如果企业提供的是一种无差异产品或标准产品，则用户坚信可以很方便地找到其他供货渠道，因此也会在购买中要求尽可能优惠的价格。

（3）用户后向一体化的可能性。后向一体化是指企业将其经营范围扩展到原材料、半成品或零部件的生产。如果用户是生产性企业，购买企业产品的目的在于再加工或与其他零部件组合，又具备自制的能力，则会经常以此为手段迫使供应者压价。

（4）企业产品在用户产品形成中的重要性。如果企业产品是用户自己加工制造产品的主要构成部分，或对用户产品的质量或功能形成有重大影响，则用户可能对价格不甚敏感，这时他们关注的首先是企业产品质量及其可靠性。相反，如果企业产品在用户产品形成中没有重要影响，用户在采购时则会努力寻求价格优惠。

（五）供应商研究

企业生产所需的许多生产要素是从外部获取的。提供这些生产要素的经济组织，对应于用户的作用，也在两个方面制约着企业的经营：其一，这些经济组织能否根据企业的要求按时、按量、按质地提供所需生产要素，影响着企业生产规模的维持和扩大；其二，这些经济组织提供货物时所要求的价格决定着企业的生产成本，影响着企业的利润水平。所以，供应商的研究也包括两个方面的内容：供应商的供货能力或企业寻找其他供货渠道的可能性，以及供应商的价格谈判能力。这两个方面是相互联系的。综合起来看，需要分析以下因素：

1. 是否存在其他货源

企业如果长期仅从单一渠道进货，则其生产和发展必然在很大程度上受制于后者。因此，应分析与其他供应商建立关系的可能性，以分散进货，或在必要时启用后备进货渠道，这样便可在一定程度上遏制供应商提高价格的倾向。

2. 供应商所处行业的集中程度

如果该行业集中度较高，由一家或少数几家集中控制，而与此对应，购买此种货物的客户数量众多，力量分散，则该行业供应商将拥有较强的价格谈判（甚至是决定）能力。

3. 寻找替代品的可能性

如果行业集中程度较高，分散进货的可能性也较小，则应寻找替代品。如果替代品不易找到，那么供应商的价格谈判能力将是很强的。

4. 企业后向一体化的可能性

如果供应商垄断控制了供货渠道，替代品又不存在，而企业对这种货物的需求量又很大，则应考虑自己掌握或自己加工制作的可能性。这种可能性如果不存在，或者企业对这种货物的需求量不大，那么，这时企业只能对价格谈判能力较强的供应商言听计从。

除了波特提出的五项具体环境要素之外,管理学界还有人提出其他要素,如管制机构、战略联盟等。管制机构与宏观环境中的政治环境不同,它主要指能够直接影响或控制企业行为的机构,如行业协会、工商行政部门、消费者协会、新闻机构等;企业之间存在竞争,也存在合作,企业与企业之间可以结成战略联盟,企业与科研机构、政府部门也可以在某一共同利益的联系下结成战略联盟。

现代管理工具

客户关系管理(Customer Relationship Management,CRM)

CRM是一个公司通常获悉顾客群体并迅速做出反应来快速转变顾客需求的过程。公司可以使用CRM技术收集和管理大量客户数据,并基于这些数据信息执行相应战略。通过聚焦CRM的主动权来收集数据有助于公司解决贯穿整个顾客关系周期(从最初目标客户到努力让其带来更多潜在客户的活动链)所出现的特殊问题。CRM数据也给公司提供探寻顾客需求和消费行为新的重要视角,便于公司设计的产品能满足各类目标客户的需求。利用CRM项目收集的信息通常作为解决企业外部营销职能问题的途径,例如供应链管理和新产品开发。

CRM要求管理者:

- 定义客户关系周期中的战略"痛点",解决严重影响顾客满意度和客户黏性(客户忠诚度)的一些问题能给企业带来可观的经济收益和竞争优势。
- 评价CRM数据是否或何种类型CRM数据能够修缮这些"痛点",测算这些信息能给企业创造多大的价值。
- 选择合适的技术平台,测算运行技术平台和培训员工操作技术平台的成本。
- 评估CRM信息创造的收益是否高于因其产生的成本。
- 设计激励措施,确保全体成员因其激励而参与CRM项目。许多公司发现,对组织进行由产品导向转为以顾客导向的结构性重组能提高CRM运行的成功率。
- 测度CRM的过程与影响,积极监控CRM项目中核心人员的参与。此外,随着CRM的使用,在恰当的位置使用测度系统来追踪客户盈利能力的改善情况。

【延伸阅读】

Darrell K. Rigby, *Management Tools 2015—An Executive's Guide*, Bain & Company, 2015.

四、两种环境分析方法

(一)识别环境不确定程度的方法

对环境进行管理的核心是环境中蕴含的不确定性。分析环境首先要识别环境的不确定性程度。美国学者邓肯(Duncan)提出从两个不同的环境层面来确定组织所面临的不确定性程度:一是环境变化的程度,静态(稳定)—动态(不稳定)层面;二是环境复杂性程度,简单—复杂层面,进而得出一个评估环境不确定性程度的模型(见图1-8)。

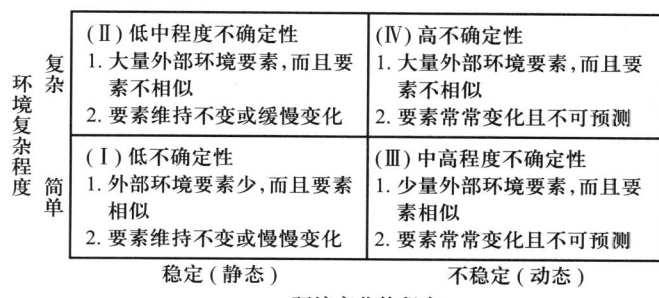

图1-8 评估环境不确定性模型

【延伸阅读】

Duncan James Watts. Great Ideas in *Management*: *Lessons from the Founders and Foundations of Managerial Practice*. Jossey-Bass Publishers, 1989.

如果组织面对常规的需求环境,如为相同或极其相似的顾客生产同一种产品或提供相同的服务,则组织面对的是一个稳定的环境,例如公用事业行业。反之,如果企业面对变化极其快速的环境,而且不同的环境要素都在发生变化,则组织面对的是动态的、不稳定的环境,如计算机行业。

如果一个组织只与很少的外界部门相关,其面临的环境属于简单类型;如果组织必须面对许多外界部门,其面临的环境属于复杂环境。一般而言,组织规模越大,面临的环境越复杂。

(二)内外部环境综合分析

管理要通过组织内部的各种资源和条件来实现,因此,组织在分析外部环境的同时,必须分析其内部环境,即分析组织自身的能力和限制,找出组织的优势和存在的劣势。

任何组织的经营过程,实际上是不断在其内部环境、外部环境及经营目标三者之间寻求动态平衡的过程。组织的内外部环境绝对不能割裂开来。如果一个企业能力很强,竞争优势十分明显,那么外部环境中的不确定性对该企业便不会构成太大的威胁。相反,不具有任何经营特色的企业,外部环境再有利,也不会有快速发展。因此,应对比分析外部环境中存在的机会和威胁与组织内部的优势和劣势,以便充分发挥组织的优势,把握住外部的机会,避开内部的劣势和外部的威胁。

SWOT分析是最常用的内外部环境综合分析技术。SWOT分析是机会(Opportunities)、威胁(Threats)、优势(Strengths)、劣势(Weakness)分析法的简称。这种分析方法把环境分析结果归纳为机会、威胁、优势、劣势四部分,形成环境分析矩阵(见图1-9)。

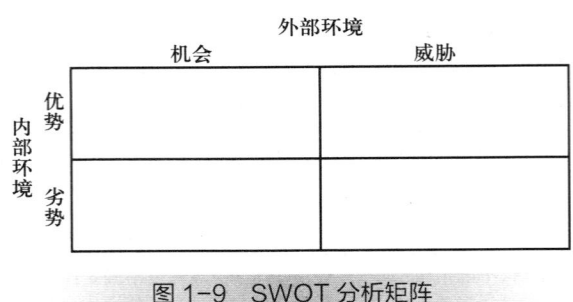

图 1-9 SWOT 分析矩阵

用 SWOT 分析模型进行管理环境分析,可以做到以下几个方面:①它把内外部环境有机地结合起来,进而帮助人们认识和把握内外部环境之间的动态关系,及时地调整组织的经营策略,谋求更好的发展机会。②它把错综复杂的内外部环境关系用一个二维平面矩阵反映出来,直观而且简单。③它促使人们辩证地思考问题。优势、劣势、机会和威胁都是相对的,只有在对比分析中才能识别。例如,一般意义上讲,耐磨程度是衡量鞋的质量的重要指标,所以制鞋商会因自己生产的鞋经久耐用而骄傲,并将其看成自身的优势。然而,随着收入水平的提高,顾客已不关心鞋的耐用性,而是更关心款式。在这样的环境下,这家制鞋商原有的优势便不再是优势。目前,许多企业的管理人员都陷入"高质量的产品"没有人买的困境中,他们所谓的"高质量"大都是企业自我的感觉和判断。④SWOT 分析可以组成多种行动方案供人们选择。这些方案是在认真对比分析的基础上产生的,因此可以提高决策的质量。SWOT 分析被广泛地应用于各行各业的管理实践中,成为最常用的管理工具之一。

第五节 管理的主要思想及其演变

管理活动源远流长,自古即有,管理思想的发展可追溯到人类最初试图通过集体劳动来达到目标的年代。人类进行有效的管理实践,已有超过 6 000 年的历史。早期的一些著名的管理实践和管理思想大都散见于埃及、中国、意大利等国的史籍和许多宗教文献之中。从历史记载的古今中外的管理实践来看,素以世界奇迹著称的埃及金字塔、巴比伦古城和中国的万里长城,其宏伟的建筑规模生动地证明了人类的管理和组织能力。在当时的技术条件下,如此浩大的工程不但是劳动人民勤劳智慧的结晶,也是历史上伟大的管理实践。

一、早期管理思想

有关管理思想的最早记载,是《圣经》中的一个例子。希伯来人的领袖摩西在率领希伯来人摆脱埃及人的奴役而出走的过程中,他的岳父叶忒罗对他处理政务事必躬亲、东奔西忙的做法提出了批评,并向他建议:一要制定法令,昭告民众;二要建立等级、授权委任管理;三要责成专人专责管理,问题尽量处理在下面,只有最重要的政务才提交摩西处理。叶忒罗可以说是人类最早的管理咨询人员了。他建议摩西采用的就是我们现在常用的授权原理和例外原理,同时体现了现代管理当中的管理宽度原理。

古希腊哲学家苏格拉底在其《对话录》中论述了管理的普遍性。

我国古代典籍中也有不少有关管理思想的记载,如《周礼》中有对行政管理制度和责任的具体叙述。《孟子》《孙子》等著作对于管理的职能如计划、组织、指挥、用人等,都有不少适用于今天的精辟见解。秦始皇改订李悝《法经》,体现了古代管理思想中改革和创新的精神。它确立的中央集权体制,建立的一整套行政管理机构,统一的文字、货币、车轨、道宽及度量衡制度等,不仅在当时有巨大的生命力,而且对中国延续2 000多年的封建制度有着重大的影响。

在中世纪,管理实践和管理思想有了很大发展。15世纪世界最大的几家工厂之一的威尼斯兵工厂(Arsenal of Venice),就采用了流水作业,建立了早期的成本会计制度,并进行了管理的分工,其工厂的管事、指挥、领班和技术顾问全权管理生产,而市议会通过一个委员会来干预工厂的计划、采购、财务事宜。这又是一个管理实践的出色范例,体现了现代管理思想的雏形。

意大利佛罗伦萨的尼古拉·马基雅维利(Niccolò Machiavelli)于16世纪所著的《君主论》一书,对统治者怎样管理国家、怎样更好地运用权威提出了四条原则:①群众认可,权威来自群众;②内聚力,组织要能够长期存在,就要有内聚力,而权威必须在组织当中行使;③领导能力,掌权之后要能够维持下去,就必须具备领导能力;④求生存的意志,就是要居安思危。

二、管理学理论萌芽

18世纪到19世纪中期,资本主义生产方式从封建制度中脱胎而出,这期间家庭手工业制逐步被工厂制代替。始于英国的工业革命,其结果是机械动力代替部分人力。机器大生产和工厂制度的普遍出现,对社会经济的发展产生了重要影响。

随着工业革命以及工厂制度的发展,工厂以及公司的管理越来越突出。许多理论家,特别是经济学家,在其著作中越来越多地涉及有关管理方面的问题。很多实践者(主要是厂长、经理)则着重总结自己的经验,共同探讨有关管理的问题。这些著作和总结,为即将出现的管理运动打下了基础,是研究管理思想发展的重要参考文献。概括起来,其重要意义有三:①促使人们认识到管理是一门具有独立完整体系的科学,值得去探索、研究、丰富和发展;②预见到管理学的地位将不断提高;③区分了管理的职能与企业(厂商)的职能。

这一时期的著作大体上有两类:一类偏重于理论的研究,即管理的职能和原则;另一类则偏重于管理技术和方法的研究。

(一) 有关管理职能和原则方面

这方面的学说散见于当时经济学家的一些著作,这些经济学家及其著作主要有:亚当·斯密(Adam Smith)及其《国富论》(1776年);塞缪尔·纽曼(Samuel P.Newman)及其《政治经济学原理》(1835年);约翰·穆勒(John Stuart Mill)及其《政治经济学原理》(1848年);阿尔弗雷德·马歇尔(Alfred Marshall)及其《产业经济学概要》(1892年)。从管理学的观点看,这些经济学家的论述还比较零碎,就事论事,缺乏系统化、理论化和概括。

大体上说来,所涉及的管理问题主要有四个方面:①关于工商关系。②关于分工的意义及必然性,以及分工。包括劳动的地域分工、劳动的组织分工、劳动的职业分工的类型划分。③关于劳动效率与工资的关系,有"劳动效率递减等级论"。④关于管理的职能。

对西方管理理论的形成具有启蒙作用的英国著名经济学家、资产阶级古典政治经济学的杰出代表人物亚当·斯密在其《国富论》一书中,分析了劳动分工的经济效益,提出了生产合理化的概念。

纽曼、马歇尔等人则提出了对厂主(同时是管理者)的要求:选择厂址、控制财务、进行购销活动、培训工人、分配任务、观察市场动向、富有新思想、开拓市场、具有对采用新发明的判断力等。

(二) 有关管理技术和方法方面

普鲁士军事理论家卡尔·冯·克劳塞维茨(Carl Von Clausewitz)认为:"企业简直就是类似于打仗的人类竞争的一种形式。"因此,他关于军队管理的概念也适用于任何大型组织的管理。其主要观点如下:

(1) 管理大型组织的必要条件是精心地计划工作,并规定组织的目标。

(2) 管理者应该承认不确定性,从而按照旨在使不确定性减少到最低限度的要求来全面分析与计划。

(3) 决策要以科学而不是以预感为根据,管理要以分析而不是以直觉为根据。

英国数学家查尔斯·巴贝奇(Charles Babbage)在亚当·斯密劳动分工理论的基础上,又进一步对专业化问题进行了深入研究。在他1832年出版的《机器与制造业经济学》一书中,对专业化分工、机器与工具使用、时间研究、批量生产、均衡生产、成本记录等问题都做了充分的论述,并且强调注重人的作用,分析颜色对效率的影响,应鼓励工人提出合理化建议等。该书是管理史上的一部重要文献。另外,他发现了计算机的基本原理,发明了手摇台式计算机,解决了繁重的计算工作,因此,有人称巴贝奇是"计算机之父"。

工业革命后的管理实践以苏霍制造厂(Soho Foundry)为代表。人们都知道瓦特改良了蒸汽机,使蒸汽机成为生产动力从而促进了18世纪下半叶的工业革命,然而很少有人知道他在管理上的成就。英国博尔顿—瓦特(Boulton&Watt)联合公司所属苏霍制造厂是最早进行科学管理的工厂之一。它有科学的工作设计,按更充分地利用机器的要求进行劳动分工和专业化;实行比较切合实际的工资支付办法;有着较完善的记录和成本核算制度。当代出现的许多管理问题,他们都曾遇到过,并努力加以解决。不过,那时的管理还没有被系统化为一门科学。

空想社会主义的代表人物之一,英国的罗伯特·欧文(Robert Owen)为实践自己的政治主张而进行的"纽兰纳克"(Newlanark)及"新协和村"(New Community)的实验虽然未获成功,但他的实践与思想却对管理学的形成做出了贡献。例如就人和机器而言,他认为:"至少要像对待无生命的机器那样重视对于有生命的人的福利。"另外,他还注重对工人的行为教育。现代管理中的行为学派公认欧文为其先驱者之一。

以上所介绍的这些主要的、有代表性的管理实践和管理理论,都是作为某个人或某个集团对某一活动单一管理实践和管理思想的体现,还没有形成一个完整的系统。管理理论的形成是在近代科学管理理论、管理过程与管理组织理论的研究中开始的。

三、管理学的产生与形成

19 世纪末叶,科学管理初见端倪,第一次利用了"科学管理"这一术语。随着企业的规模和数量不断增长,管理人员遇到以前所没有遇到过的多种问题。人们考虑问题的重点已经转移到厂商内部的各种问题中,如加工过程、设备排列、场地布置、生产技术、刺激制度等。管理已逐步转向注意"物"的管理。人们聚集在大集体中,这又突出了组织与效率的问题。对这些问题的关心表现在管理文献中。

由于认识到需要通过社会、出版物和会议来交流观点,人们也开始了管理思想的传播和交流。人们对管理的认识已有了变化,把它看成对人类经济活动有影响的一门完整知识。管理人员被公认为受尊敬的人。管理原理这一主题已经从工业界扩散到大学的课堂,管理终于成为一个独立的研究领域。

20 世纪 30 年代,资本主义世界爆发了大危机,管理运动受到了影响。但是历时四五十年的管理运动,改变了人们的观念,引起了人们思想上、观念上的转变,对经济的发展起到了重要作用。管理运动为管理学的形成和发展奠定了基础,它所提倡并被普遍接受的"保存、调研、合作、渐进"观点已经在人们心中、在社会土壤中扎下了根。

(一) 科学管理者泰罗及其同代人

1. 泰罗与科学管理理论

弗雷德里克·温斯洛·泰罗(Frederick Winslow Taylor),出生于美国费城一个富有的律师家庭,中学毕业后考入哈佛大学法律系,但不幸因眼疾而被迫辍学。1875 年,他进入一家小机械厂当徒工。1878 年,转入费城米德瓦尔钢铁厂(Midvale Steel Works)当机械工人,他在该厂一直干到 1897 年。在此期间,由于工作努力、表现突出,很快被提升为车间管理员、小组长、工长、技师、制图主任和总工程师,并在业余学习的基础上获得了机械工程学士学位。1898—1901 年,泰罗受雇于伯利恒钢铁公司(Bethlehem Steel Company)。从在米德瓦尔钢铁厂担任工长开始,到后来受雇于伯利恒钢铁公司,泰罗一直都在进行着改进管理、提高生产效率的实验,这些实验集中于"动作""工时"的研究,工具、机器、材料和工作环境等标准化研究。泰罗根据这些成果制定了每日比较科学的工作定额和为完成这些定额的标准化工具。

泰罗一生致力于科学管理,但他的做法和主张并非一开始就被人们接受,而是日益引起社会舆论的种种议论。于是,美国国会于 1912 年举行对泰罗制和其他工场管理制的听证会,泰罗在听证会上作了精彩的证词,向公众宣传科学管理的原理及具体的方法、技术,引起了极大的反响。

科学管理理论(Theory of Scientific Management)的主要内容概括为以下八个方面:

(1) 科学管理的中心问题是提高效率。泰罗认为,要制定出有科学依据的工人的"合理的日工作量",就必须进行工时和动作研究。方法是选择合适且技术熟练的工人,把他们的每一项动作、每一道工序所使用的时间记录下来,加上必要的休息时间和其他延误时间,就得出完成该项工作所需要的总时间,据此定出一个工人"合理的日工作量"。这就是工作定额原理。

(2) 为了提高劳动生产率,必须为工作挑选第一流的工人。所谓第一流的工人,泰罗认为:"每一种类型的工人都能找到某些工作使他成为第一流的,除了那些完全能做好这些工作而不愿做的人。"在制定工作定额时,泰罗是以"第一流的工人在不损害其健康的情况下维护较长年限的速度"为标准的。这种速度不是以突击活动或持续紧张为基础,而是以工人能长期维持的正常速度为基础。泰罗认为,健全的人事管理的基本原则是:使工人的能力同工作相配合,管理当局的责任在于为雇员找到最合适的工作,培训他成为第一流的工人,激励他尽最大的努力来工作。

(3) 要使工人掌握标准化的操作方法,使用标准化的工具、机器和材料,并使作业环境标准化。这就是标准化原理。泰罗认为,必须用科学的方法对工人的操作方法、工具、劳动和休息时间的搭配、机器的安排和作业环境的布置等进行分析,消除各种不合理的因素,把各种最好的因素结合起来,形成一种最好的方法。他把这叫作管理当局的首要职责。

(4) 实行刺激性的计件工资报酬制度。为了鼓励工人努力工作、完成定额,泰罗提出了这一原则。这种计件工资制度包含三点内容:①通过工时研究和分析,制定出一个有科学依据的定额或标准。②采用一种叫作"差别计件制"的刺激性付酬制度,即计件工资按完成定额的程度而浮动。例如,如果工人只完成定额的80%,就按80%工资率付酬;如果完成了定额的120%,则按120%工资率付酬。③工资支付的对象是工人而不是职位,即根据工人的实际工作表现而不是根据工作类别来支付工资。泰罗认为,这样做不仅能克服消极怠工的现象,更重要的是能调动工人的积极性,从而促使工人大大提高劳动生产率。

(5) 工人和雇主两方面都必须认识到提高效率对双方都有利,都要来一次"精神革命",相互协作,为共同提高劳动生产率而努力。在铁锹实验中,每个工人每天的平均搬运量从原来的16吨提高到59吨,工人每日的工资从1.15美元提高到1.88美元,而每吨的搬运费从7.5美分降到3.3美分。对雇主来说,关心的是成本的降低;对工人来说,关心的则是工资的提高。所以,泰罗认为这就是劳资双方进行"精神革命"、从事合作的基础。

(6) 把计划职能同执行职能分开,变原来的经验工作法为科学工作法。所谓经验工作法是指每个工人用什么方法操作、使用什么工具等,都由他根据自己的或师傅等人的经验来决定。泰罗主张明确划分计划职能与执行职能,由专门的计划部门来从事调查研究,为定额和操作方法提供科学依据;制定科学的定额和标准化的操作方法及工具;拟订计划并发布指示和命令;比较"标准"和"实际情况",进行有效的控制等工作。至于现场工人,则从事执行的职能,即按照计划部门制定的操作方法和指示,使用规定的标准工具,从事实际的操作,不得自行改变。

(7) 实行职能工长制。泰罗主张实行职能管理,即将管理工作予以细分,使所有的管理者只承担一种管理职能。他设计出八个职能工长,代替原来的一个工长,其中四个在计划部门,四个在车间。每个职能工长负责某一方面的工作,在其职能范围内可以直接向工人发出命令。泰罗认为职能工长制有三个优点:①对管理者的培训花费的时间较少;②管理者的职责明确,因而可以提高效率;③由于作业计划已由计划部门拟订,工具与操作方法也已标准化,车间现场的职能工长只需进行指挥监督,因此非熟练技术的工人也可以从事较复杂的工作,从而降低整个企业的生产费用。后来的事实表明,一个工人同时接受几个职能工长的多头领导,容易引起混乱。所以,职能工长制没有得到推广。但泰罗的职能管理思想为以后职能部门的建立和管理的专业化提供了参考。

(8) 在组织机构的管理控制上实行例外原则。泰罗等人认为,规模较大的企业的组织和管理,必须应用例外原则,即企业的高级管理人员把例行的一般日常事务授权给下级管理人员去处理,自己只保留对例外事项的决定和监督权。这种以例外原则为依据的管理控制原理,以后发展成为管理上的分权化原则和事业部制管理体制。

泰罗在管理方面的主要著作有《计件工资制》(1895年)、《车间管理》(1903年)、《科学管理原理》(其中包括在国会上的证词,1912年)。泰罗通过这一系列的著作,总结了几十年实验研究的成果,归纳了自己长期管理实践的经验,概括出一些管理原理和方法,经过系统化整理,形成了科学管理理论。泰罗在管理理论方面做了许多重要的开拓性工作,为现代管理理论奠定了基础。由于他的杰出贡献,他被后人尊为"科学管理之父",这个称号被铭刻在他的墓碑上。

当然,泰罗的自身条件、背景以及当时所处的社会条件,不可避免地会影响其进行科学管理研究的方法、效率、思路等,使其对管理较高层次的研究较少,理论深度也显得不足。而科学管理理论或泰罗制也并非泰罗一个人的发明,就像英国管理学家林德尔·厄威克(Lyndall F.Urwick)所指出的:"泰罗所做的工作并不是发明某种全新的东西,而是把整个19世纪在英美两国产生、发展起来的东西加以综合而形成一整套思想。他使一系列无条理的首创事物和实验有了一个哲学体系,称之为'科学管理'。"

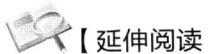
【延伸阅读】

Frederick Winslow Taylor. *The Principles of Scientific Management*. New York and London, Harper and Brothers Publishers, 1919.

2. 科学管理理论的其他代表人物

泰罗的科学管理理论在20世纪初得到了广泛的传播和应用,影响很大。因此在他同时代和他以后的年代中,许多人也积极从事管理实践与理论的研究,丰富和发展了科学管理理论。其中比较著名的有:

(1) 卡尔·乔治·巴思(Carl George Barth),美籍数学家。他是泰罗最早、最亲密的合作者,为科学管理工作做出了很大贡献。他是个很有造诣的数学家,他提出的许多数学方法和公式,为泰罗的工时研究、动作研究、金属切削实验等研究工作提供了理论依据。

(2) 亨利·甘特(Henry L.Gantt),美国管理学家、机械工程师。甘特是泰罗在创建和推广科学管理时的亲密合作者。他与泰罗密切配合,使科学管理理论得到了进一步的发展。特别是他的"甘特图"(Gantt Chart),是当时计划和控制生产的有效工具,并为当今现代化方法PERT(计划评审技术)奠定了基石。他还提出了"计件奖励工资制",即除了按日支付有保证的工资外,超额部分给予奖励;完不成定额的,可以得到原定日工资。这种制度补充了泰罗的差别计件工资制的不足。此外,甘特还很重视管理中人的因素,强调"工业民主"和更重视人的领导方式,这对后来的人际关系理论有很大的影响。

(3) 吉尔布雷斯夫妇(Frank B.Gilbreth and Lillian M.Gilbreth)。美国工程师弗兰克·吉尔布雷斯与夫人(心理学博士莉莲·吉尔布雷斯)在动作研究和工作简化方面做出了特殊贡献。他们采用两种手段进行时间与动作研究:①工人的操作动作分解为17种基本动作,吉尔布雷斯称之为"Hterblig"(吉尔布雷斯英文名字母的倒写);②用拍影片的方法记录和分析工人的操作动作,寻找合理的最佳动作以提高工作效率。通过这些手段,他们纠正了工人操作时某些不必要的多余动作,形成了快速准确的工作方法。与泰罗不同的是,吉尔布雷斯夫妇在工作中开始注意到人的因素,在一定程度上试图把效率和人的关系结合起来。吉尔布雷斯夫妇毕生致力于提高效率,即通过减少劳动中的动作浪费来提高效率,被人们称为"动作专家"。

(4) 哈林顿·埃默森(Harrington Emerson),美国早期的科学管理研究工作者。他从1903年起就同泰罗有紧密的联系,并独立地发展了科学管理的许多原理。如他对效率问题作了较多的研究和实践,提出了提高效率的12条原则:①明确的目的;②注意局部和整体的关系;③虚心请教;④严守规章;⑤公平;⑥准确、及时、永久性的记录;⑦合理调配人、财、物;⑧定额和工作进度;⑨条件标准化;⑩工作方法标准化;⑪手续标准化;⑫奖励效率。在组织机构方面,提出了直线和参谋制组织形式等。另外,他在职工的选择和培训、心理因素对生产的影响、工时测定等方面也做出了贡献。

尽管泰罗的追随者在许多方面不同程度地发展了科学管理理论和方法,但总的来说,他们和泰罗一样,研究的范围始终没有超出劳动作业的技术过程,没有超出车间管理的范围。

(二)管理过程和管理组织理论

在泰罗等人以探讨工厂中提高效率为重点进行科学管理研究的同时,法国人法约尔则以管理过程和管理组织为研究重点,着重研究管理的组织和管理的活动过程。

除法约尔之外,管理过程和管理理论的主要代表人物还有德国著名的社会学家韦伯、美国的管理学家巴纳德等人。

1. 法约尔及其管理理论

亨利·法约尔(Henry Fayol),法国人,1860年从圣艾帝安国立矿业学院毕业后进入康门塔里—福尔香堡采矿冶金公司,成为一名采矿工程师,并在此度过了整个职业生涯。从采矿工程师到矿井经理,直至公司总经理,由一名工程技术人员逐渐成为专业管理者,他在实践中逐渐形成了自己的管理思想和管理理论,对管理学的形成和发展做出了巨大的贡献。

法约尔1916年问世的名著《工业管理与一般管理》,是他一生管理经验和管理思想的总结。他认为他的管理理论虽然是以大企业为研究对象,但除了可应用于工商企业之外,还适用于政府、教会、慈善团体、军事组织以及其他各种事业。所以,人们一般认为法约尔是第一个概括和阐述一般管理理论的管理学家。一般管理理论(General Administrative

Theory)概括起来大致包括以下内容:

(1) 企业的基本活动与管理的五项职能。法约尔指出,任何企业都存在六种基本活动,而管理只是其中之一。这六种基本活动是:①技术活动,指生产、制造、加工等活动;②商业活动,指购买、销售、交换等活动;③财务活动,指资金的筹措和运用;④安全活动,指设备维护和职工安全等活动;⑤会计活动,指货物盘存、成本统计、核算等;⑥管理活动,其中包括计划、组织、指挥、协调和控制五项职能活动。在这六种基本活动中,管理活动处于核心地位,即企业本身需要管理。同样,其他五种属于企业的活动也需要管理。

(2) 法约尔的14条管理原则。法约尔根据自己的工作经验,归纳出简明的14条管理原则:①分工。他认为这不仅是经济学家研究有效地使用劳动力的问题,而且是在各种机构、团体、组织中进行管理活动所必不可少的工作。②职权与职责。他认为职权是发号施令的权力和要求服从的威望。职权与职责是相互联系的,在行使职权的同时,必须承担相应的责任,有权无责或有责无权都是组织上的缺陷。③纪律。纪律是管理所必需的,是对协定的尊重。这些协定以达到服从、专心、干劲以及尊重人的仪表为目的。就是说,组织内所有成员通过各方所达成的协议对自己在组织内的行为进行控制,它对企业的成功与否极为重要,要尽可能做到严明、公正。④统一指挥。即组织内每一个人只能服从一个上级并接受他的命令。⑤统一领导。即一个组织,对于目标相同的活动,只能有一个领导、一个计划。⑥个人利益服从整体利益。即个人和小集体的利益不能超越组织的利益。当三者不一致时,主管人员必须想办法使它们一致起来。⑦个人报酬。报酬与支付的方式要公平,给雇员和雇主以最大可能的满足。⑧集中化。这主要指权力的集中或分散的程度问题。要根据各种情况,包括组织的性质、人员的能力等,来决定"产生全面的最大收益"的那种集中程度。⑨等级链。管理机构中,最高一级到最低一级应该建立关系明确的职权等级系列,这既是执行权力的线路,也是信息传递的渠道。一般情况下不要轻易违反它。⑩秩序。组织中的每个成员应该规定各自的岗位,做到"人皆有位,人称其职"。⑪公正。主管人员对其下属仁慈、公平,就可能使下属对上级表现出热心和忠诚。⑫保持人员的稳定。如果人员不断变动,工作将得不到良好的效果。⑬首创精神。这是提高组织内各级人员工作热情的主要源泉。⑭团结精神。指必须注意保持和维护每一集体中团结、协作、融洽的关系,特别是人与人之间的相互关系。

法约尔强调指出,以上14条原则在管理工作中不是死板和绝对的,关键是尺度问题,应当注意各种可变因素的影响。因此,这些原则是灵活的,是可以适应于一切需要的,但其真正的本质在于懂得如何运用它们。这是一门很难掌握的艺术,它要求智慧、经验、判断和注意尺度(有分寸)。

法约尔认为,人的管理能力可以通过教育来获得,也可以像技术能力一样,首先在学校里,然后在车间里得到。为此,他提出了一套比较全面的管理理论,首次指出管理理论具有普遍性,可以用于各个组织之中。他把管理视为一门科学,提出在学校设置这门课程,并在社会各个领域宣传、普及和传授管理知识。

综上所述,法约尔关于管理过程和管理组织理论的开创性研究,特别是其中关于管理职能的划分以及管理原则的描述,对后来的管理理论研究具有非常深远的影响。此外,他还是一位概括和阐述一般管理理论的先驱者,是一位伟大的管理教育家,后人称他为"管理过程之父"。

2. 韦伯理想的行政组织体系理论

马克斯·韦伯(Max Weber)是德国著名的社会学家,他对法学、经济学、政治学、历史学和宗教学都有广泛的兴趣。他在管理理论上的研究主要集中在组织理论方面,其主要贡献是提出了理想的行政组织体系理论。这集中反映在他的代表作《社会组织与经济组织》一书中。这一理论的核心是组织活动要通过职务或职位而不是通过个人或世袭地位来管理。他也认识到个人魅力对领导的重要性。他所讲的"理想的",不是指最合乎需要,而是指现代社会最有效和合理的组织形式。之所以是"理想的",因为它具有如下一些特殊性:

(1) 明确的分工。即每个职位的权力和责任都应有明确的规定,人员按职业专业化进行分工。

(2) 自上而下的等级系统。组织内的各个职位,按照等级原则进行法定安排,形成自上而下的等级系统。

(3) 人员的任用。人员的任用要完全根据职务的要求,通过正式考试和教育训练来实行。

(4) 职业管理人员。管理人员有固定的薪金和明文规定的升迁制度,是一种职业管理人员。

(5) 遵守规则和纪律。管理人员必须严格遵守组织中规定的规则和纪律以及办事程序。

(6) 组织中人员之间的关系。组织中人员之间的关系完全以理性准则为指导,只受职位关系而不受个人情感的影响。这种公正不倚的态度,不仅适用于组织内部,而且适用于组织与外界的关系。

韦伯认为,这种高度结构化的、正式的、非人格化的理想行政组织体系是人们进行强制控制的合理手段,是达到目标、提高效率的最有效形式。这种组织形式在精确性、稳定性、纪律性和可能性方面都优于其他组织形式,适用于各种管理工作及当时日益增多的各种大型组织,如教会、国家机构、军队、政党、经济企业和各种团体。韦伯的这一理论对泰罗、法约尔的理论是一种补充,对后来的管理学家,尤其是组织理论学家有很大影响,他被称为"组织理论之父"。

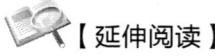

【延伸阅读】

Max Weber. *Economy and Society*. University of California Press, Berkeley, Los Angeles and London, 1978.

3. 巴纳德的自觉协作活动系统

切斯特·巴纳德(Chester I. Barnard)是美国的高级经理和管理学家,他在组织理论研究方面做出了很大贡献。他认为,组织是一个由人们有意识增加协调的各种活动的系统,其中最关键的因素是经理人员。每个人在克服其生理、心理、物质和社会的限制时，必须自觉地进行协作。组织就是这种自觉协作活动的一个系统，这种系统能否长期存在、发展，则决定于系统的效率和效果。各个人的协作固然可以通过命令和指挥的形式来实现，但只有具备以下四个条件，个人才会承认这种命令的权威而接受命令：①个人理解这个命令；②个人认为这个命令同组织的目标是一致的；③个人认为这个命令同自己的个人利益是符合的；④个人有执行这个命令的能力。

他还把组织分为正式组织和非正式组织，指出正式组织作为一个协作系统，无论级别的高低和规模的大小，都包含三个基本要素，即协作的意愿、共同的目标、信息的联系。同时巴纳德指出，在正式组织中还存在一种产生于同工作有关的联系从而形成一定的看法、习惯和准则的无形组织，即非正式组织。它的活动对正式组织有双重作用，既有不利的影响，又可能促使组织的效率得到提高。巴纳德的这一理论为后来社会系统学派的理论奠定了基础。

【延伸阅读】

Chester I. Barnard. *The Functions of the Executive*. Harvard University Press, Cambridge, Massachusetts, 1968.

综上所述，管理过程和管理组织理论从不同角度进行了职能划分，研究了组织的形成以及组织管理的一些问题，在当时起到了历史性的作用，对今天的管理理论发展也具有深远的影响，其中许多原理及方法至今仍被许多国家广泛地参照和采用。

（三）人际关系学说和行为科学理论

以科学管理理论、管理过程和管理组织理论为代表的古典管理理论的广泛流传和实际运用，大大提高了组织的效率。但古典管理理论多着重于生产过程、组织控制方面的研究，较多地强调科学性、精密性、纪律性，对人的因素注意较少，把工人当作机器的附属品，不是人在使用机器，而是机器在使用人，这就激起了工人的强烈不满。20世纪20年代前后，一方面工人日益觉醒，工人阶级反对资产阶级剥削压迫的斗争日益高涨；另一方面经济的发展和周期性危机的加剧，使西方资产阶级感到再依靠传统的管理理论和方法已不可能有效地控制工人来达到提高生产率和利润的目的。一些管理学家和心理学家也意识到，社会化大生产的发展需要与之相适应的新的管理理论。于是，一些学者开始从生理学、心理学、社会学等方面出发研究企业中有关人的一些问题，如人的工作动机、情绪、行为与工作之间的关系等，研究如何按照人的心理发展规律去激发其积极性和创造性。于是，行为科学应运而生。这是继古典管理理论之后管理学发展的一个重要阶段，也是现代管理学的一个重要组成部分。行为科学（Behavioral Theory）研究基本上可分为两个时期：前期叫作人际关系学说（或人群关系学），它从20世纪二三十年代美国学者梅约的霍桑实验开始；后期是1949年在美国芝加哥讨论会上第一次提出的"行为科学"，1953年在美国福特基金会召开的各国科学家参加的会议上正式定名为行为科学。

1. 研究人际关系学说的代表人物

(1) 雨果·孟斯特伯格(Hugo Munsterberg)的心理学与工业效率。雨果·孟斯特伯格是德国人,工业心理学的创始人之一。他的专业是心理学和医学,但他对实验心理学却很感兴趣,以后更把兴趣转向了心理学在工业中的运用。1912年他在《心理学与工业效率》一书中强调说明了他的目标在于回应以下问题:①每个人的心理特性和他适于做什么工作。②处于什么心理状态下才能使每个人达到最高效率。③用什么样的方式刺激、诱导人们进行生产以达到最满意的产量或最高效率。

经过长期的研究,他发现并指出了心理学在许多领域中的应用价值,因而使心理学进入了产业界。在每一个课题上,他都指出了心理学的应用如何有助于绩效的提高。到他去世时,工业心理学已经成为管理学中的一个重要领域了。

(2) 梅约及其霍桑实验。乔治·埃尔顿·梅约(George Elton Mayo),是原为澳大利亚的美国行为科学家。1924—1932年,美国国家研究委员会和西方电气公司合作,由梅约负责进行了著名的霍桑实验(Hawthorne Experiment),即在西方电气公司所属的霍桑工厂,为测定各种有关因素对生产效率的影响程度而进行的一系列实验,由此产生了人际关系学说。实验分四个阶段:

第一阶段:工场照明实验(1924—1927年)。该实验是选择一批工人分为两组:一组为实验组,先后改变工场照明强度,让工人在不同照明强度下工作;另一组为控制组,工人在照明强度始终维持不变的条件下工作。实验者希望通过实验得出照明强度对生产率的影响,但实验结果发现,照明强度的变化对生产率几乎没有什么影响。这个实验似乎以失败告终。但这个实验得出了两条结论:①工场的照明只是影响工人生产效率的一项微不足道的因素;②由于牵涉因素太多,难以控制,且其中任何一个因素足以影响实验结果,故照明对产量的影响无法准确测量。

第二阶段:继电器装配室实验(1927年4月)。这一实验旨在发现各种工作条件的变动对小组生产率的影响,以便能够更有效地控制影响工作效果的因素。通过材料供应、工作方法、工作时间、劳动条件、工资、管理作风与方式等各个因素对工作效率影响的实验,发现无论各个因素如何变化,产量都是增加的。其他因素对生产率也没有特别的影响,而似乎是由于督导方法的改变,使工人工作态度有所变化,因而产量增加。

第三阶段:大规模的访问与调查(1928—1931年)。两年内他们在上述实验的基础上进一步开展了全公司范围的普查与访问,调查了2万多人次,发现所得结论与上述实验相同,即"任何一位员工的工作绩效,都受到其他人的影响"。于是研究进入第四阶段。

第四阶段:接线板接线工作室实验(1931—1932年)。以集体计件工资制刺激,形成"快手"对"慢手"的压力以提高效率。公司当局给他们规定的标准是焊合7 312个接点,但他们完成的只有6 000~6 600个接点。实验发现,工人既不会为超定额而充当"快手",也不会因完不成定额而成"慢手",当他们达到他们自认为是过得去的产量时就会自动松懈下来。其原因是生产小组无形中达成默契的行为规范:工作不要做得太多,否则就是"害人精";工作不要做得太少,否则就是"懒惰鬼";不应当告诉监工任何会损害同伴的事,否则就是"告密者";不应当企图对别人保持距离或多管闲事;不应当过分喧嚷、自以为是和热心领导;等等。根本原因则有三点:一是怕标准再度提高;二是怕失业;三是为保护速度慢的同伴。这一阶段的实验,还发现了"霍桑效应",即对于新环境的好奇和兴趣,足以导致较佳的成绩,至少在初始阶段是如此。

通过四个阶段历时几年的霍桑实验,梅约等人认识到,人们的生产效率不仅要受到生理方面、物理方面等因素的影响,更重要的是要受到社会环境、社会心理等方面的影响。这个结论的获得是相当有意义的,这对"科学管理"只重视物质条件,忽视社会环境、社会心理对工人的影响来说,是一个重大的修正。

根据霍桑实验,梅约于1933年出版了《工业文明中人的问题》一书,提出了与古典管理理论不同的新观点。主要归纳为以下三个方面:

第一,工人是"社会人",而不是单纯追求金钱收入的"经济人"。作为复杂社会系统的成员,金钱并非刺激积极性的唯一动力,他们还有社会、心理方面的需求,因此社会和心理因素等方面所形成的动力,对效率有更大影响。

第二,企业中除了正式组织之外,还存在非正式组织。非正式组织是企业成员在共同工作的过程中,由于具有共同的社会感情而形成的非正式团体。这种无形组织有它特殊的感情、规范和倾向,左右着成员的行为。古典管理理论仅注重正式组织的作用,这是很不够的。非正式组织不仅存在,而且同正式组织是相互依存的,对生产率的提高有很大影响。

第三,新型的领导在于通过职工满足度的增加,来提高工人的士气,从而达到提高效率的目的。生产率的升降,主要取决于工人的士气,即工作的积极性、主动性与协作精神,而士气的高低则取决于社会因素特别是人群关系对工人的满足程度,即他的工作是否被上级、同伴和社会承认。满足程度越高,士气也越高,生产效率也就越高。所以,领导的职责在于提高士气、善于倾听和沟通了解下属职工的意见,使正式组织的经济需求和工人的非正式组织的社会需求之间保持平衡。这样就可以解决劳资之间乃至整个工业文明社会的矛盾和冲突,提高效率。

梅约等人的人际关系学说的问世,开辟了管理和管理理论的一个新领域,并且弥补了古典管理理论的不足,为以后行为科学的发展奠定了基础。

2. 行为科学理论的研究内容及其发展

行为科学理论主要是对工人在生产中的行为以及这些行为产生的原因进行分析研究。它研究的内容包括:人的本性和需要,行为的动机,特别是生产中的人际关系(包括领导同工人之间的关系)。行为科学在第二次世界大战以后的发展主要集中在以下四个方面:

(1) 关于人的需要和动机的理论。
(2) 关于管理中的人性的理论。
(3) 关于领导方式的理论。
(4) 关于企业中非正式组织以及人与人关系的理论。

从霍桑实验开始的人际关系研究到行为科学理论的研究,乃至管理社会学(工效学)等方面的研究,不仅为管理理论的发展提供了许多有益的东西,而且在实际的管理中产生了深刻的影响,同时在发展中其自身得到不断补充和完善。

四、现代管理理论丛林及其发展

第二次世界大战之后,现代化科学技术的日新月异发展,生产和组织规模的急剧增大,生产力的迅速发展,生产社会化程度的日益提高,引起了人们对管理理论的普遍重视。在美国和其他许多国家,不仅从事实际管理工作的人和管理学家研究管理理论,而且一些心理学家、社会学家、人类学家、经济学家、生物学家、哲学家、数学家都从各自不同的背景、不同的角度,用不同的方法对现代管理问题进行研究。这一现象带来了管理理论的空前繁荣,出现了各种各样的学派。已故美国著名管理学家哈罗德·孔茨(Harold Koontz)把这一现象形象地描述为管理理论的"丛林"。由于这些学派都是从各自的背景出发,以不同的理论为依据来研究同一对象管理过程,因此造成了一些概念、原理和方法上的混乱。近年来,许多学者都在力求将各派的观点兼容并蓄,为走出"丛林"、建立统一的管理理论寻找新的出路。

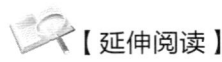
【延伸阅读】

Hugo Munsterberg. *Psycology and Industrial Efficiency*. The Riverside Press,1913.

(一) 现代管理理论丛林

20世纪50年代以来,在已有的古典管理理论、行为科学理论和管理科学理论的基础上,又出现了许多新的理论和学说,形成了许多学派。这些学派大大小小加总起来可能不下100个。其中的主要学派,有人将其概括为六个,也有人将其归纳为八个或十一个。应该着重说明,学派主要是指从什么角度或方面、运用什么样的理论去研究管理问题。下面介绍八个主要的学派。

1. 社会合作系统学派

这个学派认为,人与人的相互关系就是一个社会系统,它是人们的意见、力量、愿望以及思想等方面的一种合作关系。管理人员的作用就是要围绕着物质的(材料与机器)、生物的(作为一个呼吸空气和需要空间的抽象存在的人)和社会的(群体的相互作用、态度和信息)因素去适应总的合作系统。

这个学派从社会学的角度来分析各类组织。它的特点是将组织看作一种社会系统、一种人的相互关系的协作体系,认为组织是社会大系统中的一部分,受到社会环境各方面因素的影响。美国的切斯特·巴纳德是这一学派的创始人,他的著作《经理的职能》对该学派有很大的影响。总体来看,该学派的理论有以下一些要点:

(1) 组织是一个社会协作系统。这个系统能否继续生存,取决于:①协作的效果,即能否顺利完成协作目标;②协作的效率,即在达到目标的过程中,是否使协作的成员损失最小而心理满足较高;③协作目标能否适应协作环境。

(2) 指出正式组织存在的三个条件:①有一个统一的共同目标;②每一成员都能够自觉自愿地为组织目标的实现做出贡献;③组织内部有一个能够彼此沟通的信息联系系统。

此外，正式组织内部还存在非正式组织。

(3) 对经理人员的职能提出三点要求：①建立和维持一个信息联系系统；②善于使组织成员做出为实现组织目标所不可缺少的贡献；③规定组织目标。

此外，美国的怀特·贝克(White-Bake)从社会学角度提出"组织结合力"的概念，对管理理论也有很大意义。贝克指出，企业中的组织结合力包括：①职能规范系统，即由于协作而划分和安排工作岗位所产生的合作系统；②职位系统，即直线的职权层次；③沟通联络系统；④奖惩制度；⑤组织规程，即使企业具有特征和个性的构想与手段。

这一学派以组织理论为研究重点。虽然组织理论并非全部的管理理论，但它对管理理论所做的贡献是巨大的，并对其他学派的形成（如社会技术系统学派、决策理论学派、系统理论学派）有很大影响。

2. 经验或案例学派

这个学派主张通过分析经验（通常也就是一些案例）来研究管理问题。最早提出这一见解的是美国的德鲁克、戴尔(E.Dale)、纽曼、斯隆(A.P.Sloan)等人。他们认为应该从企业管理的实际出发，以大企业的管理经验为主要研究对象，通过研究各种各样成功和失败的管理案例，就可以了解怎样管理。这一学派的主要观点大致如下：

(1) 作为企业主要领导的经理，其工作任务着重于两方面：①造成一个"生产的统一体"，有效调动企业各种资源，尤其是人力资源作用的发挥；②经理做出每一项决策或采取某一行动时，一定要把眼前利益与长远利益协调起来。

(2) 对建立合理组织结构总是普遍重视。如德鲁克认为，当今世界上管理组织的新模式可以概括为以下五种：①集权的职能性结构；②分权的联邦式结构；③矩阵结构；④模拟性分散管理结构；⑤系统结构。他还强调，各类组织要根据自己的工作性质、特殊条件以及管理人员的特点，来确定本组织的管理结构，切忌照搬别人的模式。

(3) 对科学管理和行为科学理论重新评价。这一学派中的许多人提出，科学管理和行为科学理论都不能完全适应企业实际需要，只有经验学派将这二者结合起来，才真正实用。

(4) 提倡实行目标管理。德鲁克首先提出目标管理的建议，其后又有许多学者共同参与了研究。

总之，经验或案例学派并未形成完整的理论体系，其内容也比较庞杂，但其中的一些研究反映了当代社会化大生产的客观要求，是值得注意的。

3. 社会技术系统学派

创立这一学派的是英国的特里斯特(E.L.Trist)及其同事。他们根据对煤矿中"长壁采煤法"研究的结果认为，要解决管理问题，只分析社会协作系统是不够的，还必须分析技术系统对社会的影响，以及对个人的心理影响。他们认为管理的绩效乃至组织的绩效，不仅取决于人们的行为态度及其相互影响，而且取决于人们工作所处的技术环境。管理人员的主要任务之一就是确保社会协作系统与技术系统的相互协调。

这个学派的大部分著作都集中于研究科学技术对个人、对群体行为方式，以及对组织方式和管理方式等的影响，因此，特别注重于工业工程、人机工程等方面问题的研究。其代表著作有《长壁采煤法的某些社会学和心理学的意义》《社会技术系统的特性》等。这个学派虽然也没有研究到管理的全部理论,但却首次把组织作为一个社会系统和技术系统综合起来考虑,填补了管理理论的一个空白,对管理实践也是很有意义的。

4. 人际关系行为学派

这个学派的依据是既然管理就是让别人或同别人一起去把事情办好,那么,就必须以人与人之间的关系为中心来研究管理问题。这个学派把社会科学方面已有的有关理论、方法和技术用来研究人与人之间以及个人的各种现象,从个人的个性特点到文化关系,范围广泛,无所不包。这个学派的学者大多数都受过心理学方面的训练,他们注重个人,注重人的行为动因,把行为动因看成一种社会心理学现象。其中有些人强调,处理人的关系是管理者应该而且能够理解和掌握的一种技巧;有些人把"管理者"笼统地看成"领导者",甚至认为管理就是领导,结果把所有的领导工作都当成管理工作;还有不少人则着重研究人的行为与动机之间的关系,研究有关激励和领导问题。这些研究提出了一些对管理人员大有助益的见解,例如马斯洛的需要层次理论、赫茨伯格的双因素理论、布莱克和穆顿的管理方格理论。

5. 群体行为学派

这个学派同人际关系行为学派密切相关,以致常常被混同。但它关心的主要是一定群体中的人的行为,而不是一般的人际关系和个人行为;它以社会学、人类文化学、社会心理学为基础,而不是以个人心理学为基础。这个学派着重研究各种群体的行为方式,从小群体的文化和行为方式到大群体的行为特点,均在研究之列。有人把这个学派的研究内容称为"组织行为"(Organizational Behavior)研究,其中"组织"一词被用来表示公司、企业、政府机关、医院以及任何一种事业中一组群体关系的体系和类型。这个学派最早的代表人物和研究活动就是梅约和霍桑实验。20世纪50年代,美国管理学家克瑞斯·阿吉瑞斯(Chris Argyris)提出"不成熟交替循环的模式",指出:"如果一个组织不为人们提供使他们成熟起来的机会,或不提供把他们作为已经成熟的个人来对待的机会,那么人们就会变得忧虑、沮丧,甚至还会按违背组织目标的方式行事。"

6. 决策理论学派

该学派的主要代表人物是曾获诺贝尔经济学奖的赫伯特·西蒙(Herbert Simon)。这一学派是在社会系统学派的基础上发展起来的,他们把第二次世界大战以后发展起来的系统理论、运筹学、计算机科学等综合运用于管理决策问题,形成了一门有关决策过程、准则、类型及方法的比较完整的理论体系。其理论要点如下:

(1) 决策贯穿于管理的全过程,管理就是决策。

(2) 决策过程包括四个阶段:①收集情况阶段,即收集组织所处环境中有关经济、技术、社会各方面的信息以及组织内部的有关情况。②拟订计划阶段,即在确定目标的基础上,依据所收集到的信息,编制可能采取的行动方案。③选定计划阶段,即从可供选用的方案中选定一个行动方案。④评价计划阶段,即在决策执行过程中,对过去所做的抉择进行评价。这四个阶段中的每一个阶段本身都是一个复杂的决策过程。

(3) 在决策标准上,用"令人满意"的准则代替"最优化"准则。以往的管理学家往往把人看成以"绝对理性"为指导、按最优化准则行动的理性人。西蒙认为事实上这是做不到的,应该用"管理人"假设代替"理性人"假设。这种"管理人"不考虑一切可能的复杂情况,只考虑与问题有关的情况,采用"令人满意"的准则,从而可以做出令人满意的决策。

(4) 一个组织的决策根据其活动是否反复出现,可分为程序化决策和非程序化决策。此外,根据决策条件,决策还可以分为确定型决策、风险型决策和非确定型决策,每一种决策所采用的方法和技术都是不同的。

(5) 一个组织中集权和分权的问题是和决策过程联系在一起的,有关整个组织的决策必须是集权的,而由于组织内决策过程本身的性质及个人认识能力的有限,分权也是必需的。

7. 沟通(信息)中心学派

这一学派同决策理论学派关系密切,它主张把管理人员看成一个信息中心,并围绕这一概念来形成管理理论。这一学派认为,管理人员的作用就是接收、贮存与发出信息;每一位管理人员的岗位犹如一个电话交换台。

这一学派强调计算机技术在管理活动和决策中的应用,强调计算机科学同管理思想和行为的结合。大多数计算机科学家和决策理论家都赞成这个学派的观点。这个学派的代表人物有:美国的李维特(H.J. Leavitt),其代表作是《沟通联络类型对群体绩效的影响》;申农(Claude Shannon)和韦弗(Warren Weaver),其代表作是《沟通联络的数理统计理论》。

8. 数学(管理科学)学派

第二次世界大战时期,英国为解决国防需要而产生"运筹学"(Operational Research,OR),发展了新的数学分析和计算技术,例如统计判断、线性规划、排队论、博弈论、统筹法、模拟法、系统分析等。这些成果应用于管理工作就产生了管理科学理论,其主要内容是一系列的现代管理方法和技术。提出这一理论的代表人物是美国研究现代生产管理方法的著名学者伯法(E.S.Buffa)等人。他们开拓了管理学的另一个广阔的研究领域,使管理从以往定性的描述走向了定量的预测阶段。

管理科学理论是指以现代自然科学和技术科学的最新成果(如先进的数学方法、电子计算机技术以及系统论、信息论、控制论等)为手段,运用数学模型,对管理领域中的人力、物力、财力进行系统的定量分析,并做出最优规划和决策的理论。这一理论是在第二次世界大战之后,与行为科学平行发展起来的。从历史渊源来看,管理科学是泰罗科学管理的继续和发展,因为它的主要目标也是探求最有效的工作方法或最优方案,以最短的时间、最少的支出,取得最大的效果。但它的研究范围已远远不是泰罗时代的"操作方法"和"作业研究",而是面向整个组织的所有活动,并且它所采用的现代科技手段是泰罗时代所无法比拟的。管理科学理论主要包括以下三个方面:

(1) 运筹学。运筹学是管理科学理论的基础,是在第二次世界大战中,以杰出的物理学家布莱克特(P. M.S.Blackett)为代表的一部分英国科学家为了解决雷达的合理布置问题而发展起来的数学分析和计算技术。就其内容讲,这是一种分析、实验和定量的科学方法,专门研究在既定的物质条件(人力、物力、财力)下,为达到一定的目的,运用科学的方法,主要是数学方法,进行数量分析,统筹兼顾研究对象的整个活动所有各个环节之间的关系，为选择出最优方案提供数量上的依据，以便做出综合性的合理安排，最经济最有效地使用人力、物力、财力，以达到最大的效果。运筹学后来被运用到管理领域。由于研究的不同，又形成了许多新的分支。这些分支主要有：

① 规划论。用来研究如何充分利用企业的一切资源，包括人力、物资、设备、资金和时间，最大限度地完成各项计划任务，以获得最优的经济效益。规划论根据不同情况又可分为线性规划、非线性规划和动态规划。

② 库存论。用来研究在什么时间、以什么数量、从什么地方供应，来补充零部件、器件、设备、资金等库存，既保证企业能有效运转，又使保持一定的库存和补充采购的总费用最少。

③ 排队论。主要是用来研究在公用服务系统中，设置多少服务人员或设备最为合适，既不使顾客或使用者过长地排队等候，又不使服务人员及设备过久地闲置。

④ 对策论。又称博弈论，主要是用来研究在利益相互矛盾的各方竞争性活动中，如何使自己一方获得期望利益最大或期望损失最小，并求出制胜对方的最优策略。

⑤ 搜索论。用来研究在寻找某种对象（如石油、煤矿、铁矿以及产品中的废品）的过程中，如何合理使用搜索手段（包括人、物、资金和时间），以便取得最好的搜索效果。

⑥ 网络分析。是利用网络图对工程进行计划和控制的一种管理技术，常用的有计划评审技术（PERT）和关键线路法（CPM）。

(2) 系统分析。系统分析这一概念是由美国兰德公司于1949年首先提出的，意思是把系统的观点和思想引入管理的方法之中，认为事物是极其复杂的系统。运用科学和数学方法对系统中的事件进行研究和分析，就是系统分析。其特点就是在解决管理问题时要从全局出发进行分析和研究，制定出正确的决策。因此，系统分析一般有如下步骤：

① 弄清并确定这一系统的最终目的，同时明确每个特定阶段的阶段性目标和任务。

② 必须把研究对象看作一个整体，看作一个统一的系统，然后确定每个局部要解决的任务，研究它们之间以及它们与总体目标之间的相互关系和相互影响。

③ 寻求达到总体目标及与其相联系的各个局部任务和可供选择的方案。

④ 对可供选择的方案进行分析比较，选出最优方案。

⑤ 组织各项工作的实施。

系统分析和运筹学作为逻辑和计量方法，它们的共性很多。一般认为，系统分析研究的范围更广泛一些，多用于战略性质的高级决策研究；运筹学研究的范围相对较窄一些，一般多用于战术性的分析论证。但在实际中，作为决策工具，往往是两种方法共同使用、互相补充。

(3) 决策科学化。这是指决策时要以充足的事实为依据，采取严密的逻辑思维方法。对大量的资料和数据按照事物的内在联系进行系统分析和计算，遵循科学程序，做出正确决策。上述管理科学理论的两项内容就是为决策科学化提供分析思路和分析技术的。同时，它所使用的先进工具即电子计算机和管理信息系统为决策科学化提供了可能和依据。

总而言之,管理科学理论的基本特征是:以系统的观点,运用数学、统计学的方法和电子计算机的技术,为现代管理的决策提供科学的依据,通过计划与控制以解决各项生产与经营问题。这一理论认为,管理就是应用各种数学模型和特征来表示计划、组织、控制、决策等合乎逻辑的程序,求出最优的解决方案,以达到企业的目标。

管理科学理论把现代科学方法运用到管理领域中,为现代管理决策提供了科学的方法。它使管理理论研究从定性到定量在科学的轨道上前进了一大步,同时它的应用对企业管理水平和效率的提高起到了很大作用。但是,同其他理论一样,它也有自己的弱点:一是把管理中与决策有关的各种复杂因素全部数量化,是不可能也不现实的;二是这一理论忽略了人的因素,这不能不说是它的一大缺陷;三是管理问题的研究与实践,不可能也不应该完全只依靠定量分析,而忽视定性分析。尽管如此,它的科学性还是被人们普遍承认。

除上面介绍的八个学派外,还有一些学派,如管理过程学派以及近几年出现的还不太成熟的经理角色学派等,在管理理论丛林中也都是比较活跃和有代表性的。这里限于篇幅,就不一一介绍了。总之,这些学派都是在已有的管理理论基础上,力图吸收和利用其他学科的成就,从不同角度来探索管理的原理和方法的,它们之间既有观点相同、继承发展的地方,也有许多观点不一致之处。因此,总体来看,这种"百花齐放、百家争鸣"的现象对构筑管理科学理论的大厦无疑是非常有益的。但是这种分散的管理理论,从理论上讲,经过一定阶段的发展需要走向统一,走向更高级的新的管理理论;从实践上看,在现代化管理工作中,分散的、各抒己见的理论应用起来会有很大的局限性,因而也需要有一套系统的、全面的管理理论来指导。

【延伸阅读】

[1] Harold Koontz. The Management Theory Jungle. *Journal of the Academy of Management*, December, 1961.

[2] Harold Koontz. The Management Theory Jungle Revised. *The Academy of Management Review*, April-May, 1980.

(二)现代管理理论发展的新探索

管理理论从泰罗的科学管理至今,已有一个世纪的历史了,其间经历了古典管理理论阶段(包括泰罗的科学管理与以法约尔、韦伯为代表的管理过程和管理组织理论)、行为科学理论和管理科学理论阶段,以后随着行为科学和管理科学理论的继续发展、分化,演变出了许多管理学派,形成了众多风格各异的管理理论,进入了管理理论的"丛林",即管理理论大发展时期。随着科学技术的不断进步,社会、政治、经济环境的复杂多变,管理所面临的问题也日益复杂,尽管管理理论"丛林"枝繁叶茂,但却难以适应现代管理实践的需要,因此不得不寻找新的出路,以图建立一套全面、系统的管理理论。

在管理理论逐渐互相融合渗透、走向统一的过程中,先后出现了两种有代表性的新的探索:一是系统管理理论,即把一般系统理论应用到组织管理之中,运用系统研究的方法,兼容并蓄各学派的优点,融为一体,建立通用的模式,以寻求普遍适用的模式和原则。二是权变管理理论,强调随机应变,灵活运用各派的学说,并根据内外环境的不同采取不同的组织管理模式或手段,进而建立起统一的管理理论。

1. 系统管理理论

系统管理理论是应用系统理论的范围、原理,全面分析和研究企业和其他组织的管理活动和管理过程,重视对组织结构和模式的分析,并建立起系统模型以便于分析。这一理论是美国管理学家卡斯特(F.E.Kast)、罗森茨威克(J.E.Rosenzweig)和约翰逊(R.A.Johnson)等在一般系统论的基础上建立起来的。其理论要点有:

(1) 企业是由人、物资、机器和其他资源在一定的目标下组成的一体化系统,它的成长和发展同时受到这些组成要素的影响。在这些要素的相互关系中,人是主体,其他要素则是被动的。

(2) 企业是一个由许多子系统组成的、开放的社会技术系统。企业是社会这个大系统中的一个子系统。它受到周围环境(顾客、竞争者、供货者、政府等)的影响,也同时影响环境。它只有在与环境的相互影响中才能达到动态平衡。在企业内部又包含着若干子系统。它们是:①目标和准则子系统,包括遵照社会的要求和准则,确定战略目标;②技术子系统,包括为完成任务必需的机器、工具、程序、方法和专业知识;③社会心理子系统,包括个人行为和动机、地位和作用关系、组织成员的智力开发、领导方式,以及正式组织系统与非正式组织系统等;④组织结构子系统,包括对组织及其任务进行合理划分和分配,协调他们的活动,并由组织图表、工作流程设计、职位和职责规定、章程与案例来说明,还涉及权力类型、信息沟通方式等问题;⑤外界因素子系统,包括各种市场信息、人力与物力资源的获得,以及外界环境的反映与影响等。此外,还有一些子系统,如经营子系统、生产子系统等。这些子系统还可以继续分为更小的子系统。

(3) 运用系统观点来考察管理的基本职能,可以提高组织的整体效率,使管理人员不至于只重视某些与自己有关的特殊职能而忽视了大目标,也不至于忽视自己在组织中的地位与作用。

2. 权变管理理论

权变管理理论是20世纪70年代在美国形成的一种管理理论。这一理论的核心就是力图研究组织的各子系统内部和各子系统之间的相互联系,以及组织和它所处环境之间的联系,并确定各种变数的关系类型和结构类型。它强调在管理中根据组织所处的内外部条件随机应变,针对不同的具体条件寻求不同的最合适的管理模式、方案或方法。

美国尼布拉加斯大学教授卢桑斯在1976年出版的《管理导论:一种权变学》一书中系统地概括了权变管理理论。其内容主要包括:

(1) 过去的管理理论可分为四种,即过程学说、计量学说、行为学说和系统学说,这些学说由于没有把管理和环境妥善地联系起来,其管理观念和技术在理论与实践上相脱节,所以都不能使管理有效地进行。而权变管理理论就是要把环境对管理的作用具体化,并使管理理论与管理实践紧密地联系起来。

（2）权变管理理论就是考虑到有关环境的变数同相应的管理观念和技术之间的关系，使采用的管理观念和技术能有效地达到目标。在通常情况下，环境是自变量，而管理的观念和技术是因变量。这就是说，如果存在某种环境条件，对于更快地达到目标来说，就要采用某种管理原理、方法和技术。比如，如果在经济衰退时期，企业在供过于求的市场中经营，采用集权的组织结构，就更适于达到组织目标；如果在经济繁荣时期，在供不应求的市场中经营，采用分权的组织结构可能更好一些。

（3）环境变量与管理变量之间的函数关系就是权变关系。这是权变管理理论的核心内容。环境可分为外部环境和内部环境。外部环境又可以分为两种：一种由社会、技术、经济和政治、法律等组成；另一种由供应者、顾客、竞争者、雇员、股东等组成。内部环境基本上是正式组织系统，它的各个变量与外部环境各变量之间是相互关联的。决策、交流和控制、技术状况等管理变量包括上面所列四种学说所主张的管理观念和技术。

总之，权变管理理论的最大特点是：第一，它强调根据不同的具体条件，采取相应的组织结构、领导方式、管理机制。第二，把一个组织看作社会系统中的分系统，要求组织各方面的活动都适应外部环境的要求。

3. 现代管理理论的主要特点

管理科学理论的一个不足之处是过分强调定量因素与数学模型，忽视了定性因素的重要性。事实上，管理中的影响因素很多是定性因素，无法用科学方法精确计量，只有依靠人的经验、知识来进行估计和判断才能完成。管理理论丛林则从不同的角度探讨了管理中的一些问题，也未能很好地提出一套完整的方案。这样，它们在现代管理工作中应用起来就会有很大的局限性。近年来，在一些管理学者中逐步酝酿形成了一种新的观念，即现代管理理论。这一理论主张，不仅要综合管理科学理论中的方法和技术，还要综合行为科学理论，而且要着眼于系统分析的观点和权变管理理论的观点，使现代管理理论朝着一个统一的系统理论发展。这是因为有些学者认为，管理过程学派、管理科学学派和行为学派只是系统管理学派的子系统，都应归属于系统管理学派。而且要使系统管理理论真正发挥作用，还必须依靠权变管理理论作为指导；只有随机地、灵活地应用系统管理理论，才能在管理实践中发挥管理理论的功能。

总之，现代管理理论是近代所有管理理论的综合，是一个知识体系，是一个学科群。它的基本目标就是在不断急剧变化的现代社会面前，建立起一个充满创造活力的自适应系统。要使这一系统得到持续、高效和低消耗的输出功能，不仅要求有现代化的管理思想和管理组织，而且要求有现代化的管理方法和手段来构成现代管理科学。

综观管理学各学派，虽各有所长，各有不同，但不难寻求其共性。管理学的共性实质上也就是现代管理学的特点，可概括如下：

（1）强调系统化。这就是指运用系统思想和系统分析方法来指导管理的实践活动，解决和处理管理的实际问题。系统化，就要求人们认识到一个组织就是一个系统，同时是另一个更大系统中的子系统。所以，应用系统分析方法，就是从整体角度来认识问题，以防止片面性和受局部的影响。

（2）重视人的因素。由于管理的主要内容是管人，而人又生活在客观环境中，虽然他们也在一个组织或部门中工作，但是他们在思想、行为等诸方面，可能与组织不一致。重视人的因素，就是要注意人的社会性，对人的需要予以研究和探索，在一定的环境条件下，尽最大可能满足人们的需要，以保证组织中全体成员齐心协力地为完成组织目标而自觉做出贡献。

（3）重视非正式组织的作用，即注意非正式组织在正式组织中的作用。非正式组织是人们以感情为基础而结成的集体，这个集体有约定俗成的信念，人们彼此感情融洽。利用非正式组织，就是在不违背组织原则的前提下，发挥非正式群体在组织中的积极作用，从而有助于组织目标的实现。

（4）广泛地运用先进的管理理论和方法。随着社会的发展、科学技术水平的迅速提高，先进的科学技术和方法在管理中的应用愈来愈重要。所以，各级主管人员必须利用现代的科学技术与方法，促进管理水平的提高。

（5）加强信息工作。由于普遍强调通信设备和控制系统在管理中的作用，因此对信息的采集、分析、反馈等的要求愈来愈高，即强调及时和准确。主管人员必须利用现代技术，建立信息系统，以便有效、及时、准确地传递信息和使用信息，促进管理的现代化。

（6）把"效率"和"效果"结合起来。作为一个组织，管理工作不仅仅是追求效率，更重要的是要从整个组织的角度来考虑组织的整体效果以及对社会的贡献。因此，要把效率和效果有机地结合起来，从而使管理的目的体现在效率和效果之中，也即通常所说的绩效。

（7）重视理论联系实际。重视管理学在理论上的研究和发展，进行管理实践，并善于把实践归纳总结，找出规律性的东西，所有这些是每个主管人员应尽的责任。主管人员要乐于接受新思想、新技术，并将其用于自己的管理实践中，把诸如质量管理、目标管理、价值分析、项目管理等新成果运用于实践，进而在实践中创造出新的方法、形成新的理论，促进管理学的发展。

（8）强调预见能力。强调有很强的预见能力来进行管理活动。社会是迅速发展的，客观环境在不断变化，这就要求人们用科学的方法进行预测，以"一开始就不出差错"为基点，进行前馈控制，从而保证管理活动的顺利进行。

（9）强调不断创新。要积极促变，不断创新。管理意味着创新，就是在保证"惯性运行"的状态下，不满足现状，利用一切可能的机会进行变革，从而使组织更加适应社会条件的变化。

（10）强调权力集中。应促使组织中的权力趋向集中，以便进行有效的管理。电子计算机的应用、现代通信设备的使用，使组织的结构趋向平面化，即减少了层次。权力统一集中，使最高主管人员担负的任务更加艰巨。因此，主管人员必须通过有效的集权，把组织管理统一化，以达到统一指挥、统一管理的目的。

五、当代管理学两个热点问题

20 世纪 60 年代，当某些社会活动家们发起运动开始质疑企业经济目标唯一性原则时，企业社会责任（Social Responsibility）的重要性显现出来。例如，当国际大公司出现了歧视妇女与外国人的行为时,你认为它们是负责任的吗?烟草公司是否忽视了尼古丁会让人上瘾并对人体健康造成危害的事实? 20世纪60年代以前,很少会有人问到这样的问题。

虽然小企业的管理和大企业的管理有所不同,但焦点都集中在规模上。然而,企业经营环境是不断变化的,这样就出现了一种趋势,越来越多的人开始自主创立他们的企业——每年仅在美国就有200多万家企业成立,今天的中国情况也差不多。

(一) 企业的社会责任

企业的社会责任究竟意味着什么呢?意味着这是一个企业应尽的义务,它超越了法律与经济要求,追求有利于社会的长期目标。这个定义假设企业是遵守法律同时也追求经济利益的。我们将所有企业,无论它有没有社会责任感,均视为是遵守法律和社会规范的。我们也注意到这一定义将企业视为有道德的个体,它努力去做有利于社会的事,并且能够分辨出什么是好什么是坏。

如果能够对两个概念——社会义务和社会责任进行一番比较的话,将能更好地理解社会责任的内在含义。社会义务是企业涉足社会事务的基础。只有当一个企业承担起它的经济和法律责任时,才可以说它履行了其社会义务,而且它所做的只是法律所要求的事情。一个企业追求社会目标不能超越其追求经济目标的范围限度。与社会义务相比,社会责任高于这种基本的经济和法律标准。例如,两者都包含了对企业经营所在社会的尊重,而在这个社会里,企业都能对所有员工一视同仁,并且尊重当地的环境,支持职业生涯目标计划并能无歧视地满足各种人群的工作需求等。社会责任在内容上也增加了道德上必须做的事情,这些事当然是使社会更好而不是更糟。社会责任要求企业对"什么是正确的"与"什么是错误的"做出判断,并去寻找基本的道德真理。

公司负有社会责任,才能够创造对于所有外部利害相关者以及内部利害相关者——员工而言的共赢局面。对于顾客,公司的责任是提供对他们有价值的产品和服务。对于社会,企业有责任改善生活质量,或者至少不破坏生活环境。大型跨国公司的高层主管们都能理解他们负有控制污染的责任。公司必须公平地与竞争对手竞争。公司应该运用技术开发提高顾客价值和生活质量的新途径。公司一定要以合作的态度对待供应商。公司必须遵守政府的法律和法规。公司必须为劳动力提供平等的雇佣机会。在同经济的关系上,公司要有财务的贡献。公司要回报给股东合理的利润。公司必须向员工提供安全的工作条件、充分的报酬和奖励。

直至今日,社会上仍有不少对社会责任问题的争论。暂且把争论放一边,要知道,现在的管理者在作一般决策时必须面对社会责任问题。社会慈善、定价、员工关系、资源和环境保护、产品质量等,均是组织需要考虑的重要经营因素。它们还需要重新评估包装的形状,要考虑产品的可回收性、环保惯例等。有环保、友善或"绿色"内容的创意将对商业的方方面面产生影响——从产品和服务的形成到用户的使用再到随后的处置。在全球化竞争的这个世界,少有企业能够承受被视为无社会责任心所带来的负面压力与潜在的经济后果。

> **管理现象观察**
>
> ### 关于社会责任的争论
>
> 赞同企业社会责任论的主要观点有：
>
> 1. 公众预期：从20世纪60年代开始，社会对企业的期望值急剧上升。支持企业既要对社会负责又要兼顾经济目标的大众观点，现在已经变得十分牢固了。
>
> 2. 长期利润：有社会责任感的企业一般会有更加稳定的长期利润，这是因为有社会责任感的企业行为常伴有良好的社会关系和商业形象。
>
> 3. 道德职责：一个企业能够而且应当有这样的意识。企业应该有社会责任感，因为就它们本身的目标来讲，负责任的行为总是对的。
>
> 4. 公众形象：企业寻求强化自己的公众形象是为了获得更多的用户、更好的员工、通畅的融资渠道以及寻求其他的一些利益。因为公众认为社会目标十分重要，所以企业可以通过追求社会目标而使自己的公众形象更好。
>
> 5. 更好的环境：企业的参与能够解决许多社会难题，因此，创造一个生活质量更好、更令人向往的社会环境将能够吸引与留住那些有熟练技能的员工。
>
> 6. 进一步放松政府管制：政府管制会增加经济费用并限制管理者决策的灵活性。企业如果有社会责任心的话，政府有望放松对其的管制。
>
> 7. 责任与权力的平衡：企业在社会生活中享有很大的权力，这就要求有相当数量的责任来进行平衡。当权力远远大于责任时，所产生的非均衡性就会导致不负责任行为的发生，这是与公众利益相悖的。
>
> 8. 股东利益：从长期来讲，社会责任会抬高企业的股票价格。股票市场上的人们会认为有社会责任心的公司存在的风险更小并且易于接受公众的批评。因此，这类企业会有更高的收益率。
>
> 9. 占有资源：企业以其拥有的金融资本、技术专家和管理能力去支持公共事业和慈善事业。
>
> 10. 阻止社会问题的优势：社会问题必须及时解决。企业应该在这些问题变得日趋严重、纠正成本更大，并且需要管理者从产品和服务经营中分出部分管理精力专门处理这些问题之前采取行动。
>
> 反对企业社会责任论的主要观点有：
>
> 1. 违反了利润最大化原则：这是传统观点的关键所在。企业只有当其严格执行对经济利益目标的追逐，并把其他活动交由其他机构执行时，它才是最有社会责任感的。
>
> 2. 目标的解释：追求社会目标将会淡化企业追逐的最根本的经济生产率目标。这反而会造成既达不到社会目标也达不到经济目标的不利结果。
>
> 3. 费用：许多社会活动是不会自筹经费的，必须有人为其埋单。企业只能自行消化这些费用或以更高的产品价格将这些费用转移到消费者头上。

> 4. 过多的权利：企业已经算是我们这个社会中的一个具有很大权利的机构了。如果它再去追求社会目标，它将获得更多的权利。社会已经给予企业足够的权利了。
> 5. 技能的缺失：企业领袖们的视野与能力主要是经济性的。企业人员不能完全胜任处理社会问题的有关职责。
> 6. 责任感的缺乏：政治家们追求社会目标，并对他们的行为负责，但这些对企业领袖们来说不合适。在企业和社会公共部门之间没有一条可以直接贯通的社会责任线。
> 7. 缺少广泛的公众支持：社会并没有超范围地授权子企业，要其介入社会事务当中。社会公共事务在此被割裂开来。事实上，这也是一个时常会引起激烈争论的话题。在这种割裂状态下所采取的行动有可能是失败的。

在组织承担社会责任的方式方面，各个组织自己所采取的立场也是千差万别的。图1-10描述了组织所采取的四种立场，依次从最低社会责任到最高的社会责任。

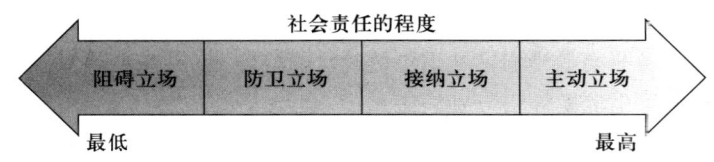

图1-10 组织承担社会责任的方式

1. 阻碍立场

极少数组织采取阻碍立场，它们通常尽可能对社会或环境问题不闻不问。当它们一旦跨越了可接受行为的界限后，它们通常的反应是否认或避免为自己的行为承担社会责任。例如，当企业被内部员工或公众揭发管理者滥用资产或违法排污时，公司还没有进行调查就声明否认任何行为不当的说法。只有在被相关机构指控和定罪后公司才承认事实。

2. 防卫立场

从阻碍立场向前迈进一步就变成了防卫立场，企业的作为只限于法律要求。这一方法最接近于反对强化企业社会责任的意见。这些企业中的管理者们认为自己的责任就是赚钱。例如，这样的企业可能根据法律的要求安装污染控制装置，但是不会安装稍贵些而且品质较好、能够进一步减少污染的设备。烟草公司在营销活动中通常采取的就是这样的立场。在许多发展中国家，烟草的促销很厉害，烟草中焦油和尼古丁含量比在发达国家高得多，而警告标志极少甚至没有。采取这一立场的企业通常不会掩盖错误的行为，一般来说它们会承认错误并采取适当的改正措施。

3. 接纳立场

采取这一立场的企业，不仅符合法律和伦理的要求，而且会有选择地超出这些要求。这类企业自愿参加社会项目，但是寻求支持者必须说服组织项目是值得支持的。例如，一些公司会接受社会项目组织的请求提供捐赠或支持企业员工选择和参与的慈善活动。这里的问题在于必须有人上门请求，企业不会主动提供这类捐赠或鼓励员工参与慈善活动。

4. 主动立场

社会责任程度最高的企业采取的是主动立场，采取这一立场的企业将强化社会责任的意见放在心上。它们将自己看成社会公民，积极寻求贡献的机会。例如，一些企业主动在学校设立奖学金支持有前途的学生或资助贫困学生上学。这类活动比接纳立场更进了一步，它表示了对增进一般社会福利诚恳的、有力的承诺，代表着一种主动承担社会责任的态度。

注意：上述分类并不是分立的，它们所描述的是各种持续过渡的不同态度，组织未必只能落在某一类别中。例如，一家保健品生产企业因主动参与社会公益事业受到好评，而这家企业又因为向消费者夸大其保健品功效而受到指责。

案例讨论

每年参加大洋旅行的游客超过 800 万人，他们游历世界各大洋，寻找原始的海滩和干净的热带水域。尽管因为收入的原因各地通常欢迎这些巨轮和它所承载的游客，但他们同时所带来的相应污染是令人反感的。

一艘现代游轮可以搭载超过 3 000 名乘客和 1 000 名船员，他们将产生大量的废弃物。一天当中游轮会制造出 7 吨固态的垃圾，这些垃圾经焚化后倒入海中；还有 15 加仑①高度有害的化学废料、3 万加仑污水、7 000 加仑含油的舱底污水、22.5 万加仑来自水槽和洗衣房的中水。此外，游轮还随处汲取压舱水并且在后面的航行中再加以释放，这就将世界上其他地区的生物和污染带到新的地区。

环境组织认为污染导致的最严重问题是海洋生物的死亡甚至灭绝。外来的生物带来了寄生虫和疾病，在某些案例中甚至完全取代了本地的物种。对人体无害的细菌却可能杀死为许多物种提供食物和寄宿地的珊瑚。石油和有毒的化学物质，即使是极小的量，也足以杀死野生生物。海龟吞下塑料袋，它们以为这是海蜇，结果却被饿死；海豹和海鸟被捆扎听装饮料的提兜缠住而淹死。其他问题包括栖息地破坏和疾病，例如，20 世纪 90 年代从秘鲁海岸外带来的游轮压舱水中含有霍乱菌，结果导致了墨西哥海湾渔民和虾养殖者的巨大损失，因为捕捞起来的受感染的鱼虾都必须销毁。洗涤剂中含有的磷导致藻类的异常生长，它们耗尽了水中的植物和动物所需要的氧气。

解决问题面临的最大困难是缺乏管制措施。根据国际法，国家有权管辖海岸外 3 英里的海洋。国际条约授予国家的管辖权延伸到海岸外 25 英里。25 英里之外则是公共区。此外，各国间的法律和政策差别很大，就算法律很严格，但在执行时也可能打折扣。在一起损害和解案中，皇家加勒比海游轮公司因为非法改造设备、篡改记录、向海岸警备队说谎和故意销毁证据而支付了 2 700 万美元。罚金看上去很高，但这是对 30 项不同的起诉和持续 10 年的违法行为的补偿，同每年高达近 10 亿美元的利

---

① 1 美制加仑 =3.79 升。
1 英制加仑 =4.55 升。

润相比,这个数额并不算大。观察家们认为,如果之前的10年里皇家加勒比海公司按照法律要求处理垃圾,其所支付的费用将超过这次的罚金。

许多人认为罚金远远不够,并公开谴责游轮公司从破坏性的经营活动中获利的行为,但批评者也认识到只要有利可图,这些公司仍然将继续这样做下去。处理垃圾使之更安全的技术已经有了,但是直接倒入大海每年可以节省几百万美元。游轮公司履行社会责任的方法是有效的吗?你怎么看?

(二) 企业家创业精神

对企业家创业精神(Entrepreneurship)的定义多种多样。例如,许多人将其定义为"新创一个企业",另一些人则侧重于从企业家的动机角度进行描述,即企业家是要寻求创造财富的,但新创企业绝不只是一种收入替代方式(也就是说,宁愿为自己做事情也不愿意为其他人打工)。许多人在描述企业家时常常用这样一些词:勇敢、创新、敢吃螃蟹、创业、敢于冒险。他们也喜欢把企业家与小企业联系在一起。我们将企业家创业精神定义为一个过程,这一过程就是创业家启动一项商业风险计划、组织必要的资源,并且承担风险和收益的过程。不断追求机会,并且通过创新来满足需求与愿望是其最主要的特征。创业企业一般都从小规模做起,这样的企业可以被定义为"小企业"。在中国,多数行业指员工数不超过100人的企业。

怎样解释个人开公司越来越受欢迎呢?部分原因在于人们想掌控自己的命运。这些人对选择自主创业的思考往往已经很久,新的经济形势变化使得自己当老板变得有利可图了。另外,大企业的规模紧缩,解雇了数以百万计的工人与管理者,许多员工被解雇的苦楚转化为自我雇佣的动力,创业资金的大部分来自他们平时的储蓄。另一些人在看到同事或朋友们下岗失业的情景时,认为在日趋缩小的公司里,他们未来的发展机会也会受到限制。于是,他们自愿地断绝了与公司的联系,选择了自我雇佣。还有一种不断增强的创业动力来自"特许权"可选择机会的增多。向企业买入一个"特许权",如加盟福奈特洗衣公司、7-11便利店、如家连锁旅馆等,特许方式能够使企业家们冒更小的风险来经营他们的企业。这是因为特许权加盟企业比一般新创企业的失败率更低,其营销方式、操作程序和管理模式等都是由发放特许权证的企业提供的。

创业家对社会的主要贡献体现在推动创新、创造就业岗位、促进经济增长、支持大企业发展等。首先,许多社会上的创造和创新都来自创业家,通常大企业收购小企业的目的就是获得创新成果。半导体收音机、复印机、拍立得相机、个人计算机和喷气式发动机等都是独立创业家的发明,基于信息技术、生物技术等高科技发展而来的多种产品和经营模式都是创业家把别人的想法变为现实的例子。其次,中国的中小企业对GDP的贡献超过60%,对税收的贡献超过50%,提供了近70%的进出口贸易额,超过60%的专利发明、70%的技术创新和80%的新产品开发,提供80%左右的就业岗位,成为安排劳动就业的主力和推动经济发展的重要力量。另外,大企业的供应商和产品分销商多为小企业。例如,一家大型汽车公司可能从上千家供应商那里购买原材料,其中大部分都是小企业。

不要混淆"企业家创业精神"与"小企业管理",这是很重要的。并不是所有的小企业管理者都是企业家。许多小企业的管理者只不过是管理规模小一些的大企业或公共部门的层级系统。企业家创业也不仅仅是小企业的专利。一些大公司也在尝试模仿企业家的创业行为。为什么?一般来讲,企业家比传统层级组织中的经理更能对环境变化做出快速反应。老板式经理人每天都参与其经营活动,常常更为接近用户,而且老板式经理人是主要的决策者,所有的中层均要向他汇报情况,于是出现了层级更少的扁平式组织。

在一个大企业,那些表现出企业家创业特征的人被称作内部创业家。这是不是表明企业家能够存在于那种大型的企业组织之中呢?答案取决于人们对该词语的解释。例如,著名管理大师彼得·德鲁克认为这是可以的。他将创业型管理者描述为那些对自己的能力十分自信、对于变革能够度量出机会的大小、总是期望获得意外惊喜并且希望充分利用这些优势的人。他将创业型管理者与传统管理者作了一番比较,认为传统管理者将变革视为一种威胁,并且常被不确定性所困扰,喜欢作具有可预测性的事情,偏爱维持现状等。

创业家和内部创业者之间的一个重要区别是风险承担。创业家通常以个人资产作为他们事业的部分或者全部创业投入,因此有损失他们投资的风险。有些创业家会因此失去他们的生活积蓄、住房、汽车以及其他资产。他们通常为了创业会辞掉现有的工作,但创业失败时却再也回不到原来的工作岗位,为了未来的收益他们放弃了现有的可靠薪水来源,这些损失可能需要数年的时间才能挣回来甚至永远也挣不回来了。一般而言,内部创业不需要个人投资,财务资源通常来自所在企业,而且如果创业失败,他们通常能够返回到原来的岗位或类似的工作。内部创业者通常会保持原来的工资或略有提高,有时会得到分享一定比例新业务利润的待遇。然而,像创业家一样,内部创业者通常都工作很长时间。虽然创业家比内部创业者承担的风险大,但是他们所得的回报(和他们的损失一样)通常更大,因为所有的利润都归他们所有。

案例讨论

作为华为技术有限公司的主要创始人、总裁,任正非说:"创新就是在消灭自己,不创新就会被他人消灭。"1987年,任正非用仅仅2.5万元创立华为,从没有资本、没有人脉、没有资源、没有技术、没有市场经验,到如今华为帝国的建成,任正非靠的正是坚持不懈的奋斗精神和持之以恒的创新努力。从1992年开始,华为坚持将年销售至少10%投入研发,"什么事情都可以打折扣,但研发的10%投不下去是要被'砍头'的",如华为主管研发的负责人所说,2015年,华为投入92亿美元进行新技术和产品的研发,占销售额的15%,已超过苹果85亿美元的研发投入(占销售额的3.5%)。可见,企业的成熟并没有磨灭任正非的创新精神,不断提高的眼界和技术水平成为华为进一步提高创新水平的更强动力。

不仅在技术研发方面,在管理制度方面,华为也有精彩的创新表现。从华为创立的第一天,任正非就给知识劳动者的智慧——这些非货币、非实物的无形资产进行定价,使"知本家"作为核心资产成为华为的股东,实现"工者有其股"。这种股权创新方案是任正非对当代管理的重大贡献,解决了在互联网、全球化时代对知识劳动者进行管理的问题,也使华为成为未上市公司中员工持股最多的企业。从任正非身上,我们看到了一种有创造、有坚持、有担当的企业家精神,我们有理由相信华为今天的成功绝非偶然,与任正非的企业家精神有千丝万缕的联系。

不同的人对于企业家精神的解读和界定有所不同,但究其核心所在,首先是创新,敢闯、敢试;其次是坚忍不拔,永不放弃。毋庸置疑,企业的创始人在创业之初极具开创精神,随着企业逐渐成长且日趋成熟,企业家坚持不懈的努力、锲而不舍的坚持以及在各自领域内持之以恒的创新创造,是企业不断进步的不竭动力。这就是今天中国企业最需要的宝贵资源——企业家创业精神。

本章小结

什么是管理?管理者的主要工作和技能是什么?这是本章要回答的主要问题。任何组织的活动都是由作业活动和管理活动构成的,离开管理,组织的作业活动无法顺利进行并实现组织目标。20世纪初以来,管理作为一门科学被逐步认可,然而在接受其科学性的同时,管理的艺术性更为人们所重视。本章从组织的活动出发,阐述了管理的含义、职能、性质以及管理者的类型和技能要求,对组织的管理环境以及管理主要思想的演变和发展进行了描述和分析。除此之外,探讨了当代管理的两个热点——企业的社会责任和企业家创业精神。在本章的学习过程中,值得注意的问题如下:

1. 组织的定义与管理活动

组织是直接通过作业活动来达成组织目标的,但组织为了确保这一基本过程(对企业来说,该基本过程就表现为生产和服务过程;对公共组织来说,该基本过程就表现为公共事务处理和服务过程)顺利而有效地进行,还需要开展管理活动,管理是促进作业活动顺利实现组织目标的手段和保证。

2. 管理定义的四要素

环境、资源、职能、目标是管理定义的四个构成要素,管理工作追求"效率"和"效果"。

3. 管理工作与作业工作的关系

管理不是独立存在的(体现了一个组织同时具有管理与作业两种活动),但管理工作是独立进行的(体现了组织中管理工作与作业工作是两种不同的工作,不能相互替代)。

管理工作者可以做些作业工作,但应合理把握做多少作业工作的"度"。

4. 管理的科学性和艺术性

对管理的科学性的理解:首先,管理是一门科学;其次,管理是不够精确的科学。对管理的艺术性的理解:首先是管理的艺术性源于管理这门科学所具有的不精确性;其次是管理的艺术性强调了管理的实践性,离开了实践的锻炼和积累,仅仅抱着管理学理论的条条框框是搞不好管理的。理解管理的科学性和艺术性特征对管理实践有重大意义。

5. 管理的基本职能

(1) 在管理学的发展历史上,一些管理学家对管理的基本职能做了不同的表述,目前管理学界比较多地采用计划、组织、领导、控制的表述方式。

(2) 计划、组织、领导、控制的含义及它们之间的关系。由于以后各章将对计划、组织、领导、控制理论展开介绍,因此在本章中主要了解其基本定义和基本内容。

(3) 决策、创新和协调在管理职能中的位置和重要性。

6. 管理者在组织中所扮演的角色

明茨伯格对管理者扮演角色进行了分析,总结为人际关系、信息传递、决策制定三个方面的十种角色。

7. 管理者从不同的角度分类

主要是从管理层次的角度和管理领域宽窄的角度进行分类。

8. 管理者应具备的三种技能的含义及不同层次管理者应用这三种技能的侧重点。

9. 从环境对组织的影响看管理注重环境分析的必要性。

10. 环境不确定性分析和内外环境综合分析的模型与思路。

11. 管理思想和理论的发展

重点了解科学管理理论、管理过程和管理组织理论、人际关系学说和行为科学理论的主要代表人物及其主要观点;现代管理理论的主要学派及各学派的主要观点;霍桑实验的结论及其对管理的贡献。

12. 理解企业的社会责任和企业家创业精神,重点是当代企业管理为什么更加关注企业的社会责任和企业家创业精神。

重点术语

管理职能	计划	组织	领导
控制	效率	效果	管理者角色
管理技能	技术技能	人际技能	概念技能
政治技能	管理环境	SWOT 分析	科学管理理论
管理组织理论	行为科学理论	企业的社会责任	创业家
企业家创业精神	内部创业者		

即测即评

扫描二维码,可在线检验学习效果。

思考题

1. 怎样理解管理追求"1+1>2"的协同效应?
2. 泰罗的科学管理对管理理论发展的主要贡献是什么?
3. 系统学习和经验积累都是学习如何管理的途径,请分析哪一种途径更重要。
4. 人际关系在管理系统中扮演什么角色?管理人员作决策时须如何顾及人际关系因素?
5. 回忆最近你参加的团队活动或任务,解释其中成员如何表现各自的管理技能。
6. 对比效率和效果这两个概念,请举例说明有效果但无效率、有效率但无效果、既有效率又有效果、既无效率也无效果四种情况。
7. 近年一些生产商或厂家都将生产基地从中国转移至其他发展中国家,这种现象与环境因素有什么关系?
8. 管理创新的重要性是什么?举例说明管理创新及创新的方式。
9. 找一家你熟悉的组织,仔细勾画出它的环境。提出具体的例证说明每一种要素对组织的影响。
10. 把工人假定为"经济人"就目前中国的具体实际是否基本正确?
11. 有许多活动和项目可能获得富有社会责任感的企业的资助。你认为企业最应当资助什么类型的活动或项目?解释你的理由。
12. 请分析在近年来越来越受欢迎的企业家创业精神。

章后案例

打车大战背后的企业社会责任思考

随着智能手机的普及,手机软件市场突起,打车软件进入人们的生活。从手臂招车,到指尖叫车,打车APP正在全国迅速推广。

快的打车,由阿里巴巴2013年4月投资、杭州快智科技有限公司研发。该软件为打车乘客和出租司机量身定做,乘客可以通过APP快捷方便地实时打车或者预约用车,司机也可以通过APP安全便捷地接生意,同时通过减少空跑来增加收入。快的打车现已覆盖到全国306个城市,日订单量超百万,市场占有率超过50%,是目前国内人气指数最高的打车软件,被誉为打车神器。而滴滴打车是腾讯投资的一家移动互联网公司,也致力于移动交通的发展,为乘客提供方便。2012年,滴滴打车在北京中关村诞生,9月9日正式在北京上线。

2014年伊始,滴滴打车和快的打车,以及各自背后的投资方腾讯和阿里巴巴,围绕移动支付展开了一场激烈角逐。作为快的打车北京分公司的经理,李坤更是在这场没有硝烟的战争中竭尽全力。然而本想大干一场的他,却在生活中遇到了不少打车软件带来的烦恼,像老人打车难、存在交通安全隐患等问题,使本该踌躇满志的他陷入了矛盾之中。

1. 经理的苦恼

（1）老人打车难。办公室里，李坤正拿着各季度报表，思索着公司下一步的应对方案。他拿起桌上的笔，又放下，愁眉紧锁，一遍一遍地望着窗外的雾霾叹气。同事小孙忍不住说道："坤哥，需要处理工作虽多，也不至于朝着窗户着急啊！"

"唉，我岳父母来了，我和你嫂子都在上班。老人年纪大了，我应该去接的，可今天不是我主持例会嘛，就让二老打车过来。可这都一个多小时了，按说该到家了……"

丁零零，丁零零，李坤电话响起，看着显示的号码，心里不禁一紧："媳妇，爸妈到家了吗？"

"还说呢，让你请假去接爸妈，你不愿请假，这下可好，天这么冷，爸妈还没打到车！"电话那头传来媳妇的抱怨声。"都是你们这些打车软件惹的祸，爸妈不会用，路过了很多空车，招手也没人停。"

"这是怪我，没考虑好，我马上给我朋友赵刚打电话，他是出租车司机。"

接到了二老的赵刚，一边陪二老说话，一边听着手机上传来的订单信息。

"难怪这么久没打到车，原来是这手机在搞怪。"二老笑着说。

"是啊，有了这打车软件，不像以前那样满大街碰运气，而且乘客有返现，我们司机还有奖励。"二老很是健谈，聊着聊着就到了李坤家门口。送了二老下车，赵刚驱车继续等待订单信息。

（2）交通安全隐患。一周之后，李坤的岳父母准备回家。吸取了上次来时不好打车的教训，上班之前，李坤就给赵刚打去了电话，让他把岳父母送回家，然后放心地去上班了。

公司正在召开紧急会议，李坤的手机却不停地振动，又是媳妇的电话，李坤不得不找机会出来接了电话。"怎么了，正开会呢？！"李坤有些不满。

"赵刚开车送爸妈回家的路上，出了车祸，爸爸受了惊吓，血压上来了，在人民医院。"李坤听完，有些慌神，匆匆忙忙请假向医院赶去。

原来，为了能接到更好的订单，很多司机在驾驶台上放置一台甚至多台手机，同时运行多个打车软件揽客。赵刚虽然只用了一种打车软件，但是对面行来的出租车，安装了多台终端。司机频繁查阅，转移了注意力，一时没有注意到转弯的赵刚，发生了车祸。幸好当时车速都不快，否则后果不堪设想。

李坤见岳父母只是轻微擦伤，血压也降下来了，心里长长地出了口气。市交通局里，赵刚正和事故司机焦急而忐忑地等待着处理结果。一名交警走过来，对着赵刚和事故司机说："虽然国家对于新兴的打车软件还没有明文规定，但根据类似的《中华人民共和国道路交通安全法实施条例》第62条第3项规定，驾驶机动车不得有拨打接听手持电话、观看电视等妨碍安全驾驶的行为。对于此次事故，事故司机违反交通法有关规定，负主要责任，赔偿医药费、住院费以及车辆的维修费，扣4分，罚款人民币1000元。"

赵刚表示，自己身边还有很多同事和同行存在这种行为，抱有侥幸心理，这次事故也给自己敲响了警钟，回去之后一定以身说法，劝解同事理性对待奖励与补贴。

2. 烧钱大战

赵刚从交通局处理完事故，赶到医院，满怀愧疚地向李坤夫妇和二老表示歉意。李坤看着赵刚还没来得及处理的伤口,开始反思这起事故的前因后果。其实,车祸的根本原因还是自己公司与对手公司的烧钱大战,导致司机追求利益而蒙蔽了双眼。

为了抢占市场和吸引顾客,快的打车早在 2013 年 4 月就投入 800 万美元,11 月又投入近亿美元,特别是在北京地区,投入大量推广资源。12 月,支付宝钱包与快的打车公司合作:乘客可以直接用快的内置的支付宝或扫描二维码支付打车费。在 12 月期间,北京市民使用支付宝打车就有机会获得单笔最高 200 元的免单额度或是 5 元现金返还。

2014 年 1 月,滴滴打车宣布每单微信支付乘客返现 10 元、司机补贴 10 元的活动。

在之后,双方持续性地对司机和乘客都进行了不同额度的补贴。世界杯期间,又相继推出了"抢红包""打车返代金券""有奖竞猜"等活动,烧钱大战愈演愈烈。

然而,刚刚过去的这一周的经历,让李坤乐观看待公司业绩的心态发生了变化,他已经从业务突飞猛进所带来的欣喜中冷静下来,开始重新审视这一切暴露出来的附带问题。

3. 真假出租车

接下来的几天,李坤穿梭于公司、医院和家之间。值得庆幸的是,经过四天的住院观察,岳父母终于可以出院了。在接二老回家的路上,李坤看到出租车乘车点站着两个年轻人和一位老人,看样子也是接老人出院的。两个年轻人在路边扬手打车,着急地跺着脚,老人颤巍巍地左顾右盼。

"都一个半小时了,连一辆出租车都没有打到。下次一定把充电宝带上,手机没有电,打车软件用不了,急死人,现在难道招手就打不着车吗?!"年轻女子愤愤地说。

"路过的空出租车也不停,还找借口说车已预约,路线不顺道,应该向消费者协会投诉他们。"年轻男子也略有不平地说道。

就在他们抱怨的时候,一辆车型为奔驰 E300L 的车停了下来,询问他们是否打车。正在两个年轻人怀疑他是不是黑车的时候,自称是陈师傅的司机开了口:"我是专车司机,目前已经出勤 222 次。一天跑完 8 单,滴滴奖励 100 元,车费赚个 200 元,比开出租车自由、轻松。"

"这样的租车形式和黑车很像,你们不怕查吗?"

"我和乘客不存在直接现金交易行为,没有证据说明我是开黑车。"面对年轻人的询问,陈师傅淡淡一笑,直言道。

此次此刻,李坤心里已经不再平静。作为强力的竞争对手,他当然知道滴滴打车的司机应聘系统,只需两步即可上路:培训和考试。在司机应聘系统首页上只需填写个人姓名、手机号码和所在城市,就可以注册成功。对于可否使用私家车这一问题,滴滴专车应聘的条件是:"只要您的车符合平台要求,欢迎您带车加盟。"另外,司机分为全职和加盟两类,加盟司机可自由选择工作时间,有不少的哥下班后,用私家车揽活。

事后,这些暴露出来的问题让李坤忧心忡忡:公司目前的业绩上升是良性的吗?能持续多久?怎么解决这些已经出现的问题呢?还有什么问题我还没有意识到呢?随后,李坤组织了一次各部门的讨论会,结果大家对于老人打车难、交通安全、黑车揽活等引发的各种社会责任问题都有着很深的体会。

虽然打的大战表面上已经偃旗息鼓，但是取消返现和补贴的策略只是使司机和消费者理性对待打车软件行业，打车软件行业肯定会继续发展下去，社会责任问题却没有得到真正的解决。

讨论：如何有效解决问题并承担相应的责任？请结合实际谈谈你的解决方案。

第二章 计划

本章要点

(1) 决策的概念及过程。
(2) 决策的三种基本方式:理性决策;有限理性决策;直觉决策。
(3) 不同类型的决策及特点。
(4) 决策的影响因素及当代决策面临的新问题。
(5) 计划的概念及意义。
(6) 计划的类型及影响因素。
(7) 计划的制定。
(8) 目标管理。
(9) 计划的方法。

案例导读

2014年10月17日,华为技术有限公司(简称华为)与东风汽车集团股份有限公司签署战略合作协议,表示双方将在智能汽车、汽车电子、IT/ICT信息化建设等领域,展开全方位跨界合作。不足一月,华为又与长安汽车在深圳签署战略合作协议,表示双方将在车联网、智能汽车、国际化业务拓展、流程信息化、信息化建设等领域协同创新,展开跨界合作。

华为作为全球领先的信息与通信技术解决方案供应商,许多战略在业界都成为经典。如它的品牌战略、变革战略、国际化战略、研发战略、竞合战略等,正是因为有着长远的计划和清晰的战略布局,华为能够一路做强做大,成为中国真正走向国际化的500强企业。

华为"三步走"的战略路径包括:

第一步,紧抓行业本质和行业及社会发展趋势,立足于此,明晰战略方向。华为在发展过程中,深知自己是一家高新科技行业的企业,这种企业最大的特点是服务于时代。离开时代和社会的航标,便失去了发展方向。华为早期的时候靠西方公司领路,有过不少困难和波折,但很庆幸的是华为在后期发展过程中逐步改变了这一点,紧紧把握时代航标,努力从跟随迈向引领。这种思想在华为进入手机和车联网领域都有所体现。

第二步，以客户和市场需求为导向，以客户和市场为中心，结合自身的优势和能力，快速反应，确定战略选择。这种理念在华为的发展中对华为的壮大起到了巨大的推动作用，也是国际巨头思科在"读懂"华为后将其列为重要竞争对手并实施转型的原因之一。市场和客户是一切工作的核心，如产品的研发是否立项、产品的设计思路与研发路标如何确定、产品的技术标准如何选择、产品的改进和完善如何进行等，都是依据市场前景和市场、客户的反馈来进行的。

紧贴市场和客户可赢得先机和发展，脱离市场和客户必然导致落后和战略失误，任何企业都不例外。全球信息产业领导企业IBM在发展过程中就曾出现过类似的问题。IBM公司在20世纪50年代跨入计算机行业，首先就是顺应了市场从机械计算向电子计算发展的潮流。60年代开发出近乎垄断整个市场的大型机也是因为符合了市场和客户的要求，从而使公司得以迅速发展壮大。但进入70年代以后，IBM的经营者开始变得以企业自身为中心，看不到计算机市场向低廉、日渐小型化的小型机、PC机和便携机发展的势头，脱离顾客，不思进取，导致后来开发出来的新产品只是原来产品线的延伸而没有更大的突破。因为脱离了市场的导向，其大型机业务逐渐衰败。后来，随着苹果、康柏等后起之秀的出现，IBM在竞争中到了大面积亏损的境地，几乎面临破产。到90年代，IBM个人计算机的成功开发才使得IBM重新赢得了竞争力。这说明，只有顺应市场需求和变化的方向，才能助力公司走向繁荣。

第三步，依托一种强大的能力将战略选择付诸实施。这种能力对华为来说是成立之初就坚定不移地执行并写入《华为基本法》的技术研发。对于高新科技企业，研发实力是基础和根本。强大的研发能力和实力以及拥有的知识产权，让华为在面临任何挑战和选择的时候都有勇气、有理由。

作为一家高新技术企业，华为在研发方面的做法让很多同行自叹不如。首先是追求"高质量研发"：从研发投入看，每年把不少于公司收入的10%投入新技术预研，从未改变。即便在被称为"华为的冬天"的2001年，其研发投入也达到11.7%，2002年至2012年累计投入超过1 300亿元，2013年更是占营业收入高达14%，在中国所有企业中遥遥领先，在全球的ICT和电子高科技厂商中也正在逼近前10位。从研发人员数量看，研发部门是全公司人数最多的部门，超过7万名研发人员，占公司人数比达46%。从研发成果看，华为在全球申请专利超过4万件，同时积极参与国际标准的制定，从根本上把握高新技术企业生存的法则。其次是在中国特殊的人力资本情况下形成"低成本研发"。虽然比较同类企业华为的研发人力成本称得上"高薪"，但与欧洲相比，在中国一个研发工程师的工资是欧洲的1/4~1/3，而法定工作时间是欧洲工程师的1.5倍，而且中国人勤奋，经常自觉加班加点。研发费用的80%以上是人力资源成本，所以，华为投入1块钱研发，相当于欧洲公司投入10块钱，也就是说华为的研发成本是欧洲公司的1/10。

顶级高新科技企业首先要号准时代的脉，才能建立前瞻正确的战略方向；对市场和客户需求的把握、快速的市场反应能力，使得华为做出靠谱的战略选择；强大的研发实力让华为具备了在短时间内依据客户和市场需求进行产品定向研发的能力，快速研发、准确执行，助力华为实现其战略选择。三者一脉相承，构筑了华为的核心竞争力和战略选择的核心思想。

第一节　决策的过程

组织中,无论是高层管理者还是基层管理者,都需要做大量的决策工作。从常规的日常考勤管理、各部门工作日程安排,到紧急危机情况应对、组织未来发展的重要战略,这些都需要管理者针对不同的情况斟酌定夺。正是由于组织整体活动由这些大大小小的事件所构成,管理者对于上述事件的决策质量,从根本上决定了组织整体运行的质量,甚至是组织的成败。因此,决策是整个管理活动的核心,在组织运行中起着不可忽视的作用。

一、什么是决策

(一) 决策的概念

决策是管理中普遍存在的一种活动,是决策主体为了实现特定的目标根据客观环境和条件对未来行动做出的选择。对于决策的概念,管理学家进行了较深入的探讨,并从不同的角度给予了界定。狭义地讲,决策是在几种行动方案中进行选择,例如,有限的资金是投入新产品研发还是投入现有产品的扩大再生产。而广义层面的决策还包括在做出最后选择之前必须进行的一切活动。例如,管理者决定将资金投入新产品研发后,需要做一系列的事情,包括了解新产品的市场前景如何,企业自身的生产能力能否达到,相关的技术人员是否配备,等等。

可以看到,决策是指"组织或个人为了实现某种目标而对未来一定时期内有关活动的方向、内容及方式的选择和调整的过程"。因此,结合组织实践,决策可以定义为:管理者识别并解决问题的整个过程。对于决策定义的理解,包括以下几个方面:

(1) 决策的主体是决策事件的负责人,通常是组织中的管理者。根据决策事件的不同,决策主体既包括管理者个体,也包括由管理者组成的管理团队。

(2) 决策是一个完整的过程,这一过程包括从问题识别到方案实施及评估等一系列的活动(详见本节第二部分)。

(二) 决策的重要性

决策是所有管理活动的基础,具有重要的地位与作用。决策在管理中的作用性主要体现在以下几个方面:

首先,决策贯穿于管理始终,是管理各项职能的实质性活动。管理者在管理过程中要履行计划、组织、领导、控制等职能(见表2-1)。这些工作一旦展开,就具有延续性和稳定性。而决策是所有管理者在履行上述职能时必须进行的工作,管理者的所有想法和意图,都需通过决策来实现。组织中,从目标的确定、资源分配、组织结构的建立、人员的招聘到对员工的奖惩、控制偏差的纠正等,都需要管理者作出决策。

表 2-1　管理职能中的决策活动

决策活动贯穿管理的所有职能	
计划： 组织的战略定位是什么？ 应当采用什么样的策略来实现组织目标？ 组织的短期目标是什么？ 组织的资源应当如何配置？	**组织：** 需要招聘多少人员？ 工作如何分配？ 权力如何配置？ 采用什么样的组织形式？
领导： 如何对待工作积极性不高的员工？ 采用什么样的领导方式？ 如何解决组织中的冲突？ 如何贯彻新的措施？	**控制：** 组织中的哪些点需要重点控制？ 采用什么样的控制方式？ 偏差可接受的范围是多少？ 出现重大失误时怎么办？

其次，决策的正确与否直接关系到组织的生存与发展。决策是任何管理活动发生时不可缺少的步骤，而决策的重要性更体现在其对组织兴衰存亡所产生的影响。随着组织面临环境变化速度的加快，组织决策的复杂度和不确定程度都大幅提高。尤其涉及组织整体发展的关键决策，往往需要处理更多的信息，调和更多的组织内外关系，运用更多学科的知识。决策问题本身难度的增加，加上快速变化的环境，都给决策带来了更多挑战，一旦没有处理好在动态环境下组织的决策，会给组织带来很大的问题，甚至导致组织消亡。例如，曾经辉煌的诺基亚手机，1996 年以来，诺基亚连续 14 年占据市场份额第一。面对新操作系统的智能手机的崛起，诺基亚没有在操作系统和手机外观上及时调整，依旧固执地坚持老产品的市场定位，终于在 2011 年，全球手机销量第一的地位被苹果及三星双双超越，而随后的智能手机市场，已经失去了这个著名品牌的身影。由此可以看到决策对于企业生存发展的重要作用。

（三）决策及相关理论的发展

决策理论是将系统理论、运筹学、计算机科学等综合运用于管理决策问题，形成的一门有关决策过程、准则、类型及方法的较完整的理论体系。古典决策理论盛行于 20 世纪初到 50 年代期间，它把决策者在决策过程中的行为看作完全理性的，认为应从经济的角度看待决策问题，决策的目的是使组织获得最大的经济效益。其后，著名的诺贝尔经济学奖得主西蒙对决策理论进行了非常重要的补充，他的《管理行为》一书指出，影响决策者进行决策的不仅有经济因素，还有其个人的行为表现，如态度、情感、经验和动机等。理性的和经济的标准都无法确切地说明管理的决策过程，决策活动符合"有限理性"标准和"满意度"原则。决策者在决策过程中的行为并非是完全理性的，只是部分理性的，或者是有限理性的。

除了西蒙的"有限理性"模式，林德布洛姆的"渐进决策"模式也对"完全理性"模式提出了挑战。林德布洛姆认为决策过程应是一个渐进的过程，而不应大起大落，否则会危及社会稳定，给组织带来组织结构、心理倾向和习惯等的震荡和资金困难，也使决策者不可能了解和思考全部方案并弄清每种方案的结果。这说明，决策不能只遵循一种固定的程序，而应根据组织内外环境的变化进行适时的调整和补充。

同时值得关注的是,一些新兴交叉学科在决策分析中的应用也极大地丰富了决策研究的视角和深度。社会神经科学(Social Neuroscience)是一门新兴的交叉学科,与情绪神经科学以及认知神经科学有着紧密的联系,它关注大脑如何在社会交互中发挥作用,其研究目标是了解社会过程和社会行为的生物学机制,并且利用生物学的概念和方法来推动和完善社会过程。决策活动作为人类社会活动中的重要构成部分,其发生的过程及机理通过应用社会神经学的方法得到了更加深入的分析和解释。

【延伸阅读】

[1] 赫伯特·西蒙. 管理行为. 詹正茂,译. 北京:机械工业出版社,2007.

[2] 查尔斯·林德布洛姆. 政治与市场:世界的政治——经济制度. 王逸舟,译. 上海:上海人民出版社,1997.

[3] 刘长江,李纾. 神经经济学——迈向脑科学的决策科学. 心理科学,2007,30(2):482-484.

[4] 马庆国,沈强,李典典,王凯. 社会神经经济学——社会决策和博弈的神经学基础. 浙江大学学报(人文社会科学版),2009,30(2):53-56.

二、决策的过程

决策是分析解决问题的过程,也是管理者承担的最重要的管理活动。组织面临的决策问题千差万别,问题的复杂度和特点也各不相同,如果能够找到解决问题的一般性思路,不仅有助于问题的解决,还有助于提高管理者的工作效率。了解决策的全过程可以帮助管理者掌握决策的通用思路,在处理问题时能够有章可循。典型的决策过程包括以下六个阶段(见图2-1)。

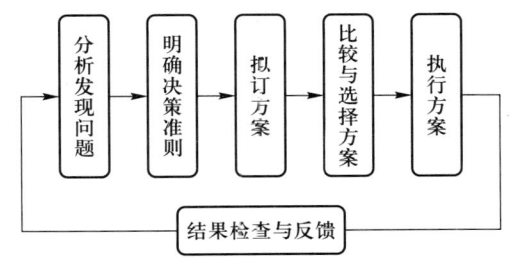

图2-1 决策的过程

(一)分析发现问题

决策活动的目的在于解决问题,决策过程的起点则在于发现问题。这里,"问题"的含义是现状同期望之间的差异。当事情的发展偏离正常轨道、同管理期望出现差距时,通过调查、收集和整理相关信息,发现差距,就是决策的起点。

这个阶段中,很关键的一点在于:发现问题的真正根源,并从根源入手进行决策。这是因为,决策过程本身以及决策所产生的最终方案都意味着管理成本,解决一个错误的问题,或者不从源头处解决问题,不但意味着组织在资源成本上的浪费,更有可能给未来发展制造障碍,给组织带来更大的损失。因此,即便决策方法和过程非常先进完美,如果没有发现真正的问题,也意味着决策的失败,就像管理者常说的:解决错误的问题,不如什么都不做。

那么,怎样才能发现真正的问题,从根源进行决策呢?比较现状与期望之间存在的差异,是现实中决策者发现问题根源的基本手段。具体包括:

(1) 比较管理现状同当初设定的管理标准之间的差异。管理标准可以是过去的绩效、预先设置的目标、组织中其他一些单位的绩效或是其他组织中类似单位的绩效。例如,管理者需要解决企业产品销量下滑的状况,可以通过比较同类企业的销售情况,来确定是企业自身问题还是整体市场问题,从而确定下一步该从哪里入手进行决策。

(2) 收集同差异相关的实际资料,资料的数量和范围主要取决于差异的性质和复杂程度。所需资料和信息可以来自:经验;对过去解决问题的方法进行客观的考察;往日的销售、财务、生产、人事等方面的资料;他人和其他组织的观点、建议和想法。

(3) 对存在的差异进行深入分析。在明确存在的差异后,决策者就可以开始对问题进行系统的分析。管理者须采取有序的方法来组织整理这些信息,可以将信息按成本项目、程序、时间、领导能力、质量、产出等进行归纳,按照信息对决策的重要程度进行排序。在检查整理完数据之后,决策者就可以更加明确要解决的真实问题是什么,抓住差异的关键要害,判断下一步如何行动。例如,还是针对上述的销售量下滑问题,影响销量的主要因素包括产品质量与产量、销售人员的工作积极性以及促销手段,管理者可以逐项分析各个因素,看哪些方面存在问题,并按照存在问题因素的重要程度,综合考虑。当企业确定销售量下降的主要原因是由于机器设备老化,不能够保证产品的质量和产量,而决定购买新的机器设备时,决策的问题就成为新设备的购买。

> **管理现象观察**
>
> 实际中,找到问题的根源是高质量决策的开端。一个著名的管理事件就告诉了我们找到问题根源对于决策的意义:美国华盛顿广场有名的杰弗逊纪念大厦,由于年深日久,墙面已经出现了裂纹。为了保护好这幢大厦,有关专家专门进行了研讨。最初大家认为损害建筑物表面的元凶是侵蚀墙体的酸雨。专家们经过进一步研究,发现对墙体造成侵蚀的最直接原因是每天冲洗墙壁时水中所含的清洁剂对建筑物有酸蚀作用。
>
> 为什么要冲洗墙壁呢?是因为墙壁上每天都有大量的鸟粪。为什么墙壁上会有那么多的鸟粪呢?因为大厦周围聚集了很多燕子。为什么大厦周围会有那么多的燕子呢?因为墙上有很多燕子爱吃的蜘蛛。为什么墙上会有那么多的蜘蛛呢?因为大厦四周有蜘蛛喜欢吃的飞虫。为什么会有这么多的飞虫呢?因为飞虫在这里繁殖得特别快。而飞虫之所以在这里繁殖特别快,是因为这里的尘埃最适宜飞虫繁殖。为什么这里最适宜飞虫繁殖呢?因为经常开着窗户,阳光充足,大量飞虫聚集在此,超常繁殖……由此发现,解决这个问题的办法其实很简单,只要拉上整幢大厦的窗帘就行了。
>
> 资料来源:《深圳青年》,2001年第5期。

面对问题时,我们常用"问题就像冰山一样,通常只能看到浮出水面的一小段"来做比喻,意指在实际工作中,能够显现和被观察到的往往只是问题的表面,而在海平面以下那些见不到的部分才是问题的根源。因此,问题只有不断向下挖掘,才能找出更深层的原因。

> **现代管理工具**
>
> 在 Kaizen(日语词汇,意指持续改善)的经营思想中,有一个简单实用的分析工具值得借鉴,称为"提问法"。这是一个通过连续提问找到问题根源的方法。
>
> 例如,企业的某项加工程序总是落后进度,通常影响进度的因素众多——机器临时故障、作业员请假、仓库缺料等,作为管理者,需要通过这些现象找到影响进度的根本原因并予以解决。针对进度落后现象采用提问法进行深入分析、找到问题根源的具体做法为:首先,邀请生产相关管理人员参与,组成问题解决小组。其次,开始围绕第一个层面的问题"导致进度落后的原因是什么",让小组成员独立分析回答。小组成员可以根据自己的经验,给出答案。再次,采用小组集体讨论的方式从所有答案中选出最重要的 3~5 个答案,然后针对这 3~5 个答案进行再一轮的提问。例如,如果回答进度落后原因中的一个答案为:机器临时故障,那么,第二轮的问题则是"导致机器临时故障的原因是什么",依旧按照之前的方式,让小组成员进行回答。最后,根据面临的复杂程度,可以再通过几轮这样的提问(必要的时候,还需辅以相应的调查手段),最终对于解决进度落后问题,工厂可以从更加接近问题根源的角度予以入手。

正确地发现和诊断问题,对所有管理者而言都是充满挑战的一项工作。决策时,若能透过重重迷雾,追本溯源,抓住事物的根源,往往能够收到四两拨千斤的功效。就如杰弗逊大厦出现的裂纹,只要关上窗帘就能节省几百万美元的维修费用,这是很多人始料不及的。但在企业遇到问题、陷入重重迷雾的时候,能够找到"窗帘"并拉上它,则是成功决策最重要的一环。

(二) 明确决策准则

在发现问题之后,需要确定期望结果,对于期望结果的评价描述方式就形成了决策准则。决策准则是未来选择和制定决策的基础,决策准则含义明确、内容具体,才能对后续的决策起到指导和依据作用。实际中,期望结果往往不是单一的某个方面。因此,用来描述期望结果的决策准则也不是单一的,而是由多个准则构成的评价准则体系。

例如,对于决策的问题——新设备的购买,企业会有一系列的期望和要求。包括:价格要合理;设备性能要足够好;设备的使用年限要长;后期的维护难度不要太大;售后服务要及时;等。以保证买到的新设备可以满足未来的产量和质量需求。在新设备购置时,决策者所考虑到的这些问题就构成了决策准则:设备的价格;新设备的性能;设备的正常使用年限;后期的维护以及所提供的售后服务。同时,值得注意的是,企业在考虑这些要求时,各方面的重要程度也不尽相同。对于资金力量雄厚的企业,最有可能考虑的首要问题就是设备的性能,其次会考虑设备的后期维护、售后服务以及价格等方面的问题。那么,如何在决策准则中体现决策者对于不同方面的重视程度?实际中一个简单的做法就是给这些不同的要求赋予权重,来体现决策准则构成中决策者更加关注哪些方面的东西。综合企业在设备购置时考虑的各方面要求以及这些要求的重要程度,就形成了决策的目标体系,如表 2-2 所示。决策准则确定后,就成为下一步对备选方案进行评价筛选的标准。

表 2-2　设备购置决策的目标体系样例

考虑因素	重要程度(权重)	考虑因素	重要程度(权重)
设备性能	10	售后服务	4
正常使用年限	8	价格	2
后期维护	6		

在理解决策的目标体系时,以下几个方面值得关注:

(1) 决策准则应全面,以便完整反映期望结果。决策准则本质上体现了决策者在解决问题时所考虑到的影响决策进行的一些重要因素,决策准则是否全面,意味着决策者对于决策事项考虑是否周到,当关键因素被遗漏时,势必对决策问题的解决产生影响。例如,当购置设备时,如果没有考虑到售后服务这一因素,很有可能在后期设备运行过程中出现售后服务不及时而影响正常生产的情况,从而影响决策目标的实现。因此,决策准则的全面性是对决策者思考问题全面性提出的要求,它提醒决策者在决策时要开拓思路,尽可能全面周详地分析思考,不遗漏重要信息。

(2) 区分决策准则的重要程度和主次顺序。管理决策常常面临多目标并存的情况,问题的解决也有赖于同时满足多个方面的要求。当然,所有方面都达到最高标准是理想的状况,但在具体操作中,由于受到时间、成本、信息等各方面的限制,各个方面最终所能够达到的标准并不相同,这就要求决策者能够考虑实际情况,准确找到影响决策的关键因素和次要因素并对其分别给予关注,合理平衡地利用资源,高效地解决问题。决策准则的重要程度和主次顺序设置不当,也会对决策产生影响。例如,在设备购置中,如果企业没有区分价格和设备性能的重要程度,一味地追求设备性能高且价格优惠,就很可能使决策无法进行。因为现实中,往往性能好的设备价格不菲。而如果错误分析了决策准则的主次顺序同样会产生问题,就像在设备购置中,企业在本身并不缺乏资金的情况下,如果还是将设备价格作为最重要的考虑因素,那么很可能由于设备性能达不到要求,导致无法生产高质量的产品,问题也依旧没有被解决。因此,合理区分决策准则的重要程度和主次顺序,要求决策者在全面考虑问题的同时抓住问题的重点,找到并从影响决策最重要的因素入手,平衡配置,将资源用到最关键的地方,合理高效地解决问题。

(3) 决策准则应具体,有确定的内涵,切忌含混笼统。要确定衡量目标实现程度的具体标准。明确、清晰的决策目标对其预定达到的要求,应当有具体的标准规定,以便为拟订方案提供参考依据,同时作为检查决策执行结果的尺度。无论决策目标的内容及性质如何,其衡量标准都应尽量用数量指标表示,以利于监督、控制和检查评价。对于确实难以用数量指标表示的标准,则应在质的分析基础上尽可能加以精确描述。例如,笼统提出"性能好"的目标要求,就会引起各种不同的理解和解释,有人对"性能好"的理解是生产产品的质量好;而也有人会认为是产量高,而质量好和产量高并不是一回事。因此,当目标笼统时,会在决策者中间产生不一致的思想认识,从而影响后续决策的顺利进行。因此,更好的做法是明确"性能好"的具体标准是指什么。例如,正常运行的产品合格率达到98%以上,产量达到1 000件以上,等等。

(4)决策准则的设置本质上具有一定的主观性。管理活动倡导科学与客观性,但在决策准则的设置上则不可避免地具有一定的主观性。决策主体有各自不同的特点,这就决定了面对同一问题,不同企业和个人所考虑的方面以及重要程度都会有所差异。在前例中,我们可以看到,同样针对设备购置问题,资金充足的企业对于价格关注度会小,而对于资金短缺的企业,则需要很好地在价格和性能之间进行权衡。而当企业的决策者非常青睐于某一品牌时,决策准则也很可能体现出向某一设备供应商倾斜的情况,但设备是否能够真正满足企业要求,有时并不一定。因此,决策准则尽管是用来客观评价未来决策方案的重要依据,但由于决策主体的特征,决策准则也具有了一定的主观性。对于决策准则主观性的认知和理解,要求决策主体在决策时结合自身特点,具体问题具体分析,但应避免主观臆断,将决策者的个人爱好强加到决策准则中,给企业带来损失。

(三)拟订方案

在充分研究现状、明确决策准则之后,接下来需要围绕问题以及设定的决策准则,寻找备选方案。为顺利解决问题,决策者需要尽可能寻找各种切合实际的行动方案。实际中,决策者往往会面临解决方案不明了,无从下手,或者是有诸多方案,难以选择的困局。因此,拟订方案环节尤其需要决策者耐心周详。一方面,决策者需要尽可能多地考察可供选择的方案,可供选择的方案越多,解决的办法也就越完善。寻求解决问题的备选方案的过程是一个具有创造性的过程,决策者只有开拓思维,充分发挥自由想象,才能够为后续筛选到高质量的方案提供更多的可能性。决策者以往的经验、创造性的思维方法以及管理方面最新的实践和工具都有助于拟订方案。另一方面,制定、收集备选行动方案应紧密围绕所要解决的问题,充分考虑已经具备的以及经过努力可以具备的各种条件,充分发挥决策主体的积极性和创造性,由宽泛到具体地逐步缩小范围,将拟订方案的数量控制在合适的范围内。拟订方案过程中,以下几个方面值得关注:

(1)备选方案需要全面、详尽。拟订的备选方案中应尽可能包括在现有条件下所有可行方案。只有这样,才能为比较、评价和选择方案提供充分的余地,以保证最终选定方案的最优性。当然,在实践中,由于决策条件的复杂性和多样性,将所有可行方案都考虑到并设计出来的难度非常大。决策者不可能对决策时所需要的各类信息全部掌握,所以很难考虑到所有的可行方案,而很有可能出现的情况就是解决现有问题的最佳方案就在没有考虑和设计出来的方案中。在这种情况下,决策者所能做到的就是充分考虑现有的能力和条件,在能力和条件限定的范围内全面详尽地设计备选方案,以保证备选方案的质量和代表性,使决策最大限度地向最优标准靠近。

实际中,企业在寻求高质量备选方案时,可以参考借鉴头脑风暴法。决策者根据决策事项,挑选相关的专家组成方案开发团队,在头脑风暴式方案开发过程中,决策者不要轻易表态和评论,尽一切可能为方案讨论创造轻松融洽的气氛。讨论中,鼓励参与团队的专家各抒己见,尽可能多地提供备选方案。上述方法的优点在于:充分挖掘专家对于解决问题的思路和看法,寻求潜在解决方案,并在深度的集体讨论中产生更多的创新。

(2)方案之间应具有差异性。各方案的总体设计、主要措施和预定效果应该有明显的区别,即不能方案 A 的措施包括在方案 B 中,也不能使方案 A 成为方案 B 的实现途径。相互排斥性的目的在于,比较选择时便于从若干备选方案中选择一个。如果各方案内容接近甚至相同,就失去了选择的意义。

(四) 比较与选择方案

备选方案拟订以后,决策者就需要根据之前设置的决策准则,对所有备选方案进行衡量和筛选。例如在设备购置中,已经存在的备选方案中有 5 家设备供应商,那么需要对这 5 家设备供应商的设备性能、正常运行年限等方面逐一进行考量和打分,综合评分则可以成为方案选择的最终依据。如表 2-3 中,最后企业的选择是得分最高的供应商 4。

表 2-3 方案的比较选择

准则 方案	设备性能 (权重10)	使用年限 (权重8)	后期维护 (权重6)	售后服务 (权重4)	价格 (权重2)	得分
供应商 1	8	5	6	9	5	202
供应商 2	3	7	2	5	7	132
供应商 3	7	6	7	8	5	202
供应商 4	9	8	6	8	3	<u>228</u>
供应商 5	6	4	3	6	6	146

本例是一个简化的方案选择样例。在实际决策中,决策者除去需要针对特定的问题,根据决策准则对每一个方案进行衡量,还需要认真对每一个方案的可行性进行检验,分析每个方案的特性和优劣,以及采用这个方案可能带来的结果,将其综合后作为最终方案的选择依据。这些常用的通用检验依据包括:①方案涉及的风险。任何方案均有风险,在决策的过程中很容易出现的一个情况是,决策者忽视了最优方案也具有风险性。由于最优方案往往是经过决策者的充分思考、详细测算才确定的最终选择,追求完美的过程会很大程度上会转移决策者的视线。风险性提示决策者,决策过程不可避免地具有局限性,每个人对问题的认识、分析评价的能力都有限,因而无法保障所做的决策完全规避风险。因此,在选择方案时,由于客观上存在各种影响完美决策的因素,追求完美需要同时考虑风险。目前,对于项目的风险评估已有较成熟的方法,可以将其作为分析方案风险程度的工具。②所需的成本。决策者需要全面考量方案实施所涉及的全部成本,并结合组织现有资源统筹考虑。需注意的是,高成本不一定意味着方案就没有被采纳的可能性,当成本高出计划时,还需要结合风险、收益等其他方面综合考虑。③时间。所有方案从开始实施到见到初步效果都需要一定的时间,决策者需要关注这一时间是否能够有效解决问题。当方案生效时间过长、不能及时解决问题时,即便方案的其他方面都能满足要求,决策者也需要考虑放弃。解决问题的时间意味着宝贵的机遇,不能在特定时间段内解决问题,也就失去了决策的意义。④方案能够带来的收益。从财务角度评价方案收益状况的方法很多,如常用的投资收益率、内部收益率等。除此之外,决策者还需要关注的是,备选方案能够为企业带来的收益不仅仅体现在解决决策问题本身,还体现在方案所带来的那些外溢的、隐性的收益上。

例如,方案实施过程中,由于新设备的采用,不但能解决产品和产量问题,还能改善管理流程,提高员工之间的合作效率,促进组织内部更加融洽的关系和积极向上的企业文化。有时,备选方案的宝贵价值恰恰体现在这些隐性收益中。⑤局限性。局限性要求管理者在选择方案时,能从负面入手,深入质疑方案的不足和可能导致的负面结果,全面分析和考察备选方案,保证最终选择的正确性。

在选择方案时,除去客观上已有的决策准则、可行性检验等方面的依据,决策者还需要关注以下方面:

(1) 不忽视经验和直觉。在许多情况下,各种备选方案利弊兼具、各有长短,很难简单地区分优劣,需要决策者将预感、直觉、事实、逻辑等要素结合起来综合分析。这时,过去的经验和对方案的直觉可以成为判断孰优孰劣的依据。经验包含了决策者在过去长期的工作中所积累的专业知识,直觉则能够帮助唤起决策者过去的记忆,并应用于当下决策,直觉中很大部分也是源于经验。因此,经验和直觉在决策选择中可以成为有力的工具,帮助决策者进行判断。尤其是当决策者感觉所选方案"哪里不对劲"时,需要重新审视,而不是仅仅被计算出的评价数据所左右。

(2) 积极同他人沟通,听取建议。必要时,决策者可以大范围地同同事、上级和下级进行深入的沟通和探讨,从那里寻求帮助和指导。尤其要注意反对的意见,这不仅可以帮助决策者从多种角度去考虑问题,促进方案的进一步完善,而且可以提醒决策者防范一些可能出现的问题。

(3) 有决断的魄力。在决策过程中,经常会出现围绕方案的争论和质疑,而这往往会让决策陷入僵局,企业错过行动的最好时机。在众说纷纭的情况下,决策者要在充分听取各种意见的基础上,根据自己的对组织任务的理解和对形势的判断,权衡各方利弊,作出决断。有时,还必须接受的一个现实就是分析和评价后的结果是所有方案都不选。这意味着决策者的决断力不仅体现在选择行动上,也要敢于在发现问题时及时叫停,重新返回上一个步骤,甚至重新从头思考问题是否真正明确。为了选择而选择的结果,对于后续的执行会带来很多隐患。毕竟选择的目的是让决策能够付诸实践,解决问题。

(4) 在选择方案后,还应尽可能做好措施,以防范意外和风险出现的情况。对于决策者而言,统筹兼顾保持组织运行的稳定,充分利用组织现有的结构和人员条件下,作出合乎实际情况的选择比追求完美更有效率。

(五) 执行方案

管理实践中,很多时候决策者更关注于发现、确定备选方案和选择最佳方案,而完整有效的决策过程要求既能够做出决策,也要能化决策为有效的行动。

在方案的实施中,有些方案可以很快被付诸实施,例如局部的规章制度调整。而有些涉及公司政策和整体运营的方案,则不能够一蹴而就,需要决策者认真制定相应的实施策略。

首先,决策者需制定切实可行的实施计划。如前文所述,当决策方案涉及范围较小时,企业需要有针对性地制定具体实施步骤、编制实施行动的程序或日程表的说明就可以满足要求。而当决策方案涉及范围较大、对企业非常重要时,企业还需按照计划工作的步骤,制定详略结合的完整执行方案,甚至是战略规划。

其次,执行阶段值得注意的另一个问题是,决策者需要预估受决策影响的各方有可能出现的反应,尤其是对决策实施可能产生阻碍的相关人员。为避免上述情况的产生,有效的做法是在决策制定的最初阶段就邀请相关人员参与决策的制定,尽可能早地将决策执行方案传达给每个和决策相关的人,争取他人对决策的支持和理解,这是决策得以顺利实施的关键。如果可能,最好在决策初期就让相关人员不同程度地参与到决策中。例如,当企业决定做绩效分配方案改革时,如果希望方案能够顺利推行,最好在绩效方案制定初期就征求相关人员的建议。这样,在方案落实到执行环节时,相关人员会由于曾经参与过方案的意见征询而更加容易接受新方案,不至于由于对新措施的不了解而引发不适甚至是抵触行为,而影响正常的组织生产和管理活动。

如果条件限制,不能让大范围的相关人员参与,也要在选定方案后,尽快将执行预案告知,并征求反馈意见,尽早、尽可能多地考虑到所选方案对相关人员产生的影响。在此基础上,针对执行阶段可能遇到的意外情形设计和调整策略,够保证方案的执行效果。否则,再好的方案,如果不能有效地推行和实施,也会成为空谈。

此外,决策者还应当向决策方案相关人员传达明确的实施要求,落实各项行动。包括:有计划地组织调配人力、物力、财力等经济资源;建立和调整有关组织机构并分配任务项目;将决策目标及行动方案要求细化并下达任务指标和工作规范;等等。这些都有利于全体执行人员相互理解、相互支持、共同努力,充分调动全体员工的积极性。

(六) 结果检查与反馈

完整的决策过程还包括对决策执行进行必要、适时的检查、监督和促进。

决策方案可能涉及较长的时间,在这段时间,企业面临的环境极有可能发生变化,而方案的确定是建立在对问题或机会的初步评估上,因此,决策者需要不断对方案进行检查、修改和完善,以适应变化的环境,减少不确定性对企业产生的影响。

此外,决策的结果正确与否需要以实施的效果来判别,而在执行过程中良好的监控与反馈是决策方案真正实现效果的重要保障。因此,决策者需要按照决策目标以及实施计划的要求和标准,对决策方案的执行进展情况进行检查,从中发现执行情况与预计情况之间存在的偏差,以及偏差出现在什么地方。具体来说,职能部门应对各层次、各岗位的履行职责情况进行检查和监督,及时发现新问题、新情况,并找出原因。在此基础上,修正执行过程中出现的各种问题,根据实际情况对下一步决策工作进行调整,以使决策活动成为一个闭环的、不断提升和改善的管理活动,保证和促进决策方案的顺利实施。

决策是一种管理技能,而且和所有的技能一样,它是可以提高的。决策者可以通过学习相关的理论知识,以及反复的决策实践来总结经验,提高决策水平。著名管理学者德鲁克关于有效决策就提出过以下几个观点:①要确实了解问题的性质,如果是常见性问题,那应当通过建立规则或原则制度来解决;②要确实找到引发问题根源以及解决问题的关键症结,从根源入手解决问题;③仔细斟酌选择方案,思考方案实施所涉及的资源和条件;④决策方案一定要兼顾执行措施,让决策真正贯彻执行;⑤在方案的实施中,需重视信息反馈,以印证决策的正确性和有效性。

三、决策活动的特点

组织决策活动的特点主要包括:

(一) 有明确目标

任何组织决策都必须首先确定组织的活动目标。目标是组织在未来特定时限内完成任务程度的标志。决策是为了实现特定目标的活动,没有问题,没有目标,就无从决策。因此,决策前首要的任务就是明确问题或所期望达成的具体目标。目标不同,后续所采用的决策方式和类型也不相同。

(二) 决策方案要具有可行性

决策的目的是指导组织未来的活动。组织的任何活动都需要利用一定的资源。缺少必要的人力、物力和技术条件,理论上非常完善的方案也只能是空中楼阁。因此,决策方案的拟订和选择,不仅要考察采取某种行动的必要性,而且要注意实施条件的限制。例如一家旅游公司经过市场调查,发现月球旅游是一个潜在的目标市场,但旅游公司就其实力难以对顾客实现该项目,因而,在现阶段,这样的决策既无必要也无意义。

(三) 方案要有选择性

决策的基本含义是抉择。而如果只有一种方案,无选择余地,也就无所谓决策。没有比较就没有鉴别,更谈不到"最佳"。多方案抉择是决策的重要条件,决策时要有若干个具有可比较性的方案。有一条管理人员熟悉的格言:如果看来只有一种行事方法,那么这种方法很可能是错的。在制定可行方案时,应满足整体详尽性和相互排斥性要求。所谓整体详尽性,是指将各种可能实现的方案尽量都考虑到,以免漏掉那些可能是最好的方案。

20世纪60年代美国顺利实施的阿波罗工程,就是在三种可能的方案中进行正确选择的结果:第一,直接发射飞船;第二,在地球轨道上交会后向月球发射飞船;第三,在月球轨道上交会后向月面发射登月舱。前两个方案的研制难度、研制时间都不能保证实现20世纪60年代末把人送上月球的目标;第三个方案需要的助推火箭推力最小,实现的技术难度较低,最有可能保证实施上述目标。事实证明,这种决策是正确的。所谓相互排斥性,就是说可行方案本身要尽量相互独立,不要互相包含,当然更不应当为了选择硬凑出某个方案来。

(四) 决策的结果往往满足的是满意性

通过对多方案的比较和分析,决策会在这个基础上选择出一个"最好""最优"的结果。然而,这里的"最优",往往是有限定条件的:首先,决策通常是着眼于下一步的行动,而未来几乎不可避免地包含着不确定性。其次,决策者很难识别出所有可能实现目标的备选方案,尤其是当决策涉及过去没有处理经验的问题时;最后,多数情形下,尽管可以借助最新的分析方法和电子计算机,也不能对所有的备选方案都进行分析。在现实中,我们通常很难得到与决策相关的所有信息和知识,很难正确地辨识全部信息的有用性,了解其价值,并据此制定出没有疏漏的行动方案,在这种情况下,也就难以准确地计算每个方案未来的执行结果。尽管管理者热切希望做到最优,但是信息、时间和确定性的局限限制了"最优"。管理者通常会从现实角度出发,采纳一个令人满意的、在目前环境中是足够好的行动方案。

(五) 决策具有主观性

决策需要符合一定的程序和规则,但决策的主体是人,因此决策会不可避免地受到决策者的价值观、个人经验等诸多主观因素的影响。在分析判断时,参与者的价值准则、经验会影响决策目标的确定、备选方案的提出、方案优劣的判断以及最终的选择。因此,从本质上讲,决策是决策者基于客观事实的主观判断过程。决策的主观性这一特点决定了同一个决策事件,不同的决策者会选择不同的结果。正是由于这一特性,也要求决策者在实际中听取来自不同方面的建议,以免在决策中过分依赖个体的主观感受和经验,失去决策的客观科学性。

(六) 决策的实施过程具有动态性

决策具有显著的动态性。决策目标的制定以过去的经验和组织当前的状况为基础,决策的实施将使组织步入不断发展变化的未来。在此过程中,任何可能对决策条件产生影响的因素的变化都要求在一定程度上修正决策,甚至重新决策以适应变化了的决策条件。因此,在决策过程中需要随时根据外部条件的变化,灵活地调整决策。此外,决策活动的相互关联性也要求决策者必须根据对其决策结果产生重大影响的其他人的决策,灵活调整自己的决策方案。

案例讨论

A企业是经营业务遍布全国的大型办公设备供应商。办公家具、打字机和复印机设备一直是该公司多年来的主要业务。最近,公司开始进入文字处理这一新的业务领域,其中包括相关的文字信息处理机,这使公司有机会成为进口小型商务计算机的独家供应商。而这种计算机的价格和性能非常有优势,在市场上会非常畅销。但是要想取得独家代理权,就得向计算机制造商保证为它建起一个全国性的服务网,负责维护和修理供应给客户的计算机。

尽管销售计算机是一项非常好的生意,但建设服务网将会大大削减其潜在的利润。弥补这一成本的方法之一是开放服务网,把它发展成为提供和修理一般微型计算机的工厂,这样公司就可以对各种品牌的微型计算机提供维修服务了。

公司管理层决定新建维修服务部门,由人事部经理负责为这一新组织招兵买马。其中包括:服务部门的负责人即总经理1名;5位地区经理,分别负责公司在各地区的业务;确定拜访客户并提供维修服务的技术人员的最初人数(20名或30名),这一数目会随着业务的扩大而增加。

公司的行政主管向人事部经理提出了对三类职位的要求:

(1) 总经理是整个服务部门中面临困难最多的职务之一,新业务对公司的未来特别重要,总经理的表现将直接影响业务的成与败。他需要能够控制业务全局,还必须同公司的其他部门协调资源。能够胜任该职位的人员应该了解自己的业务,并知道如何去做。而且要能够规划未来,制定所有的管理制度。另外,他还要与主要的计算机供应商建立和维持良好的关系,带领新部门顺利步入正轨。

(2) 地区经理要能带领员工以尽可能低的成本提供高质量的服务。同时,需要快速掌握相关的计算机知识,有效地安排各项工作的先后顺序,能够影响客户对公司的看法。地区经理不仅要创造新顾客,还要负责对地方维修技术人员的培训工作。

(3) 对技术服务人员的要求是:首先必须是优秀的计算机工程师,要具备修理设备的经验。也可以招聘普通的电器修理人员,然后进行培训。对于能力较强的工程师,要求他们能在现场判断维修方式,并同时考虑公司在某一时间段的维修能力是否充足。另外,还要求他们有友好、礼貌的态度,给顾客留下良好的印象。

回到办公室,人事部经理得知至少有4位内部人员申请总经理职务。他应该怎样权衡内部候选人所具备的公司信息与在其他领域中具有职务和维修业务经验的外部申请人的能力?

内部员工可能申请地区经理的职务,他们肯定不具有计算机操作技术;外部申请人可能是技术人员,试图升迁到管理岗位,但他们没有管理经验。具备计算机操作知识的技术服务人员在劳动力市场上相当抢手,可能吸引他们的唯一方法是提供高薪,高到突破现有的标准,还有一种方法是花较长的时间来培训新人。在登招聘广告之前,人事部经理就要决策好在所有申请结束后该如何选择。

讨论:你认为公司挑选这3种工作候选人的标准是否合理?公司在人员招聘中会遇到哪些问题?

第二节 决策的方式

根据决策者在决策时对决策问题、环境的假设,以及所采用的基本思路和方法,决策的方式主要包括理性决策、有限理性决策和直觉决策三种模型。

一、理性决策模型

理性决策模型(Rational Decision Making Model)起源于古典经济学的理论,通常也被称为科学决策模式,是在"经济人"假设的前提下所形成的决策分析框架。在这一框架下,决策活动是在给定的条件下,以价值最大化为目标的理性决策。理性决策的前提假设包括:①决策者面临的是一个既定的、具体明确的问题。在这种情况下,产生问题的根源非常明确,不存在似是而非的复杂情况。②决策者评价备选方案时的评价目的、标准是明确的,依据重要性可以排序。③决策者本身具有足够的理性,同时有能力获得所有必要的信息,并对信息进行正确处理。④决策者可以找到决策的所有备选方案,并能够准确测算每个方案的收益值,选出其中最佳者。

在上述一系列假设和分析框架下,决策活动可以描述为:一旦管理者发现有需要决策的事项,他们就能够找到问题,并列出所有的解决方案,从中找出最优的结果。对于理性决策模型的理解可以从以下几个方面进行:

（1）理性决策模型一定程度上简化了决策问题，使得决策的方式有章可循，在具备严格条件的有限范围内可以获得有效结果。当面临的决策环境确定性程度较高时，理性决策模型是最具效率的决策模式。例如，条件和事实都已十分清楚的有些简单决策，技术性较强而所含的社会因素、心理因素很少的决策，以及作为复杂决策组成部分的某些单纯性决策等，均可用理性决策模型来作决策。另外，对于较复杂的决策问题暂时抛开一些次要因素，对已经较清楚的最主要因素按理性方法做出初步分析结果，以供最后决策参考，也不失为一种可行的办法。

（2）决策的理性方法本身会随着科学水平的提高而不断发展，因而理性决策模型的适应范围也将逐渐扩大。在现代决策方法学中不断开发出来的把非量化因素加以量化的方法和处理模糊信息的方法，以及基于计算机技术的定量决策方法运用的情况下，理性决策模型可以将决策问题转化为一个精准的评价问题，从而发挥高效的作用。

（3）理性决策模型不是万能的模式，也不是任何条件下都可适用的最佳模式。社会现实不等于理论假设，理性决策模型的假设条件遭遇到诸多问题，管理实践中的许多现象都难以用理性决策模型予以框定，其原因不在于理性决策模型的逻辑体系，而在于其前提假设。不难发现，现实中很少有决策活动可以满足理性决策模型的前提假设，决策者做不到高度理性，所掌握的信息和设计的方案也很难做到"完全"，这些都极大限制了理性决策模型的实用价值。

在对理性决策模型前提假设进行质疑和修正的基础上，出现了有限理性决策模型。

二、有限理性决策模型

同理性决策模型的假设不同，考虑到实际中的决策活动，以西蒙为代表的学者提出了有限理性学说，指出实际管理中人们不可能完全知道决策所需要的相关信息，即使知道也是零碎和模糊的。有限理性决策模型的核心概念和基本前提是"有限理性"。西蒙认为现实生活中的管理者或决策者是介于完全理性与非理性之间的"有限理性"的"管理人"。在实际决策中，决策者的知识、信息、经验和能力都是有限的，决策者只能在考虑风险和收益等有限因素的情况下做出较满意的抉择，而不可能也不会企图找到问题的最优解决办法。所以西蒙认为，现实中人类行为是有限理性的，决策更趋向于满意型决策。

有限理性决策模型的基本假设包括：①决策问题并不完全明确。决策者并不是面对一个既定问题，问题是什么，不同的人会有不同的认识与看法。因此，明确问题的症结所在，往往十分困难。不同的利益和不同的视角，会对问题有不同的看法。②决策者受到价值观的影响，选择方案往往会发生价值冲突，不能做到完全的理性。③决策中的相关分析不是万能的。决策者会受到时间与资源的限制，对复杂决策也不会做出无穷尽的、长时间的、花费太昂贵代价的分析，难以做到找到最优的解决方案。④决策过程中要收集到与决策状况有关的全部信息是不可能的，决策者处理信息的能力十分有限，不可能对信息做出最优化的处理与分析。

在这样的分析框架下可以看到，决策者行为受到有限理性的限制，不能获得最佳决策，而更多情况下是满意型决策。现实决策满足两个条件即可：一是有相应的最低满意标准；

二是策略选择能够超过最低满意标准。这种情况下,实际决策时,决策者往往不会深究导致问题的所有根源,而是会通过简化问题选择处理起来复杂度较低的那个问题作为决策的起点。同时,决策者不会找到所有的备选方案,而一般是会采用能够满足决策目标的第一个方案。如果把决策比作大海捞针,最优决策就是要求在海底所有的针中间捞出最尖、最好的那枚针,而满意型决策则只要求在有限的几枚针中捞出尖得足以缝衣服的那枚针即可,即使还有更好的针,对决策者来说也无意义。西蒙的决策理论,纠正了此前理性选择设计的完美性偏差,从而拉近了理性选择预设条件与现实管理中所面临的理性局限之间的距离,如图2-2所示。理性决策和有限理性决策的差异如表2-4所示。

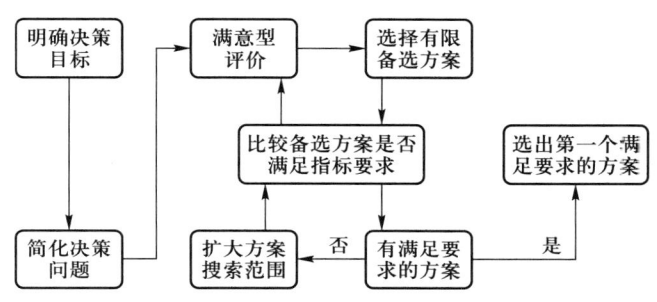

图 2-2　有限理性决策

【延伸阅读】

方齐云. 完全理性还是有限理性——N.A.西蒙满意决策论介评. 经济评论,1994(4):39-43.

表 2-4　理性决策和有限理性决策的差异

决策类型	理性决策	有限理性决策
决策问题和目标	明确,无二异性	模糊,不清晰
环境	确定性很高的环境	有风险、不确定的环境
信息	可选方案以及结果的相关信息很充分	可选方案以及结果的相关信息有限
决策特点	最优决策	满意型决策

三、直觉决策模型

实际管理实践中,决策除去受到各种客观信息以及决策主体能力的限制,很多情况下,组织文化、价值观等会对管理决策产生很大的影响,这就涉及管理决策的另外一种方式——直觉决策。直觉决策(Intuitive Decision Making)是一种潜意识的决策过程,是定性决策方法,是主要基于决策者的经验、能力、价值观等方面的综合判断。直觉是客观事物在人们头脑中迅速留下的第一印象,是在极短的时间内,对突如其来的情况所产生的超越逻辑的理解。相关研究表明,直觉决策的主要依据包括经验、认知、价值观、情绪、潜意识五个方面(见表2-5)。

表 2-5 直觉决策的主要依据

项目	内涵	项目	内涵
经验	决策者过去积累的决策经验	情绪	决策者决策时的情绪、感觉
认知	决策者的知识、技能、接受过的训练等	潜意识	决策者决策时对潜意识的依赖
价值观	决策者的价值观、文化背景等		

根据直觉制定决策或者根据感觉制定决策并非与理性决策毫无联系,相反,二者是相互补充的。直觉过程是人脑高速分析、反馈、判别、决断的过程,体现为决策者敏锐的洞察力。一个对特定情况或问题有相关经验的决策者,当遇到同种类型的问题或情况时,尽管所获得的信息有限,但他们通常会迅速地作出相对合理的决策。这时,决策者并不依靠系统性的和详尽的问题分析或识别和评估多种备择方案,而是运用他自己的经验和判断来制定决策。

可以看到,直觉决策在现实管理中起着重要的作用,有效依赖直觉能够帮助决策者迅速解决问题。但是,直觉决策在使用上需要有所限制,毕竟基于个人经验和感受基础上的决策不能完全替代系统的决策方法。实践表明,直觉决策更适合用在决策过程最初的问题识别阶段。决策最初的直觉决策,可以帮助决策者打开思路,用创新的思维来发现问题,之后的决策过程则需要决策者更加系统理性地制定标准,评价和筛选最终方案。

案例讨论

Hotmail 值多少钱?

萨伯尔·巴蒂亚在斯坦福大学毕业后,27岁那年在加利福尼亚州建立了一家新公司,梦想两年内微软能以4亿美元收购。他做到了,不仅仅是靠新的概念,也是由于他头脑冷静而且聪明,他的谈判直觉来源于印第安的文化背景。

这个新概念就是Hotmail,Hotmail的最初想法来源于合作者。这一概念利用广告业务的支持,建立网络邮件系统,能在互联网上匿名获取免费电子邮箱账号。他们期望这一系统能够吸引一些想与朋友收发私人邮件,却又不愿意使用企业信箱而带来不必要麻烦的商业人士。另一个重要优势是人们可以在世界的任何地方登录自己的邮箱。公司1990年7月4日成立,已经有成千上万的用户注册。

一年后,当微软提出有兴趣收购Hotmail时,数据显示,巴蒂亚已经赚了几千万美元。他拒绝被收购,这惹得微软的高级管理人员大为恼火。但是一个星期后他们又重新走到一起开始谈判,而且在后来的两个月中,他们每隔一星期就会谈判一次。巴蒂亚最后提出以5亿美元成交,对方气急败坏地说巴蒂亚疯了。但是巴蒂亚知道这种愤怒只不过是一种战术,微软一定还会提高价格,这个软件界巨人的谈判者在谈判中多次对巴蒂亚的坚持愤怒地拍案而起。

当微软提出以3.5亿美元成交时,巴蒂亚的管理团队中除了巴蒂亚之外,所有人都投票表示赞同和接受。从现实的情况看,这个价格已经是非常优厚的一个收购价了,而巴蒂亚从内心感觉,这个数字还可以再高。巴蒂亚后来说道:"对3.5亿美元成交额说'不'时,是我做过的最惊人的事情。每个人都对我说,如果我弄坏了这件事情,Hotmail就卖不出去了。"

在1997年的新年之夜,这笔交易宣布达成,成交价格为相当于4亿美元的微软股票。8个月后,当Hotmail的业务扩大了3倍后,这个数字看起来就更不足为道了。

讨论:在谈判中,巴蒂亚的决策有什么特点?

第三节 决策的类型

根据决策所面临的问题、决策主体以及决策所涉及的范围,组织中常见的决策类型包括:程序化决策与非程序化决策;群体决策与个体决策;战略决策与战术决策。

一、程序化决策与非程序化决策

(一) 问题的结构化程度

在日常管理中,管理者经常会面临这样两类问题:一类问题属于常见的、重复程度较高的问题,处理起来的复杂度和难度都较低。针对这类问题,通常可以得到有助于问题解决的相关信息以及例行的解决办法。例如,常见的请假制度、开学学生注册、图书馆正常的借阅等。应对此类问题,决策者一般都有相应的经验和充足的信息予以处理和解决,我们将这类问题称为结构化程度较高的问题,也叫结构化问题(Structured Problem)。

而另外一类问题则有所不同,这类问题之前没有太多的处理经验,属于新问题,而且往往处理起来复杂度和难度都较高,例如创业、新业务的开展等,管理者即没有足够的处理经验,也得不到充分的信息,那么此类问题则称为结构化程度较低的问题,也叫作非结构化问题(Unstructured Problem)。

针对这两类问题,相应的决策类型分别为程序化决策与非程序化决策。

(二) 程序化决策——政策、程序、规则

程序化决策是指针对结构化问题所采用的例行的、按照一定的固定规则重复进行的决策。其特点主要是:常规性、重复性、有章可循;当相类似问题发生时,只需根据已有的相关规定进行处理即可。在企业中,程序化决策的主要方法包括:政策、程序、规则。

政策是对组织内部活动的一般性规定,是供组织的各级管理人员在决策或处理问题时指导行动的准则。政策所涉及的内容一般比较宽泛,不做细致具体的规定和说明。同时,其作用的时间段较长。一般情况下,政策的作用时间都在3年以上。

企业有明确、稳定的政策,可以保证当类似情形出现时,快速对其性质进行判断并采用相应的处理办法,提高决策效率,也可以保证处置的结果具有很大程度上的可预知性、透明

性、可控性。例如,当组织有非常明确的政策:倡导低碳环保的运营模式,那么,当某项目会带来很大的污染和能耗时,管理者可以在第一时间就予以否决。政策要规定范围或界限,但很多情况下,企业制定政策本身的目的不是约束有关人员的行为,而是鼓励有关人员在规定范围内自由地处置问题,因此,现实企业中的政策往往带有正面激励的作用。同时,政策具有稳定性,一经制定,就要持续到新的政策出台为止。政策经常性的变动,会给管理者的决策带来不确定因素,影响决策的正常进行。作为明文规定的政策,通常会被列入计划之中,成为组织思考和行动的指南。政策与战略虽然经常混同使用,但两者还是有所区别。战略需要给出组织决策和行动的方向、目标以及资源分配的方案,而政策则更多体现在对行动方向的引导。如某企业制定的一项人事方面的战略是"在5年内大大提高职工的素质",相应的一项人事政策是"在今后5年中,鼓励员工参与各种形式的培训,提高自身专业素质"。

程序是指针对具体问题应该按照怎样的步骤来进行处理。在组织中,程序通常是成员在处理问题时必须遵循的标准操作方法。与政策不同之处在于它更加具体,有严格的前后顺序。程序会详细列出处理问题或完成某项工作的具体方式和流程,以及用来指导行动的一系列工作步骤。某企业人员录用流程如图2-3所示。

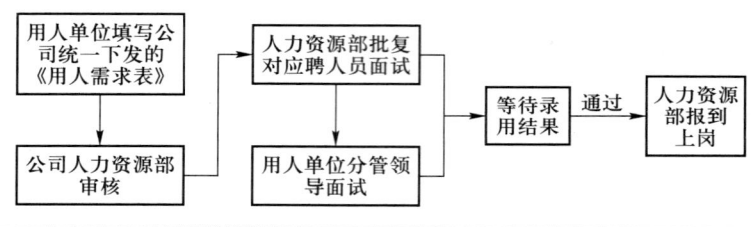

图2-3　某企业人员录用流程

程序是在实践检验基础上所形成的、能够保证高效处理问题的一套办法,可以对组织中重复发生的常规或例行性问题规定出标准操作方法。依靠程序,组织中的成员可以非常清晰地知道相关工作和活动应当如何开展和进行,实现组织的高效运作。由于程序通常是经过事先设计、论证以及事实检验修正的、优化了的工作安排说明,这样,程序的制定和使用会对组织中大量的日常工作起到规范的作用。组织中每个部门都有程序,越到基层,程序越具体,数量越多。

组织中程序的制定基于对运营和流程能够顺利进行的考虑,因此,程序一旦确定,就成为实际工作的操作标准,没有例外。同样事情按照不同方式处理,极可能出现任意、随意和不受控制的行为,对于组织目标的实现会带来很大的损害。然而,程序并非一成不变,当实际情况发生变化时,组织的生产运营有调整时,程序也应当做必要的调整和改进。例如,企业中日常的财务报销程序,随着网上办公系统的普及,许多原来需要人工面对面处理的工作,都已经实现了网络系统的在线处理。这时,企业原有的财务工作流程就必须进行相应的调整,以适应新的工作条件。

规则是指在处理问题时应遵循的细则,在具体场合和条件下,表现为允许或不允许采取哪些行为的详细规定。相较于政策和程序,规则所规定的内容更加详细、具体,规则会对程序中的每一个步骤进行更加明确、细致的说明，从细节上规定了所有成员的工作准则，所留的灵活处理问题的空间和自由度也更小，对组织成员具有强大的约束力。规则在组织中通常会以纪律、守则、工作规定等方式出现。例如，"员工进入工作区必须穿工作服，正确佩戴安全帽"就是规则。在这一规定下，所有员工必须遵守，如有违反，企业会有相应的惩罚措施。

组织中，政策、程序和规则相结合，为所有成员规定了统一的决策与行动框架。现实中有许多问题，都可以按照企业制定的政策、流程和具体规则来解决。在这一稳定的规定框架内，上级主管可以一定程度地下放权力，依靠政策、程序和规则仍然可以对下属的行为保持检查和监督，保证员工的行为在规定范围内。可以看到，程序化决策虽然在一定程度上限制了决策者的自由，使得个人对于"做什么和如何做"有较少的自主权，但却可以减轻各级主管人员的决策负担，为决策者节约时间和精力，使他们可以把更多的时间和精力投入其他更重要的活动中去。因此，企业有明确的政策、程序和规则，对于日常管理以及决策效率都有很大的促进作用。这也是常说的：如果组织内所有问题都可以采用程序化决策的方法来处理，那么企业一定有非常高的运行效率。

然而现实中，企业面临的问题不仅仅是例行的、有处理经验的常规问题。在很多情况下，企业的生存发展往往取决于对于新机会新业务的把握，或者是对危机的应对和处理。而机会和危机，都不能算作结构化问题。此外，随着现代企业面临市场和环境的快速变化，很多时候原有的结构化问题，也正在越来越多地掺杂着非结构化因素，面临这种新的老问题，决策者也不能完全依赖程序化决策予以解决，这就涉及另外一种决策类型——非程序化决策。

（三）非程序化决策

非程序化决策主要针对非结构化问题，所采用的方法也没有固定的模式。例如，组织中重大的投资、组织变革、开发新产品或打入新市场等问题的相关决策。由于非程序化决策往往缺乏信息资料，无先例可循，无固定模式，需要管理人员倾注全部精力，进行创造性思维。一般说来，非程序化决策由组织的最高层做出。更多时候会依靠决策者的经验、直觉、判断。有时，将一个大问题分解为若干具体小问题，从关键点入手，逐一解决是可取的决策思路。

在组织中，对于程序化决策和非程序化决策的理解还应当注意，程序化决策与非程序化决策的划分不是绝对的，二者之间并没有严格的界限，在特定的条件下，二者还会相互转化，环境以及其他条件的变化会造成决策类型的变化。例如，一项关于定价的程序化决策，可能因为原料与产品供应情况、生产需求情况、竞争对手定价策略等方面的变化而转化为非程序化决策。同样，有关某项资源分配的非程序化决策，也会因为信息的充分以及经验的积累向程序化决策转化。当前，随着现代决策技术的发展，很多以前被认为是完全的非程序化决策问题已经具有了程序化决策的条件：一方面，运筹学等数学工具被广泛地运用到以前被认为是靠判断力的决策中来；另一方面，计算机的广泛应用进一步扩展了程序化决策的范围，程序化决策的领域日益扩大。完全的程序化决策与完全的非程序化决策仅仅代表着事情存在的两个极端状态，在它们之间还存在许多其他类型的决策状态。正如西蒙曾经论述的："它们并非真是截然不同的两类决策，而是像一个光谱一样的连续统一体：其一端为高度程序化的决策，而另一端为高度非程序化的决策。我们沿着这个光谱式的统一体可以找到不同灰色梯度的各种决策,而我采用程序化和非程序化两个词也只是用来作光谱的黑色频段和白色频段的标志而已。"

需要管理者注意的是,上述两种类型的决策同组织层次存在一定的关系。随着管理者职位的提高,面临决策问题的不确定性增大,决策难度也更加大,非程序化决策的数量和重要性都逐步提高(见图2-4)。能够排除困难,进行非程序化决策的能力变得越来越重要。因此,对于组织而言,一方面应设法提高高层决策者的非程序化决策能力,另一方面应加强信息获取渠道,尽量使非程序化决策朝程序化决策方向转化。这对组织的顺利运行都非常重要。

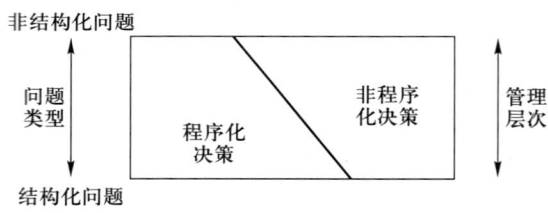

图 2-4 管理层次与不同类型决策之间的关系

二、群体决策与个体决策

从参与决策的主体数量来看,决策可分成群体决策与个体决策。

(一) 群体决策

由多人共同参与决策分析并制定决策的过程,称为群体决策。在企业管理实践中,由于管理者面对的问题往往不仅仅涉及个体和局部,多数情况下需要管理者群体来共同制定决策,因此,组织中的决策更多时候所采用的是群体决策的方式,在组织中的通常表现形式为各个层级的会议、表决等。由于有多人参与,群体决策有其突出的优势。包括:

(1) 群体决策所提供的相关信息更加完整、多元,能够有效提高决策的科学性。"三个臭皮匠,顶上一个诸葛亮"是一句常用的谚语。群体决策中,由于参与决策的不同个体有各自的经验、观点和专长,在收集的信息、对解决问题的类型和解决问题的思路上往往都有很大差异,不同个体的广泛参与有利于取长补短,使决策时考虑问题更加全面、客观,从而提高决策的科学性。

(2) 群体决策可以产生更多的备选方案。由于拥有各种各样的信息,群体决策能够比个体决策制定出更多的方案。尤其当参与决策的成员来自不同专业领域时,这一点就更为明显。决策群体的成员来自不同部门,从事不同的工作,熟悉不同的知识,掌握不同的信息,所以更加容易形成考虑全面、角度多样的想法,进而挖掘出更多可选的行动方案。例如,一个由工程、会计、生产、营销和人事代表组成的组织,一般能够制定出反映不同背景的、出发点不同的更多方案。

(3) 容易得到来自更多方面的认同,有助于后续决策的顺利实施。许多决策在作出最终选择后却以失败告终,这是因为人们从开始就没有接受方案。让受到决策影响和实施决策的群体参与到决策的制定环节中,增加他们对决策时间和要解决问题的了解,可以极大提高他们对于决策的理解和接受程度。尤其当他们参与了决策的所有环节时,从心理上认为决策结果是自己参与并认可的,就更不愿违背自己参与制定的决策,因而在决策实施环节中,他们就会投入更多的努力来实现决策成果,并鼓励他人也积极参与决策的实施。

(4) 群体决策能够提高结果的法理性。组织的决策由于经常涉及组织内的所有成员,其制定过程和结果需要体现民主,因此,组织内多数人制定并认同的决策比个体制定的决策更具有法理性,否则会使人感到决策是出自独裁和武断,而对后期的实施以及组织的未来发展产生负面影响。

然而,同硬币的正反面一样,群体决策也有自身的缺点,具体包括:

(1) 消耗时间,速度、效率可能低下。群体决策中的成员人数较多,各自有不同的背景,对问题的认识也有较大差异。在这样的群体中,力争以民主方式拟订多数人都认可、接受的行动方案,显然比个体决策要花费更多的时间。成员之间的不同观点、意见需要协调,每个人提供自己所掌握的信息和观点也需要时间来收集、汇总和整理,尤其当成员间的意见不统一、产生分歧和矛盾时,成员之间的相互影响有可能使得决策陷入盲目讨论的误区,既浪费时间,又会极大地降低决策效率。

(2) 可能出现少数人统治决策过程和结果的情况。决策群体中,成员永远不会是完全平等的。他们的地位可能由于在组织内的职位、经验、知识、易受他人影响的程度、语言技巧、自信心等多种因素而不同,这就为单个或少数成员在决策中驾驭甚至控制他人提供了机会。当群体决策中出现由个人或小群体主导甚至控制时,就失去了群体决策的优势。例如,在群体决策中,当总经理非常强势地主张他对于决策的观点时,就很可能影响决策的走向。这种情况下,总经理的态度以及在组织中的职位,就使得其他成员不得不放弃自己对于决策的观点,即便自己的观点同领导不同,甚至总经理的决策不是完全正确时。更加严重的一个潜在问题是,这种实质上是单人进行决策的结果,要由所有参与决策的成员来一起承担,很明显,失去了群体决策在民主上的优势,对于组织的气氛和员工心理都会产生很大的负面影响。

(3) 责任不清。组织成员分担责任,但实际上谁对最后的结果负责却不清楚。在个体决策中,谁负责任是明确具体的。而在群体决策中,任何一个成员的责任都被冲淡了,集体负责很容易成为无人负责(见表2-6)。

表2-6 群体决策的特点

优点	缺点
能够提供较全面的决策信息	决策所需时间较长
能够提供更多的备选方案	可能出现少数人控制的局面
提高全员对决策的接受程度	成员有迫于压力屈从的情况
决策具有更高的法理性	责任不够明确

(二) 群体决策中的团组思维

群体决策在组织决策活动中有着更普遍和重要的作用,而在群体决策过程中,一个会对决策质量产生极大影响、不可忽视的现象就是团组思维。团组思维也叫小集团意识,它是指在一个凝聚力很高的团队内部,成员在决策及思考问题时,由于过分追求团队内部的一致,而导致集体对问题的解决方案不能做出客观实际评价的一种思维模式。

团组思维认为群体决策的结果一定没有错误,而内部一致则是群体决策的最重要标准。在这种情况下,参与决策的成员更倾向于让决策全体取得一致,而不是取得最好结果。决策中的个人由于受到团组的巨大压力而放弃自己的观点,为了维持群体表面上的一致,所有成员都必须坚定不移地支持群体的决定,不同观点、少数派和新的观点的重要性会让步于内部一致的重要性,与决策不一致的信息被忽视。可以看到,这种情况会极大地削弱组织的批判和创新精神,进而损害最终决策的质量。最早关注这个现象的是美国社会心理学家艾尔芬·贾尼斯,他通过研究美国政府在珍珠港事件、猪湾事件以及越南战争时的决策资料发现,在处理这些事件的群体决策中,都犯了团组思维的错误。也有学者发现,在工作团体中,以团结和内部成员之间亲密的关系所支持的高凝聚力团体,非常有助于生产效率的提高,但在决策的时候,这样的小团体却更有可能陷入团组思维,在决策中付出高昂的代价。

1. 团组思维产生的条件

团组思维比较容易发生在由强有力的领导所带领的、内部的凝聚力非常强的团队中。在这种类型的团队中,决策思路和方案往往由领导提出,而多数团队成员则极力赞同并积极推行。团队中没有太多异议。强有力的领导和高凝聚力对团队活动的影响体现在:首先,管理者强势的领导风格会对上下级之间的关系建立产生巨大的影响。这种管理者往往会对成员工作进行实质性的指导和影响,由于通常管理者较成员有更加丰富的经验,因此,能够高效地带领团队成员克服困难解决问题。在这种情况下,成员对于领导会产生强烈的信任感,甚至是盲目服从和惧怕感。结果是只要是领导的决策建议,都不会反对。其次,团队凝聚力对成员的行为产生影响。具体包括:①凝聚力使成员的关注力高度集中在团队内部,对来自外部的意见经常视而不见,更不予考虑和采纳。在这种封闭的决策小环境中,领导和多数其他成员的决策对于个体的影响会非常大,成员会更加在意自己行为同团队步调的一致性,甚至是团队所做的错误行为。②高凝聚力的团队成员更加在意感受。他们害怕由于自己的不同想法被团队抛弃,同时不愿意由于自己的想法打击团体的士气。例如,正常的集体游行活动很多发展成为群体事件,原因之一就在于,成员认为自己是集体的一员,要保持同其他人的一致,而多数人的选择又进一步增强了个体非理性行为的信心。当团队处于上述状况时,如果组织中没有有效的监督机制来保证群体决策时的客观和开放,一旦团队面临的问题比较紧急,或者有来自外部的压力时,团组思维便会产生。

2. 团组思维的征兆

出现团组思维的征兆包括:第一,群体成员对自己的原有想法高度合理化,认为多数人的想法一定是对的。不管事实与他们的想法多么冲突,成员的行为都是继续坚信。第二,对于那些对群体的共有观点持怀疑态度的人,成员会对他们直接施加压力,甚至强迫他们保持同步。第三,团队非常重视和强调内部的一致性,将内部团结统一作为应对和处理问题的标准。在这种情况下,群体中持有怀疑或不同看法的人,往往只能通过保持沉默,甚至放弃自己的看法,来尽力避免自己与团队观点不一致。第四,群体中存在一种好像大家对问题都没有异议的错觉,如果某个人保持沉默,成员往往认为这就是表示赞成。换句话说,缺席就被看作赞成。

3. 团组思维的危害

团组思维的后果往往是有害的。它的不良影响主要表现在:首先,当出现团组思维时,群体由于注意力偏离问题本身,整个决策被误导为寻求大家都同意,而非真正去寻找问题的根源和解决办法,从而导致对问题的可能因素和最终的方案考虑不周。其次,对群体决策的目标会发生错位,很容易发生一部分人甚至是某个人的个人偏好或利益代替了群体的目标,显然,这同决策初衷产生了极大的偏离。再次,忽视对方案危险性的分析,认为所有人认同的就是完美、保险的,无须深入分析。最后,存在有价值信息被忽略的风险。对少数持不同意见和看法的成员所提供的信息,未加评估和筛选就不予考虑,很有可能将合理因素和有价值信息抛弃,从而极大地降低了群体决策的质量。

4. 改善团组思维的方法

很多事实表明,在不成功的群体决策中,往往伴随着团组思维的出现,而成功的群体决策则基本不会出现上述情况。那么,管理者应该怎样做才能尽可能避免团组思维呢?以下建议值得借鉴:首先,团队的管理者需时刻保持自省,密切关注团队的状况。管理者首先应当从自身入手,在团队管理中不过分强化自己的能力和经验,能够随时鼓励和给予成员表达自我的机会。管理者还需了解团队的状况,有时风平浪静、没有异议的表面下,正埋藏着团组思维的苗头。其次,任何组织都应当有决策管理的机制和流程,从制度上保障决策的科学性。例如,对决策结果的评审和定期考核制度。最后,保持团队的包容性和开放性。团队凝聚力是积极健康的团队应有的特征,但凝聚力不代表团队不同外部进行交流,而是让团队更加自信、有活力,积极主动地获取外部的有价值信息,灵活应对来自外部的机会威胁。包容性和开放性也更能够让团队化解来自外部的压力,在决策时不为外部所左右。

(三)提高群体决策的质量

管理实践中,如何有效提高群体决策的效果,尽可能发挥其优势,避免其产生的负面影响至关重要。组织中群体决策的决策者是相互制约、相互补充的群体。群体决策能力不仅取决于学识、胆略、经验等个人素质,还取决于组织中由上述个人素质的组合所形成的整体智能结构和决策方式。常用的组织内群体决策的方式包括:互动小组、德尔菲法、名义群体法和电子会议。

1. 互动小组

互动小组是目前被广泛采用的一种群体决策形式。这种方式中,组织可以根据不同的决策事项组成相应的专家小组,就需决策问题进行自由充分的沟通,通过讨论甚至是争论,最终达成一致,完成决策。这种方法的优点在于:小组成员间的深入沟通,加深了小组成员间的互相理解,同时,在探讨中更利于不同观点间的相互碰撞与融合,产生新的思路和方法,从而促进决策的顺利进行。缺点在于成员之间不同的职务和管理层级,会对决策产生影响。例如,对当小组中有高层管理人员时,他的个人意见可能左右小组结论;来自不同领域专家之间对问题的看法以及产生的矛盾,也会影响决策的进程。

2. 德尔菲法

德尔菲法最早由美国兰德公司提出,是一种相对复杂、耗时,适合针对复杂问题、有高层参与决策时应用的方式。采用德尔菲法时,群体成员一般不会采用面对面的会议讨论形式。它的规范做法如下:①组成专家小组。专家成员均在某一特殊领域有发言权。在成员构成上,应既包括来自组织内部的成员,也包括来自外部的专家。②确定问题。向专家提供决策所需的相关信息。针对决策事项精心设计问卷，要求所有专家在独立思考的前提下，在规定的时间内匿名、独立地完成问卷，就决策提供可能的解决方案。③方案的汇总反馈。将所有问卷内容汇总，并将结果反馈给所有专家成员。在分析了所有成员初步方案的基础上，请他们提出第二轮方案。④反馈方案的汇总。上述步骤③和④可以重复数次，直到最后取得大体上一致的决策结果。

德尔菲法隔绝了群体成员间过度的相互影响，决策不会因为某位专家的身份或者其他特殊情况，影响其他人员的分析判断。同时，由于不需要进行面对面的会议，发生就某一问题的争论和各执己见的情况较少，一定程度上降低了组织成本。但德尔菲法的缺点是耗费时间。当专家对于决策的方案差异较大时，需要不断进行方案的汇总和反馈，耗时巨大。由于在时间方面的限制，这种方法一般不用于日常事务的决策，但在许多重大问题的预测和决策中能够发挥非常显著的效果。

3. 名义群体法

名义群体法也是一种常用的群体决策方法。与德尔菲法有所不同，名义群体法的成员要求集中在一起工作。但不同于互动小组，小组成员之间不允许自由讨论，因而被称为名义小组。这种方法主要用于产生新颖、富于创造性的方案和思路。方法的具体步骤包括：①成立小组，初次提交方案。由组织者根据决策内容，挑选相应的成员组成决策小组。就所要解决的问题给出必要的信息，请小组成员经过一段时间的思考后，尽可能多地、独立地提出他们所能想到的各种方案。每个成员提交自己的观点和成果。提交方式为所有成员依次向大家详细说明自己的想法，直到每个人的想法都表述完整，同时，组织者做好记录。需要注意的是，在所有成员提交和阐述所有的想法期间，不进行讨论。②集体讨论。全体成员就所有提交的解决方案进行集体讨论，每个人都需明确表述自己对于所有方案的想法和意见，并对方案做出评价。③由全体成员对所有方案进行打分表决，得分最高的方案便成为小组决策的结果。名义群体法的主要优点在于，群体成员有正式的会议交流，但不限制每个人的独立思考。

4. 电子会议

电子会议是一种较新的组织决策方法，它将名义群体法与最新的计算机技术相结合，通过计算机终端进行组织决策。在使用这种方法时，先将参与电子会议的成员集中起来，每人配备一台与中心计算机相连接的终端。会议将相关问题和信息显示给所有参与者，与会成员将自己有关解决问题的方案输入计算机终端，然后投影在大型屏幕上，每个人的个人评论和票数统计都会匿名投影在会议室内的屏幕上。

电子会议的主要优点是匿名、诚实、快速，同时可以有更多人参与。决策参与者能够在匿名的情况下，坦诚公开地表达出自己的观点和想法，并通过终端将其即刻显示在屏幕上，让所有人在第一时间就能看到。同时，电子会议可以有效消除闲聊和讨论跑题的情况，不必担心打断别人的"讲话"。电子会议也有缺点：与会者中熟悉计算机操作、打字速度快的人会使那些口才虽好但打字慢的人相形见绌；由于缺乏面对面的口头交流，通过终端所传递的信息在生动性和内容的丰富性上都有所欠缺。但可以预计，随着技术的发展，未来的组织决策很可能更加广泛地使用电子会议技术。

除去上述的技术方法,为了有效利用群体决策的优点,实践中,下列方式值得所有参与群体决策的成员借鉴:首先,用设定最后期限的办法来控制时间和费用。由于多人参与,很容易发生意见相悖、争论不休的情形。在这种情况下,可以通过提前规定结果提交时间来控制争论时间,保证决策按时完成。其次,对参与群体决策的成员进行筛选。对于个性特别强的成员,除非决策事项非常必需,可以考虑减少他参与群体讨论的次数。或者在群体决策前,就充分考虑参与者的个性,适当调整不同个性成员的组合,以避免决策被某一个人主导或是陷于争论不休的情况。再次,为避免产生团组思维,每个成员都应积极参与讨论,以公正理性的态度评价所提出的方案。不要只是为了避免组织成员之间的冲突,就寻求大家彼此相安的结果,这样,只能得到不符合组织利益的决策结果。最后,参与决策的高层管理人员,或者在决策中有重要影响力的成员,应当避免过早暴露自己的观点,或者给某个方案下定论,以便在达成最终决策之前给每一个成员以提出不同意见的机会,充分发挥群体决策的优势。

(四) 个体决策

尽管群体决策在组织决策活动中占比较大,但组织中也存在大量需要个体决策的事件。个人决策指决策活动的所有过程均由个人独立完成。个体决策由于受决策者的经验、知识水平、决策能力、思想观点、欲望、意志等因素的影响,具有更加强烈的个人色彩。有的人机敏,对事物的感知迅速,善于从不完全的情报中获取重要的变化信息;有的人深邃,善于透过事物的表面现象抓住事物的本质;有的人果敢,能够面对复杂的形势快刀斩乱麻,大胆做出抉择。因此,在处理同一问题时,不同决策者做出的方案选择可能有很大的不同。

组织中个体决策所具有的优势包括:首先,可以节省时间和成本。个体决策相当于权力的集中,这就使得决策具备了迅速和有效性的特点,当决策者个体能力较强、工作经验非常丰富时,可以同时保障决策的正确性以及应对突发状况的紧急变化性和灵活性。其次,个体决策的责任更加明确,决策后果由决策当事人承担,不会出现无人负责的情况。但个体决策的缺点也同样明显,即信息量不充足,决策容易片面。更重要的是,在组织内由于缺乏民主形式,决策结果容易导致成员的不满,影响后续的实施。

那么,群体决策和个体决策哪个更有效呢?这取决于不同决策方式以及决策问题本身的特点和要求。管理者需要综合考虑决策事项本身以及决策者的特点,具体问题具体分析。例如,当决策涉及的范围较大,尤其是涉及众多人的切身利益时,采用群体决策的方式,更容易增强决策的法理性,有利于决策后期的推行和实施。而当决策在时间上要求紧急,解决问题需要有更多胆识和魄力,而决策者又恰恰具备这样的能力时,个体决策的结果会更好。

现实中,无论是群体决策还是个体决策,都需注意以下几个方面:①避免决策的随意性。企业是一个有序的经济组织,其每一个行为都必须时刻考虑到组织的目标,无论是管理者还是普通职员都应成为真正参与组织生产经营活动的有效个体,具备职业的思维习惯,习惯以客观的规则来衡量自身行为。由于资本的重要目的之一为追求利润,作为资本人格化的企业家,在决策时就需要考虑到利润这一客观数字,并以此作为决策的重要依据。

任何不计算成本、不顾及预算利润的随意性决策都不应出现。②避免决策的模糊性和盲目性。对于不熟悉的领域和项目，如果没有专业人员提供参考建议，帮助实施，那么就不要轻易做出选择，避免出现大概、估计、可能等非理性的决策。③避免决策的急躁性。企业家都必须以平静的心态参与市场竞争，所以，以企业家为核心的决策层对企业全局的安排要经常思考和准备，以有备无患，临危不乱。④处理好领导者的个人权威与完善的管理制度之间的关系，处理好集权与分权之间的关系。要做到这一点，首先应在企业内部建立科学的决策机制，企业领导人在做出重大决策时应集思广益，听取专业人士和参谋人员的意见，在调查研究的基础上科学决策，尽量避免仅凭直觉办事的做法，减少决策失误的风险；其次应提倡参与管理，鼓励职工对企业提出合理化建议，允许他们对上级的命令持不同看法，鼓励创新，调动员工的积极性和创造性；最后应进行有效的授权，对下属的能力予以充分的信任，赋予其相应的责、权、利，鼓励独立地完成工作。⑤鼓励成员之间的团结互助，营造健康友好的群体间关系，在此基础上建立公开透明的议事氛围，鼓励发表不同的观点。管理者也应公正民主，积极广泛地听取员工的建议和不同的声音。

三、战略决策与战术决策

从决策调整的对象和涉及的时限来看，组织的决策可分为战略决策与战术决策。

（一）战略决策

战略决策一般为事关企业未来生存与发展的大政方针方面的决策。它多是复杂的不确定性决策，涉及组织内部各个方面以及与外部环境的关系。战略决策一般情况下由企业的高层管理人员承担。例如，组织中常见的战略决策包括企业使命目标的确定，企业发展战略与竞争战略、收购与兼并、产品转向、技术引进和技术改造，厂长、经理人选确定，组织结构改革等。战略决策要求抓住问题的关键，而不是注重细枝末节上的面面俱到。

（二）战术决策

与战略决策相对应的是战术决策，通常包括管理决策和业务决策，它们均属于执行战略决策过程的具体决策。其中，管理决策是对企业人、财、物等有限资源进行调动或改变其结构的决策，涉及信息流、组织结构、设施等，如营销计划与营销策略组合、产品开发方案、职工招收与工资水平、机器设备的更新等。业务决策则主要是解决企业日常生产作业或业务活动问题的一种决策，与改善内部状况及效率有关，如生产进度安排、库存控制、广告设计等。

战略决策与战术决策是相互依存和相互补充的。战术决策是实现战略决策的必需步骤和环节，没有战术决策，再好的战略决策也只是空想。反之，战略决策是战术决策的前提，没有战略决策，战术决策也就失去了意义，因而对组织的存在与发展也是无益的。此外，两种决策在组织中的决策主体有所不同，战略决策更多由组织高层管理人员制定，战术决策则由中层、基层管理者制定（见表2-7）。

表 2-7　决策类型同组织层次之间的关系

组织的层次	范围与影响程度	重复与有无先例	决策特点
高层决策	战略决策为主	非程序化决策为主	满意型决策为主
中层决策	管理决策为主		
基层决策	业务决策为主	程序化决策为主	最优决策为主

第四节　决策的影响因素及发展趋势

一、决策者面临的环境条件

根据所掌握的信息以及对决策后果的预知程度,决策者面临的决策环境可以划分为以下三种情况:

第一,确定的环境。决策者对环境能够做出清晰的判断,能够掌握关于决策的相关信息,对于决策的结果可以非常准确地予以估计。在这种情形下,管理者能够清晰地预知决策后果,因此基本可以做出准确的决策。例如,企业的一笔流动资金准备作为活期存款存进某家银行,这种情况下,决策者可以根据不同银行的利率准确计算出几年后的利息收益,除非有非常意外的情况,这项收益一般不会有大的变化。可以看到,这种情况下决策者对于未来发生的事件能够准确把握,因此,确定环境对于决策而言也是最有利的环境。然而,随着组织环境变化的速度越来越快,确定环境下的决策情况已经越来越少了。

第二,风险环境。在这种情况下,决策者不能准确预知后果,但是能够估计出现某种特定结果的可能性。通常,企业进行的许多决策都是在风险条件下做出的,如新产品投入市场、收购竞争对手等。这种情况下,管理者不能百分之百地预测成功,但可以根据市场经验和相关信息,对成功的概率有一个估计,风险决策通常是组织面临的常态。

第三,不确定的环境。在这种情况下,决策者既没有确定性的把握,也无法估计出现某种特定结果的可能性。例如,当决策会受到来自外部环境——国家经济政策和法规、供应商或者气候环境的突变等难以预测的变化影响时,决策者就面临着不确定的环境。在这种情况下,由于这些因素大都无法控制与估计,决策者难以做出决策。

理解环境对于决策的影响,应当注意以下几个方面:

(1) 环境的特点影响着组织的活动选择。组织决策要面临的环境既包括企业经营的微观环境,也包括范围更大的宏观环境。微观环境指与企业产、供、销、人、财、物、信息等直接发生关系的因素,例如,实际中企业与供应商、营销中介、顾客、竞争者、同盟者和公众的关系,都属于企业的微观环境。这些决定了企业生存和发展的基本环境,对组织决策的影响直接、具体。微观环境的变动往往需要组织有更加快速的反应和调整,客观上对决策的速度也提出了要求。否则,再好的决策,如果失去了市场机会,也不会对企业的发展起到好的作用。宏观环境是指对企业的生存发展创造机会和产生威胁的各种社会力量,包括经济、自然、政治和法律等环境。宏观环境的影响一般较为间接、长远。要求组织的决策也能够尽量地面向未来,考虑到不确定性并尽可能地将其负面影响降到最低。

(2) 组织对环境的习惯反应模式影响着组织自身的活动选择。即使在相同的环境背景下,不同的组织也可能做出不同的反应。而这种调整组织与环境之间关系的模式一旦形成,就会趋向固定,限制着组织成员对行动方案的选择。

(3) 企业和环境之间的影响是一个动态的过程。每个企业都和总体环境的某个部分相互影响、相互作用,我们将这部分环境称为相关环境。企业的相关环境总是处于不断变化的状态之中。企业得以生存的关键在于它在环境变化时所拥有的自我调节能力。

环境发展趋势基本上分为两大类:一类是环境威胁;另一类是市场机会。所谓环境威胁,是指环境中一种不利的发展趋势所形成的挑战,如果不采取果断的决策,这种不利趋势将伤害到企业的市场地位。所谓市场机会,是指对企业有吸引力或企业拥有竞争优势的领域。任何企业都面临着若干环境威胁和市场机会。然而,并不是所有的环境威胁都一样大,也不是所有的市场机会都有同样的吸引力。企业的管理者可以利用环境威胁矩阵图和市场机会矩阵图来加以分析、评价,如图2-5所示。

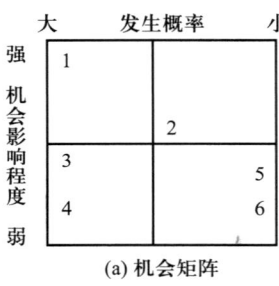
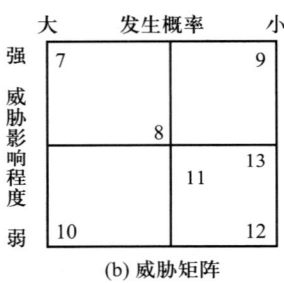

图2-5 机会与威胁矩阵图

图2-5中机会矩阵存在四种情况,位置1的机会最好,实现的概率大,对企业具有吸引力;位置2的机会也好,但发生的概率小,需要创造条件来实现;位置3、位置4的机会影响弱,但发生的概率大,企业应注意加以利用;位置5、位置6的机会影响弱,发生的概率也小,企业可以不予考虑。同样,威胁矩阵也存在四种情况,在位置7、位置8处,威胁程度强,发生概率大,企业应特别重视;位置9的威胁虽强,但发生的概率小;位置10影响小,但极有可能发生,企业要加以关注;位置11、位置12、位置13的威胁程度与概率都小,企业就可以不考虑。

二、影响决策的因素

(一) 过去的决策

在大多数情况下,组织决策不是在一张白纸上进行初始决策,而是对初始决策的完善、调整或改革,那么,过去的决策就成为目前决策过程的起点。过去选择的方案的实施,不仅伴随着人力、物力、财力等资源的消耗,而且伴随着内部状况的改变。这种非零起点的当下决策,必然会受到过去决策的影响。过去的决策对目前决策的制约程度,会受到决策所产生的改变情况,以及现任决策者态度的影响。例如,当之前的决策者和现在决策者为同一人,由于决策者通常要对自己的选择及其后果负管理上的责任,因此,决策者一般不愿对组织活动进行重大调整,而倾向于仍把大部分资源投入过去方案的执行中,以证明自己的一贯正确。相反,如果现在的主要决策者与组织过去的主要决策没有很深的渊源关系,则会易于接受重大改变。此外,过去决策所投入成本的大小,也会影响未来决策,尽管已经是沉没成本,但如果一个项目过去已经投入很大,考虑到这点,决策者也往往会倾向于继续保留项目。

(二) 决策者对风险的态度

环境以及事件的发展走向往往难以准确地预料,现实管理中,许多管理决策是在风险条件下作出的。所谓风险是指那些决策者可以估计某一结果或方案的概率的情形。那么,决策者如何对各种各样的行动方案进行风险概率估计呢？一般而言,如果情形相似的话,决策者可以依靠过去的经验或是对相关资料的分析。然而,在企业经营运作中,很多情况下不存在完全相同的决策情形。如果只根据过去的经验对预期结果进行概率估计,那么这种概率被称为客观概率；如果根据主观感觉对预期结果进行概率估计,则被称为主观概率。在这里的主观感觉指一个人对问题及解决问题的行动方案的主观直觉,这种直觉并不完全依赖过去的经验。

对不同的行动方案估计概率并没有固定的、一成不变的经验法则可以遵循。一些决策者可能完全运用定量方法,如期望值分析,采用数学手段来对预期结果和风险概率加以确定,并据此做出决策。而另外一些决策者则会忽略数据,更多地根据直觉快速作出判断。无论用哪一种方法,在风险条件下进行决策时,决策者所持的态度是一个关键因素。一些决策者是勇于冒风险者,而另外一些决策者却是风险回避者。从决策角度看,具有一定的承担风险的能力是优秀管理所必不可少的品质,管理决策不仅仅是对过去的事作判断,而更多是为将来作准备。未来环境中几乎总是包含着不确定因素,所以,那种有百分之百的把握,不冒任何风险的决策,不但因为它过于保守不合管理的需要,而且客观上很少有。一般来说,越是可能获得高收益的方案,包含的风险因素也往往越多。因此,对于决策者来说,一方面,基本要求是敢于承担风险,敢于承担责任。决策者要有胆识,要有勇气。另一方面,管理决策不是赌博,敢于冒风险不等于蛮干。决策者必须清醒地估计到各项决策方案的风险承担；估计到最坏的可能性并拟订出相应的对策,使风险损失不致引起灾难性的不可挽回的后果；必须尽量收集与决策的未来环境有关的必要信息,以便做出正确的判断；应考虑到是不是到了非冒更大风险不可的地步。最后,决策者还应当对决策的时机是否成熟有准确的判断。这些都有助于决策者将决策方案的风险降至最小。正如俗话所说的"情况明,决心大"。

(三) 组织文化

文化指在社会历史实践过程中所创造的物质和精神财富的总和。每一个组织都有与其相适应的文化,并随着社会和组织自身的发展而发展。在管理领域,组织文化主要指组织的指导思想、经营理念和工作作风,包括价值观念、行业标准、道德规范、文化传统、风俗习惯、典礼仪式、管理制度以及企业形象。它不但包括思想和精神方面的内容,也包括社会心理、技能、方法和组织自我成长的特殊方式等各种因素,组织文化从根本上影响着所有成员的行为。

针对不同的事件,组织文化的各构成要素都起着不同程度的影响作用。例如,共同价值观是指组织成员分享着同一价值观念,当价值观念灌输到组织中时,成员中就会存在某种共同特性。例如,崇尚集体主义、平等和民主的组织中,采用群体决策的时候会更多;鼓励创新和特性的价值文化中,个体决策会更多。同样,文化的其他方面也会对决策产生多维度的影响。

企业组织的管理人员在把握这些特征的同时,需要思考从组织决策的角度研究组织文化与决策的关系。这是因为,所有新的决策都需要同现有的组织文化配合与协调,否则很难在后续实施过程中顺利进行,而企业组织文化有它的滞后性,很难马上对新的决策做出反应,所以,组织文化既可以成为实施组织决策的动力,也可能成为阻力。特别是在实施和管理新决策时,组织内部的新旧文化必须相互适应、相互协调,这样才能为组织决策获得成功提供保证。虽然决策时要考虑所作决策尽量与组织文化相适应,不要破坏企业已有的组织文化,但是当企业环境发生重大变化时,企业的组织文化也需要相应做出重大变化的情况下,企业应考虑到自身长远利益,不能为了迎合企业现有的组织文化,而将组织新的决策修订成与现行组织文化标准相一致。这是不符合企业的目标的。

(四) 时间

决策是在特定的情况下,把组织的当前情况与组织步入未来的行动联系起来,并旨在解决问题或把握机会的管理活动。这就决定了决策必然受时间的制约,一旦超出了时间的限制,情况发生了变化,再好的决策也不可能达到预期目标。这就需要管理者在进行决策时密切关注变化,在关注当前情况的同时,更要考虑到未来,这样才能尽可能地降低由于时间变化而给决策可能带来的负面影响。

三、决策中的认知偏差

无论采取什么样的决策方式和类型,人总是决策的主体,个体对于决策信息的判断分析最终会决定决策的成功与否。认知偏差是指由于被表面现象或者虚假信息蒙蔽和干扰,使决策者容易做出不合理的判断和决策的一种现象。认知偏差不仅会影响日常的工作和生活,更会给组织决策带来重大的影响。以下是决策者在决策中经常容易发生的认知偏差,决策者应当格外注意,尽量避免同类情况的发生:

(一) 过度自信(Overconfidence)

这里指决策者高估了自己处理问题的能力,盲目乐观,在决策时不能客观正确地评价自己,难以接受别人的建议。

自信心是人们行为的内在动力,构成一个人心理和行为的意志品质,主要包括自觉性、果断性、坚韧性和自制力。有自信心的决策者能够以积极的姿态应对困难,处事果断,并且能进行积极的自我暗示、自我鼓励。但是,过度自信则会给决策带来很大问题。过度自信是指人的独断性。过度自信的决策者总是对自己的决定具有独断性,坚持己见,以自己的意愿代替实际客观事物发展的规律。即便客观环境发生变化,也不肯更改自己的决策,盲目行动,拒绝他人的意见或建议,是缺乏自觉性和意志薄弱的表现。各种职业中,几乎都存在过度自信的情况。例如,调查表明,很多投资者认为自己所拥有知识的精确度要比实际上所具有的精确性更高,故而他们对事件发生概率的估计总会走向极端。

(二) 即时满足 (Immediate Gratification)

这是指决策者只考虑眼前,在决策时更倾向于选择快速回报的方案,而忽略长远利益。即时满足容易对眼下利益产生激进主义想法,产生的决策也不具有长远性。

有研究表明,人具有追求即时满足的自然天性,这就像在选择做事时,那些简单的、能很快看到成果的事情,更容易对人产生激励和带来满足感。但是在决策时,管理者需要尽一切可能克服这种认证偏差,有意识地着眼长远。对于快速带来利益的项目仔细斟酌,看其背后是否隐藏着其他问题,往往眼前的利益背后会掩藏着对未来发展不利的因素。例如,我国经济发展过程中的钢铁行业曾经有一段粗放的发展过程,尽管发展带来了快速回报,但是却带来了环境污染、高能耗等问题,现在,企业不得不为过去的决策埋单,进行大范围的重新调整和布局。

(三) 沉锚效应 (Anchoring Effect)

这指的是决策者在对情况做出判断时,易受第一印象或第一信息支配,就像沉入海底的锚一样,决策者始终把注意力放在最初的原始信息上,初始印象、想法在决策中所占权重过高。

作为一种心理现象,沉锚效应普遍存在于生活的方方面面。第一印象和先入为主是其在社会生活中的表现。在决策中,沉锚效应会导致信息接收和处理的片面性和惰性,对于相对后来的信息不能完整予以考虑,甚至不接受新的信息。信息之所以极具价值,很大一部分原因在于它的易变性。不能及时接受和更新信息,就很难针对新情况做出最前沿的决策。

(四) 选择性认知 (Selective Perception)

这是指以自身的兴趣、背景、经验及态度选择性地理解他人或事物,以对象的部分特征作为知觉的全部内容。例如,评价员工时,认为同自己有相同的专业背景,即和自己一样在工作上表现良好。决策者需要尽可能多地知道相关地必要信息,以便全面地分析备择方案。

(五) 证实偏见 (Confirmation Bias)

这是指决策者为了证实自己的观点而去刻意地寻找支持观点的理由,进而肯定自己原有的观点。人们普遍偏好能够验证假设的信息,而不是那些否定假设的信息。当我们在主观上支持某种观点的时候,我们往往倾向于寻找那些能够支持这些观点的信息,而忽略掉那些可能推翻原有观点的信息。证实偏见具有极大的主观性,常常先入为主,进而牵强附会,导致无法正确地分析现状。

(六) 框架效应 (Framing Effect)

这是指本质上相同的两个问题,由于在描述上采用了不同逻辑意义上的说法,却导致了不同的决策判断。

关于框架效应有一个著名的趣谈:有个吝啬鬼不小心掉进河里,好心人趴在岸边喊道:"快把手给我,我把你拉上来!"但这吝啬鬼就是不肯伸出自己的手。好心人开始很纳闷,后来突然醒悟,就冲着快要下沉的吝啬鬼大喊:"我把手给你,你快抓住我!"这吝啬鬼一下就抓住了这个好心人的手。心理学上把这种由于不一样表达导致不一样结果的现象称为框架效应。对于决策者来讲，面对信息，需要抽丝剥茧，深入思考，而不是被信息的描述方式所干扰，做出错误的决策。

（七）易获得性启发式偏差（Availability Heuristic Bias）

它又称可得性偏差，是启发式偏差的一种。它是指人们往往根据认知上的易得性来判断事件的可能性。例如，投资者在决策过程中就很容易看重自己知道的或容易得到的信息，而忽视对其他信息的关注和深度发掘，从而造成判断的偏差。

（八）典型性偏见（Representation Bias）

又称表象偏差，即决策者根据某一事件与其他事件的相似程度来作为决策的依据。最典型的就是决策者过去的经验，会让他们在遇到相类似情况时采用同样的处理方式。例如，在企业招聘应届毕业生时，如果前些年所招聘的毕业生表现优异，会让管理者很容易认为，同一所学校毕业生的质量都非常高，但事实是否如此有待商榷。这种情况下，决策者很容易忽略事物本身的差异性，尤其是当环境不同时，决策者如果依旧参照相似事件的处理方法，势必造成错误的结果。

（九）随机性（Randomness）

这是指决策者按照随机性事件的特征来归纳结论。由于随机性事件具有极大的不确定性，某个偶然事件发生的时候，很难形成规律。"守株待兔"的寓言故事，就是用随机小概率事件经验来错误处理问题的一个例子。

（十）沉没成本（Sunk Costs）

决策者过度地把注意力集中在过去消耗的时间、金钱和精力上，而忽视了未来的可能性。现在的选择并不能纠正过去的决定，过去只能是现在和未来的参考，过分地把注意力放在过去，很可能使决策不能很好地应对和把握未来。

（十一）自利性偏差（Self-Serving Bias）

这是指决策者用对自己有利的一面来判断客观事物，把不好的、错误的原因归于其他人或者外因。这种归因错误一定程度上是一种缺乏责任感的自我保护行为，同时表明决策者对决策事件缺乏正确的认识，不能准确全面地分析决策相关情况。

（十二）后见判断（Hindsight）

人们在事后想问题的时候总有一种偏见，即后见判断，也有学者们称之为"回顾偏见"，指人们在回顾一件事时，往往将结果作为事情必然发生的依据，并由此断定事情发生的概率很高，而事实上是决策者分析推断时发生了错误。

四、影响决策的新因素

随着环境的不断变化以及管理理论的进一步发展，出现了更多新的影响决策的因素，这些新的因素值得管理者关注。

（一）伦理

伦理是指人类社会中普遍认可的人与人之间、人与社会及国家之间的关系和行为的秩序规范。企业伦理观念最初由美国人于20世纪70年代提出，是企业在处理企业内部员工之间,企业与社会、企业与顾客之间关系的行为规范的总和。在竞争激烈、瞬息万变的市场经济社会里,利润关系到每一个企业的命运,因此有的经营者为了追求利润,不惜采取各种非法途径,这不但扰乱了市场秩序,也使企业失去了长期发展的基础。20 世纪 70 年代起,美国、西欧、日本的一些先进企业在组织内部建立起严格的伦理制度和监管制度,把企业定位在追求利润与推动良性的社会变迁上,使企业能够长久地生存下去。

伦理道德以其特有的社会功能对企业发展产生影响。在企业内部,伦理道德规范作为一种校正人们行为及人际关系的软约束,能使企业人员明确善与恶、正义与非正义等一系列相互对立的道德范畴和道德界限,从而具有明确的是非观、善恶观,提高工作效率、道德水准。伦理道德以其规范力量,助力企业确立整体价值观和发扬企业精神,有助于群体行为合理化,提高群体绩效。因此,企业伦理作为企业发展的重要支撑力量,对组织方方面面都产生了非常大的影响,成为当下受到管理领域非常重视的一个问题。决策作为组织管理活动的重要内容,也同样会受到伦理的影响,更多企业的决策标准不仅仅考虑利润,还考虑企业的社会责任和道德。

(二) 创新

创新强调以新颖独创的方法解决问题的过程。创新能突破常规思维的界限,以超常规甚至反常规的方法、视角去思考问题,提出与众不同的解决方案,从而产生新颖的、独到的、有社会意义的成果。管理创新是在经济全球化和信息化的历史背景下产生的。其主要内容包括管理概念的创新、公司组织结构的创新、企业管理方法创新、企业社会形象创新和企业产品创新等。

决策是在不断变化的内外部环境条件下,为变革现状和开创未来,树立新目标和采用新方法与措施的活动,其实质是一种创造性的活动。在当前激烈的市场竞争中,企业面临着环境条件瞬息万变,对于企业创造性解决问题的能力要求也越来越高。从企业管理创新的内容可以发现,企业管理创新决策对于企业的生存和发展越来越重要。例如,企业组织结构的创新,尽管并没有与企业的命运直接相关,但是组织的扩大对企业的生存影响程度已经很高。又如,企业形象和文化创新是企业的精神状态、企业在社会公众心目中形象的表现,而这是企业生命力强弱的重要因素。可以看到,企业能否通过创造性的决策来解决问题,是关乎企业未来竞争能力的关键,而创新也成为当前讨论决策效果的重要因素。

(三) 设计思维

设计思维(Design Thinking)指像设计师处理设计问题一样处理管理问题。在当下的环境中,管理者仅仅依靠缜密的逻辑、细致的分析和挑选备选方案可能并不是最佳的决策方式。作为一种思维的方式,设计思维更强调综合处理能力,这种思考和解决问题的方式有助于理解问题产生的背景、催生洞察力及解决方法,并能够理性地分析和找出最合适的解决方案。在当代设计和工程技术当中,以及商业活动和管理学等方面,设计思维作为"在行动中进行创意思考"的方式,已成为流行词语,在 21 世纪的教育及培训领域中有着越来越大的影响。

(四) 大数据

在商业活动中,无时无刻不在产生大量的数据,具有决策指导意义的数据就隐藏在这些看起来杂乱无章的数据之中。在过去的商业决策中,决策者凭借自身的经验和对行业的敏感来决定企业发展方向和方式,这种决策有时候仅仅参考一些模糊的数据和建议。而大数据和大数据分析工具的出现,让人们找到了一条新的科学决策之路,使得决策可以依赖史无前例的、海量而多样的数据,极大提高了决策的未来预见性和科学性,不仅让结果变得更加科学、客观,在一定程度上也减轻了决策者所承受的巨大精神压力。可以预见,在大数据的帮助下,决策者将会越来越清晰地预见到问题的本来面目。

现代管理工具

大数据分析

大数据分析能够快速提取、转换、加载和搜索海量数据,并对其进行共享分析。通过批量处理大型的综合实时数据库,快速识别和寻找数据之间的隐含关系。目前,大数据分析可以帮助改进决策的质量。虽然它依旧属于传统的数据库管理和商业智能系统领域,但大数据分析能力已经得到了极大的提高。大数据分析的四种主要数据处理特点包括:

- 海量处理:超出百万兆字节的速度进行数据处理
- 速度:可以实现实时分析
- 种类:数据分析种类众多,从点击活动到视频浏览信息,都可以收集并分析
- 变化:可以针对数据格式的变化以及各种不同的信息领域

大数据的分析结果可以成为管理者衡量和评价组织关键活动的重要依据。

管理现象观察

Seton Healthcare 是采用 IBM 最新沃森技术医疗保健内容分析预测的首个客户。通过这项大数据技术,企业可以查找到大量与病人相关的临床医疗信息,通过大数据处理,更好地分析病人的信息。

例如,通过这项技术,在加拿大多伦多的一家医院,针对早产婴儿,每秒钟有超过3 000 次的数据读取。通过这些数据分析,医院就能够提前知道哪些早产婴儿出现问题,并且有针对性地采取措施,避免早产婴儿夭折。此外,大数据技术也让更多的创业者更加方便地开发新产品,例如通过社交网络来收集数据的健康类 APP 的开发。未来数年后,这些收集到的数据能让医生给病人的诊断变得更为精确,在诊疗手段上,也会采用更加安全合理的新方法,例如在用药方式上,不是通用的传统的成人每日三次一次一片,而是通过实时检测血液中药剂含量,根据药物代谢程度,自动提醒再次服药。

Express Scripts 就是这样一家处方药管理服务公司。目前,它正在通过复杂的大数据模型来检测虚假药品,模型还能及时提醒人们何时应该停止用药。 Express Scripts 之所以能够做到这些,原因在于它能够高效地获得并处理所有有关数据。通过大数据技术,公司每年管理着1.4亿处方,覆盖了1亿美国人和65 000家药店。同时,

Express Scripts 还着眼于一些新的业务,例如,为医生的评价和选择提供参考信息。公司会关注网络对于医生的所有评价,如果一个医生的行为被标记为红色的旗帜,就表示他在网络上是个好人的形象,也是病人所需要的医生。

可以看到,通过大数据的应用,很多原来无法获取和处理的海量信息都可以得到快速收集和处理。这极大拓展了企业的业务服务领域,也为原来难以决策的事项提供了更多解决的可能性。

【延伸阅读】

McAfee, Andrew, and Erik Brynjolfsson. Big Data: The Management Revolution. *Harvard Business Review*, October 2012.

第五节 计划及其意义

组织的构成要素包括目标、人、结构,而计划正是将这三者有机组合在一起的重要引擎。任何组织都需要通过制定计划来明确目标,以便让组织的行动更有方向性。古人所说的"运筹帷幄",就是对计划职能的最形象概括。因此,计划也被认为是所有管理职能中最基础的工作。

一、什么是计划

(一) 计划的概念

计划通常被称为最基础和重要的管理职能,它是组织、领导以及控制职能的工作基础。经典的计划定义为:确定组织目标,并为目标的实现制定总体战略以及具体的行动方案。可以看到,计划职能既关注结果——组织要做什么,也关注手段——组织如何实现目标。计划通过调查研究,预见将来,为组织制定目标以及行动方案。良好的计划工作能够统一组织和指导内部各个部门以及人员的活动,为组织目标的实现提供保障。

组织中,计划还体现为正式计划和非正式计划两种类型。正式计划一般为书面形式,由相关部门制定并颁布。而非正式计划则很少采用书面形式,有时仅仅是管理者脑海中的想法和构思。一般而言,大型企业的中基层管理者以及小企业的高层管理人员采用非正式计划处理问题的时候更多。但必须肯定的一点是,所有的管理人员都需要制定计划——无论是正式的,还是非正式的,计划是管理人员必需的职业技能。

我们在后续所讨论的"计划"这一概念,是针对组织中的正式计划。对于组织正式计划的理解包括以下几个方面:①正式计划中应明确组织的目标;②以书面形式在组织内部公布,以便组织全体成员能够了解这些目标;③制定行动计划,为组织实现目标设计规划好路径。

(二) 计划和其他职能之间的关系

在管理实践中，计划帮助管理者判断机遇，最大限度地减少风险，更加清晰地勾勒出实现目标的路径，使企业更好地发展。而在整体的管理职能中，计划是其他管理职能的前提和基础，并且渗透到其他管理职能之中。它是管理过程的基础环节，在管理活动中具有重要的地位和作用（见图2-6）。

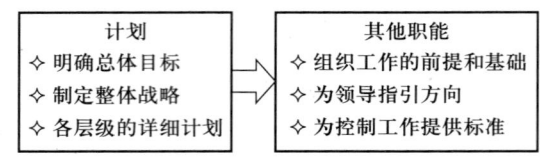

图 2-6 计划同其他管理职能之间的关系

首先，计划是组织工作的前提。现代组织内部各部分之间分工越来越精细，过程越来越复杂，组织协调关系更趋严密。要把这些繁杂的有机体科学地组织起来，让各个环节和部门的活动都能在时间、空间和数量上相互衔接，既围绕整体目标，又能各自独立发挥自身的优势，互相协调配合，就必须有一个严密的计划，为组织的各项工作提供牵引。

其次，计划是领导工作的准则。计划的实质是确定目标以及规定达到目标的途径和方法。管理活动中，为让所有组织成员朝着既定的目标前进，并最终实现组织目标，必须有统一的行为准则。而计划为组织提供了这一统一准则，该准则成为激励、领导以及沟通工作的指南。例如，当计划制定的产量目标为比上一年度提高10%，那么这个时候，组织中所有领导活动就都会围绕"提高产量"这一目标的实现进行，管理者会采用各种激励方式，带领员工努力完成既定目标。可以看到，计划能够有效地为领导工作提供行为管理的准则和依据，保证领导工作围绕既定的目标进行。

最后，计划是控制活动的依据。计划不仅是组织、领导职能的前提和准则，而且与管理控制活动紧密相连。控制本身是通过纠正偏离标准的偏差，使管理活动保持与目标的要求一致，因此，没有标准和尺度，控制工作无法进行。计划为各种复杂的管理活动确定了数据、尺度和标准，不仅为控制指明了方向，而且为控制活动提供了依据。如前文所举的例子，当组织的计划目标为产量比上一年提高10%，那么这个10%就成为控制工作的标准，当产量发生偏离时，组织就需要采取各种方式，例如，加班、增加工作人员等方式，来保证产量处于正常状态。

可以看到，计划活动作为管理的首要职能，为其他三项职能工作的展开提供了前提基础。这也是实践中我们经常说"管理始于计划"的原因。

(三) 组织中的计划体系

企业的计划是一个有机的整体。从时间上，它既涵盖企业当前也涉及未来发展；从空间上，企业计划体现着组织内纵向的不同层次和横向的不同部门的规划。好的计划不但要求立足现在着眼未来，而且需要很好的层次和部门之间的有机配合。整体上，组织的计划种类及其间关系如图2-7所示。

可以看到，公司整体的计划是一个有层次的体系。其中，最高层的使命愿景体现了组织的最高目标，而目标的实现则需要战略、政策、程序等一系列逐渐具体的计划来支持。

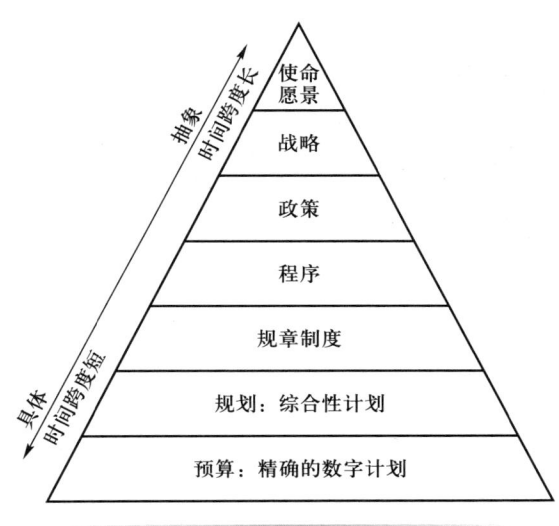

图 2-7　公司的整体计划体系

二、计划的意义

计划工作在管理中的重要地位和意义体现在：

（一）计划为组织的全体成员指明行动方向，引导所有成员的努力方向

组织中包含不同的部门、职位，只有让所有成员了解组织的目标，才能够使他们有效调节自己的行为，同其他成员协调合作，共同完成组织目标。同时，在合作中培养良好的团队精神，促进组织的发展和进步。

（二）计划可以降低环境带来的不确定性，在竞争中掌握主动权

组织面临的环境状况错综复杂，信息和科学技术的进步使得组织发展的环境处于剧烈变化中，社会变革、技术变革、人们的价值观念都在不断变化。计划是预测环境变化，并设法降低变化对组织造成不良影响的一种有效手段。对于组织而言，未来可能出现各种各样的变化，影响组织的顺利发展，例如，资源价格的上涨，顾客偏好的转变，竞争者推出新的产品和服务，国家对企业的政策、方针的调整，等等。如果对上述情况没有预先估计，并制定相应的计划和预案，很可能导致组织的失败。计划是针对未来的安排，其中一项重要的工作就是对将来的变化进行预测。计划会根据目前所掌握的信息，推测未来可能出现哪种变化，这些变化会对组织目标的实现产生什么样的影响，在变化真的发生时，组织应该采取什么对策，并据此制定出一系列的预防性措施。一旦出现变化，组织可以有准备地进行应对，而不至于无所适从。例如，很多组织会制定计划，定期对消防设施进行检查和更换，并对员工进行火灾相关知识的培训和逃生演练，这些举措都可以有效保证当火情发生时全体成员正确地应对，减少组织的损失。尽管在实际中有些变化确实无法预知，但通过计划进行科学的预测，可以把风险和不确定性对组织的影响降到最低限度。

(三) 计划是减少浪费、提高效益的有效方法

计划工作的一项重要任务就是使未来组织内部的各项工作和活动协调、均衡地发展。计划工作预先对组织内的各种活动和所涉及的资源进行规划,对各类组织工作进行综合细致的分析,选择最适当的、最有效的工作方式来达到组织目标。计划将组织活动在时空上进行分解来对现有资源的使用进行合理的分配,通过规定组织的不同部门在不同时间应从事何种活动、告诉成员何地需要多少数量的何种资源,从而为组织资源筹集和供应提供依据,使组织的可用资源充分发挥作用,降低成本。可以看到,由于计划的制定过程需要认真研究组织中各项活动之间的联系,因而能够有效消除不必要的、低效的活动所带来的浪费,避免在今后的工作中由于缺乏依据而进行轻率判断所造成的损失,还有助于用最短的时间完成工作,减少迟滞和等待时间,减少盲目性所造成的浪费,促使各项工作均衡稳定地发展。此外,由于有了计划,组织中成员的工作和努力方向就会非常明确,这会形成一种组织整体效应,大大提高工作效率,给企业带来好的收益。

(四) 计划为管理者的控制工作制定了标准

计划工作包括建立目标以及描述目标的一系列指标,这些目标和指标可以为后续的控制工作提供标准。控制工作的重要目的就是让结果同当初设定的目标一致,或者尽可能地接近目标。因此,合理的目标就成为控制工作的起点。计划是控制的基础,它为有效控制提供了标准和尺度。没有计划,控制工作也就无法进行。

(五) 计划是调节组织和其他社会组织之间联系的工具

组织具有独立性,但同时组织是社会的基本单元,其运行离不开同其他组织之间的联系。良好的计划是协调不同组织之间合作的重要手段,能够保证自身以及同其他组织之间合作的顺利开展。例如,组织同供应商之间,通常会通过签订长期的战略合作协议,来增进彼此合作,提高整体的竞争实力。而这种合作协议本身就是双方就未来如何合作所制定的计划,根据这一计划,组织可以相互协调配合,整合各自资源,更好地实现目标。

可以看到,计划在组织的运行中起着非常重要的作用,组织的成功与否与计划工作的实施密切相关。因此,也有人形象地比喻说:计划是一个智慧的过程,是联结我们现在所在之处与未来目标之间的桥梁。计划让管理者有时间在决策前,认真思考有效的工作方式和未来可能遇到的问题,通过对未来的预测,真正做到三思而后行,将组织的行动具体化,以保证既定目标的达成。

三、计划对组织的作用

在传统管理中,计划作为非常重要的一项管理职能而备受重视。然而,随着经济环境的变化,业界出现了对计划的质疑声音。一个不容忽视的现象是,目前企业所在的竞争环境变幻莫测,市场的不确定性非常高,一句常用来描述当前市场环境的说法就是"市场上唯一不变的就是变化"。计划是对未来的规划,然而计划的基点却是现在,因此,未来高度的不确定性给企业的计划制定带来了非常多的困难,甚至有一部分管理者提出:企业可以放弃制定计划……对于正式计划质疑的声音包括:

(1) 正式计划会让组织运行变得僵化、滞后。组织计划的制定是基于对未来环境的假设这一前提，对组织的发展目标和发展路径进行设计和规划。计划一旦形成，组织的行动需要按照计划规划的进行，也就一定程度上固化了组织的发展方式。这种情况下，当企业面临的真正环境发生变化时，计划制定的假设也就随之发生了变化，所制定的固定目标和行动方式就很可能给组织带来错误的指引。

(2) 再好、再周详的计划也无法取代管理者的直觉和创新意识。很多组织的成功取决于良好的愿景、创新的观念，而这些恰恰是正式计划中所无法涵盖的内容。更重要的是，当计划给组织所界定的方向不能有效支持组织愿景或者新的创意时，正式计划反而会成为组织成长和发展的阻碍。

(3) 计划往往会将管理者的目光聚焦到当下的竞争上，而忽视了组织未来生存应该关注的问题。就像曾经讨论的，计划制定一般是基于现状下对未来的假设，尤其是组织的战略计划，尽管针对的是组织的长远发展，但由于计划制定的基础是现状，这就不可避免地形成了一个悖论——尽管面向的是组织的未来发展，但计划又不可避免地将管理者的目光拉回到现在的竞争格局中。而当一个组织没有充分思考未来发展所面临的机遇、威胁等问题时，无疑是失去了组织成长所需考虑的最关键因素。

(4) 计划总是将更多关注放在"成功"上，而忽视了可能存在的危机。例如，计划总是同"增长""提高""扩大"等非常正面的词语相联系，计划的一切工作都是围绕"成功"进行的，而成功的假设不一定会带来成功的结果，甚至盲目乐观极有可能导致组织的失败。例如，很多企业会在今年销售额的基础上，为明年制定销售额"增长10%"的计划。这样的计划，无疑会将所有成员的关注吸引到产量的增加上。然而，明年顾客的需求是否会有变化？市场环境中，竞争对手是否可能推出新的产品？这些问题可能对组织发展产生更大的影响，管理者应当予以更多关注，而不是只将眼光放在产量的增加上。

那么，针对上述正式计划所存在的诸多问题，是否意味着组织就不需要计划？回答是否定的，计划作为重要的管理职能，不但不应被忽视，反而应当给予更多的关注，关键在于在新的环境下，管理者以及计划工作本身都需要调整关注点，不断地进行改善：

(1) 计划需具备弹性。环境变化剧烈的情况下，管理者在执行计划时必须保持高度的弹性，当发现当前环境同当初计划制定时有所不同时，应当果断调整计划内容，而不是墨守成规地仅仅充当一名计划的执行者。

(2) 计划需具备包容性。随着愿景、创新、创意等这些软性要素越来越成为组织成长和进步的源泉，计划工作除去对常规的人、财、物分析，也应当加强对于上述软性要素的考虑，做到对组织愿景的支持，对创新活动留下足够的空间。管理者应当迈出自己的舒适区，大胆创新，不要因为过去的成功经验束缚思维，力争取得更好的结果。

(3) 计划需深入地思考未来。管理者在制定计划时，必须更多地思考隐藏在表象下的那些可能影响组织发展的因素，这样才能未雨绸缪，让组织在威胁面前从容应对，同时，因为有所准备而能更好地抓住和利用机会，真正发挥计划着眼于未来的功能。

(4) 计划是一个动态的过程。此外，管理者还必须认识到，计划活动是一个动态的过程。计划活动是组织中一个必要的、连续的行为过程，只要组织存在，这个过程就会一直进行下去。当环境条件有所变化,原有计划被更新和修改,或者被新计划替代。当一种状态要求一整套全新的目标时,新的计划就会代替原有计划。因此,计划应当一直处于变动或修改阶段,但不能被取消或停止。

(5) 计划是一个主动的过程。尽管管理者不能精准地预测未来,完美的计划也会受到不可控因素的干扰,但组织仍需进行计划,正如组织本身是一个有目标的社会系统一样,其中发生的活动不是随机的,也不能顺其自然,必须通过规划,让其向组织既定的目标前进。计划是一个利用智慧的过程,它要求管理者必须有意识地决定行动方案。

完美的计划不一定能保证组织成功,但没有计划,组织一定不会成功。

第六节 战略计划

应对快速变化的环境是当前所有组织必须关注的重要方面,战略计划是帮助组织在快速发展变化环境中发现威胁与机会、培养并挖掘自身能力以趋利避害的重要手段。在一项关于企业使用管理工具的满意度调查中,战略管理作为重要的管理手段,多年来始终位居使用率的榜首。组织战略是一种有特殊意义的计划。它是组织在应对竞争的环境下,结合自身所具备的资源和能力,为组织长远的生存和发展所制定的路径规划,对于组织有重要的意义。

一、什么是战略计划

(一) 战略的概念

战略是从组织全局考虑,为一定时期的全局、长远的发展做出的谋划。组织战略将回答以下几个问题:①组织在未来业务领域的发展模式是怎样的?②组织如何在市场竞争并取得竞争优势?③怎样吸引更多的顾客,提高顾客的满意度,实现组织目标?战略计划则是管理者为组织制定战略规划的工作过程。

(二) 战略计划工作的特点

1. 帮助企业定位

战略着眼于组织的长期发展目标,其时间跨度一般为五年以上。同时,所涉及的范围较大,涵盖了组织中的所有部门和成员。战略计划最核心关键的内容是为组织发展定位,用以开发组织的核心能力、获取竞争优势。当组织选择了一种战略,也就意味着在不同的竞争方式中做出了选择,从这个意义上来说,战略表明了组织打算做什么,以及不做什么。而当组织实施的战略,竞争对手不能复制或因成本太高而无法模仿时,就获得了竞争优势。

现代管理工具

企业的核心能力（Core Competencies）

核心能力深深植根于企业的内部，为客户提供独特的价值。它体现了一个组织的集体学习能力，特别是协调不同的生产技能并将其有机结合在一起。核心能力能够为企业创造持续的竞争优势，帮助企业顺利进入各种不同的市场细分，有助于企业更好地为顾客提供服务。那么，什么样的能力才能成为核心能力呢？一个简单的测试问题就是：竞争对手是否难以复制或取得？当企业拥有竞争对手难以获取的优势时，那便是核心能力。核心能力可以让企业在市场上以与众不同的产品或服务，取得竞争优势。

如何打造核心能力？以下一些做法值得借鉴：
- 识别自身的关键能力，并将其融合到组织的生产运作中
- 同其他公司相比较，确保自己关键技能的独特性
- 深入分析顾客的价值关注点，并在这些方面进行投入，确保自己在创造这些价值方面的优势
- 构建能力获取的规划图
- 通过联盟、收购和许可协议等方式，强化组织在核心领域的优势
- 鼓励全体组织成员参与核心能力的深入探讨
- 即使业务发生拓展和变化，也要确保核心优势
- 通过外包或剥离非核心业务来释放资源，以便将重点放在核心能力的培育上

【延伸阅读】

［1］Critelli, Michael J. Back Where We Belong. *Harvard Business Review*, May 2005, pp. 47-54.

［2］Hamel, Gary, and C. K. Prahalad. *Competing for the Future*. Harvard Business School Press, 1994.

2. 重视环境分析

战略计划非常重视对组织生存环境的分析，将组织的成长和发展纳入变化的环境之中，组织工作以未来的环境变化趋势作为决策的基础，这就使管理者们能够在充分研究环境的基础上，正确地确定组织未来的发展方向，选择合适的经营领域或产品—市场领域，从而更好地把握外部环境所提供的机会，增强组织经营活动对外部环境的适应性，使二者达成最佳的结合。

3. 注重战略实施

战略计划不只是停留在战略分析及战略制定上，而是将战略的实施作为计划的一部分，这就使企业的战略能够落地到日常生产经营活动中，也使得组织的长远目标同近期目

标(或作业性目标)相结合,达到了总体目标同组织各层级的目标统一起来,从而可以调动各级人员参与,充分利用企业的各种资源并提高协同效果。

4. 关注持续发展

战略计划非常重视评价与更新,在实施中根据环境的变化对战略不断地评价和修正,使战略计划得到不断完善。这种持续循环的过程,有利于组织不仅计划"我们正走向何处",而且思考如何淘汰陈旧过时的东西,使企业管理者在新的起点上持续改进。

(三) 战略计划的意义

战略计划作为组织非常重要的一项工作,受到越来越多的重视。许多企业设置了专门的战略规划部门,负责研究和制定组织战略。著名的管理咨询公司贝恩(Bain)对于管理方法的调研报告中就指出,全球几乎所有的被调研企业都有战略管理的相关工作,可见战略计划对于企业的重要意义。战略的重要性体现在:

1. 良好的战略计划直接影响组织的绩效

战略管理的重要性首先体现在对组织业绩的影响上。现实中存在的一个客观现象就是,即便是同类型的组织,面临同样的环境条件,有的组织能够成功经营,获取丰厚的利润;有的则运作效率低下,濒临倒闭。已有的调查研究表明,有良好战略规划的企业,其业绩整体上优于缺乏战略规划的企业。可以看到,企业确定了未来一定时期内的战略目标,可以使企业的职能部门、各级人员都知晓企业的共同目标,清楚自己该做什么,进而可以激励他们积极主动地完成目标,同时增强了企业的凝聚力和向心力,为取得良好的企业绩效提供保障。

2. 战略计划是应对持续变化环境的重要手段

战略计划制定的基础是对环境的深入分析和辨识,预测可能发生的变化和意外情况,明确组织的近期、中期以及长期的发展目标,这就在时间上为组织应对变化提供了较大的空间。同时,由于战略计划明确了企业的利益相关者、竞争者和自身的优势、劣势、机会、威胁,企业可以从容地应对机遇的诱惑和市场变化,有利于企业提高风险控制能力和市场应变能力,提升企业的持久竞争力。

3. 战略计划能够有效地整合组织资源,实现目标

战略计划使企业非常明确未来各个发展阶段的工作重点和资源需求,从而在组织结构设计和资源整合上更具有目的性和原则性,保持组织运行与发展战略规划的匹配性,优化、整合资源,实现资源价值最大化。

二、战略计划的步骤

战略计划是涵盖组织计划内容最综合丰富的一个体系,也是组织计划工作最重要的内容。目前,战略计划已经形成了较完整的流程和内容。同时,战略计划不是一次性活动。随着环境和自身条件的改变,战略计划的过程会一直进行。例如,当企业的经营环境变化时,需要对计划进行更新和修改。战略计划的工作程序可以分为战略分析、战略实施以及战略评价三个阶段,如图2-8所示。

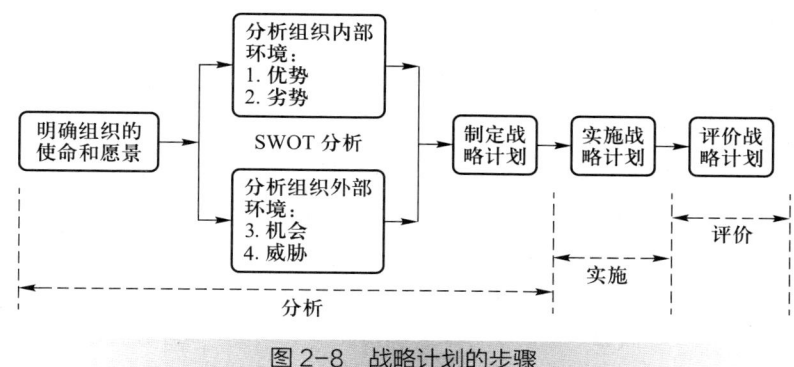

图 2-8　战略计划的步骤

（一）明确组织的使命和愿景

企业通常会用使命、宗旨以及愿景等词语来表述其最高目标,那么,这些术语有些什么样的含义? 现实中有怎样的表述方式?

1. 组织的使命和愿景

（1）愿景(Vision)是企业所期望达到的状态或者结果。愿景表明了企业希望通过努力,带领全体员工把企业发展成所要达到的那个目标。企业愿景包括两部分内容:核心信仰(Core Ideology)、未来前景(Envisioned Future)。其中,核心信仰包括核心价值观(Core Value)和核心使命(Core Purpose)。它用以规定企业的基本价值观和存在的原因,是企业长期不变的信条,如同把组织聚合起来的黏合剂,核心信仰必须为组织成员共享,它的形成是企业自我认识的一个过程。核心价值观是一个企业最基本和持久的信仰,是组织内成员的共识。未来前景是企业未来 10~30 年欲实现的宏大愿景目标及对它的鲜活描述。

（2）使命(Mission)是指企业对自身和社会发展所做出的承诺,体现了公司存在的理由和依据,是组织存在的原因。使命会定义企业在全社会经济领域中所经营的活动范围和层次,描述企业在社会进步和社会经济发展中所应担当的角色和责任。使命反映了企业的根本性质和存在的理由,内容包括企业的经营领域、经营思想,为企业目标的确立与战略的制定提供依据。

企业使命是企业生产经营的哲学定位,即经营观念,是组织自我生命意义的定位。使命为企业确立了经营的基本指导思想、原则、方向、经营哲学等,它不是企业具体的战略目标,或者是抽象的存在,使命会影响经营者的决策和思维。这中间包含了企业的经营定位、价值观凸显以及企业的形象定位:经营的指导思想是什么? 如何认识事业? 如何看待和评价市场、顾客、员工、伙伴和对手? 企业为社会、为员工所要付出的努力和贡献是什么? 这对成员具有很强的激励作用。

（3）宗旨是一个组织的最基本目标,体现组织选择的产品及服务领域或事业。宗旨往往表明了企业对产品以及顾客服务所灌输的标准,因而会极大地影响企业的社会形象。

> **管理现象观察**
>
> ### 华为的愿景和使命
>
> 愿景：消除数字鸿沟，促进经济、社会、环境的和谐与可持续发展。
>
> 使命：构建优秀的可持续发展管理体系，坚持道德和合规经营，持续加强利益相关方的沟通，促进和谐商业生态环境，确保公司可持续发展，回报客户和社会。
>
> 可以看到，愿景更着重于表述企业长期的发展方向、自我设定的社会责任和义务，界定企业在未来是什么样子，而对"样子"主要是从企业对社会（也包括具体的经济领域）的影响力、贡献力、在市场或行业中的排位（如世界500强）、与企业关联群体（客户、股东、员工、环境）之间的经济关系来表述。企业愿景主要考虑的是对企业有投入和产出等经济利益关系的群体产生激励、导向、投入作用，让直接对企业有资金投资的群体（股东）、员工群体、有环境资源投入的机构等产生长期的期望和现实的行动，让这些群体通过企业愿景感受到实现社会价值的同时，使自身利益的发展得到保证和实现。
>
> 企业使命是在界定了企业愿景概念的基础上，具体地定义和回答企业经营活动的范围或层次。也就是说，使命更加具体地表明企业在社会中的经济身份或角色，主要内容包括：企业的分工是什么？在哪些经济领域里为社会做贡献？主要考虑的是对目标领域、特定客户或社会人在某确定方面的供需关系的经济行为及行为效果。

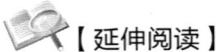【延伸阅读】

[1] James C. Collins, Jerry I. Porras. Building Your Company's Vision. *Harvard Business Review*, September–October 1996.

[2] James C. Collins, Jerry I. Porras. *Build to Last: Successful Habits of Visionary Companies.* Harper Busniess, 1994.

使命和愿景对于企业的意义体现在：首先，明确提出了企业的价值标准。价值观作为一种非实体的资源，对于企业实体发展体现出越来越重要的作用。对于价值观的清晰描述，可以确保全体成员对组织的目标和行动方式达成共识。使命和愿景给全体员工树立了一个共同为之奋斗的价值标准，为全体员工选择自身行为提供了总的规范和指导。将个人的行为和目标、部门的行为和目标乃至整个企业的行为和目标全部用企业的价值标准统一起来，激励员工向目标努力。其次，为确定企业战略目标、选择战略、制定政策，以及如何有效利用资源提供了指导方向。使命和愿景规定了企业的经营范围及未来发展方向，这就为企业选择实现目标的手段即战略方案提供了依据。最后，使命和愿景为企业树立了区别于其他企业的形象。良好的社会形象是企业宝贵的无形财产，使命和愿景清晰地给出了企业经营思想的行为准则，这就非常有利于组织在业界树立自己的、特别的、有个性的、不同于其他竞争对手的企业形象。同时，使命和愿景也反映了企业处理自身和社会关系、处理与各种相关利害团体和个人关系的观点和态度。

2. 明确表述使命和愿景

战略的制定工作过程起源于组织的使命和愿景。这里存在两种情况：一是组织还没有明确的使命和愿景，界定并描述组织的使命和愿景便成为战略管理工作的重要内容。新创办的组织和处于重大变革时期的组织往往属于这种情况。二是已经有明确的组织使命和愿景，需要进一步理解并分解，使其逐级贯彻到具体计划的制定与实施工作中。在正确理解组织的使命和愿景的基础上，还要把组织的使命和愿景传播给组织成员及各种各样的相关利益群体，让参与计划的制定与实施工作有关的人员了解并接受组织的使命和愿景，以便后续实施工作的顺利进行。

使命和愿景有一个历史的形成过程。一般情况，企业新建之初，使命和愿景都比较模糊、简单，甚至不存在。然而，随着企业的发展和对经营过程的体验，使命和愿景会逐步形成和完善。使命和愿景的陈述方式多种多样，但都需回答两个基本问题：我们企业做什么？我们企业的社会形象是怎样的？具体内容包括：第一，企业形成和存在的基本目的。这部分需明确企业的价值观念、社会责任和期望在哪方面对社会有所贡献。第二，组织从事的经营活动的范围。这部分内容规定了企业的生产范围和市场范围。第三，企业在经营活动中的基本行为规则和原则，包括企业的经营思想或经营方针。尽管也有企业的使命和愿景不一定以文字或公开的形式呈现，但是从实际情况看，越来越多的企业已经把使命和愿景作为企业战略的一个重要组成部分。

不同企业对使命和愿景的陈述详略不一，表达方式也不相同，但其却是战略中最引人注目、最易为公众所了解的部分，也是能够指导和激励所有利益相关者的部分。通常，使命和愿景的陈述应当宽泛，以便为战略制定的创造性提供足够的选择余地。另一方面，较含糊、原则性的陈述方式更便于调和同各种不同利益相关者之间的关系，避免产生不必要的矛盾。同时，使命和愿景需要兼顾内容的全面性，一些必要的信息和要素应当在其中体现。因此，简要又恰到好处的表达是使命和愿景的关键。

一般来说，企业的使命描述应当包含以下一些要素：

(1) 顾客——谁是企业的主要顾客？

(2) 产品或服务——企业的主要产品或服务是什么？

(3) 市场——企业主要在哪一个地区或行业展开竞争？

(4) 技术——企业的主导技术是什么？

(5) 对企业生存、发展和盈利的关注——对企业近期、中期、远期的经济目标的态度如何？

(6) 哲学——企业的基本信仰、价值观念和愿望是什么？

(7) 自我意识——企业的长处和竞争优势是什么？

(8) 对公众影响的关注——企业期望给公众塑造一个什么样的企业形象？

(9) 利益协调的有效性——是否有效反映了顾客、股东、公司职工、社区、供应和销售的厂商等各利益相关团体的利益？

(10) 激励程度——展开的企业宗旨能否有效激励企业职工？

> **现代管理工具**
>
> **描述使命和愿景（Mission and Vision Statement）**
>
> 使命的内容包括组织的经营业务领域、未来发展目标以及实现目标的具体途径。愿景的内容反映了企业对自身未来的定位，以及组织对自己未来发展的期望。
>
> 通常，企业会将使命和愿景的描述内容相结合，形成组织的宗旨、目标和价值观。有时，使命和愿景也可以混用。
>
> 企业在明确使命和愿景时，可以采用以下方式：高层管理者负责组织整体的使命或愿景的相关描述；所有层级和部门的管理人员代表其所在部门，描述部门使命及愿景。以上两部分工作相结合，完成最终的使命和愿景描述。进行这项工作时，应当：
>
> - 通过征求员工、供应商和客户的看法，明确企业文化、价值观、战略
> - 注重组织对顾客、员工、股东以及相关机构的承诺
> - 保证目标可以衡量；实现目标的手段可操作；愿景可实现
> - 内容要清晰、简洁、准确
> - 根据组织的特点，支持组织的整体发展
>
> 使命和愿景的作用包括对组织内部和外部两个方面。
>
> 从组织内部看，使命和愿景能够：
>
> - 将管理重点聚焦到战略上，尤其当组织面临一些重要的变革时
> - 帮助管理者制定绩效的标准
> - 激励员工为共同的目标努力工作
> - 引导员工的决策
> - 为企业内部伦理构建基础
>
> 从组织外部看，使命和愿景能够：
>
> - 强化来自外部的支持
> - 同顾客、供应商以及战略合作伙伴建立更加紧密的联系
> - 协助建立公共关系渠道

（二）评估当前状况

战略计划中一个非常重要的环节就是对组织的当前状况做出评估，这是制定和实施计划的前提。当前状况的评估工作要对组织自身的优势和劣势、外部环境的机会和威胁进行综合分析。对于上述各个方面进行分析与评价的常用方法为SWOT分析。

SWOT分析最早由以安德鲁斯为代表的哈佛商学院的商业政策研究小组提出。基本思路是，组织战略本质上是"可以做的"（Might Do）与"能做的"（Can Do）"之间的相互匹配。所谓可以做的是指环境中的机会和威胁，能做的则反映了组织自身的优势和劣势。

SWOT分析即通过综合考虑企业内部条件和外部环境的各种因素，进行系统评价，帮助企业选择最佳经营战略的方法。这里，SWOT的含义为企业内部的优势（Strengths）、企业内部的劣势（Weaknesses）、企业外部环境的机会（Opportunities）和企业外部环境

的威胁（Threats）首位字母的组合。其中，企业内部的优势和劣势是相对于竞争对手而言的，一般表现在企业的资金、技术设备、职工素质、产品、市场、管理技能等方面。判断企业内部的优势和劣势一般有两项标准：一是单项的优势和劣势。例如，企业资金雄厚，则在资金上占优势；市场占有率低，则在市场上占劣势。二是综合的优势和劣势。企业外部环境的机会是指环境中对企业有利的因素，如政府支持、高新技术的应用、良好的购买者和供应者关系等。企业外部环境的威胁是指环境中对企业不利的因素，如新竞争对手的出现、市场增长率缓慢、购买者和供应者讨价还价增强、技术老化等。这是影响企业当前竞争地位或影响企业未来竞争地位的主要障碍。

　　SWOT分析的步骤为：①确定优势、劣势以及机会和威胁的主要因素。依据企业生产经营的实际情况，列表定出对企业生产经营活动及发展有着重大影响的内部及外部因素，并且根据一定的标准，对这些因素进行评价，从中判定出企业的优势与劣势、机会和威胁。常用的方法是采用专家打分法对所列出的因素逐项打分，然后按因素的重要程度加权并求和，以判断综合的内部优劣势以及外部环境的机会和威胁。②绘制分析矩阵。根据所确定的四项要素绘制SWOT分析矩阵，进行经营决策和战略决策。例如，某企业对影响其发展的内外部各种因素进行了系统分析，并选择相应的决策。SWOT分析矩阵的构成如图2-9所示。③结合企业的目标，将内外部因素进行匹配，制定组织的战略方案。

内部条件	外部环境	
	机会	威胁
	• 电子商务普及，寄件需求增加 • 物流及IT等关键技术有很大发展	• 通信技术发展，对邮政的需求减少 • 现有宅送业务的投资及代理增多 • 国外宅送企业进入市场
优势	SO	ST
• 品牌悠久，拥有公众信任 • 拥有全国范围的物流网络 • 人力资源丰富	• 以邮政网络为基础，积极进入宅送市场 • 开发灵活多样的邮政服务	• 与全球物联网络企业建立战略联盟 • 提高国外邮件的收益性
劣势	WO	WT
• 上门取件的能力及经验不足 • 组织、预算及费用等方面的灵活性不足 • 追踪查询服务不够完善	• 构建邮寄包裹管理部门 • 提高追踪能力 • 建立增值服务和一般服务差别化的价格体系	• 根据服务特性，对包裹单和运送网络分别管理 • 提高现有包裹运送的运营效率

图2-9　SWOT分析矩阵（以某快递公司为例）

　　SWOT的战略制定和选择的思路为：①内部优势与外部机会相匹配，形成SO战略，这也是所有管理者最希望找到并采用的战略；②内部劣势与外部机会相匹配，形成WO战略，利用外部机会来弥补自身的弱点；③内部优势与外部威胁相匹配，形成ST战略，利用企业的优势回避或减少外部威胁的影响；④内部劣势与外部威胁相匹配，形成WT战略，尽量减少企业内部弱点的同时，回避外部威胁。最后，对上述四种战略加以比较，综合形成企业的最终战略。

与其他的分析方法相比较,SWOT 分析从一开始就具有显著的结构化和系统性的特征。在形式上,SWOT 分析法表现为构造分析结构矩阵,并对矩阵的不同区域赋予不同意义。在内容上,SWOT 分析的主要理论基础非常强调全面入手,对企业的外部环境和内部资源进行系统的分析。因此,得到了业界的广泛认可和应用。

(三) 制定战略计划

1. 战略计划的构成

战略选择表明了公司未来的发展方向、行动方针和资源分配方案。按照战略计划所覆盖的范围和内容,企业的战略计划一般可以划分为三个层次:总体战略、竞争战略(业务单元战略)、职能战略(见图 2-10)。

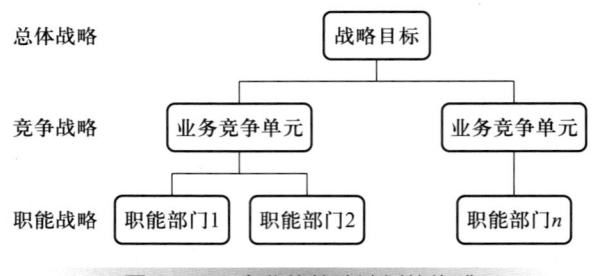

图 2-10 企业的战略计划的构成

总体战略是企业最高层次的战略。它需要根据企业的目标,选择企业可以竞争的经营领域,合理配置企业经营所必需的资源,使各项经营业务相互支持、相互协调。

公司的二级战略常常被称作业务单元战略或竞争战略。业务单元战略涉及各业务单位的主管及辅助人员。这些经理人员的主要任务是将公司战略所包括的企业目标、发展方向和措施具体化,形成本业务单位具体的竞争与经营战略。如推出新产品或服务、建立研究与开发设施等。

职能战略,又称职能层战略,主要涉及企业内各职能部门(如营销、财务和生产等),如何更好地为各级战略服务,从而提高组织效率(如生产过程自动化)。

2. 总体战略

总体战略规定了公司未来的整体发展思路,主要类型包括增长型战略、稳定型战略、紧缩型战略(见表 2-8)。

表 2-8 总 体 战 略

公司战略	特点	类型
增长型战略	企业规模、市场份额、人员等的扩张	一体化战略:纵向一体化、横向一体化
		多元化战略
		密集型发展战略
稳定型战略	企业运行稳定,不变化	
紧缩型战略	业务的消减,市场退出	

增长型战略(Growth Strategies)，指企业在未来的一段时间内采用做大做强的思路，通过不断扩大企业规模、市场份额来提高企业的整体竞争实力。实际中，采用增长型战略的企业往往表现为人员的增加、产量的提高以及投资和市场份额的增长等。从企业发展的角度来看，成功的企业都会经历长短不一的增长型战略实施期。实践中，增长型战略的具体实现手段包括一体化战略、多元化战略、密集型发展战略。

一体化战略包括纵向一体化战略和横向一体化战略。按照从原材料供应到最终客户这一生产链的方向，一体化可分为前向一体化和后向一体化。前者指企业沿生产链朝最终顾客方向实施一体化，例如，原来格力只负责空调生产，销售基本由各区域的电器经销商完成，而近些年，格力通过格力专卖店的形式自建销售网络，以进一步接近顾客，加强对市场的控制；后者则是指企业朝供应商方向的一体化，例如，钢铁企业通过收购矿山、煤矿等原来的供应商企业，获得对供应商的控制权。企业有很多原因来选择纵向一体化，其中最常见的原因包括：第一，分享上下游的丰厚利润；第二，削减交易成本；第三，充分利用过剩资源。例如，当制造商拥有大量的销售人员时，就引发向销售渠道的扩张。横向一体化也称水平一体化，是指与处于相同行业、生产同类产品或工艺相近的企业实现联合，实质是资本在同一产业和部门内的集中，目的是实现扩大规模、降低产品成本、巩固市场地位，例如近年来发生在钢铁企业之间的兼并与重组。

多元化战略的类型包括相关多元化和非相关多元化。相关多元化是以现有业务为基础进入相关产业的战略。当企业在产业内具有较强的竞争优势，而该产业的成长性或者吸引力逐渐下降时，比较适宜采取相关多元化战略。非相关多元化指企业进入同现有业务无关的新的业务领域，一般而言，采用非相关多元化的目标是从财务上平衡现金流或者获取新的利润增长点。

密集型发展战略是指企业在原有业务范围内，重点关注和发展某项业务或产品，充分利用在产品和市场方面的潜力来求得成长的战略。这种战略的重点是加强对原有市场的开发或对原有产品的开发，由于企业目标更加聚焦，可以集中精力加强自身的竞争优势。

稳定型战略是指企业遵循与过去相同的战略目标，保持一贯的成长速度，同时不改变基本的产品或经营范围。它是对产品、市场等方面采取以守为攻、以安全经营为宗旨的一种战略。从企业经营风险的角度来说，稳定型战略的风险较小，适用于处于上升趋势的行业和处于不大变化的环境中的企业。

紧缩型战略是指企业从目前的战略经营领域和基础水平收缩和撤退，且偏离起点战略较大的一种经营战略。与稳定型战略和增长型战略相比，紧缩型战略是一种消极的发展战略。企业实施紧缩型战略的根本目的是使企业挨过危机后转向其他的战略。当企业面临严峻的竞争局面时，采取收缩和撤退的措施可以抵御竞争对手的进攻，避开环境的威胁和迅速实行自身资源的最优配置。紧缩型战略也是一种以退为进的战略。

3. 竞争战略

企业的竞争战略类型包括：成本领先战略、差异化战略和集中化战略。

成本领先战略也称低成本战略，是指企业通过有效途径降低成本，使企业的总成本低于竞争对手，在同行业中最低，从而获取竞争优势的一种战略。例如，在过去很长一段时间，我国劳动力成本优势使得很多劳动密集型产品在国际市场上占有很大的市场份额,这些产品能够打开和占有市场的重要原因就在于,在同等质量情况下,我国的产品成本更加低廉,在价格上也更具优势。一般而言,低成本战略可以使企业获得高于产业平均水平的收益。主要原因在于:成本优势可以使公司在竞争时受到保护,当其他竞争对手失去利润时,成本领先企业依旧可以保证盈利;低成本企业一般拥有更大的市场份额,它们需要较大的采购量和销售量,当供应商和顾客压价时,具有更强的议价能力。组织可以通过多种途径实现成本领先,包括:①通过扩大规模,产生规模经济;②通过技术革新降低成本;③通过提高管理水平降低管理费用;④通过对上下游的整合,减少企业间的摩擦来降低成本;⑤通过不同的生产工艺、新的分销渠道、储存的原材料等多种方式来重新构造价值链,改变整体的成本结构。

差异化战略是指企业产品与竞争对手产品有明显的区别,以形成与众不同的特点而采取的一种战略。这种战略的核心是取得某种对顾客有价值的独特性,企业要突出自己产品与竞争对手之间的差异性,提供其他竞争对手不能提供的产品或服务。产品或服务实现差异化战略可以有多种方式,包括外观设计、品牌形象、生产技术、制造材料、营销手段、售后服务及其他方面的独特性。最理想的情况是公司在几个方面都有其差异化特点。例如,苹果公司就以其独特的产品设计思路和服务,在 IT 产品市场独树一帜。

集中化战略也称聚焦战略,是指企业或事业部的经营活动专注于某一特定的购买者集团、产品线的某一部分或某一地域市场上的一种战略。这种战略的核心是瞄准某个特定的用户群体、某种细分的产品线或某个细分市场。聚焦战略往往更多关注小众市场,提供专业服务,例如高端礼服定制等类型的企业。集中化战略可以分成基于低成本的集中和基于差异化的集中,前者专注领域中实现总成本领先,后者则是在专注的领域中实现不同竞争对手的价值创造方式。集中化战略不在于专注于某一特定领域,而在于企业将注意力投向在这些领域中自己是否可以形成独特的资源能力。因此,集中化战略的本质为注意力所产生的经济。

基本竞争战略由美国哈佛商学院著名的战略管理学家迈克尔·波特提出。波特还认为,企业应当从这三种战略中选择一种作为其主导战略,要么把成本控制到比竞争者更低的程度,要么在企业产品和服务中形成与众不同的特色,让顾客感觉到你提供了比其他竞争者更多的价值,要么企业致力于服务于某一特定的市场细分、某一特定的产品种类或某一特定的地理范围。这三种战略架构上差异很大,成功地实施它们需要不同的资源和技能,没有清晰的战略定位,夹在中间的企业很可能因此而遭受更大的损失。

4. 职能战略

职能战略又称职能支持战略,是按照总体战略或竞争战略对企业内各方面职能活动进行的谋划。职能战略一般可分为生产运营型职能战略、资源保障型职能战略和战略支持型职能战略。职能战略的时间跨度要较总体战略短,较公司战略更具体和专门化,且具有行动导向性。职能战略必须指明比较具体的方向,此外,职能战略的制定需要较低层管理人员的积极参与。

职能战略是为企业战略和竞争战略服务的,所以必须与企业总体战略和竞争战略相配合。比如,企业战略确立了差异化的发展方向,要培养创新的核心能力,相应的人力资源战略也必须体现对创新的鼓励:要重视培训,鼓励学习;把创新贡献纳入考核指标体系;在薪酬方面加强对各种创新的奖励,等等。

案例讨论

在国外大型日化企业的重重压力下,国产化妆品虽有所发展,却步履维艰。在这种艰难的情况下佰草集却能异军突起,挥剑直指时尚之都巴黎,为国产化妆品的出海吹响了第一声号角。这必然离不开其制定的正确战略。

据统计,目前国内化妆品市场中,内资美容化妆品企业占行业总数的90%,市场占有率仅为20%强;外资、合资企业占行业总数10%,却占总体市场的近80%。两者反差巨大。大部分国内化妆品企业以中小企业为主,平均产值不足1 000 万元,难以与实力强劲的大型国际性化妆品牌分庭抗礼。民族化妆品牌是否只能在中低端市场徘徊,以求在夹缝中艰难生存?佰草集作为众多国产化妆品牌之一,该制定什么战略才能使其改变现状从而走得更远呢?

从1995年开始,上海家化抽调力量,对产品定位、开发和营销做了一个长达3年的可行性研究。品牌研究小组得出的最终结论是,国际化妆品公司的研发中心,大多人员队伍庞大,对皮肤的研究水准已经非常高了。家化如果同样参与,研发一环就不占优势,所以只能走差异化路线。而家化的有利因素是其旗下品牌"六神"在中草药研发上有5~6年的经验,如果让新品牌走中医药的路线,家化有一定的先天优势。这种差异化确定了佰草集的中医药定位。就这样,公司成立了在化妆品企业中少见的中医药研究室,全面总结中医理论,分析研究"中医整体论"及"虚实平易八大平衡"背后的药物开发,并进行细胞学研究、中医理论的总结性研究及提纯中草药等。

佰草集将差异性定位于中医、中草药文化,体现出品牌独特的中国风味。佰草集的"中国风"不仅体现在产品的天然、中医的定位上,还体现在专卖店的装修、柜台展示、产品包装、海报设计等营销细节上。多年研究中草药化妆品的充足经验,天然中草药的原料配方,再加上淡雅别致的包装以及富有中国韵味的产品陈列方式使得整个佰草集品牌有机具体,实现概念与产品的完整统一,别具特色。而这种明确的差异化定位和卖点,正是佰草集能够最终成功进驻欧洲的关键所在。

为采集中草药,研究人员去神农架、云南、西藏考察。而最难的一环是中草药的提纯,如何除去中药难看的颜色和难闻的气味,这一度让他们陷入焦虑,但这项技术的研发成功,现在又成为保护他们的技术门槛。到1998年年初,实验室共开发出17个含中草药添加剂的护理产品。 在营销方面,上海家化大胆聘请西方知名设计师进行东方概念的视觉表现,并且使用"太极""阴阳"等为西方熟悉的东方标志来体现中国特色。在佰草集的专卖店、产品发布会以及SPA会所,以花草点缀中式庭院布景,以民族古典音乐构造文化气息,以植物精油营造的芳香氛围,让用户边品茶边了解产品信息似乎已成为佰草集的营销特色。这种营销方式着重产品文化的植入,富有品牌内涵,使得消费者因喜爱企业的丰富中式文化而建立起对产品的认可度与忠诚度。

当时市场上以"清新自然"为卖点的化妆品很多,形象也都非常精美。如果没有核心内容,差异化很难维持。2003年,佰草集的品牌小组又制定了新规划,佰草集介入服务行业、保健品行业,使品牌在围绕中医药核心理论的前提下,既有向产品的延伸分支,也有向服务保健的延伸分支,实现品牌协同。2008年9月1日,上海家化旗下的高端中草药化妆品牌——佰草集在世界时尚中心巴黎的香榭丽舍大街丝芙兰化妆品专卖店的正式上市,为国产化妆品牌赢得了尊严。佰草集凭借自身的中草药理念切入环保概念,运用丰富的中国元素和汉文化的品牌内涵,在竞争激烈的西方化妆品市场独树一帜。

讨论:佰草集成功的重要因素是什么?

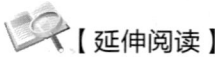

【延伸阅读】

迈克尔·波特的战略三部曲:《竞争战略》(1980)、《竞争优势》(1985)、《国家竞争战略》(1990)

通过前一阶段对于组织内外部环境的深入思考,组织基本可以对未来的发展方向有一个较清晰的认识。战略计划的第三步是为整个组织制定战略目标,既包括长期的总体发展战略,也包括具体的竞争战略和不同层级部门的职能战略。战略计划的制定中,值得管理者格外关注的是,要形成一个有机的战略体系,各个不同层次的战略之间能够相互支持。例如,当企业确定要采用扩张的总体战略,那么同时需要考虑企业目前有什么样的竞争优势来完成扩展,是通过差异化的产品还是价格最低的成本。此外,不同的竞争手段对于职能战略的要求也不同:当组织采用差异化的竞争战略时,往往要求职能战略支持创新,提供灵活应变性强的工作支持。而当组织的竞争战略为成本领先时,则要求职能战略更强调标准化、高效率的流程管理。战略计划是一套整体系统的计划集合,只有相互匹配,才能更好地实现组织目标。

(四) 战略计划的实施

实施全面计划管理的组织,应把实施计划包括在计划工作中。选择确定出计划方案之后,计划工作并未完成,如果计划不能转化为实际行动和业绩,再好的计划也没有用处。因此,组织还需细化和具体化,制定相应的实施方案。实施方案类似于行动路线图,是指挥和协调组织活动的工作文件,要清楚地告诉人们做什么(What)、何时做(When)、由谁做(Who)、何地做(Where)以及如何做(How)等问题。组织中计划部门应参与计划的实施过程,了解和检查计划的实施情况,与计划实施部门共同分析问题,采取对策,确保计划目标的顺利实施。

计划是面向未来的管理活动，由于未来具有不确定性，无论计划多么周密，在实施过程中都可能因为内外部环境的变化而无法顺利开展，有的情况下甚至需要对预先制定的计划予以调整。僵化的计划有时比没有计划更糟。因此，在制定实施方案的同时，需制定应急计划，事先估计计划实施过程中可能出现的问题，预先制定一套甚至几套备选方案，这样可以加大实施过程中工作的弹性，使之更好地适应未来环境。

（五）实施结果评估

战略计划的最后一个步骤，也是非常重要的一个步骤是评估战略计划的结果，以检查组织是否在朝着既定的使命宗旨方向行进，目标的完成度是否高。如果评估表明有问题存在，那么管理者需要判断是哪个环节出了问题，在必要的时候重新进行战略规划和调整。

战略管理会对企业产生显著和持久性的影响，错误的战略决策会给企业带来严重的损失，而及时评价可以使管理者对潜在问题防患于未然。战略评价包含三项基本活动：①考察企业战略的内在基础。对于构成现行战略基础的外部机会与威胁和内部优势与劣势，企业应予以持续关注。企业长期和年度目标的实现会受到众多内部或外部因素的影响。从外部看，如竞争者行动、需求变化、技术变化、经济状况变化、人口迁移及政府行动都会阻碍企业实现目标。从内部看，企业有可能采取了无效的战略，或者战略实施活动不利抑或是原目标制定得过于乐观等也会影响目标实现。管理者需关注企业在管理、营销、财务、生产、研究与开发及计算机信息系统上优势和劣势的变化，以及如何对新的机会与威胁做出反应。②将预期结果与实际结果进行比较。衡量企业绩效是一项非常重要的战略评价活动，这一活动包括将预期结果与实际结果进行比较，研究实际进程与战略计划的偏离，评价企业成员绩效以及在实现既定目标过程中已取得的进展。战略评价有基于定量和定性两种标准，其选择取决于特定企业的规模、产业、战略和管理宗旨。例如，采取收缩战略的企业与采取市场开发战略的企业的评价标准就完全不同。实际中，企业通常会利用财务比率如投资收益率、股本收益率、盈利率、市场份额、负债对股东权益比率、每股收益等作为战略评价的定量标准。此外，由于出勤率低、频繁调动、生产质量的下降和数量的减少以及员工满意程度等人员因素都会导致绩效的下降，质量指标在战略评价中也具有很大的应用价值。③采取纠正措施以保证行动与计划一致。采取纠正措施是指企业通过调整组织结构、对某一或多个关键人员进行调整、修改企业任务陈述、建立或修改目标、制定新政策、重新配置资源或采取新的绩效激励措施等，对战略及其执行进行调整。实际工作中，采取纠正措施可能引起员工和管理者的不适应，但为了保证企业按既定目标前进采取纠正措施仍非常有必要。管理者应当为纠正措施制定明确的实施时间表和适当的风险允许度，而合理的纠正措施能够使战略计划工作发挥更强的作用，保证企业的顺利发展。

【延伸阅读】

[1] Collis, David J., and Michael G. Rukstad. Can You Say What Your Strategy Is? *Harvard Business Review*, April 2008, pp. 82—90.

[2] Drucker, Peter F. *Managing in a Time of Great Change*. Harvard Business Press, 2009.

第七节　计划的类型及影响因素

一、常见的计划类型

由于管理活动的复杂性与多元性，计划的种类也十分复杂和多样。根据不同的背景，不同的需要可以相应编制出各种各样的计划。表2-9列出了按不同方法分类的计划类型。

表2-9　计划的类型

分类原则	计划种类
按计划制定者的层次划分	战略计划
	战术计划
	作业计划
按计划的时间界限划分	长期计划
	中期计划
	短期计划
按计划的约束力划分	指令性计划
	指导性计划
按计划的使用频率	单一用途计划
	常用计划
按计划的职能标准划分	业务计划
	财务计划
	人事计划

（一）战略计划、战术计划与作业计划

应用于整体组织的、为组织设立总体目标和寻求组织在环境中的地位的计划，称为战略计划。战略计划是对组织全部活动所做的战略安排，通常它具有长远性、综合性和相对弹性，需要通盘考虑各种确定性与不确定性的情况，应谨慎制定以指导组织的全面活动。战术计划是涉及组织局部性的、阶段性的计划，它多用于指导组织内部某些部门的共同行动，以完成某些具体的任务，实现某些具体的阶段性目标。作业计划则更重视细节，是给定部门或个人的具体行动计划。作业计划通常具有个体性、可重复性和较大的刚性，一般情况下是必须执行的命令性计划。

战略计划与作业计划在时间上、涉及的组织范围和是否包含已知的一套组织目标方面是不同的。战略计划趋向于包含持久的时间间隔,通常为5年甚至更长,它覆盖较宽的领域和不规定具体的细节。此外,战略计划的一个重要任务是为战术计划和作业计划设立目标。作业计划趋向于覆盖较短的时间间隔,如月计划、周计划、日计划就属于作业计划。同时,作业计划则假定目标已经存在,而只是提供实现目标的方法。

战略计划、战术计划和作业计划强调的是组织纵向层次的指导和衔接。具体来说,战略计划往往由高层管理人员负责,战术计划和作业计划往往由中层、基层管理人员甚至是具体作业人员负责;战略计划对战术计划和作业计划具有指导作用,而战术计划和作业计划的实施能够确保战略计划的实施。

(二) 长期、中期与短期计划

计划可以按照时间期限的长短分成长期计划、中期计划和短期计划。现有的习惯做法是将1年及其以内的计划称为短期计划,1年以上5年以下的计划称为中期计划,5年以上的计划称为长期计划。但是对一些环境条件变化很快、本身节奏很快的组织活动,其计划分类也可能1年计划就是长期计划,季度计划就是中期计划,而月计划就是短期计划。

在这三种计划中,通常长期计划主要是方向性和长远性的计划,它主要回答的是组织的长远目标与发展方向以及大政方针方面的问题,常以工作纲领的形式出现。中期计划是根据长远计划制定的,它比长期计划要详细具体,是考虑了组织内部与外部的条件和环境变化情况后制定的可执行计划。短期计划则比中期计划更加详细具体,它是指导组织具体活动的行动计划,它一般是中期计划的分解与落实。

在管理实践中,长期、中期和短期计划应当有机地衔接起来,长期计划要对中期、短期计划具有指导作用,而中期、短期计划的实施要有助于长期计划的实现。不考虑长期计划目标,局限于短期任务的完成,这种管理工作实际上属于一种无目的的行为。

(三) 指令性计划和指导性计划

计划按照其对执行者的约束力大小也可分为指令性计划和指导性计划两大类。其中,指令性计划一般是由上级主管部门向下级下达的具有严格约束力的计划。指令性计划一经下达,计划的执行者就必须遵照计划开展活动,并且要尽一切努力去完成计划。指导性计划可以是上级主管部门下达的,也可以是同级部门编制的,它对于计划执行者不具有严格的约束力,是一种参考性的计划。对于这种计划,计划执行部门可以根据本部门的具体情况,决定是执行计划还是需要对计划进行必要的修改,这样实际上计划执行者就是在指导性计划的指导下开展本部门的活动。

(四) 单一用途计划和常用计划

单一用途计划指用于某次行动的具体计划,其作用主要用来指导特殊的一次性活动,主要形式有工作计划、项目计划和预算。常用计划指可以在多次行动中重复使用的计划,通常由政策、程序和规则构成,是针对企业例行事务的常规性说明。常用计划也是构成管理制度的主要部分。

(五) 业务计划、财务计划与人事计划

根据职能标准来分类,计划可以分成业务计划、财务计划与人事计划。组织是通过从

事一定专业活动立身于社会的,业务计划是组织的主要计划。长期业务计划主要涉及业务方面的调整或业务规模的发展,短期业务计划则主要涉及业务活动的具体安排。比如,作为经济组织,企业业务计划包括产品开发、生产作业以及销售促进等内容。长期产品计划主要涉及产品新品种的开发,短期产品计划则主要与现有品种的结构改进、功能完善有关;长期生产计划安排了企业生产规模的扩张及实施步骤,短期生产计划则主要涉及不同车间、班组的季、月、旬乃至周的作业进度安排;长期营销计划关系到推销方式或销售渠道的选择与建立,而短期营销计划则是对现有营销手段和网络的充分利用。

财务计划与人事计划是为业务计划服务的,也是围绕着业务计划而展开的。财务计划研究如何从资金(本)的提供和利用上促进业务活动的有效进行,人事计划则分析如何为业务规模的维持或扩展提供人力资源的保证。比如,长期财务计划要决定为了满足业务规模发展、资金(本)增大的需要,如何建立新的融资渠道或选择不同的融资方式,而短期财务计划则研究如何保证资金的供应或如何监督这些资金的利用效果;长期人事计划要研究如何为了保证组织的发展、提高成员的素质,准备必要的干部力量,短期人事计划则要研究如何将具备不同素质和特点的组织成员安排在不同的岗位上,使他们的能力和积极性得到充分的发挥。

二、影响计划的权变因素

(一) 组织层次

管理者在组织中的层级不同,所需要制定和关注的计划类型也有所不同。图 2-11 表明了组织的管理层次与计划及决策类型之间的一般关系。在大多数情况下,基层管理者的计划活动主要是制定作业计划,随着管理者在组织中职位层级的上升,他的计划角色就更趋向于战略导向。对于大型组织的最高管理者,他的计划工作基本上都是战略性的。而在小企业中,管理者往往就是企业的所有者,他们的计划角色就兼有战略和作业两个方面。

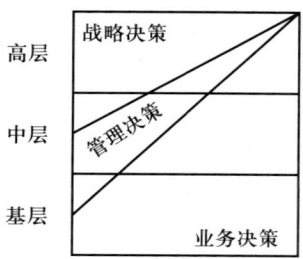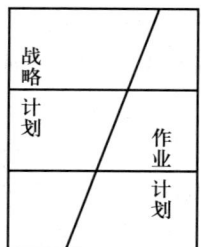

图 2-11 组织层次与计划及决策类型的关系

(二) 组织的发展阶段

组织在其生命周期中都会经历不同的发展阶段,包括最初的形成阶段,然后是成长、成熟,最后是衰退。在组织生命周期的各个阶段上,计划的类型都不相同,计划的时间长度和明确性在不同的阶段上也有相应的调整。在组织的幼年期,目标是尝试性的,资源的获取具有活动的不确定性,辨认目标顾客很难,而指导性计划使管理者可以随时按需要进行调整,处于这一阶段要求组织具有很高的灵活性,因此管理者更多地依赖指导性计划。在成长阶段,随着目标更加确定、资源更容易获取和顾客的忠诚度的提高,计划也更具有明确性,因此管理者应当制定短期的、更具体的计划。当组织进入成熟期,即相对稳定时期,可预见性最大,从而也最适于长期的具体计划。当组织从成熟期进入衰退期,计划也从具体性转入指导性,这时目标要重新考虑,资源要重新分配,此时,管理者应制定短期的、更具指导性的计划。

(三) 环境的不确定性程度

环境的不确定性程度会对计划产生很大的影响。一般而言,不确定性程度越高,计划越应当是指导性的,期限也应越短。

当企业所处环境正在发生着迅速的和重要的技术、社会、经济、法律和其他变化,精确规定的计划反而会成为组织取得绩效的障碍。环境变化越大,计划就越不需要精确,管理就越应当具有灵活性。在不断变化的世界中,环境更具有动态性和不确定性,准确预测未来的难度非常大。因此,优秀的管理者此时不会过于强调长远、详细、严格定量的计划,而是开发面向未来的多种方案。

案例讨论

该怎样计划?

某企业受金融危机的影响,产品销售不好,资金十分紧张,传统销售旺季的 11—12 月将会"旺季不旺"。面对这一形势,张厂长认为应该把工作的重点放在营销上。他制定了以下几个方案:

第一方案,目前,同类产品价格居高不下,并且继续酝酿上调,这种情况下,我们自己可以降低产品价格,分品种下降 5%~8%,个别品种下降 10% 以上,使产品价格处于较低水平。这种方法可以减少产品积压带来的贷款利息和罚息损失。这样做,预计第一季度可收回贷款 2 088 万元,其中 3 月当月就可回收 1 200 万元,但这种方式会减少销售收入 800 万元左右。

第二方案,企业过去基本上是做大宗买卖的,现在要改变经营战略,重点改为向中小城市、农村、国家重点工矿组织推销产品,这样大宗和小笔生意都不放过,双管齐下。预计年底销售、回收贷款可达 1 086 万元,约占同期贷款回收额的 42%;2009 年上半年预计销售实现回收贷款 1 250 万元,占同期贷款回收额的 39%。但是,这样做又存在销售人员(商品推销员和售货员)严重缺乏的问题。

第三方案,为提高市场占有率,还可以组成由产品设计人员、经销人员参加的调研队伍,深入市场,走访用户和销售网点,研究消费者习惯及心理变化,筛选和处理产品需求信息,及时开发和生产适销对路的产品,提高市场占有率。另外,还可以在生产中从原料到产品及售后服务道道工序把住质量关,做到不合格的半成品不流入下道工序,不合格产品不出厂。这样做可以提高产品在市场上的信誉,从而扩大市场占有率,多售产品,回收贷款。但是,由于重点技术力量薄弱,迅速开发新产品还存在一定的难度。另外,新产品开发到投放市场还需要一个过程。恐怕采取这种方法到明年年底才能产生效果,远水解不了近渴。因此,这种做法的资金回收效果并不明显,仍不能很好解决资金紧张这一问题。

上述三种方案各有利弊,究竟怎样做才好呢? 当务之急,要求张厂长审时度势、权衡利弊做出决策。

讨论:
(1) 请结合案例分析如何制定计划。
(2) 这是什么类型的计划?
(3) 假如你是张厂长,你将如何选择计划的备选方案? 为什么?

第八节　目标的制定及目标管理

目标的制定是计划工作的主要内容之一。德鲁克认为,先有目标才能确定工作,所以"企业的使命和任务,必须转化为目标"。 企业中,如果某个工作领域没有设定目标,那么这个领域的工作必然被忽视。因此,管理者通过制定目标对下级进行管理,是行之有效的一种管理方式。目标管理(Management by Objective,MBO)由著名管理大师彼得·德鲁克于1954年在其著作《管理实践》中提出,经过发展逐步成为业界普遍采用的一种系统管理方法。管理学家孔茨认为,"目标管理是一个全面的管理系统,它用系统的方法,使许多关键管理活动结合起来,以实现组织目标和个人目标"。可以看到,合理制定目标是管理者必须掌握的计划能力之一。

一、目标制定的内容与方式

(一) 目标制定的内容

目标制定的主要内容是:形成覆盖整个组织的、有机的目标体系。其中,首要任务是合理地进行目标分解。目标或任务的分解是将组织总目标分解落实到各个部门、各个活动环节,将长期目标分解为各个阶段的分目标。在时间上,通过分解,确定组织的各个部门、个体在未来的不同时期内的具体任务,以及完成这些任务需要达到的具体要求。分解的结果是形成组织的目标结构,包括目标的时间结构和空间结构。

目标结构描述了组织中较高层次的目标(如总体目标与长期目标)与较低层次目标(如部门、环节、个人与各阶段目标)相互间的指导与保证关系。在结构上,目标的分解是研究较低层次目标对较高层次目标的保证能否落实的过程:分析组织在各个时期的具体目标能否实现,从而能否保证长期目标的达成;组织的各个部分的具体目标能否实现,从而能否保证整体目标的达成。如果较低层次的某个具体目标不能充分实现,则应考虑能否采取有关补救措施,否则就应调整较高层次的目标要求,有时甚至可能导致整个决策的重新修订。

此外,还需要对目标整体进行综合平衡。分析由目标结构决定的或与目标结构对应的组织各部分在各时期的任务是否相互衔接和协调,包括任务的时间平衡和空间平衡。时间平衡是要分析组织在各时期的任务是否相互衔接,从而能否保证组织活动顺利地进行;空间平衡则要研究组织各个部分的任务是否保持相应的比例关系,从而能否保证组织的整体活动协调地进行。同时,综合平衡还要研究组织活动的进行与资源供应的关系,保证组织能在适当的时间筹集到适当品种和数量的资源,从而保证组织活动的连续性。由于组织的内外环境和活动条件经常发生变化,不同环节在不同时间的任务与能力之间的不平衡,可能导致任务需要调整,因此在任务与能力平衡的同时需留有一定的余地,以保证调整的时间。

(二) 传统的目标制定方式

组织中传统的目标制定方式为,由高层管理者制定总体目标,并由上至下经过逐级分解,一层层下达给中层、基层管理人员,最后到达一线操作人员,最终形成各个部门和成员的目标。这种目标制定方式的前提假设是高层管理人员能够更加全面地思考企业的整体发展,因此,由他们制定目标更为合理;目标经过层层分解,就成为一个任务系统,当基层员工都能够完成自己的目标时,总目标也就得以实现。例如,在生产制造企业中,成本目标的制定是这样进行的:总经理将制定的总体成本目标传达给每个部门的部门经理;部门经理根据自己部门的不同班组将目标分解并传达给下级。这样的目标制定方式的优势在于:当管理者非常了解企业的整体运行情况时,可以快速完成目标制定,整体效率较高。然而,上述目标制定过程存在的一个重要问题就是在目标的逐级传递和分解中,目标的含义会发生变化。尤其在企业规模较大、层级较多、涉及的生产环节复杂度比较高的时候,"目标信息扭曲"的情况就更加严重(见图 2-12)。

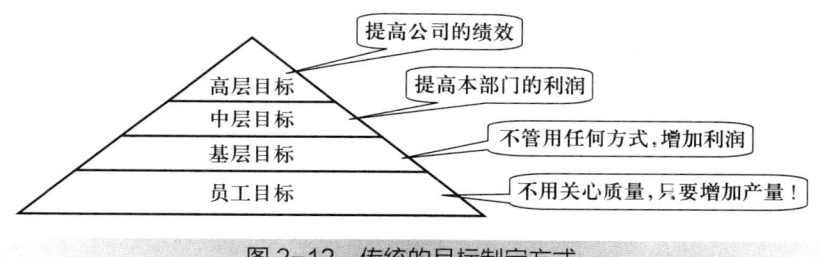

图 2-12　传统的目标制定方式

(三) 新的目标制定方式

能够高效地分解目标,使目标真正起到引导和激励成员的作用,对于组织运行非常重要。目标管理就是以目标作为组织管理一切活动的出发点、归宿和手段,并贯穿于一切活动的始终。它要求在一切活动开始之前首先确定目标,一切活动的进行要以目标为导向,一切活动的结果要以目标的完成程度来评价,充分发挥目标在组织激励和约束机制形成中的作用。目标管理中,对目标的分解方式就非常值得借鉴。

目标管理在目标的制定和分解中,同传统方式最大的不同在于其目标的形成不是单方向地由上级传达给下级,而是由上下级共同制定。这一方式有效避免了目标分解过程中信息扭曲的情况,使目标更加贴近组织实际,也有利于管理者了解组织的现状,提高管理决策的正确性。同时,新的目标形成方式更能够让目标产生激励作用,当工作目标是由自己参与并制定的,就能够让员工产生更多的责任感,从而在工作中更加投入。

除此之外,目标管理对于目标还有一系列的具体要求,如目标内容要清晰具体、有挑战性但需能够实现、有明确的时间限制等。这些都极大地提高了目标对于工作的指导作用。

二、什么是目标管理

(一) 目标管理的定义

目标管理是以目标为导向,以人为中心,以成果为标准,使组织和个人取得最佳业绩的现代管理方法。目标管理通过将企业的整体目标进行合理的层层分解,将总目标转化为企业内部成员的个体目标,当每个人都完成个体目标时,企业总目标也就得以实现。

(二) 目标管理的特点

与传统管理方式相比,目标管理有鲜明的特点。可概括为:

首先,重视人的因素。目标管理是一种参与式的、民主的、自我控制的管理制度,也是一种把个人需求与组织目标结合起来的管理制度。在这一制度下,上级与下级的关系是平等、尊重、依赖、支持,下级在承诺目标和被授权之后是自觉、自主和自治的;员工高度参与,上下级共同商定,依次确定目标;强调自我管理,目标的实施由目标责任者自我进行,通过自身监督与衡量,不断修正自己的行为,以达到目标的实现。

其次,建立目标链与目标体系。目标管理通过专门设计的过程,将组织的整体目标逐级分解,转换为各单位、各员工的分目标。从组织目标到经营单位目标,再到部门目标,最后到个人目标。在目标分解过程中,权、责、利三者已经明确,而且相互对称。这些目标方向一致,环环相扣,相互配合,形成协调统一的目标体系。只有每个人员完成了自己的分目标,整个企业的总目标才有完成的希望。

最后,重视成果。目标管理以制定目标为起点,以目标完成情况的考核为终结。工作成果是评定目标完成程度的标准,也是人事考核和奖评的依据,成为评价管理工作绩效的唯一标志。至于完成目标的具体过程、途径和方法,上级并不过多干预。所以,在目标管理制度下,监督的成分很少,而控制目标实现的能力却很强。

三、目标管理的过程

目标管理的过程包括三个阶段:

(一) 目标的设置

目标管理的第一阶段,也是最重要的阶段。合理、明确的目标是后续工作开展的基础。这一阶段的主要工作内容包括:

(1) 预定目标,这是一个暂时的、可以改变的目标预案。首先,既可以上级提出,再同下级讨论,也可以下级提出,由上级批准。无论哪种方式,必须共同商量决定。其次,领导必须根据企业的使命和长远战略,估计客观环境带来的机会和挑战,对该企业的优劣有清醒的认识。对组织应该和能够完成的目标心中有数。此外,值得重视的是,目标管理中的目标不是像传统的目标设定那样,单向由上级给下级规定目标,然后分解成子目标落实到组织的各个层次上,而是用参与的方式决定目标,上级与下级共同参与选择设定各对应层次的目标,即通过上下协商,逐级制定出整体组织目标、经营单位目标、部门目标直至个人目标。因此,目标转化过程既是自上而下的,又是自下而上的。

(2) 重新审议组织结构和职责分工。目标管理要求每一个分目标都有确定的责任主体。因此预定目标之后,需要重新审查现有组织结构,根据新的目标分解要求进行调整,明确目标责任者和协调关系。

(3) 确立下级的目标。首先下级明确组织的规划和目标,然后商定下级的分目标。在讨论中上级要尊重下级,平等待人,耐心倾听下级意见,帮助下级发展一致性和支持性目标。分目标要具体量化,便于考核;分清轻重缓急,以免顾此失彼;既要有挑战性,又要有实现可能。每个员工和部门的分目标要和其他的分目标协调一致,支持本单位和组织目标的实现。

(4) 上级和下级就实现各项目标所需的条件以及实现目标后的奖惩事宜达成协议。分目标制定后,要授予下级相应的资源配置的权力,实现权、责、利的统一。由下级写成书面协议,编制目标记录卡片,整个组织汇总所有资料后,绘制出目标图。

目标是目标管理中非常重要的要素,那么什么样的目标才有利于目标管理的实施?在制定目标时,以下几个方面值得关注:①目标应当具有挑战性。不要设一些轻而易举就能达到的目标,有挑战性的目标才能产生更好的激励作用。②有明确的时间期限。制定的每一个目标都有明确的时间期限要求,如一个季度、一年、五年,或在已知环境下的任何适当期限。③目标一定要具体。只有具体的目标,才能够给行动更好的指导。④目标要可以衡量。最后的结果应当可以用量化的指标衡量。⑤目标要可以实现。制定目标要基于现状,面对现实,无法实现的目标在目标管理中没有任何意义。

研究人员和实际工作者早已认识到制定目标的重要性。美国马里兰大学的早期研究发现,明确的目标要比只要求人们尽力去做有更高的业绩,而且高水平的业绩和具有挑战性的目标有密切关系。人们注意到,在企业中,合理的目标设定可以持续提高生产率(见表2-10)。

表2-10 不恰当的目标与恰当的目标

不恰当的目标	恰当的目标
(1) 以过程或活动的形式来表述 (2) 无法完全实现,没有具体的完成目标的期限 (3) 对期望达到的目标定义得模棱两可 (4) 理论化或理想化 (5) 没有真正的结果 (6) 或者过于简练、不清楚,或者太长、太复杂 (7) 重复,一项陈述中包含两个或多个承诺 (8) 缺乏对改进的要求	(1) 以最终结果来表述 (2) 在确定的时间内可以完成 (3) 确定目标的完成形式 (4) 与公司的管理有关,从公司管理的实际出发 (5) 对公司的成功很重要 (6) 尽可能精确地说明数量 (7) 一项陈述只限于一个重要的承诺

> **管理现象观察**
>
> ### 目标的 SMART 原则
>
> 设计综合目标体系的工作中,如何描述目标,使其能够有效体现目标在组织战略管理中的重要作用,还需要注意以下目标制定的原则和技巧:
>
> 目标制定是战略管理中非常重要的环节,管理者在实践中总结了目标设计的五个原则:明确(Specific)、可衡量(Measurable)、可实现(Attainable)、相关性(Relevant)、时限性(Time-bound)。无论是制定团队的工作目标还是员工的绩效目标都应当符合上述原则,五个原则缺一不可。由于五个原则的英文单词首字母组合起来为 SMART,因此,也常常被称为目标的 SMART 原则。
>
> - Specific——明确
>
> 明确就是用具体的语言清楚地说明要达成的行为标准,切忌模棱两可。明确的目标是所有成功团队的一致特点。
>
> 示例:目标"增强客户意识"。这种对目标的描述就很不明确,因为增强客户意识有许多具体做法,如减少客户投诉、提升服务的速度、使用规范礼貌的用语、采用规范的服务流程等很多方面。有这么多增强客户意识的做法,那么所说的"增强客户意识"到底指哪一块? 不明确就没有办法评判、衡量。所以建议这样修改,我们将在月底前把前台收银的速度提升 2 分钟。
>
> - Measurable——可衡量
>
> 可衡量就是指目标应该有一组明确的数据,作为衡量是否达成目标的依据。
>
> 如果制定的目标没有办法衡量,就无法判断这个目标是否实现。例如"为所有的老员工安排进一步的管理培训"。进一步是一个既不明确也不容易衡量的概念,到底指什么? 是不是只要安排了这个培训,不管谁讲,也不管效果好坏都叫"进一步"? 改进的说法是,在 ×× 时间前完成对所有老员工关于 ×× 主题的培训,在这个课程结束后,学员的评分在 85 分以上为培训合格,低于 85 分就认为效果不理想,这样目标就可以衡量了。
>
> 目标的衡量标准遵循"能量化的量化,不能量化的质化"。使制定人与考核人有一个统一的、标准的、清晰的可度量的标尺,杜绝在目标设置中使用形容词等概念模糊、无法衡量的描述。对于目标应该首先从数量、质量、成本、时间、上级或客户的满意程度五个方面来进行衡量。如果仍不能进行衡量,可考虑将目标细化,细化成分目标后再从以上五个方面衡量。如果仍不能衡量,还可以将完成目标的工作进行流程化,通过流程化使目标可衡量。
>
> - Attainable——可实现
>
> 目标是要使执行人接受、可以实现的,不应当制定过高而无法实现的目标。无法实现的目标没有任何激励作用,也不会起到目标应有的作用。
>
> 实际中,很多管理者会利用权力影响一厢情愿地把自己所制定的目标强压给下

属,下属典型的反应会是心理和行为上的抗拒,往往会表面上接受,但是否完成这个目标没有最终的把握,这给目标的完成带来很大风险。因此,领导者应该更多地吸纳下属来参与目标制定的过程,坚持员工参与、上下左右沟通,深入挖掘员工的潜力,使拟订的工作目标既具挑战性,又可以在组织及个人之间达成一致,具有可实现性。

- Relevant——相关性

目标的相关性是指实现此目标与其他目标的关联情况。目标管理强调目标的整体性,组织目标经过层层分解,成为部门和个人目标,但目标之间并不独立,而是相互支持配合。在制定目标时,如果某个目标的实现与其他目标不相关,甚至相互矛盾,那说明这个目标设置有问题,需要重新审视。

- Time-bound——时限性

目标特性的时限性就是指目标是有明确的时间限制的。没有时间限制的目标没有办法考核,或带来考核的不公。目标设置要具有时间限制,根据工作任务的权重、事情的轻重缓急,拟订出完成目标项目的时间要求,定期检查项目的完成进度,及时掌握项目进展的变化情况,以方便对下属进行及时的工作指导,以及根据工作计划的异常情况变化及时地调整工作计划。

(二) 实施阶段

目标既定,主管人员就可以将权力交给下级人员,上级的管理主要放在指导、协助、提出问题、提供情报以及创造良好的工作环境方面,以支持和保证每个部门和员工完成自己设定的目标。同时,应当加强同下属的沟通交流,就任务完成各个阶段发生的问题积极商讨,保证组织各层级之间的信息沟通和反馈渠道畅通,充分调动和发挥员工的积极性和创造性。

此外,还需严格按照目标及保障措施的要求,定期对工作的进展情况进行检查,同下属一起解决工作中出现的困难。当出现意外、不可测事件严重影响组织目标实现时,也可以通过一定的手续修改原定的目标。

(三) 总结和评估

达到预定的期限后,管理人员要鼓励下属积极参加评价过程,对照预先设立的目标来评价自己的业绩,肯定员工对工作的投入,创造一种激励的环境。具体做法是:下级进行自我评估,提交书面报告;上下级一起考核目标完成情况,决定奖惩;讨论下一阶段目标,开始新循环。如果目标没有完成,应分析原因总结教训,上级应主动承担应承担的责任,并启发下级做自我批评,切忌相互指责,以保持相互信任的气氛,为下一轮的管理打好基础(见图2-13)。

四、目标管理的基本条件

目标管理的实施需要具备以下条件:

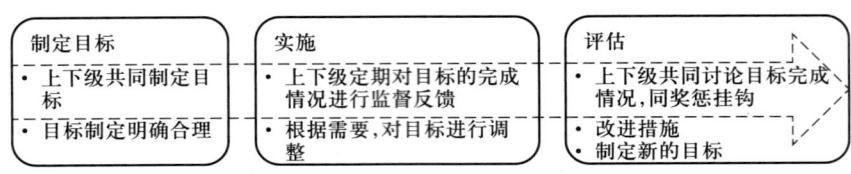

图 2-13 目标管理的过程

(一) 全员对于管理的理解

目标管理要求全员参与,同时,需要管理者和员工对目标有正确的理解和认识。员工树立全局观念、长远利益观念、正确理解公司和个人之间的关系是目标管理顺利推行的基础。推行目标管理容易滋长急功近利本位主义倾向,如果没有一定的思想基础,设定目标时就可能出现不顾整体利益和长远利益的现象。科学管理基础是指各项规章制度比较完善,信息比较畅通,能够比较准确地度量和评估工作成果。这是推行目标管理的基础。而这个基础工作是需要长期的培训和教育才可以逐步建立起来的。

(二) 推行目标管理关键在于领导

领导对各项指标都要心中有数,工作不深入、没有专业的知识、不了解下情、不熟悉生产、不会经营管理是不行的,因而对领导的要求更高。领导与下属之间不是命令和服从的关系,而是平等、尊重、信赖和相互支持。目标管理要求领导提高水平、发扬民主、善于沟通,在目标设立过程和执行过程中善于沟通,使大家的方向一致、目标之间相互支持,同时要和下属就实现各项目标所需要的条件以及实现目标的奖惩事宜达成协议,并授予下属相应的支配人、财、物和对外交涉等权力,充分发挥下属的个人能动性以使目标得以实现。

(三) 目标管理要逐步推行、长期坚持

推行目标管理有许多相关配套工作,如提高员工的素质,健全各种责任制,做好其他管理的基础工作,制定一系列的相关政策。这些都是企业的长期任务,因此目标管理只能逐步推行,而且要长期坚持,不断完善,才能达到良好的效果。

(四) 推行目标管理要确定好目标

一个好目标是切合实际的,通过努力可以实现的(不通过努力可以实现的目标,不能算好目标)。而且一个好目标,必须具有关联性、阶段性,并兼顾结果和过程,还需要数据采集系统、差距检查与分析、及时激励制度的支撑。这些量化管理方法与目标管理相辅相成,可以帮助经理人在激发员工的主动性和创造性的同时,及时了解整个团队的工作进度,不折不扣地完成任务。从而在更大程度上促进员工的主动性,为在日常工作中提高员工领导力,奠定了良性循环的基础。

(五) 推行目标管理要注重信息管理

目标管理体系中,信息的管理扮演着举足轻重的角色,确定目标需要获取大量的信息为依据;展开目标需要加工、处理信息;实施目标的过程就是信息传递与转换的过程。信息工作是目标管理得以正常运转的基础。

> **管理现象观察**
>
> **目标管理需遵循的原则**
>
> 目标管理是现代企业管理模式中比较流行、比较实用的管理方式之一。它的最大特征就是方向明确,非常有利于把整个团队的思想、行动统一到同一个目标、同一个理想上来,是企业提高工作效率、实现快速发展的有效手段之一。
>
> 搞好目标管理并非一般人想象的那么简单,必须遵循以下四个原则:
>
> 1. 目标制定必须科学合理
>
> 目标管理能不能产生理想的效果、取得预期的成效,首先就取决于目标的制定。科学合理的目标是目标管理的前提和基础,脱离了实际的工作目标,轻则影响工作进程和成效,重则使目标管理失去实际意义,影响企业发展大局。
>
> 2. 督促检查必须贯串始终
>
> 目标管理,关键在管理。在目标管理的过程中,丝毫的懈怠和放任自流都可能贻害无穷。作为管理者,必须随时跟踪每一个目标的进展,发现问题及时协商、及时处理、及时采取正确的补救措施,确保目标运行方向正确、进展顺利。
>
> 3. 成本控制必须严肃认真
>
> 目标管理以目标的达成为最终目的,考核评估也是重结果轻过程,这很容易让目标责任人重视目标的实现,轻视成本的核算。特别是当目标运行遇到困难可能影响目标的适时实现时,责任人往往会采取一些应急的手段或方法,这必然导致实现目标的成本不断上升。作为管理者,在督促检查的过程当中,必须对运行成本作严格控制,既要保证目标的顺利实现,又要把成本控制在合理的范围内。因为,任何目标的实现都不是不计成本的。
>
> 4. 考核评估必须执行到位
>
> 任何一个目标的达成、项目的完成,都必须有一个严格的考核评估。考核、评估、验收工作必须选择执行力很强的人员进行,必须严格按照目标管理方案或项目管理目标,逐项进行考核并得出结论,对目标完成度高、成效显著、成绩突出的团队或个人按章奖励,对失误多、成本高、影响整体工作的团队或个人按章处罚,真正达到表彰先进、鞭策落后的目的。

五、目标管理的优点和存在的问题

从通用汽车公司最早开始推行目标管理技术到现在,目标管理已经在全世界得到了广泛的应用。从应用效果上看,方法本身具有明显的优越性,但是在执行阶段也有很多关键性问题必须予以充分考虑。

(一)目标管理的优点

目标管理最突出的优点在于它对企业整体管理水平的提升。目标管理迫使管理人员依据结果拟订计划,而不仅仅是规划和工作。为确保完成目标,组织的每一层次、每个部门

及每个成员都会认真思考和不断改进工作,从而有效地提高了组织管理的效率。其优势主要体现在:

1. 形成有效的激励

当目标成为组织的每个层次、每个部门和每个成员自己未来时期内欲达到的一种结果,且实现的可能性相当大时,目标就成为组织成员的内在激励。特别当这种结果实现、组织兑现承诺的报酬时,目标的激励效用就更大。

2. 进一步明确任务和职责

目标管理使组织各级主管及成员都明确了组织的总目标、整体的结构体系、组织的分工与合作及各自的任务。这些方面职责的明确,使得组织的所有成员更加清楚地认识到自己工作以及同其他人之间的关系,因此也更能够各尽其职,合理授权,并与他人配合保证目标的实现。

3. 启发自觉性和自我管理

目标管理实际上也是一种自我管理的方式,强调自我控制、自我调节,将个人利益和组织利益紧密联系起来。在实施目标管理过程中,组织成员不再只是做工作、执行指示、等待指导和决策,组织成员此时已成为有明确规定目标的单位或个人。一方面,组织成员已参与了目标制定,并取得了组织的认可;另一方面,组织成员在努力工作实现自己的目标过程中,除目标制定以外,如何实现目标则是他们自己决定的事,从这个意义上看,目标管理至少可以算作自我管理的方式,是以人为本的管理的一种过渡性实验。

4. 营造良好的企业氛围

目标管理客观上要求上下级之间积极交流沟通,因而能够促进相互了解,改善人际关系。而这些都能够极大地调动职工的主动性、积极性、创造性。

5. 提供更加有效的控制手段

目标管理方式本身也是一种控制手段,即通过目标分解来最终保证组织总目标实现的过程。目标管理并不仅仅是分解,事实上组织高层在目标管理过程中要经常检查、对比目标,进行评比,看谁做得好,如果有偏差就及时纠正。它从客观上为组织提供了一套明确的、可考核的目标体系,也为监督控制提供了最好的依据。

(二)目标管理可能存在的问题

在实际操作中,目标管理也存在许多明显的问题。主要表现在:①目标难以制定。组织内的许多目标难以定量化、具体化,尤其是当它们有一定程度的弹性,受到外部环境的影响很大,不确定性很强时。此外,真正让组织中所有成员都给出明确具体的目标,也存在一定的难度。例如,下级不了解整体目标,不了解整体目标同个人之间的关系,或者是组织本身的目标就含糊不清,使管理者无法配合制定等。②强调短期目标。大多数目标管理中的目标是一些短期目标,很少超过一年。强调短期目标的危险性是显而易见的,它极有可能以牺牲长期目标为代价。③增加时间成本。目标管理中的一个重要工作是商定目标,需要上下沟通、统一思想,这都会带来时间成本的增加。④设定好的目标容易产生僵化。目标管理执行过程中,目标一般情况不能改变,因为这样做会导致组织的混乱。事实上目标一旦确定,改变起来也会存在一定的难度,这也就使组织运作缺乏弹性,无法通过权变来适应变化多端的外部环境,给组织正常运行带来问题。

目标管理的应用范围很广,不仅适合一般的营利性组织,也可以在红十字会、政府机构等非营利性组织中进行推广。在我国,很多企业已经实施了目标管理,并同其他管理方法相结合,扬长避短,极大地优化了企业管理。

> **案例讨论**
>
> **目标管理哪里出了错?**
>
> A企业决定在整个公司内实施目标管理。为此,公司高层根据企业的实际经营情况制定了年度目标,根据目标实施和完成情况,一年进行一次绩效评估。
>
> 事实上,企业之前在销售部门制定奖金系统时已经用了这种方法。公司通过对比实际销售额与目标销售额,支付给销售人员相应的奖金。这样销售人员的实际薪资就包括基本工资和一定比例的个人销售奖金两部分。结果是销售大幅度提上去了,但是却带来了一系列的连锁问题。由于生产能力有限,生产部门很难完成交货计划,销售部抱怨生产部不能按时交货,影响了他们订单的完成。在这种情况下,总经理和高管层决定为所有部门和个人经理以及关键员工建立一个目标设定流程。
>
> 为了实施新的方法,他们需要改进绩效评估系统。生产部门的目标不仅包括产量,还包括按时交货和库存成本两个部分。为此,公司专门聘请了一家公司咨询指导管理人员设计新的绩效评估系统,并就现有的薪资结构提出改变的建议。他们付给咨询顾问高昂的费用用以修改基本薪资结构,包括岗位分析和工作描述。还请咨询顾问参与制定奖金系统,新系统与年度目标的实现程度密切相关。同时,咨询顾问负责指导经理们如何进行目标设定和绩效考评。这一系列工作后,总经理期待着很快能够提高业绩。
>
> 然而,不幸的是,业绩不但没有上升,反而下滑了。部门间的矛盾加剧,尤其是销售部和生产部。生产部埋怨销售部销售预测准确性太低,而销售部埋怨生产部无法按时交货。每个部门都指责其他部门的问题。短短的时间内,客户满意度下降,利润也在下滑……
>
> 讨论:A企业的目标管理出现了什么问题?如何进行改善?

第九节　计划的方法

计划工作的效率高低和质量好坏在很大程度上取决于所采用的计划方法。现代计划方法为制定切实可行的计划提供了手段。在计划的质量方面,现代计划方法可以确定各种复杂的经济关系,提高综合平衡的准确性,能够在众多的方案中选择最优方案,还能够进行因果分析,科学地进行预测;在效率方面,由于采用了现代数学工具并以计算机技术作为基础,大大加快了计划工作的速度,这使得管理人员可以借助许多量化的和科学的方法来进行计划。总之,现代计划方法具有许多优点,已经逐渐为更多的计划工作所采用。

一、预测

预测是根据现在和过去的信息推测未来的事件或状况。许多管理人员依靠自己的直觉对未来事件进行推测。凭借工作经验,他们能够做到这一点。但是环境的复杂性使得凭直觉来预测不再是一种有效的方法。而且发展趋势常常偏离历史趋势,使得短期或长期的预测变得越来越困难。近年来,为适应预测的需要形成了许多复杂的方法。常用的预测方法有调查法、趋势法和计量经济学模型。

二、经营单位组合分析

在一个纷繁复杂、迅速变化的市场,每一个企业都会面临这样的问题:我们是做什么的?我们将来应该做什么?我们怎样做才能做到最好?企业确定自己的经营领域,从而进一步决定自己的市场行为,是企业制定战略目标的主要内容之一,也是企业市场定位的前提。领域界定的主要目的是明确哪些业务领域应该建立、哪些应该保留、哪些应该收缩、哪些应该放弃。经营单位组合分析就是根据各项业务潜在利润,进行科学的分析判断,为组织决策提供依据。常用方法为波士顿咨询公司的"市场增长率—相对市场份额矩阵法",如图2-14所示。

图中,横坐标代表该公司相对于最大竞争者的市场份额,纵坐标代表市场年增长率,超过10%则属于高速增长。两个维度将公司的业务领域分为四个区域,每个区域代表不同类型的业务领域:

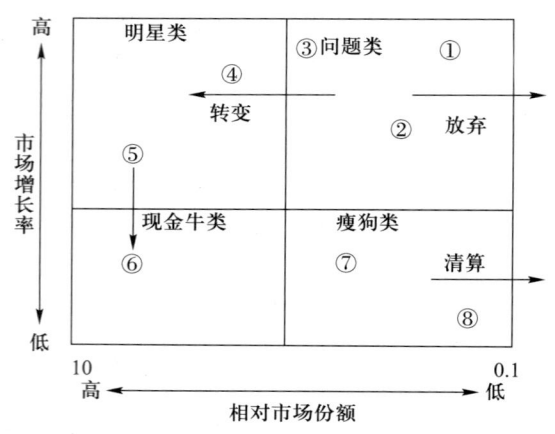

图2-14 企业经营单位分类组合图

(1) 问题领域。这一领域位于高的市场增长率和低的市场份额区域,说明公司力图进入一个已有领先者占据的高速增长的市场。这一领域需要大量的资金来开发,以提高它们的市场占有率,培养公司的明星。但该领域有较大风险性,需慎重选择。

(2) 明星领域。这一领域的市场份额和市场增长率都很高,具有一定的竞争优势。但由于该领域市场增长率很高,公司若一松懈,容易让后来者居上。为了保持优势地位,也需要投入很多资金,因而这一领域并不能给公司带来丰厚的利润。但当市场增长率减慢以后,它就转变成现金牛,源源不断地为公司创造利润。所以,一家公司若没有明星领域,则缺乏上升的后劲,需密切留意。

(3) 现金牛领域。这一领域处于低的市场增长率和高的市场份额区域。由于市场增长率下降,公司不必大量投资扩展规模,同时因为公司在该领域是市场领先者,享有规模经济和边际利润的优势,因而现金牛是公司名副其实的摇钱树。公司从这里获得利润来支持明星、问题领域及新项目的研究与开发。

(4) 瘦狗领域。这是处于低市场增长率和低市场份额区域的业务领域,在竞争中处于劣势,没有太大发展前途,公司必须考虑其存在的必要性。如果公司拥有瘦狗领域较多,应进一步收缩或淘汰。

经营单位组合分析法的实施是以"企业的目标是追求增长和利润"这一基本假设为前提的。拥有多个经营单位的企业具有这样的优势：它可以将获利较高而潜在增长率不高的经营单位所创造的利润投向那些增长率和潜在利润都很高的经营单位，从而使资金在企业内部得到最有效的利用。表2-11列出了不同经营单位的选择及相应要求。

表2-11　不同经营单位的决策选择

业务类型	对策选择	利润率	需要投资	现金流
明星	维持或提高市场占有率	高	高	零或者略小于零
现金牛	增加市场份额	高	高	为正且大
问题	提高市场占有率 收获或放弃	零或负 低或负	非常高 不需投资	为负且大 正数
瘦狗	收获、放弃、清算	低或负	不需投资	正数

三、盈亏平衡分析

盈亏平衡分析（Break-even Analysis）又称保本点分析或本量利分析法，是通过盈亏平衡点分析项目成本与收益的平衡关系的一种方法。各种不确定因素（如投资、成本、销售量、产品价格、项目寿命期等）的变化会影响投资方案的经济效果，当这些因素的变化达到某一临界值时，就会影响方案的取舍。盈亏平衡分析的目的就是找出这种临界值，即盈亏平衡点（BEP），判断投资方案对不确定因素变化的承受能力，为决策提供依据。

盈亏平衡分析根据产品的业务量（产量或销量）、成本、利润之间的相互制约关系的综合分析，来预测利润、控制成本、判断经营状况的一种数学分析方法。一般说来，企业收入＝成本＋利润。如果利润为零，则有收入＝成本＝固定成本＋变动成本，而收入＝销售量×价格，变动成本＝单位变动成本×销售量，这样由销售量×价格＝固定成本＋单位变动成本×销售量，可以推导出盈亏平衡点的计算公式为：

盈亏平衡点（销售量）＝ 固定成本 ÷ 每计量单位的贡献差数

企业利润是销售收入扣除成本后的余额；销售收入是产品销售量与销售单价的乘积；产品成本即包括工厂成本和销售费用在内的总成本，分为固定成本和变动成本。运用盈亏平衡分析，管理人员能够判断公司是否能销售足够多的产品以达到盈亏平衡，并制定相应的计划。

四、滚动计划法

滚动计划法是用来编制和调整长期计划的一种十分有效的方法，它对促进长期、中期、短期计划的衔接是十分有效的。这种方法的基本思想是：由于长期计划所涉及的时间期限比较长，而计划又是面对未来的工作，未来的不确定性因素很多，必然会有许多情况无法准确地预测和估计，如果一定要将长期计划制定得像短期计划那样具体，势必影响计划工作的经济性。所以，在编制长期计划时，就应采取"近具体、远概略"的方法，对近期计划制定得尽量具体，以便于计划的实施；对远期计划只规定出大概的要求，使员工明确奋斗的方向。然后根据计划在具体实施过程中发现的差异和问题,不断分析原因,并结合对内外环境情况的分析予以修改和调整。在计划的实施过程中将远期计划逐渐予以具体化,使之成为可实施的计划,进而把长期计划与短期计划有机结合起来。这样既保证了计划工作的经济性,又能使计划与实际情况相吻合,提高计划工作的科学性。图2-15以5年计划为例说明了这种方法的基本做法。

图2-15　滚动计划法

五、网络计划法

网络计划法是20世纪50年代末发展起来的,主要用于工程项目的计划与控制的一项管理方法。其中,最具代表性的是关键线路法(CPM)与计划评审技术(PERT)。1956年,美国杜邦公司在制定企业不同业务部门的系统规划时,制定了第一套网络计划。网络计划借助网络表示各项工作与所需要的时间,以及各项工作的相互关系。通过网络分析研究工程费用与工期的相互关系,并找出在编制计划及计划执行过程中的关键线路,这种方法称为关键线路法(CPM)。1958年美国海军武器部,在制定研制"北极星"导弹计划时,同样应用了网络分析法与网络计划法,但它注重于对各项工作安排的评价和审查,这种计划称计划评审技术(PERT)。鉴于这两种方法的差别,CPM主要应用于以往在类似工程中已取得一定经验的承包工程,PERT更多地应用于研究与开发项目。

网络计划技术的原理是把一项工作分成各种作业,然后根据作业顺序进行排列,通过网络的形成对整个工作或项目进行统筹规划和控制,以便用最短的时间和最少的人力、物力和财力资源去完成既定的目标或任务。

本章小结

良好的决策和计划能力是一名优秀的管理人员所必须具备的职业技能。管理者需要对这两项工作有深刻的认识和理解。在本章的第一节到第四节,我们讨论了决策的过程、基本方式以及不同的决策类型,同时分析了影响高质量决策的因素以及当代管理者在决策中面临的一些新问题。本章的第五节到第九节,围绕计划的概念、战略计划的主要工作内容、怎样制定目标和计划以及目前为企业所重视的计划工具、目标管理等几个方面的内容进行了讨论。本章学习中,需注意的知识点包括:

1. 决策的过程

决策是在几种行动方案中进行选择,广义层面的决策还包括在作出最后选择之前必须进行的一切活动。决策的过程一般包括发现问题、明确决策目标、拟订方案、选择方案以及方案的实施等六个步骤。

2. 决策的方式

按照决策者对于决策问题的认识和前提假设,决策的基本类型包括理性决策、有限理性决策和直觉决策。

3. 决策的类型

根据面临问题的不同特点,决策问题可以分为结构化问题和非结构化问题,相应的决策方法则包括程序化决策和非程序化决策。群体决策及个体决策是组织中常用的决策方法。由多人共同参与决策分析并制定决策的过程,称为群体决策;决策主要有个人承担,为个体决策。

4. 决策的影响因素

管理者在进行决策时,会受到环境、组织、心理等多方面因素的影响,了解这些因素能够帮助决策者更全面地理解决策活动。

5. 计划及意义

计划职能的主要内容包括明确总体目标、制订企业的整体战略以及各层级的详细计划。计划作为管理活动的首要职能,有着非常重要的作用。计划同其他管理职能有着紧密的联系:计划是组织工作的前提和基础;为领导职能提供指引和方向,同时,控制职能所需的标准由计划职能来制定。计划工作的意义体现在:计划能够为管理者的指挥工作提供依据;计划是降低风险、掌握主动的手段;计划可以减少浪费、提高效益;计划是管理者进行控制的标准。

6. 企业战略计划的制定

按照计划所涉及和涵盖的范围,企业的整体计划可以划分为不同的层次,企业的战略计划能够涵盖企业整体计划的内容。计划工作的主要内容包括:首先,要描述和理解组织的使命和宗旨;其次,要运用相关的手段和工具评估组织的当前情况,明晰企业面临的外部机会和威胁,知道自身的优势劣势,并在此基础上制定企业的目标;再次,需要将制定好的目标进行合理分解;最后,认真履行所制定的目标,并适时对目标的完成情况进行评估。

7. 计划的类型及影响因素

按照不同的分类标准,计划可以有不同的类型。按照计划所涉及的范围,计划可以划分为战略计划、战术计划与作业计划;按照时间跨度,计划可以划分为长期、中期和短期计划;按照详细程度,计划可划分为指令性计划和指导性计划。不同类型的计划有不同的使用条件。现实中,影响计划类型采用的权变因素包括组织的层次、不同的发展阶段以及企业所处环境的不确定性等方面。

8. 目标管理

目标管理通过将企业的整体目标进行合理的层层分解,将总目标转化为企业内部成员的个体目标,每个人完成个体目标就意味着企业整体目标的实现。目标管理同传统管理方式相比最大的特点在于:首先,重视人的因素,目标由上下级共同制定;其次,合理的目标体系;最后,重视结果。目标管理的主要过程包括目标的设置、目标管理的实施以及对实施结果的总结和评估。目标管理的实行需要具备一定的条件。此外,目标管理有巨大优势的同时存在一些缺陷,需要管理者理解并加以避免。

9. 计划的方法

常用的计划方法包括定性预测、经营单位组合分析、盈亏平衡分析以及滚动计划法等,管理者可以根据面临的实际问题选用合适的计划方法来解决问题。

重点术语

决策:

理性决策	有限理性决策	直觉决策	结构化问题
非结构化问题	程序化决策	非程序化决策	确定性
风险	不确定性	群体决策	团组思维

计划:

使命和愿景	增长型战略	稳定型战略	收缩型战略
横向/纵向一体化	多元化	低成本战略	差异型战略
集中化战略	政策、程序、规则	指导/指令性计划	目标管理
盈亏平衡分析	滚动计划法		

即测即评

扫描二维码,可在线检验学习效果。

思考题

1. 什么是决策？决策的过程包括哪些步骤？
2. 有人说：理性决策过于追求完美，在现实中没有实际用处。你如何理解这样的说法？
3. 回顾你最近的一次购物决策过程，你采用了哪种决策方式？
4. 群体决策为什么会受到人们的重视？
5. 在最近的集体讨论中，小王总是为了同其他人保持一致而放弃自己的主张。私下里和几个关系要好的同事沟通时，他们也有这种情况。请分析原因，并提出改善的措施。
6. 决策面临的环境有什么特点？针对不同的环境，决策者可以用什么决策方法？
7. 一种说法认为：高层管理人员在决策中更需要按部就班，保证决策不出任何意外。你是否同意这种说法？为什么？
8. 计划职能同其他管理职能之间有什么关系？
9. 企业战略计划包括哪些内容？
10. SWOT 分析的主要内容是什么？假设你准备参加学校某学生组织的竞选，试用 SWOT 对自己的竞选进行分析。
11. 政策、程序和规则有什么差异？"本超市商品 7 日内无条件退换货"属于政策吗？在实际执行中，应注意哪些方面的问题？
12. 近期，原材料供应的价格波动非常大，在这种情况下，企业应当如何制定采购计划？
13. 什么是目标管理？它同传统的计划方法相比有什么特点？
14. 有一种流行的说法是：计划赶不上变化……既然计划赶不上变化，那么企业是否还需要制定计划？为什么？

章后案例

小米的发展战略

2010 年，一款高性能智能手机的售价依然在 4 000 元左右，过高的定价让大多用户望而却步，这也是为什么从 2007 年 iPhone 出现，到 2008 年首款安卓手机 G1 问世，一直到 2010 年这几年来智能手机没有得到全面发展。在这个大背景之下，雷军看到了这个巨大的机会窗口，很快联合林斌、黎万强等一批有志之士创立了小米公司，于 2010 年 8 月发布第一款基于安卓深度优化的 MIUI 操作系统产品，并通过快速迭代模式持续更新。同年 12 月，小米发布第一款应用类产品米聊，定位为可以语音聊天的即时通信应用。次年 8 月，小米打着普惠价格的旗号（顶配 1 999 元价格）发布搭载 MIUI 系统的小米手机，迎合社会大众用户的需求，之后小米手机品牌借助网络优势开始广泛传播，小米手机销量亦快速增长。纵观小米的发展可知，几次关键的战略决策，是小米有今天这样一个良好的市场局面的重要保证。

1. 铁人三项战略

MIUI、米聊和手机三种产品发布之后,小米形成了知名的"硬件+软件+服务"为主的铁人三项战略。铁人三项战略的真正目的是通过硬件、软件和服务三个层面整合服务,形成超越竞争对手的全新优势。这在当时普遍认为互联网服务与硬件系统是不同领域的环境下,不能不说是一个巨大的创新,也给小米带来了竞争优势。

首先,建立产品之间深度连接,深度打通上下层级之间的连接。小米产品包含硬件、软件、服务三个层面。其中,硬件是三个层级中的底层,软件是附着于硬件之上的层级,服务是建立在软件之上的最高层级。在PC互联网时代,硬件、软件和服务分别属于不同的领域,各自以Intel(硬件厂商)、微软和网络巨头为中心,彼此之间是分裂的,导致彼此之间的合作程度降低,这使得PC阵营在产品质量上慢慢落后于苹果MAC这种纵向整合厂商。在安卓手机阵营中,也存在类似的情况,不过小米果断采用硬件、软件和服务纵向整合的策略,不仅深度打通彼此之间产品连接,而且能够按照最优产品的目标调整各个层级产品的演进路线。

其次,下部层级对上部层级具有巨大的驱动作用。比如,在一级关联领域,小米手机的崛起带动了MIUI、小米官网、小米手机周边的崛起;在二级关联领域,小米通过MIUI驱动了通讯录、邮件终端、云存储、应用商店、桌面主题、内置内容APP等服务的增长,这些产品都获得了很不错的发展;在三级关联领域,应用商店推动了视频、音乐、阅读、游戏等内容产业的发展,手机上统一账号体系又加大彼此产品之间的连接与便捷度,智能家居统一连接标准使各种硬件彼此关联。最终在产品之间建立深度连接,并由一个单一的产品,形成一簇产品,或者说是产品群,从而广泛而又深度地触达众多互联网用户,满足他们的各种需求,并形成以中心带周边、周边护中心的战略联动。

2. 成本定价法

相比于其他手机厂商而言,小米的产品不仅仅是硬件,还包含庞大的软件和服务体系,后者可以带来可观的利润收入,因此小米可以进行相互补贴战略,并对手机硬件进行成本定价。相比之下,其他硬件厂商跟随则意味着可能亏损,因为它们没有可依靠的其他业务来赚钱弥补补贴。

其实在互联网领域,补贴战略是常见的策略。百度、QQ/微信、淘宝等这些产品核心含品均采用免费模式对用户进行补贴,转而依靠一些边际业务进行赚钱。在整个智能手机领域,小米可能是第一家采用类似补贴的手机厂商。

当小米手机采用成本定价法,相比于iPhone、Galaxy以及国产厂商的旗舰手机,同样是顶级配置旗舰手机,后者售价可能高达4 000元甚至更高,但小米手机售价只有1 999元,只有前者一半左右。如此大的差价,使用户明显感知到小米手机在价格与服务方面的优势,从而给用户带来较大触动感,并使小米手机在用户心中形成一定的认知优势,最终驱动小米手机销量的爆发式增长。

随着小米手机销量的快速增长,手机产品为上层的软件、服务类产品提供了大量的潜在用户,同时后者稳固了用户对小米手机的忠诚度。因此在小米所有运作模式里,如果说铁人三项是第一个关键策略,那么成本定价法是第二个关键策略。

3. 小米手机布局

小米手机在诞生之初,就设计了一系列的周边服务性质产品,其中五大相关产品为小米网、MIUI、仓储配送、应用商店、手机周边。这五大产品随着小米手机的崛起而顺势发展,现在都有了非常不错的成绩。

小米敏锐地抓住了智能手机这个大风口,借助互联网销售渠道与成本定价的优势,率先推出小米系列手机,定位中端市场(性能旗舰,价格中端),之后推出红米系列,下探千元智能手机市场,仅用五年时间就成为国内智能手机市场第一品牌。

同时,小米手机的网上抢购方式,使得小米网成为国内第三大电商平台,以及国内最大的以智能硬件为主的销售平台,其在全国拥有23个小米之家服务中心,520余家授权服务网点,以及超过4 000人的客服团队,从而在全国形成了一张广泛覆盖的服务网络。

讨论:小米的发展都采用了哪些战略?请分析其成功的原因。

第三章 组织

本章要点

(1) 组织工作的主要内容。
(2) 组织结构分析要素:分工、部门划分、控制幅度、集权与分权、权力与职责、正式化程度。
(3) 不同类型的组织结构及特点。
(4) 组织变革的动力、过程与影响因素。
(5) 现代的组织结构发展趋势。

案例导读

创业于1968年的美的集团,是一家以家电业为主,涉足房产、物流等领域的大型综合性现代化企业集团,旗下拥有四家上市公司、四大产业集团。1980年,美的正式进入家电业。目前,美的集团员工达20万人,旗下拥有美的、小天鹅、威灵、华凌等10余个品牌,在越南、白俄罗斯、埃及以及国内的顺德、广州、中山等建有十几个生产基地。

美的集团主要产品有家用空调、冰箱、洗衣机、饮水机、电饭煲等家电配件产品。现拥有中国最大最完整的空调产业链、洗衣机产业链、冰箱产业链、微波炉产业链和洗碗机产业链,拥有中国最大最完整的小家电产品群和厨房家电产品群,同时产业拓展至房产、物流及金融领域。在全球设有60多个海外分支机构,产品远销200多个国家和地区。20世纪80年代平均增长速度为60%,90年代平均增长速度为50%。21世纪以来,年均增长速度超过30%。美的在快速发展过程中由于发展战略的变化曾分三个阶段调整了其组织设计:

第一阶段,美的集团初创时期,产品种类较单一,采用直线职能制组织结构,业务发展无须更加细分的其他组织结构;满足当时的生产需求,对一定时期内美的的发展带来一定的推力;改革开放初期,市场竞争并不激烈,企业处于高速发展状态,原有组织有一定的适用性。

第二阶段,1997年美的规模迅速扩张,走多元化扩张之路,发展到空调、风扇、电饭煲在内的五大类1 000多种产品。美的开始了全面的组织改革,即采用事业部制组织结构。变革前,这些产品仍然由总部统一销售、统一生产。由于各个产品的特点很不一样,而销售人员同时在区域中负责多项产品,总部各职能部门也是同时对应各个产品,这样在工作上容易造成专业性不够、工作重点不明确、产销脱节等问题。后来通过设计事业部制组织结构,各个事业部拥有自己的产品和独立的市场,对销、研、产以及行政、人事等管理负有统一领导的职能,拥有很大的经营自主权,实行独立经营、独立核算。事业部制的建立使美的集团总部脱身于日常琐事管理,将主要精力集中在总体战略决策、控制规模额度和投资额度、各事业部核心管理层任免的人事权以及市场的统一协调工作上。

第三阶段,2001年以后,随着竞争的加剧,美的集团开始进军不相关产业,在此美的又进行了组织结构的深化改造。美的发起了全面推进事业部制公司化及事业部管理下的二级子公司运作模式,美的的组织结构进入了一个新的发展阶段。

组织是管理的基本职能之一。组织工作就是把为达到组织目标而必须从事的各项工作或活动进行分类组合,对包括人、财、物和信息在内的各种资源在一定的空间和时间范围内进行有效的配置,划分出若干管理层次,分出若干部门;对人员进行选聘、考评和培训,为组织结构中的每个职位配备合适的人员,并把监督每类工作或活动所必需的职权授予各个管理层次、各部门的主管人员,以及规定上下左右的协调关系。此外,还需要根据组织内外诸要素的变化,不断地对组织结构做出调整和变革,以确保组织目标的实现。管理人员的主要任务之一就是使组织不断发展、完善,使之更加富有成效。

第一节 组织职能概述

一、组织及组织工作的含义

(一) 组织及组织工作

组织是为了达成特定目标经由分工与合作即不同层次的权力和职责构成的人的集合。作为一个系统的组织概念,巴纳德认为,组织是相互协作的关系,是人们相互作用的系统。正式组织是人们自觉地、有意识地、有目的地加以协调的两个或两个以上人的活动或力量的系统。

组织工作需要解决的问题包括:决定要完成的任务是什么,谁去完成这些任务,这些任务怎么分类组合,谁向谁报告,以及各种决策应在哪一级上制定,等等。概括而言,组织的管理职能主要包括组织的设计和组织的变革两部分。

(二) 对组织工作的理解

首先,组织既有有形的一面,也有无形的一面。通常,我们可以非常直观地看到一个企业的组织结构图。进入一个组织,可以明显地看到不同的部门、不同职位的管理者和非管理岗位的职员,以及组织中的层级高低……而这些仅仅是组织中有形的一面。真正进入一个组织后就会发现,即便是组织结构图非常相似的两个组织,它们的运行机制、效率、产出等方面也会千差万别,这些差异根源于组织结构表面下无形的运行机制设计。因此,理解组织结构,不但需要认识有形的方面,如组织结构的类型、部门划分的主要方式等,也需要认识结构内部的机制设计,如管理幅度、集权分权以及命令链的设计等方面。

其次，任何一个组织都不可能脱离外部环境而独立存在。人类社会经济分工发展到现在，几乎不存在能够自给自足的组织，所有组织都需要与环境发生相互作用，从环境中获取所需的生产资料、劳动力、信息等，通过生产转化，最后向环境提供产品和服务。同时，组织会受到环境的影响。例如，2007—2008年发生的金融危机就影响大至国家，小至中小企业的许多组织。2008年10月6日，冰岛总理吉尔·哈尔德发表电视讲话表示，受美国和欧洲银行业危机冲击，冰岛正面临着全国性破产的风险。同年，国际货币基金组织宣布将向冰岛提供21亿美元的贷款支持，以帮助冰岛渡过难关。具体到行业，纺织行业等传统劳动密集型企业受到的影响比较严重。我国海关总署的数据显示，2008年9月，纺织品服装出口较2008年8月减少近6亿美元，而随后几年，以出口为主的大量中小企业则纷纷倒闭或者调整目标方向。可见，环境对组织的影响巨大。因此，也有学者认为，组织的重要功能就是与环境互动，识别机会与威胁，适时调整目标，让组织不断成长壮大。

综上可以看到，对于组织的理解需包含四个重要因素：

第一，组织是一个社会实体，有确定的、可以被识别的形态。

第二，有确定的目标。任何组织都是为目标而存在的，不论这种目标是明确的还是模糊的，目标总是组织存在的前提。没有目标，也就没有组织存在的必要性。组织通过连续的更新宗旨或目标保持其延续性。

第三，有精心设计的结构和内部协调系统。例如，组织中的人员、职务、职责以及职权等方面的设计。组织中每个人在系统中所处的位置以及相应的职务都是明确而具体的，这就形成了一定的职务结构；职责则反映了上下级之间的一种关系，所有这些都是结构和内部协调系统的一部分。

第四，与外部环境互动。组织不是一个封闭的系统，组织的所有活动都需要通过与环境之间的互动及协同达到目标。

（三）组织工作的特点

组织工作是一个动态的过程，这主要是指组织工作是维持与变革组织结构并使组织高效发挥作用完成组织目标的过程。这一过程是由一系列的具体步骤所构成的：首先，必须明确实现组织目标所必需的各种活动，并对之进行分类，这关系到组织中的职位或岗位设计问题；其次，将组织所必需的各种活动进行组合，以形成可以管理的部门或单位，对组织活动和组合方式的不同分类，就形成了各种不同的组织结构类型；再次，将各部门或单位所必需的职权授予各个管理者，这就是组织工作中的职权配置；此后，为组织中的职位配置适当的人员，这就是管理中的人员配备工作或人力资源管理工作；最后，必须从纵横两个方面对组织结构进行协调和整合，使组织成为一个精干高效的有机整体。

通过组织工作建立起来的组织结构不是一成不变的，而是随着组织内外部要素的变化而变化的。如前所述，由于任何组织都是社会系统中的一个子系统，它在不断地与外部环境进行着各种交换，这种交换一般都会影响组织目标，这时依据计划工作中的改变航道原理，必须根据环境条件的变化，不断地修正目标，目标的变化自然又会影响随同目标而产生的组织结构，为使组织结构能切实地发挥促进组织目标实现的作用，就必须对组织结构做出适应性的调整。此外，即使组织内、外要素的变化对组织目标影响不大，当原有的组织结构不能高效地适应实现目标的要求时,也需要进行组织结构的调整和变革。所以,我们说组织工作具有动态的特点。

二、组织工作的重要性

组织作为社会生活中的重要形式,以多种方式改变着我们的生活(见表3-1)。

表3-1 组织工作的重要性

组合所有的资源以达到期望的目标和结果
有效地生产商品和服务
为创新提供条件
运用以计算机为基础的现代制造技术
适应并影响变化的环境
为所有者、顾客和雇员创造价值
适应多样化、伦理、职业形态以及雇员的激励与协调等进一步的挑战

首先,良好的组织工作可以将资源有效地组合在一起,完成特定的目标。例如,三峡工程涉及大量的资金、成千上万的工作人员、前期的考察与筹备、建设期所用到的各种物资等各种类型的资源和活动,如果没有良好的组织工作,很难想象这一巨大的工程如何高质量地完工。

其次,组织是企业创新、为顾客提供富有竞争力的产品和服务的重要保障。公司寻求创新的一种方式是运用现代的制造技术和新的信息技术,而这些技术的应用往往伴随着组织结构的重新设计,以保障新的技术和管理实践能够增进效率。组织产生创新的动力而不是依靠标准的产品和陈旧的工作方式。例如,许多企业在革新技术后,都伴随着组织结构和内部机制的重新调整,而学习型组织、网络组织等新型组织结构形式的出现,也反映了组织改进对于企业进步的重要性。

组织的重要性还体现在其与环境的互动中,不仅仅是被动地适应,组织的活动也一定程度地影响着环境。例如,企业在发展和竞争过程中,会为社会创造价值,带动就业,影响消费者的需求,甚至改变消费习惯。

第二节 组织结构的分析要素

组织设计的首要前提是对现有组织能够进行全面系统的分析与诊断,对于组织结构的分析可以从组织结构的构成要素入手。组织结构的构成要素也是认识和理解组织结构的最基本方面,包括工作分解(Work Specialization)、控制幅度(Span of Control)、部门划分(Departmentalization)、职权与职责(Authority and Responsibility)、集权与分权(Centralization and Decentralization)、正式化程度(Formalization)。

一、工作分解

(一) 工作分解的含义

工作分解(简称分工)指对生产活动的划分和独立化、专门化,实际中则指组织中的专人专职。1776年3月,亚当·斯密的《国富论》中第一次提出了劳动分工的观点,并系统全面地阐述了劳动分工对提高劳动生产率和增进国民财富的巨大作用同生产率的关系。在企业内部,如果每个人只对生产活动的一部分负责,而不是参加所有的活动来完成该产品的生产,就说该企业内部存在劳动分工。

企业内部工作分解一般有以下几种形式:第一,职能分工,指企业全体员工按所执行的职能分工。例如,工程技术人员、管理人员、服务人员及其他人员。这是组织中最常见和基础的分工,也是研究企业人员结构、合理配备各类人员的基础。第二,专业分工,指根据企业各类人员不同的工作性质和特点所进行的分工。例如,财务人员、技术人员、研发人员。第三,技术分工,指每一专业和工种内部按业务能力和技术水平高低进行的分工。例如,助理工程师、工程师、高级工程师。进行这种分工,有利于发挥员工的技术业务专长,鼓励员工不断提高自己的技术水平。在企业实际管理中,常见的分工标准和原则包括:按照工作大类分工,如将直接生产、管理以及服务工作分开;按照不同工艺阶段和工种分工;按照准备性工作和执行性工作分工;基本工作和辅助工作分工;技术含量高低不同的工作分开。

(二)分工的效果

专业化分工概念从产生至今,就同劳动效率的提高有着紧密的关系。合理分工对于企业具有积极的作用,具体表现在:①分工可以让员工专于一行,反复操作可以精于某项技能,提高劳动熟练程度,减少不同工作之间的转换次数,节约劳动转换成本,因而极大提高了企业的生产率。②分工可以减少劳动监督成本。分工程度较高时,个人责任清楚,工作内容简单,易监督,监督成本相应较低。相反,分工程度低,单个工人从事劳动内容复杂,监督难度加大,监督成本上升。

那么,分工程度是否越高越好呢?分工程度是指在一项技术上可分的生产活动中,一个工人被指定完成其中项数的多寡。完成项目越多,其专业化程度就越低,分工的程度也越低。反之,分工程度就高。专业化分工确实可以提高效率,然而高的分工程度并不总是意味着效率的提升(见图3-1)。伴随着分工程度的提高,分工也会给企业带来负面的影响。这些影响表现在:①对劳动环境的不利影响。与丰富有趣的工作相比,单调的工作意味着相对恶化的工作环境。高度分工使工作变得单调,工作易疲劳,从而导致工作效率下降。更加严重的情况,职工还有可能对工作环境、企业产生厌恶和敌对的情绪,合作意愿下降。②对成本的影响。当工作条件下降时,企业往往只有付给工人更高的工资,才能有效地吸引工人就业。同时,由于很难保持职工队伍的稳定,在人力资本积累上也会受到损失。③增加了协调难度。高度分工,降低了员工对整个生产过程之间关系的了解程度,这一方面使得企业整体的应变和自动协调能力下降,另一方面,由于需要更多的管理人员来承担相应的工作,极大地增加了协调的工作量和难度。

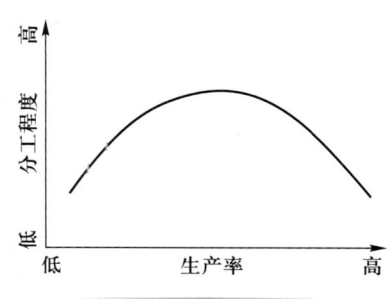

图3-1 分工程度与生产率

(三) 影响组织分工的因素

确定合理的分工程度是目前所有企业面临的一个难题,原因在于影响分工的各种因素繁杂,且难以精确衡量。然而在管理实践中,业界和学者还是发现了一些影响分工的因素和基本原则。这些因素在组织结构的分析与设计时,应当予以关注。

1. 任务特征

影响分工的最直接和根本的因素在于任务特征。对任务特征的描述可以从"深度"和"广度"两个角度进行,任务的深度反映任务承担者在工作时所拥有的相对自主权,自主权越大,任务的深度就越大;任务的广度则反映承担任务周期的长短,即在给定的时间内,任务重复的次数越多,任务的广度就越小。在现实企业中我们也很容易发现,随着管理者职位的提升,其工作的深度会增加。例如,总经理的任务深度就比一线操作人员的任务深度要大,同时,任务的广度也更大。任务的深度和广度会和分工之间有着很强的关联度,一般而言,当任务的深度和广度都较大时,分工的程度会相应降低;反之,则会提高。

2. 心理成本和效益

现代管理认为,虽然组织工作客观上要求分工,但在计算分工的最优程度时,除了要考虑经济成本和效益之外,同时应该考虑心理上的成本和效益。专业化使得掌握各种专门化知识和不同劳动技能的人各尽所能,充分发挥他们的专业特长,并获得比非专业人员高得多的报酬。新的经济环境下,社会分工细化的压力直接传导到各种类型的组织中,组织中专业化分工的程度较以前更高,所需的专业技术人员数量也更大。在这种情况下,组织需格外关注任务、工作环境以及员工心理之间的相互匹配,根据员工的特点来为每个人设计适当的分工程度。例如,企业的产品相对稳定,可以在很长时间内使用同样技术,生产过程规范;企业生产中,工人熟练技术比创造性、积极性和合作精神更加重要,企业内部分工和专业化程度就可以高一些。反之,如面临技术和市场复杂,情况多变,生产效率主要取决于"动脑"而不是"动手",培养职工劳动热情、调动劳动积极性就十分重要。在这些企业里,分工和专业化的程度就应低一些。

在当前的组织发展态势下,许多新出现的任务和工作的分工更加抽象,难以衡量,设置合理分工程度的难度有增加的趋势。由于组织成员所从事工作的任务广度有明显减小的趋势,而任务的深度则有很大幅度的加深,这就需要对每项任务的深度和广度深入分析,重新界定;综合考虑员工心理,设置适合组织实际情况的分工程度。

此外,分工离不开协作,缺乏协作的分工会给企业的运营带来问题。如果不能协调零部件同成品之间的数量关系,不能协调前后工序之间的衔接关系,组织就不可能得到理想的整体效率。协调分工的方法很多,市场协调以及组织内部的制度设计,都是协调大规模、负责分工的必要手段。

案例讨论

A公司成立于2003年,是一家以通信行业为开端,并致力于信息领域多元化发展的高新技术企业。健全的营销网络和完善的服务体系为公司创下连续七年稳步提升、迅猛发展的骄人业绩,目前公司已是全国业内知名度较高的企业之一。现有员工1 500余人,营销及服务网络遍及全国。

随着企业规模的扩大,公司业务也不断扩展,目前已经进入5亿元俱乐部,然而,5亿元则成了公司面临的一个难以跨越的门槛。公司存在的主要问题包括:

(1) 技术团队工作职责混乱,服务滞后。为了适应公司规模化发展对技术人才的需求,公司扩建了技术团队,但是技术团队成员的管理仍然非常混乱,大量的技术支持人员成为了前线业务人员的"救火队员",随时等待前线业务人员的呼救。但是,技术人员的能力参差不齐,专长也各不相同,这种临时的组织分工,有时会让并不擅长的技术人员"赶鸭子上架",最终难以圆满地完成对业务人员的技术支持。没有合理组织分工的技术支持团队,将无法有效地发挥其技术支持的作用。

(2) 技术团队"梯队化"建设迫在眉睫。许多进入该公司的技术人员是刚刚毕业的学生,经过一段时间的工作与成长后,技术和阅历已经相对成熟,但是该企业没有对技术人员的能力和经验进行等级划分,对所有的技术人员一视同仁的管理方式,让许多技术人员认为"混混就行,反正也没有任何的职称评定与职位差别",也让许多有能力与经验的技术人员感受不到晋升与职业发展的希望而纷纷离开。

面对这种局面,公司的管理者一筹莫展……

讨论:A公司发展遇到了什么问题?该如何解决?

二、控制幅度

管理者能够直接有效地指挥和监督的下属数量被称作控制幅度,又称管理宽度或管理跨度。当管理者直接领导下属的人数较多时,控制幅度较宽;反之,控制幅度则较窄。组织中,受到管理者自身、下属的特点以及组织管理环境等多方面因素的影响,管理者有效管理下属的人数有客观的限度。这个限度应该是多少,控制幅度对组织结构会产生怎样的影响,是管理者对于控制幅度这一组织要素应当了解的重要内容。

(一)控制幅度、组织层次、效率之间的关系

组织的管理层次和控制幅度之间存在一定的关系。每一个管理者的控制幅度都是有限的,这种有限性导致了组织层次的产生。在组织规模给定的前提下,如果减少每个管理者下属的人数,即缩小控制幅度,就会增加管理层次,使组织呈高耸的形状;反之,扩大控制幅度,就会减少管理层次,使组织呈扁平的形状。

进一步看,组织层次同整体的反应速度和效率之间存在一定的关系。层级越多,意味着信息在整个组织内部传递所需的时间就越长,基层同高层之间发生信息扭曲的可能性也会越大,组织的整体效率会一定程度地下降。同控制幅度综合考虑可以看到,控制幅度影响组织中的层级数量,进而影响组织的运行效率。控制幅度越宽,层级越少,组织的反应

速度和运行效率也就越高。这也是很多组织尽可能减少层级、实现组织结构扁平化的一个原因。

但同时需要管理者关注的一个问题是,就组织层级而言,多或少并不是决定组织效率的原因。高耸的组织结构中,管理者下属人数少,有利于强化统一管理,但会增加管理者的人数及管理成本;扁平的组织虽然会减少管理者人数,缩短信息传递路线,但存在协调困难、容易失控的缺点。当主管人员委托一定数量的人分担其管理工作(增加管理层级),结果是减少了他必须直接从事的业务工作量,但与此同时增加了他协调受托人之间关系的工作量。所以,增加管理层次节约出来的时间,一定要大于用于监督的时间,这是衡量增加一个管理层次是否合理的重要标准(见图 3-2)。

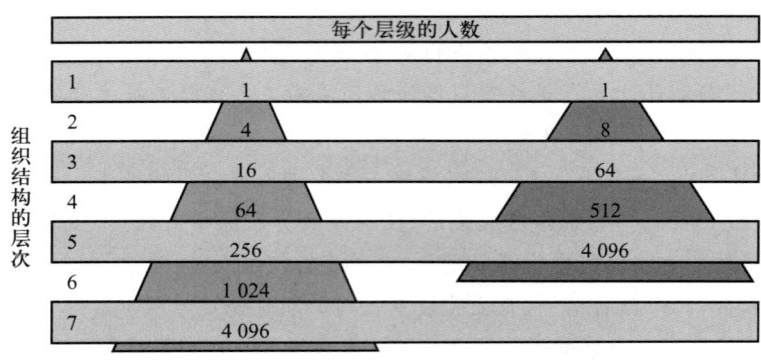

图 3-2　管理幅度与层次之间的关系

(二) 控制幅度的影响因素

任何组织在进行结构设计时,都须考虑管理幅度的问题。一般来说,即使在同一个组织中,相类似的管理岗位上,每位主管直接管辖的下属数量也不相同。有效管理幅度的大小受到管理者本身的素质及下属的工作内容、能力、工作环境与工作条件等诸多因素的影响,每个组织都必须根据自身的特点确定适当的管理幅度。影响管理幅度的因素有:

1. 组织成员的素质与能力

影响控制幅度的因素不仅来自管理者自身,也同时受到来自下属的影响。实际中,管理者的素质能力存在差异。当管理者的综合能力很强,熟悉业务,表达和沟通能力非常好,在日常管理中可以迅速把握问题的关键,正确决策,那么在这种情况下,就可以管辖较多的人员,而不会在工作中出现过多的纰漏。同样,当下属具备符合要求的能力,受过良好的系统训练,可以根据自己的符合组织要求的主见解决很多问题,不必时时事事都向上级请示汇报,这样就可以减少与其主管接触的时间和次数,从而增大控制幅度。

2. 工作内容和性质

①管理者所处的管理层次会对管理幅度产生影响。管理者的主要工作在于决策和用人,处在管理系统中的不同层次,决策与用人的时间比重各不相同。越接近组织的高层,主

管用于决策的时间越多,用于指导、协调下属的时间越少。所以,越接近组织的高层其管理幅度就越小。②管理者作为组织不同层次的代表,往往需要花费相当的时间去从事一些非管理性事务,处理这些事务所需时间越多,越不利于管理幅度的扩大。③下属工作的相似性。下属从事的工作内容和性质相近,则管理者对每人工作的指导和建议也大体相同,同一主管可以指挥和监督较多的下属,控制幅度就可以相对大些。④工作地点的远近也会影响控制幅度。一般而言,当下属的工作地点非常接近,例如,在同一栋楼、同一间办公室,管理者沟通和安排任务就较便利,沟通难度也较小,控制幅度可以相应增加;反之,控制幅度应减小。⑤下属任务的复杂程度。当下属承担的任务复杂、难度较大时,由于需要更多来自管理者的引导和协助,有效管理下属的人数不宜过多,控制幅度应适当减小。而下属承担的工作任务比较简单、标准化程度较大时,控制幅度可以相应增加。

3. **组织内部规章制度的完善程度**

当组织本身的规章制度详尽周到、下属对工作的目的和要求十分清楚,管理者对下属指导所需时间就少,管理幅度就大;反之,有效管理幅度就小。

4. **信息手段的完备情况**

掌握信息是进行管理的前提。利用先进的技术收集、处理、传输信息,不仅可帮助主管更早、更全面地了解下属的工作情况,从而及时地提出忠告和建议,而且可使下属更多地了解与自己工作有关的信息,从而更好地自主处理分内的事务,这显然有利于扩大主管的管理幅度。

5. **组织环境的稳定性**

环境会在很大程度上影响组织活动内容和政策的调整频次与幅度。环境变化越快,变化程度越大,组织中遇到的新问题越多,下属向上级的请示就越有必要、越经常,而此时上级因为必须花更多的时间去关注环境的变化、考虑应变的措施,能用于指导下属工作的时间和精力就越来越少,因此,环境越不稳定,各层次主管的管理幅度就越受限制。

(三) 组织的扁平化趋势

随着经济的发展和技术的进步,组织的扁平化趋势更加明显。组织通过增大管理幅度、减少层次来提高组织信息收集、传递和组织决策的效率,发挥组织的内在潜力和创新能力,从而提高组织的整体绩效,完成组织的战略目标。按照管理幅度的大小及管理层次的多少,就可形成两种结构:扁平结构和高耸结构。

扁平结构与高耸结构各有利弊:①扁平结构缩短上下级距离,密切上下级关系,信息纵向流通快,管理费用低,而且由于管理跨度较大,被管理人员有较大的自主性、积极性、满足感,同时有利于更好地选择和培训下层人员。但由于不能严密地监督下级,上下级协调较差,管理跨度的加大,也加大了同级间相互沟通联络的难度。②高耸结构具有管理严密、分工明确、上下级易于协调的特点。但层次增多,带来的问题也更多。这是因为层次多,需要从事管理的人员迅速增加,彼此之间的协调工作也急剧增加。管理层次的增加,会使上下级的意见沟通和交流受阻,最高层主管人员所要求实现的目标、所制定的政策和计划,不是下层不完全了解,就是层层传达到基层之后变了样。管理层次增多后,上层管理人员对下层的控制变得困难,易造成一个单位整体性的破裂;由于管理严密,而影响下级人员的主动性和创造性。因此,一般来说,为了达到有效管理,应尽可能地减少管理层次。这也是近年来组织结构变革的趋势。

三、部门划分

在不同的组织中,我们经常可以看到不同名称的部门,例如,市场部、人力资源部、华北区、大客户部、电子产品事业部等,这些不同类型的名称源于组织不同的部门划分方式。组织的部门划分有不同的标准,常见的划分标准包括职能、产品、顾客、地域、流程(见图3-3)。

图3-3 部门的划分类型

(一) 按照职能划分

按职能划分部门是目前组织采用最广泛的一种方法。这种方法是根据工作划分的原则,以工作或任务的种类为依据,将相类似的工作划分到同一部门中。例如,企业中所有承担财务工作的人划归财务部,所有负责人力资源相关工作的员工划归人事部,相应的生产制造部、销售部等部门也都是按照这一标准划分。

按职能划分部门的优点在于:由于遵循分工和专业化原则,有利于提高人员的使用效率;从事同一种工作的专业人员在同一部门,更容易就专业的问题进行深入沟通,有利于问题的解决,也有利于专业人才的培养;由于部门主管全权对最终成果负责,有利于组织内的严格控制。

但是这种划分方法容易使各职能部门的专业人员产生"隧道视野",即除了自身领域外,不关注其他部门的运作及目标,从而给各部门之间的横向协调带来一定的困难;由于只有最高主管才能对最终成果负责,因而对各部门的绩效和责任很难进行评价,也不利于培养综合全面的管理人才,组织适应环境变化的能力较差。

(二) 按照地域划分

按照地域划分部门的做法是按照业务所在的区域,将处于同一地域内的业务划分给同一个部门,形成区域性的部门。对于活动地域分散在不同地区的组织来说,按地区划分部门是一种普遍采用的方法。例如我国的很多大型企业,会有下设的华北区分公司、东北区分公司等。不同区域的公司,负责区域内企业的生产经营活动。

这种方法最突出的优势为:有利于促进地区活动的协调,充分利用当地的市场和人力资源,调动各个地区的积极性,取得地方化经营的优势效益;根据不同地域的特点,可以因地制宜地采取灵活的经营管理模式,提高组织的整体灵活应变能力;由于区域经理需要全面负责当地的所有工作,这种部门划分方式也有利于培养能力全面的管理者。

这种划分方式所带来的劣势是:由于机构重复设置,管理运营费用增加;区域经理对于业务管理的权力较大,容易出现"将在外,军令有所不受"的情况,从而增加了最高主管部门对地方控制的难度,要求高层管理者具有全面的管理能力。

（三）按照产品划分

按产品划分部门是根据产品或产品系列来组织业务活动，同类型的产品划归同一部门。例如大型钢铁企业中，我们可以看到冷轧厂、热轧厂、宽厚板厂、线材厂等，都是根据不同的产品来划分部门的。许多产品系列较多，或者从事多元化经营的组织常常采用这种划分部门的方法。

产品部门是从按照职能部门化的组织中发展而来的。随着组织规模不断扩大，企业涉及的产品种类越来越多，产量也越来越大，导致管理工作的复杂度提高，按照职能划分部门的组织中，部门主管的工作负担越来越重，而管理幅度的限制又使得他们难以通过增加直接下属的办法解决问题，此时按照产品重新安排组织活动就成为必要。在这种组织结构下，产品分部主管对某产品或产品系列的所有职能活动拥有充分的职权，同时对产品的利润负很大的责任。按照产品划分部门的方法能够充分发挥个人在专业产品方面的技能和专长，发挥专业设备的效率，有利于部门内的协调以及产品和服务的改进和发展；由于能够明确利润责任，便于最高主管把握各种产品或产品系列对总利润的贡献，也有利于锻炼和培养能独当一面的总经理型人才。

但是，按照产品划分部门的方法也有问题：首先，要求部门主管具备全面的管理能力；其次，各产品部门的独立性较强，有可能出现组织中不同的产品部门各自为政的情况，降低企业的整体优势；最后，由于各产品分部也需保持各自的职能部门或职能人员，因而存在部门重叠、管理费用增加的情况。

（四）按照顾客划分

按照顾客划分部门是指为了更好地迎合特定顾客群体的要求，将与某类特定顾客有关的各种活动集中起来划分到同一部门，具有同一类特征的顾客由同一部门负责提供产品和服务的部门划分方法。例如，很多计算机销售公司中设有企业用户部、个人用户部。这种划分方式就是按照企业和个人对于计算机性能的不同要求，将同一类型需求的顾客划归同一部门，以便更有针对性地提供服务。

按照顾客划分部门最大优点是：集中顾客的需求，有利于提供更加精准和有针对性的产品和服务，增加顾客的满意度，并有利于形成针对特定顾客的技能和诀窍。但是，按这种方法组织起来的部门，由于顾客常常要求给予特殊的照顾，而造成部门间的协调困难。同时，由于顾客对专家和管理者的需求差异较大，有时顾客需求同专业技术人员的数量不能匹配，导致专业人员和设备得不到充分的利用。此外，顾客的明确分类也有一定的困难。

（五）按照流程划分

按照组织生产或者提供服务的顺序和流程来划分部门，将不同的生产阶段划分到同一部门。例如，金属制造业，以生产过程的不同阶段划分为冶炼、冲压、轧制、焊接、电镀、检验以及最后的包装运输。

按照流程划分部门的优点是充分利用专业技术与技能，简化培训。当各流程间能够顺利配合时，生产和服务提供的效率非常高。缺点在于部门之间的协作配合程度要求很高，很容易出现由于某个阶段出问题而导致全线瘫痪的状况。

以上五种部门划分方式是目前组织最常用的方法。需要注意的是，随着组织规模的增加,往往采用的部门划分标准也增加。因此,在很多组织中,我们可以看到几种部门划分方式同时采用的情况。例如,一些大型跨国组织中,我们可以看到按照地域划分的北美事业部、欧洲事业部、亚洲事业部。同时,在各区域下,可以看到按照不同顾客类型划分的企业用户、个人用户等。

此外,随着市场竞争环境的加剧,组织中跨职能团队(Cross-functional Team)的应用以及对顾客关注的加强,是部门划分中两个新趋势。跨职能团队是指成员由来自不同的部门组成,跨越原有部门界限的部门划分。例如,当组织面临的环境变化速度加快,需要重新调整产品和服务、采用创新的方式来解决问题时,就需要组成跨职能团队,由来自组织各个方面的专家共同商讨,解决问题。而更多企业则通过增加大客户部、政府采购部、VIP顾客部等原来没有设置的部门,来提高对顾客的关注度。

> **管理现象观察**
>
> ### "客户至上"的组织结构
>
> 拥有6.8万人的丰田汽车公司曾进行了一次组织结构方面的重大变革。废除了处科体制,建立起重视工作能力、以为顾客提供优质服务为业绩考核标准的工作小组制,将企业建立成客户至上形象的组织。
>
> 原有的各技术、事务部门的部、处、科等金字塔式的纵向组织结构,经过改革成为没有层次的扁平的组织结构,即工作室制。具体做法是把原来部里的2~3个处合并建立工作室,各工作室根据各个时期的任务不同,临时建立各种相应的工作小组。这样做的目的有两个:(1)部长或室长一个人就能够解决室内的事务,加快决策和顾客响应速度。(2)从部长到组员都是室内的普通一员,小组的领导者根据任务的不同情况随时更换。也就是说,原来的实际工作中就取消了各种等级职务。在代表公司对外接触方面,考虑到资格、待遇等因素,在新组成的工作小组中全都是一般成员,而在对外处理问题时还可保留原来的头衔,以显示对客户的尊重。这种灵活的组织结构,实现了繁重工作所要求的高效率。

四、职权与职责

(一) 职权及权力

1. 职权及责任

职权是指在组织中职位所赋予管理者的权力。经典的管理认为,职权是组织构成的黏合剂,管理者通过职权向下级发号施令,行使领导的各项职能,完成组织赋予的各项任务。理解职权的含义关键在于对于"职位赋予"的理解,组织中的职权只和职位相关,和在这个职位上的个人无关。这就使得组织中的职权具有相对的稳定性,某个职位上的管理人员调离,不会将职权一起带走,只要是在这一职位的任何管理人员,都可以根据组织对职位的定义行使职权,这在一定程度上保障了由于管理者更换而给组织带来的不稳定因素。

同职权相对应的是管理者的职责,即在职位赋予管理者权力的同时,需要管理者承担相应的责任,对自己的管理行为负责。职权与职责对等是职位设计时需要重点考虑的因素。权力大而责任小,会带来职位的不受控,容易引发渎职等情况的出现。而反过来,责任大而权力小,会对管理者的工作积极性产生影响,使管理者在职位上难以作为、不愿作为。另种情况的产生,都会对组织的正常运行产生不利的影响。

在组织职权的行使中,一个不容忽视的现象就是,尽管职位权力相同,但是不同管理者在职位上行使职权的情况和效果却并不相同。有的管理者可以非常顺畅、高效地同下属、上级以及其他管理人员沟通,顺利完成任务,而有的管理者的工作则不然。这也是为什么当职位上的管理者更换时,组织或多或少都会发生一定程度的波动。因此,组织中影响管理者职权行使的不仅仅来自职位,还有来自其管理者个人方面的因素。这就涉及与职权关系非常紧密的另外一个概念:权力。

2. 权力及来源

权力指组织中人与人之间的一种关系,特指个体对组织决策的影响能力,或者是管理者影响别人的能力。

组织中,管理者和权力是密不可分的两个部分,那为什么管理者会有较大的权力呢?持有消极观念的人认为管理者决定着下属的工资和奖金,能解雇下属或者给他们分配一些不喜欢的工作,因此管理者拥有权力,这种权力来自管理者对下属的控制力。持积极观点的人认为管理者是某领域的专家,下属非常佩服他并自愿跟随他,这种权力来自领导的个人技能和个人素质,拥有这种能力的人会优先从普通员工步入管理者行列。早在1959年,社会心理学家约翰·弗伦奇和伯特伦·雷文就权力的来源和类型做过深入的研究,他们识别出人类社会常见的五种权力来源:法定权力、奖赏权力、专家权力、参照性权力、惩罚权力(见表3-2)。

表3-2 权力的来源

权力类型	来源
法定权力	职位和职务
奖赏权力	给予他人奖励的能力
专家权力	具有某些技能或技术专长
参照性权力	吸引他人并建立起他人对自己忠诚度的能力
惩罚权力	使用或威胁使用惩罚手段

法定权力指一个人因为在组织中的职位和职务而拥有的权力,即职权。这是群体或组织中最明显也是最重要的一种权力。法定权力比奖赏权力和惩罚权力覆盖面更广,它会影响人们对于职位权力的接受和认可,如果没有法定权力作为基础,惩罚权力和奖赏权力往往都不能够实现。例如在没有任命的情况下,让某个人负责某个部门,那么他所拥有的奖赏权力和惩罚权力就会大打折扣。特别值得一提的是,法定权力包括组织成员对职位权威的接受和认可。如果组织不去维护这种职权,组织的法定权力将失去作用。

奖赏权力指由于可以带给对方益处而产生的影响力。人们之所以服从一个人的愿望或指示,是因为这种服从能给他们带来益处。因此,那些能给人们带来他们所期望的报酬的人,就拥有了权力。这些报酬可以是人们认为有价值的任何东西,在组织背景中,考虑的是金钱、良好的绩效评估、晋升、有趣的工作任务、友好的同事、重要的信息(这是一种特别值得注意的奖赏,组织不必付出更多的资源就可以获得成员的认可)、有利的工作调动等。值得注意的是,奖赏权力不一定要有管理职位,有时作为一个普通的员工,也可以通过表扬另外一个员工,在会上强调别人所做出的贡献等方法获得这种权力和影响力。所以权力并不一定只在领导和下属之间出现,有时候平级之间,甚至下属对于上司都可能存在。

专家权力来自个人的某些技能或专长,并且这些技能或专长正是组织所需要的。例如,很多企业中的老专家、关键技术人员,有时即便他们没有担任领导职务,他们的观点和建议也具有很强的影响力,通常会为组织决策所采纳。专家权力中有一种特殊权力称为信息权力,信息权力源自对信息的优先访问能力与控制能力。组织中那些掌管其他人所需要的数据或知识的人往往具有影响他人的能力,这些人往往消息灵通,掌握最新资讯。

参照性权力是指个人具有的吸引他人并建立起他人对自己的忠诚度的能力。这种权力依赖于个人魅力和人际关系技能,追随者认同的是领导者的个人品质,甚至以自己是公认的追随者而感到骄傲。民族主义或爱国主义通常也被认为是一种无形的参照性权力。例如,战士为了保卫国家的荣誉而奋战。参照性权力是仅次于法定权力的第二明显权力,也是最有效的权力之一。在培养领导力的过程中,经常强调以身作则,以身作则就是培养参照性权力的基本手段之一。

惩罚权力又被称为强制性权力,它是建立在畏惧基础上的。如果一个人不服从的话,就可能产生消极的后果,出于对这种后果的畏惧,这个人就对强制性权力做出了反应,这种权力取决于使用或威胁使用处罚的能力。惩罚权力是一种最显而易见但又经常会带来负面影响的权力形式,由于它会在惩罚对象中建立起愤恨和抵抗,因此在组织中应当慎用。

组织结构的分析设计中,仅仅能够涉及职权,而管理者的工作能力和绩效,往往和其影响力,即权力的大小有更强的相关性。

3. 权力与职权的差异

通过考虑影响力的来源可以看到,职权属于权力的一种形式。进一步看,职位是一个二维的概念,而权力则是一个三维的概念。在组织中,影响职权大小的主要因素为管理者在组织中的层级,层级越高,所拥有的职权就越大。而权力大小的影响因素,除去管理者在组织中的层级,还有与"权力中心"(Power Core)的距离,层级越高,与权力中心的距离越近,权力就越大。而管理者与权力中心的距离远近,同权力的来源有关。例如,同样层级的管理者,同时拥有专家权的人,较只有职位权力的人,与权利中心的距离就更近,所拥有的权力也更大(见图3-4)。

(二) 组织中的命令链

理解组织中的权力职责,还需要了解组织结构中的"命令链"这一概念。命令链指从组织最高层穿到最基层的不间断的命令线路,反映了组织中职权的行使路线,它明确指出谁要向谁报告工作。回答员工提出的"当我有问题时,去找谁"以及"我对谁负责"等问题。

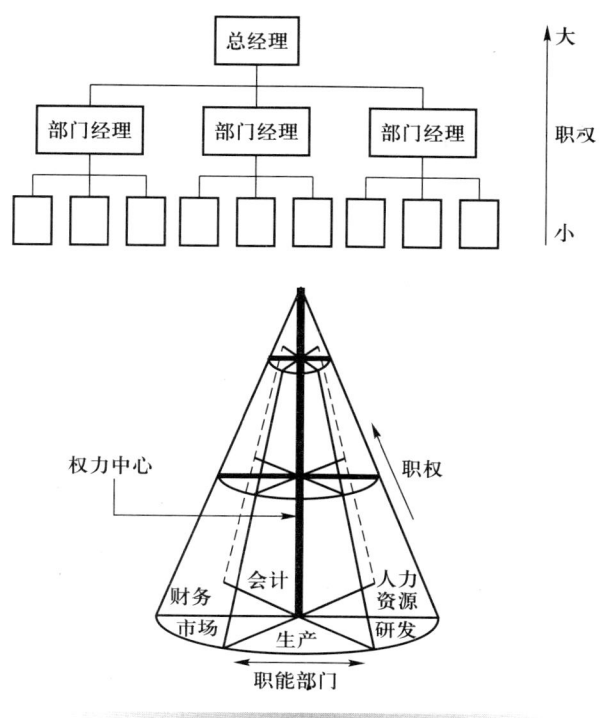

图 3-4 权力与职权

1. 直线权与参谋权

命令链是组织结构中非常重要的信息传导路径。通过命令链运行的有两种权力,即直线权与参谋权。组织中的管理人员以直线主管和参谋两类不同身份,通过直线权和参谋权来进行管理工作。现实中,直线权与参谋权的设计是组织结构效率来源的关键。正确处理两者的关系,是保证组织结构有效的重要内容。

直线权是指组织内直线管理系统的管理人员所拥有的包括发布命令及执行决策等的权力,也就是通常所指的指挥权。从直线关系形成的过程来看,低层次管理者是受高层次管理者的授权进行工作的,因此必须接受他的指挥和命令。所以说,直线关系是一种命令关系,是上级指挥下级的关系。这种命令关系自上而下,从组织的最高层,经过中间层,一直延伸到最基层,形成一种等级链。链中每一个环节的管理人员都有指挥下级工作的权力,同时必须接受上级管理人员的指挥。这种指挥和命令的关系越明确,即各管理层次直线主管的权限越清楚,就越能保证整个组织的统一指挥。

参谋关系是伴随着直线关系而产生的。随着先进的科学技术与现代化的生产方法和手段在组织中的运用,组织活动的过程越来越复杂。组织和协调这个活动过程的管理人员,特别是高层次的主管人员越来越感到专门知识的缺乏。由于组织很难找到精通各种业务的全才,直线主管也很难使自己拥有本部门活动所需的各种知识,人们常设置一些助手,利用不同助手的专门知识来补偿直线主管的知识不足,协助他们的工作。这些具有不同专门知识的助手通常称为参谋人员。因此,参谋的工作首先是为了方便直线主管的工作,减轻他们的负担。虽然随着组织规模的扩大,参谋人员的数量会不断增加,参谋机构会逐渐规范化,为了方便这些机构的工作,直线主管也许会授予它们部分职能权力,但是它们的主要职责和特征仍然是同层次直线主管的助手,主要任务仍然是提供某些专门服务,进行某些专项研究,以提供某些对策建议。

直线与参谋主要是两类不同的职权关系。直线关系是一种指挥和命令的关系,授予直线人员的是决策和行动的权力;参谋关系则是一种服务和协助的关系,授予参谋人员的是思考、筹划和建议的权力(见图3-5)。

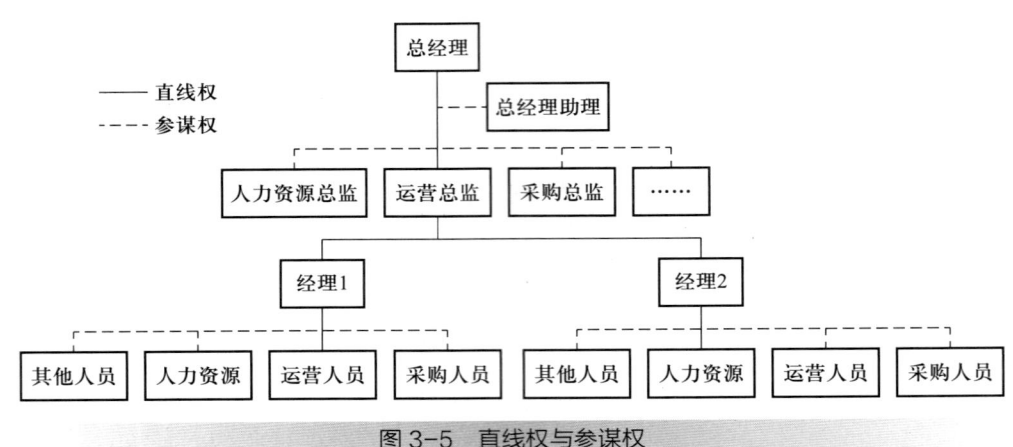

图3-5　直线权与参谋权

2. 命令链的统一原则

同命令链相关的一个重要的组织原则是统一指挥原则,这意味着下属应该由一名主管而且是唯一一名主管直接负责。这一原则有助于保持命令链的连续性和有效性。否则,下属可能收到多位主管相互冲突的命令,造成任务执行的缓慢甚至无效。

▎管理现象观察

组织中的多头管理

企业中,除了位于组织金字塔顶部的最高管理者外,组织中所有其他成员在工作中都会收到来自上级行政部门或负责人的命令,根据上级的指令开始或结束、进行或调整、修正或废止自己的工作。但是,一个下属如果可能同时接受两个上司的指导,而这些上司的指示并不总是保持一致的话,那么,他的工作就会造成混乱。

当两位上级的命令相互矛盾,下属便会感到无所适从。这时,下属无论依照谁的指令行事,都有可能受到另一位上司的指责。当然,如果下属足够聪明,且有足够的胆略的话,他还可利用一位上司的命令去影响另一位上司的指示,不采取任何执行行动。这显然也会给整个组织带来危害。"统一命令"或"统一指挥"的原则指的是"组织中的任何成员只能接受一个上司的领导"。

但是,这条重要原则在组织实践中常遇到来自多方面的破坏。图3-6为某组织的命令链示意图。

在正常情况下,D和E只接受B的领导,F和G只服从C的命令,B和C都不应向对方的下级发布命令。但是,如果B也向F下达指令,要求他在某时某刻去完成某项工作,而F也因其具有与自己的直系上司C相同层次的职务而服从这个命令,则出现了双头领导的现象。这种在理论上不应出现的现象,在实践中却常会遇到。

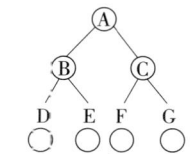

图3-6 组织中的命令链

另外一种情况下,A只能对B和C直接下达命令,但如果出于效率和速度的考虑,为了纠正某个错误,或及时停止某项作业,A就会不通过B或C,直接向D、E或F、G下达命令,而这些下属的下属对自己上司的上司的命令,在通常情况下是会积极执行的。这种行为经常反复,也会出现双头或多头领导。这种越级指挥的现象给组织带来的危害是极大的,它不仅破坏了命令统一的原则,而且会引发越级请示的行为。长此下去,会造成中层管理人员在工作中的犹豫不决,增强他们的依赖性,诱使他们逃避工作,逃避责任。最后会导致中间管理层乃至整个行政管理系统的瘫痪。

为了防止上述现象的出现,在组织设计中要根据统一指挥的原则,尽可能将管理的各个职务形成一条连续的等级链,明确规定链中每个职务之间的责任、权力关系,除去极为特殊的情形,禁止越级指挥或越权指挥。在组织实践中,在管理的体制上,要实行各级行政首长负责制,减少甚至不设各级行政主管的副职。

古典组织理论非常强调命令链的统一原则。在组织结构较简单的情况下,命令链的统一原则对维持组织正常的纪律和运行有很好的作用,这也是多数企业在设计组织结构时,会考虑统一指挥的一个重要原因。然而,随着组织所承担任务复杂度的增加,很多时候,员工完成任务需要来自多个领导的支持和协助,否则,组织的灵活性会受到很大的影响(例如,第三节中的矩阵式组织结构)。因此,遵循命令链的统一原则在当代组织结构设计中,需要根据组织的实际情况,具体问题具体分析。

五、集权与分权

(一) 集权与分权的概念

集权指决策权在很大程度上向处于较高管理层次的职位集中,组织中的多数决策由高层管理者做出;分权则表示决策权在很大程度上分散到处于较低管理层次的职位上,组织中的多数决策由基层和员工做出。

集权与分权是相对的概念,不存在绝对的集权和分权。绝对的集权,意味着没有下层管理人员,就如同在一个医院内,没有内科、外科等科室主管人员,仅有院长一样。职权的绝对分散意味着没有上层的主管人员,形同没有院长的医院。实际上,这两种组织结构都是不存在的。有层次的组织的建立,就已经存在某种程度的分权。为使组织结构有效地运转,还必须确定集权与分权的程度应该是怎样的(见图3-7)。

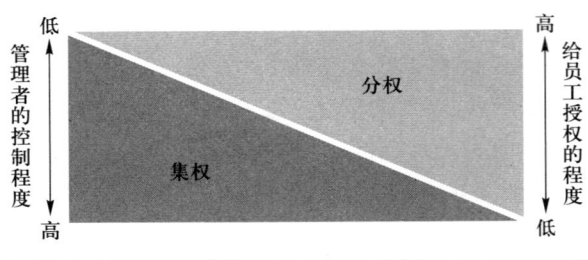

图 3-7　集权与分权

管理现象观察

组织中的集权倾向

首先,组织的成长会一定程度上影响集权度。权力是否集中或分散,常取决于组织创建的路径。如果组织是在自身较小规模的基础上发展起来的,则显示出鲜明的集权化倾向。因为企业较小时,大部分决策都是由最高主管直接制定和组织实施的,决策权的独揽可能已成为习惯。在这样的企业中,即使事业不断发展、扩大,最高主管仍愿意保留不应集中的大部分权力。因为一旦失去这些权力,主管便可能产生失去对"自己的组织"的控制的感觉。与此同时,合并的组织,尤其是通过兼并而形成的组织,很可能显示出保持权力分散的倾向。曾经独立的单位主张独立的要求特别强烈,可能需要经过许多年,合并后的组织的领导人才敢于大胆地降低分权程度。在某些情况下,合并或购置的首要影响可能是提高集权的倾向,出于政策的统一和快速行动的需要,合并公司必然要求加速集权化过程。

其次,领导的个性是影响集权度的另外一个因素。组织中个性较强和自信的领导者,往往希望其所辖部门完全按照自己的意志来运行,集中控制权力则是保证个人意志绝对被服从的先决条件,并以此提高自己在组织中的地位。

最后,政策的统一与行政的效率也会导致组织集权度的提高。集权化倾向的普遍存在,至少有两个方面的好处:确保组织总体政策的统一;保证政策执行的高效率。过分集权会带来很多问题:首先,降低决策的质量。大规模组织的主管远离基层,基层发生的问题经过层层请示汇报后再作决策,这不仅会影响决策的正确性,更会影响决策的及时性。其次,降低组织的适应能力。过分集权的组织,可能使各部门失去自适应和自调整的能力,从而削弱组织整体的应变能力。此外,过分集权会降低组织成员的工作热情。权力的高度集中,使得基层管理人员和操作人员的积极性、主动性、创造性下降,从而使组织的发展失去基础。

为解决集权带来的诸多问题,很多企业开始通过授权将权力下移。如果一个组织内,更多、更重要的决定可由较低管理层次做出,较高管理层次有更多的职能运行会受较低管理层次决定的影响,较低管理层次做出的决定较少受较高管理层次的检查,这就意味着该组织采取较分权的管理方式。

(二) 授权

授权是提高分权程度的有效手段,指上级给予下级一定的权力责任,使下属在一定的监督下,拥有相当的自主权而行动。授权可以使高层管理者从日常事务中解脱出来,专心处理重大问题。授权还可以提高下属的工作热情,增强下属的责任心,提高工作效率。授权的过程包括任务的分派、权力的授予、责任的明确、监控权的确立等步骤,正确的授权要注意明确授权的目的,职、权、责、利相当,保持命令的统一性、正确选择授权者以及加强对授权者的监督控制。管理者有效授权应当注意以下几个方面:

(1) 授权的内容一定要明确。员工必须了解自己在授权下必须达到哪些具体目标,以及在什么时间内完成,清楚了这些才能有基本的行动方向。授权不是单单把任务丢给员工,还要让他明白管理者期盼的是什么,模糊的指令会让下属无从下手。例如,情景一:"小张,你负责今年 A 产品的推广工作,一定要努力,成绩会和年底的业绩奖金挂钩!"情景二:"小张,本年度 A 产品的线下推广工作由你来负责,公司希望在北京、上海等这些一线城市产品都能达到 40% 以上的占有率。达成目标,年底公司会有 10 万元的奖励。"上述两种授权方式中,前者只告诉了我们管理者在把一项任务交代给下属,而任务中产品推广的具体任务是什么,努力的程度如何衡量,其实在授权中,下属都不清楚。在这种情况下,下属实际上并不清楚工作应当怎样开展。而情景二的授权中,管理者明确告知了下属任务的目标和结果,这样不至于下属对于所要做的事情缺乏头绪。因此,后者授权的效果更好。

(2) 授权一定要在公开场合进行,让相关部门和人员了解到被授权人的工作目标、工作内容、权力范围等方面,从而避免被授权人在后续开展工作时遇到不必要的阻力。在组织中,几乎所有工作都需要同事、上下级之间的相互配合,因此,授权应当让所有和任务相关的组织成员知道。关起门来授权会给后期任务的实施带来诸多障碍,最有可能发生的情况要么是有人不买账,要么是无人知道被授权人的权力大小,无人监督,进而发生被授权人行为偏离预期的状况。

(3) 要给被授权人与权力对等的资源。俗话说"巧妇难为无米之炊",在授予职权的过程中,管理者不是简单地将职权授予下属,对于被授权人还要做到资源上的支持,即和任务相关的人、财、物的资源也应当一并授予。然而实践中,这点往往容易被管理者忽视,在工作中只授权,不授资源,授权不只代表责任的转移,也要进行相应资源的转移,为的是让被授权人顺利行使职权开展工作,名义上的授权无法解决后续任务中的具体问题。

六、组织的正式化程度

组织的正式化程度(Formalization)是指组织内部工作开展和进行的标准化程度,主要同组织的内部相关工作是否具有明确的规章制度和流程相关。

在正式化程度较高的组织结构中,员工一般情况下需要以连续稳定的方式投入工作,从而保证稳定一致的产出结果。通常,正式化程度高就意味着有非常清晰的工作描述,有大量的规章制度以及工作流程。组织成员对于什么时间、什么地点、如何完成工作没有异议,但同时意味着从事该工作的人对于工作内容、工作时间、工作手段的自主权较低。而在正式化程度较低的组织中,则不是这样,工作行为相对来说就不那么程序化,员工对自己工作的处理权限也比较宽,但同时,员工对于工作信息会存在一些模糊的地方。由于工作中的个人权限与组织对员工行为的规定成反比,因此,工作的标准化程度越高,员工自行决定工作方式的权力就越小,工作标准化降低了员工选择工作行为的可能性。

不同的企业,以及同一企业内部的不同部门之间,在工作的正式化程度上都会有较大的差别。某些工作的正式化程度很低,如企业的营销部门——部门销售代表向客户推荐各种产品,他们不需要用相同的语言,也不需要一定在规定的时间去拜访客户,甚至对于不同客户都可以给不一样的价格,因此可以看到,他们工作的自由权限较大,对销售部门的考核也一般以销售量和最终的销售额为主,不会更多地考察他们工作时的标准化程度。而另一种类型的部门,例如企业行政部门,其工作的标准化程度就要高很多,在时间上,一般情况下他们都需要准时上下班,并按照企业的要求规范地完成各种活动。

早期的管理学者更倾向于组织结构应该高度正式化,例如被广泛采用的科层制组织结构。但随着环境等组织权变因素的改变,高度正式化的组织结构并不一定是最优的结构类型。由于正式程度较低的组织有更大的灵活应变性,能够更好地适应环境,目前已经为很多组织所采用。

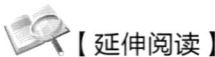【延伸阅读】

王利平,苏雪梅.组织的正式化及其限度.中国人民大学学报,2009(3):112—118.

七、机械式组织与有机式组织

机械式组织与有机式组织是组织结构的两种基本模式,其中组织要素的特点各有不同。机械式组织是一种稳定的、相对固定的结构形式,它追求的主要目标是稳定运行中的效率。机械式组织注重对任务进行高度的劳动分工和职能分工,以客观的、不受个人情感影响的方式挑选符合职务规范要求的合格的任职人员,并对分工以后的专业化工作进行严密的层次控制,同时制定较完备的程序、规则和标准,尽可能将个性差异和人性判断减少到最低限度,提倡以标准化来实现稳定性和可预见性,规则、条例成为组织高效运行的润滑剂,组织结构特征是趋向刚性。机械式组织结构有严格的层级关系、高度复杂化、高度正规化、高度集权化,有正式的沟通渠道。

有机式组织具有低复杂性、低正规化、分权化等特点,不具有标准化的工作和规则、条例,员工多是职业化的,保持低程度的集权。有机式组织是一种松散、灵活的具有高度适应性的形式。它因为不具有标准化的工作和规则、条例,所以是一种松散的结构,能根据需要迅速地做出调整。有机式组织结构则强调纵向及横向的合作、职责不断调整、低度正规化、低度集权、存在非正式沟通渠道(见图3-8)。

图3-8 机械式组织与有机式组织

第三节 组织结构的类型

企业组织结构形式也经历了不断的变革,从最早出现的直线制组织到今天的职能制、直线职能制、事业部制、超事业部制、模拟分权制、混合式、矩阵式、多维立体型组织结构等多种组织形式。不同类型组织结构有其自身的特点及适用条件。

一、简单的组织结构

简单的组织结构是指分工和正式化程度低、集权程度较高的扁平组织(Flat Organization)。一般情况下,组织内部只有2~3个层级,有时甚至没有明显的层级;组织的正式化程度较低,没有正式的程序和规章制度;经营权和所有权往往在同一个人手中,集权程度较高。简单组织结构的优势在于运作具有弹性,可迅速反应,成本低,责任归属明确,但随着组织扩大和业务的增加,完全依赖一个人的管理几乎无法进行,组织结构也无法维持。因此,这种类型的组织结构通常为小企业所采用,随着规模的扩大,组织会倾向于分工和正式化(见图3-9)。

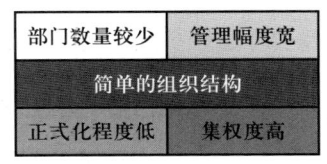

图3-9 简单组织结构的特点

二、职能型组织结构

(一)职能制组织结构

在社会化生产以及技术水平不断进步的背景下,企业的生产活动过程日趋精密复杂,规模化、专业化生产成为企业生产运行的重要特点。在简单组织结构中,依靠少量管理者就能够解决全部问题的情况,但这在新的生产条件下已不可能实现。由此,职能制就成为解决上述问题的有效的组织结构。在职能制组织结构中,组织内部按照生产活动的相似性,将同类型的生产活动组合起来,形成高度的专业化分工,使相同专长和技能的员工在同一部门工作,各个部门在各自业务领域内完成生产活动。例如,很多企业将组织结构设计为:研发部、生产制造部、质量检测部、销售部、市场部、人力资源部,等等。

职能型组织结构的优势在于,组织内高度专业化分工大幅提高了组织效率。分工有利于专业技术人员各司其职,使他们能够专注于各自的业务领域和范围,同时也更便于与同行交流沟通,从而提高工作效率,实现低成本和规模经济的优势。但同时,职能型组织结构也有自身的缺陷,那就是在组织实际运行中,各职能部门往往容易看重部门自身利益,从而忽视其他职能部门利益乃至公司的大局。按照不同职能将人员进行划分后,同一部门人员的目光往往会集中在自己部门的目标和利益上,例如:研发部门很可能只看重自己的研发成果,而并不一定考虑研发带来的高额成本以及给生产制造带来的其他问题……这是职能型组织结构中,管理者需要格外关注并尽可能通过管理机制予以避免的地方。

(二) 直线职能制组织结构

直线职能制组织结构是对职能制组织结构的改进,是以直线制组织为基础,在各级直线主管之下,设置相应的职能部门,即设置了两套系统:一套是按命令统一原则组织的指挥系统;另一套是按专业化原则组织的管理职能系统。其特点是:直线部门和人员在自己的职责范围内有决定权,对其所属下级的工作进行指挥和命令,并负全部责任,而职能部门和人员仅是直线主管的参谋,只能对下级机构提供建议和业务指导,没有指挥和命令的权力。可见,这种组织形式综合了直线制和职能制组织结构的优点,既保证了集中统一指挥,又能发挥各种专家业务管理的作用,其职能高度集中、职责清楚、秩序井然、工作效率较高,整个组织有较高的稳定性。而缺点则是:下级部门的主动性和积极性的发挥受到限制;各部门自成体系,不重视信息的横向沟通,工作容易重复;当职能参谋部门和直线部门之间目标不一致时,容易产生矛盾,致使上层主管的协调工作量增大;整个组织系统的适应性较差,缺乏弹性,对新情况不能及时做出反应;会增加管理费用;如果授予职能部门权力过大,容易干扰直线指挥命令系统。这种组织结构形式对中小型组织比较适用,对于规模较大、决策时需要考虑较多因素的组织则又不太适用。但目前仍被我国大多数企业采用(见图 3-10)。

三、事业部制组织结构

(一) 事业部制组织结构的概念

事业部制组织结构首创于 20 世纪 20 年代,由于最初是由美国通用汽车公司副总经理斯隆创立的,故又称为"斯隆模型",由于是分权制组织形式,也称"联邦分权化"。它是在产品部门化基础上建立起来的。它是指在组织的最高层领导下设立多个事业部,各事业部有各自独立的产品市场、独立责任和利益,实行独立核算的一种分权管理组织结构。同时,其事关大政方针、长远目标以及一些全局性问题的重大决策集中在总部,以保证企业的统一性。这种组织结构形式最突出的特点是"集中决策,分散经营",即组织最高层集中决策,事业部独立经营,这是在组织领导方式上由集权制向分权制转化的一种改革。

事业部制是现代大型企业广泛采用的一种组织形式,它是在一个企业内对具有独立产

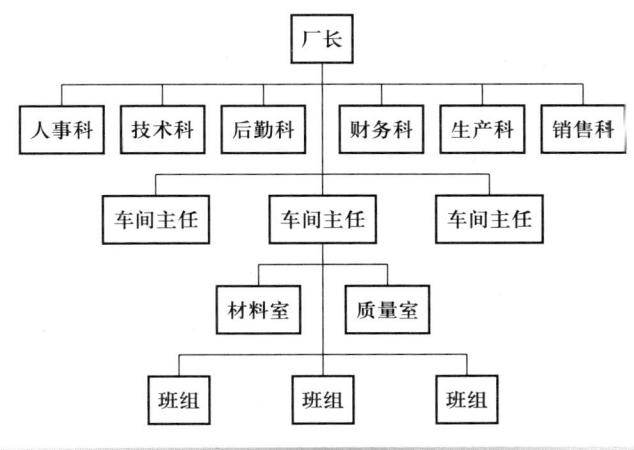

图 3-10 直线职能制组织结构图

品市场、独立责任和利益的部门实行分权管理的一种组织形式。在企业的具体运作中,事业部制又可以根据企业组织在构造事业部时所依据标准的不同分为地区事业部制、产品事业部制等类型,通过这种组织结构可以针对某个单一产品、服务、产品组合、主要工程或项目、地理分布、商务或利润中心来组织事业部。

(二) 事业部制组织结构的特点

这种组织结构形式的主要优点是:组织最高层管理摆脱了具体的日常管理事务,有利于集中精力作好战略决策和长远规划;由于组织最高层与事业部的责、权、利划分比较明确,能较好地调动经营管理人员的积极性,提高了管理的灵活性和适应性,有利于培养管理人才。但事业部制也有缺点:由于各个事业部都相对独立,机构重复的可能性很大,造成管理人员的浪费;由于各个事业部独立经营,各事业部之间要进行人员互换就比较困难,相互支援较差,当各事业部主管人员考虑问题只从本部门出发时,各事业部间独立的经济利益会引起相互间激烈的竞争,从而发生内耗;由于分权造成忽视整个组织的利益、协调比较困难的情况,也可能出现架空领导的现象,从而削弱对事业部的控制(见图3-11)。

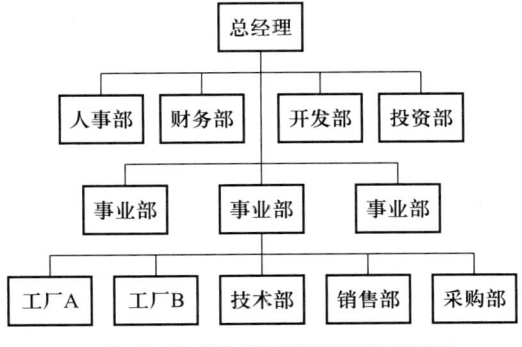

图 3-11 事业部制组织结构图

采用事业部制应当考虑以下几个方面的问题:①具备按专业化原则划分事业部的条件,并能确保事业部在生产、技术、经营活动方面具有充分的独立性,以便能承担起利润责任。②事业部之间应当相互依存,而不是互不关联地硬拼凑在一个公司中,这种依存性可以表现为产品结构、工艺、功能类似或互补,或用户类同,或销售渠道相近,或运用同类资源和设备,或具有相同的科学技术理论基础等。这样,各事业部门才能互相促进、相辅相成,保证组织的繁荣发达。③要保持、控制事业部之间的适度竞争、相互促进,竞争可能使公司遭受不必要的损失。④公司要有管理各事业部门的经济机制(如内部价格、投资、贷款、利润分成、资金利润率、奖惩制度等),尽量避免单纯使用行政手段。⑤具有良好的外部环境,当世界经济景气、国内和行业经济呈增长势头时,企业采用事业部制,有利于主动创造新局面、开拓新领域,有助于公司的蓬勃发展;当国内外经济均不景气、发展缓慢,甚至停滞下滑,公司应当适当收缩,集中力量渡过难关。如过于强调事业部制,就会分散力量,不利于企业整体利益与发展。

四、矩阵式组织结构

(一)矩阵式组织结构的概念

传统组织结构的共同特征是以单一的规则(如以行政职能为主线或以业务职能为主线)设计结构,组织中一定程度地存在部门各自为政、协调不畅的问题。职能制组织结构强调纵向的信息沟通,而事业部制组织结构强调横向的信息流动,而矩阵式组织结构则改变了传统的单一直线垂直管理系统,它在垂直形态组织结构的基础上,增加了横向的管理沟通系统,形成二维的组织结构,将这两种信息流动在企业内部同时实现。结构中的员工同时受两方向领导的管理,呈现交叉的领导和协作关系。当环境一方面要求高效的专业技术生产、另一方面需要个性化产品时,矩阵式组织结构具有较强的优势。

矩阵式组织结构是把按职能划分的部门和按产品(或项目,或服务等)划分的部门结合起来组成一个矩阵,使同一个员工既同原职能部门保持组织与业务的联系,又参加产品或项目小组的工作,即在直线职能制基础上,再增加一种横向的领导关系。为了保证完成一定的管理目标,每个项目小组都设负责人,在组织的最高主管直接领导下进行工作。这种组织结构形式特点是打破了传统的一个员工只有一个上司的命令统一原则,使一个员工属于两个甚至两个以上的部门。矩阵式组织结构也可以称为"非长期固定性组织",它是为完成某一项目,由各职能部门抽调人员组成项目经理部,项目经理部包括项目所必需的各类专业人员;当项目完成后,各类人员另派工作,项目经理部即不复存在。一般适用于外部环境变化剧烈、组织需要处理大量信息、分享组织资源的要求特别迫切的情况。

(二)矩阵式组织结构的类型

根据项目团队中的情况,矩阵式组织结构又可分成弱矩阵式、强矩阵式和平衡矩阵式三种项目管理组织形式。

1. 弱矩阵式项目管理组织结构

这种组织结构形式一般是指在项目团队中没有一个明确的项目经理,只有一个协调员负责协调工作。团队各成员之间按照各自职能部门所对应的任务,相互协调进行工作。这种模式下,相当多的项目经理职能由职能部门负责人分担。

2. 强矩阵式项目管理组织结构

这种模式下的主要特点是:有一个专职的项目经理负责项目的管理与运行工作,项目经理往往来自公司的专门项目管理部门。项目经理在与上级沟通往往通过其所在的项目管理部门负责人进行。

3. 平衡矩阵式项目管理组织结构

这种组织结构形式是介于强矩阵式项目管理组织结构与弱矩阵式项目管理组织结构二者之间的一种形式。主要特点是:项目经理是由一职能部门中的团队成员担任,其工作除项目的管理工作外,还可能负责本部门承担的相应项目中的任务。此时的项目经理与上级沟通时不得不在其职能部门的负责人与公司领导之间做出平衡与调整。

(三) 矩阵式组织结构的特点

组织结构类型对于任务的顺利完成起着非常强的影响作用,矩阵式组织结构作为职能型和产品型分工的混合形态,呈现出很好的灵活性和处理复杂情况的能力,也为很多企业所采用。组织形态决定了结构的特点。矩阵式组织结构的主要优点包括:

(1) 专业人员和专用设备得到充分利用,能够完成定制化程度高、顾客有特殊要求的产品和服务,尤其当组织内部多项项目并行时,可以合理安排不同部门的有不同专长的专业人员参与项目,这样既能有效完成任务,又能够最大限度减少不必要的人员重复设置。

(2) 具有较大的机动性和适应性。任务完成,参与项目的成员即可以解散回到各自原来的部门,这样的安排由于能够选择性地集中组织内的技术资源迅速应对和满足顾客要求,对环境变化也有较好的适应能力。

(3) 矩阵式组织结构能够较好地整合协调组织的资源。当组织内多项目并行时,矩阵式组织结构可以平衡组织内部的资源分配问题,克服职能部门相互脱节、各自为政的现象,保证所有项目在时间、成本、绩效等问题上达到最优,平衡总体和局部最优之间的矛盾。

尽管有上述诸多的优点,但矩阵式组织结构在运行中也存在一定的问题。包括:

(1) 由于这种组织形式是实行纵向、横向联合的双重领导,当职责划分不明确时,处理不当,会由于意见分歧而在工作中造成冲突和相互推诿。同时,项目经理之间为尽快完成各自的任务会争夺内部资源,造成进度延期等问题。

(2) 组织关系较复杂,对项目负责人的管理能力要求较高。矩阵式组织结构中,项目经理拥有管理权,而职能部门经理则拥有控制技术的决策权。通常情况下,职能部门掌握的专业技术的局部知识多于项目经理;项目经理出于对项目的全盘考虑,需要统观全局进行决策,立场的不同容易在任务完成的过程中发生冲突。加之矩阵式组织结构中的多头领导情况,都增加了管理人员工作的复杂度。

可以看到,如何克服矩阵式组织结构缺陷,发挥优势是管理者必须关注的重点。实践中,多数组织是从优化职能经理和项目经理管理权限入手。具体做法包括:授予项目经理的全面职权;独立预算;项目经理与职能经理共同制定进度与确定重点,如有矛盾,提交上一级解决;等等(见图3—12)。

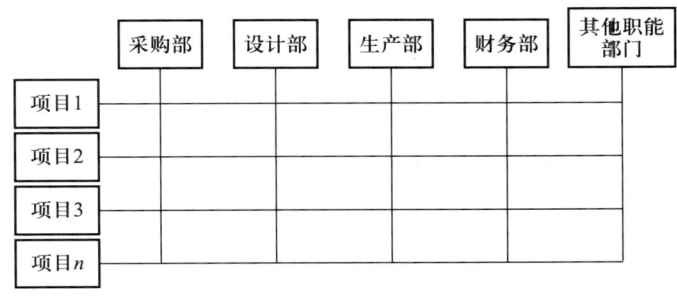

图3—12 矩阵式组织结构示意图

> **管理现象观察**
>
> **矩阵式组织的运用**
>
> 尽管矩阵式组织在内部运作和管理上都存在一些难度,但可喜的是,的确有一些企业能够使矩阵式组织运行良好,它们破解了一个功能强大的组织结构。
>
> 3M 是 2009 年《财富》杂志和 Hay(合益)集团共同评选出的全球最受赞赏的公司之一。它在自己的研发中心进行产品开发,却在世界各地不同市场、不同地区进行商业化运作。该公司表示,能做到这一点是由于他们自 1902 年开始便在组织内部进行矩阵式管理。矩阵式组织结构并不直接运营企业,它容许企业自行运营。3M 的企业文化与行为模式支持创新的开展,但真正的英雄却不是那些不惜任何代价使自己部门获得最佳利益的人。只有真正与其他部门合作并保持紧密联系的管理者才会持续成功,这反映在员工的晋升和薪酬回报上。在企业内部,的确存在以企业的整体而不是部门单元的利益为出发点的企业精神和组织文化。
>
> 在微软,来自全球多个商业部门的近 150 名员工都一直在研发转换 Word 文档的新标准。他们这些员工很少共同拥有同一个老板,并且该项目只是他们关注的一个项目。同理,他们也不一定要有相同的目标。然而,团队每个成员之间彼此相互信任,也信任自己的企业。他们正在为微软这个组织整体创造价值。
>
> 宝洁公司不仅在运营成本上大大低于其竞争对手(实际上其对手也有相同的矩阵式组织结构),而且销售新产品和服务的速度更快、跨组织创新更强,因而利润及其股票价格更高。为何差别如此之大? 因为他们的员工能够为团队合作负责、将岗位进行可行性设计,并且奖励为组织整体做出贡献的员工。宝洁公司员工相互信任,且高度信赖他们的组织。
>
> 这些现象告诉了我们什么?
>
> 根据《财富》杂志和 Hay(合益)集团关于全球最受赞赏公司的研究,成功的组织并非具有统一的、一成不变的组织架构。同一个企业在发达国家和发展中国家可能采用不同的组织架构。它们在服务全球客户和国内客户的方式上同样会做出相应的调整。这些企业在组织的实际运作上面反复斟酌,灵活运用。并且它们善于设计和实施高效的运营模式。例如,界定工作如何才算最终完成,以及企业如何实现其战略等。
>
> 但是,在矩阵式组织结构运用上,几乎可以肯定的是,跨国经营多种产品的大型企业都在某种程度上运行矩阵式组织结构。这使它们在实施方式、团队合作和沟通领域更加灵活、透明,并且能够做到业绩与薪酬的紧密相连,更好地激发组织内部的激励机制。

五、多维立体型组织结构

多维立体型组织结构是由美国道一科宁化学工业公司(Dow Corning)于 1967 年首先建立的。它是矩阵式和事业部制组织结构形式的综合发展,又称多维组织。在矩阵式组织结构(二维平面)基础上构建产品利润中心、地区利润中心和专业成本中心的三维立体结构;如果再加上时间维度可构成四维立体结构。多维立体型组织结构本质上并没有改变矩阵式组织结构的基本特征,多重领导和各部门配合,只是增加了组织系统的多重性。

一般情况下,这种结构形式由三方面的管理系统组成:①按产品(项目或服务)划分的部门(事业部),是产品利润中心;②按职能如市场研究、生产、技术、质量管理等划分的专业参谋机构,是职能利润中心;③按地区划分的管理机构,是地区利润中心。在这种组织结构形式下,每一系统都不能单独做出决策,而必须由三方代表,通过共同的协调才能采取行动。因此,多维立体型组织结构能够促使每个部门都从整个组织的全局来考虑问题,从而减少了产品、职能、地区各部门之间的矛盾。即使三者之间有摩擦,也比较容易统一和协调。这种类型的组织结构形式最适用于跨国公司或规模巨大的跨地区公司。

六、组织结构发展新趋势

近年来,企业组织结构形式的发展更加多样化,以扁平化、柔性化、虚拟化、无边界化为特征的许多新的组织结构形式在企业实践中得到了应用。典型组织结构包括学习型组织、团队式结构、网络组织等。

(一)学习型组织

从彼得·圣吉《第五项修炼》提出学习型组织概念以后,管理者们就开始考虑将它应用于企业中。学习型组织是指通过培养整个组织的学习气氛,充分发挥员工的创造性思维能力,从而建立的一种有机的、高度柔性的、扁平的、能持续发展的组织。其核心内容是学习型组织需建立的五项有效学习手段:①系统思考。传统的组织结构中,各个层次的决策者往往容易关注局部,忽视了组织内相关部门间的相互依赖关系以及组织整体。系统思考要求组织成员在处理问题时从组织的整体利益和长期目标着眼,建立全局观,以便组织在动荡环境下也能够有较好的发展。②自我超越。通过鼓励成员发挥创造力来突破学习极限,提高成员的自主管理和决策能力,以增强组织的适应和创新能力。③改善心智模式。心智模式是指人对世界的看法,通过对上下级间关系的重新理解,组织目标、使命、价值观达成共识,以及动态环境的再认识都可以达到心智模式改善。④建立共同愿景。要求组织通过重新审视和反思,同成员探索交流,建立成员共享的组织共同愿景。⑤团体学习。学习型组织强调,个体在集体学习中的成长速度以及获得的成果高于其他学习方式。通过深度汇谈,可以找出有利于组织学习的互动模式,以便学习型组织的建立(见图3-13)。

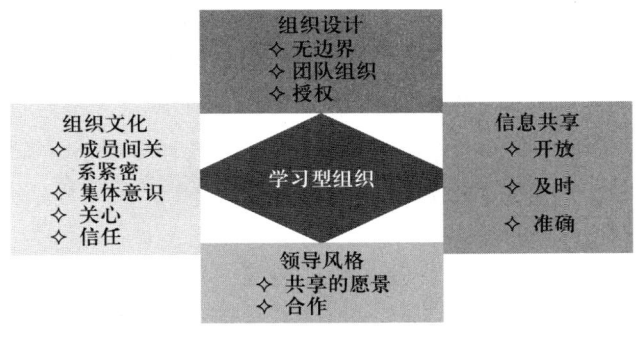

图3-13 学习型组织

此外，也有学者认为，学习型组织不存在单一的模式，它更多是从组织概念和雇员作用角度出发所形成的一种态度或理念，是思考组织的一种新的思维方式，现实中没有发展出一套成形的组织结构框架。

（二）团队式结构

团队式结构指在传统层次结构的基础上，在不同层次及不同职能部门之间建立的以任务为中心的管理团队，不同管理团队间的成员可以重复交叉，团队成员既有高层和中层管理者，也有不同职能部门的管理者，其人员组成打破等级和部门的界限。这些团队成为实现职能部门之间和上下级之间沟通的主要介质，尤其是由下至上的沟通纽带，促进了上下级之间、不同职能部门之间的沟通和学习，有效地克服了传统层次结构的沟通障碍。同时，由于它是建立在层次结构的基础上，又保留了层次结构特有的稳定性和效率，避免了退化的风险。

（三）网络组织

网络组织是现代管理理论和信息通信技术发展到一定阶段的产物，是一种介于传统组织形式和市场运作模式之间的新型组织形态，网络组织既不像市场那样依靠契约进行交易，也不像科层组织那样通过权威关系来协调行动，而是通过长期合作结成利益共享、力量互补的结构。网络组织是介于市场与科层组织之间一种重要的组织结构形式，其本质是在扁平化基础上的延伸。在网络组织内部，节点和具有高度自组织能力的网络组织在"共享"和"协调"的目标以及松散、灵活的组织文化的支持下处理组织事务。构成网络组织的三个基本要素包括行为主体、活动和资源。网络关系则是主体在主动或被动的参与过程中，资源交换、传递过程中建立的各种正式和非正式关系的总和。网络组织结构的特点体现在：组织内没有明显层级，企业具有高度的灵活性，能够根据它们的核心能力在价值链上定位，通过战略联合和外包来获取资源。网络组织的一个重要功能在于可以将相互关联的企业纳入网络，并通过协同效应创造出高于资本成本的收益。实践中，网络组织的具体实现形式包括虚拟企业、战略联盟等。

> **管理现象观察**
>
> ### 思科公司的网络型组织结构
>
> 在企业组织结构网络化转型中，思科公司是一个典型的范例。思科公司成立于1984年，最初只是一家普通的生产网上路由器的高科技公司。1992年，公司提出利用互联网来改造公司整体运营体制，成功地构建了思科网络联结系统，从而使思科公司成了网络化企业管理的先驱，互联网商业解决方案组（IBSN）也成为思科公司最具潜力的业务方向之一。现在，思科不仅是网络基础设备提供商，而且提供业界最领先的电子商务解决方案，越来越多的企业分享了思科应用互联网的成功经验。
>
> 思科公司将公司网络结构系统分为三层：第一层是电子商务、员工自服务和客户服务支持，能实现的网络效应是产品、服务多样性、定制个性化服务，提高客户的满

意度;第二层是虚拟生产和结账;第三层是电子学习。思科庞大的生产关系管理系统(PRM)和客户关系管理系统(CRM)就全部基于这三层网络结构系统之上。思科的第一级组装商有40个,下面有1 000多个零配件供应商,但其中真正属于思科的工厂却只有两个,其他所有供应商、合作伙伴的内联网都通过互联网与思科的内联网相连,无数的客户通过各种方式接入互联网,再与思科的网站挂接,组成了一个实时动态的系统。客户的订单下达到思科网站,思科的网络会自动把订单传送到相应的组装商手中。在订单下达的当天,设备差不多就组装完毕,贴上思科的标签,直接由组装商或供应商发货,思科的人连包装箱子都不会碰一下。

网络型组织结构不仅能为像思科这样的企业巨人所应用,对于经营范围单一、分工协作密切的小型公司,更是一种可行选择。采用网络型组织结构的组织,其所做的就是通过公司内联网和公司外互联网,创设一个物理和契约关系网络,与独立的制造商、销售代理商及其他机构达成长期协作协议,使其按照契约要求执行相应的生产经营功能。由于网络型组织的大部分活动都是外包、外协的,公司的管理机构就只是一个精干的经理班子,负责监管公司内部开展。

思科公司提供完备的网上订货系统、网上技术支持系统和客户关系管理系统。客户可以在网上查到交易规则、即时报价、产品规格、型号、配置等各种完备、准确的信息,可以通过互联网进行各种技术服务在线支持。基于这种生产方式,思科的库存减少了45%,产品的上市时间提前了25%,总体利润率比其竞争对手高15%而不是1.5%。互联网应用给思科公司每年节约的交易成本是6亿美元,这比其竞争对手的研发预算还要多。

更重要的是,由于思科充分应用互联网,传统的企业管理幅度和管理层次的矛盾在这里将不存在,全球范围内每个竞争领域的成本和盈利数据通过公司内联网变得公开和透明,最高层的决策思路通过公司内联网准确无误地传达给最基层的一线员工,从而公司能够充分授权,员工能够快速决策,而这些决策以前只有CEO或财务总监才能做出。企业管理极度扁平化,一线的经理能够在每个季度结束后一个星期就知道,为什么原定目标没有达到,是因为网络问题、零部件问题还是因为竞争加剧,这极大地提高了管理效率。结果是,思科每个员工年平均所创造的收入高达70万美元,是其传统公司竞争对手的3~4倍。

组织结构规定了组织构成要素之间如何相互交往、沟通,信息如何流动,以及权力关系如何定义。组织结构的选择反映了组织所作的价值观选择,它指出工作任务如何正式划分、归类和协作。从组织理论以及现实中组织结构形式的具体演变中可以看到,理论的外拓化趋势在现实的组织结构中体现为管理原则的多样和灵活化。同时,管理所针对的单元不再有严格的界限。此外,从组织结构调整和优化这一视角观察可以发现,应对经济环境变化速度的加快,相关理论改变了传统的静态研究方法,开始更加强调组织的动态管理。学者从组织自身以及同外部的协同、平衡、发展、变革等角度对组织结构调整和优化进行了研究。而新出现的流程再造、学习型组织、团队等新型组织概念进一步提出了创新的结构调整观点与思想。

随着组织规模与组织复杂性的提高,组织结构会发生相应的演变发展:从简单直接控制的直线制组织结构到具有分工协调作用的职能制组织结构,从适应业务多元化需求的事业部制组织结构到灵活多变的矩阵式与无边界组织结构。

第四节　组织结构设计及影响因素

一、组织结构设计

(一) 组织结构设计的主要内容

组织的目标确定之后,如何使这些目标得以顺利实现,就需要制定并保持一种职务系统,使组织中的每一个人清楚自己在组织工作中的作用以及相互之间的关系,使他们能有效地在一起工作。组织结构设计就是进行专业分工和使各部分相互有机地协调配合的系统过程。具体地说,组织结构设计的任务是建立组织结构和明确组织内部的相互关系,提供组织结构图和职务说明书。

组织结构系统图的基本形状如图 3-14 所示(以某生产企业为例)。

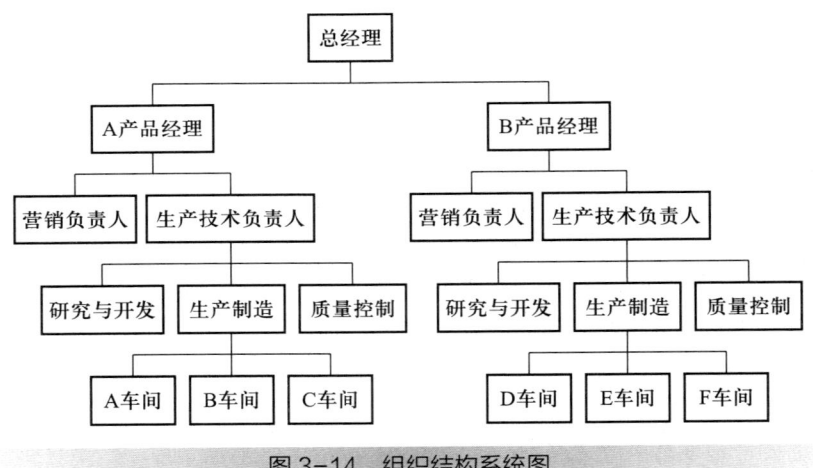

图 3-14　组织结构系统图

职务说明书要求能简单而明确地指出该管理职务的工作内容、职责与权力、与组织中其他部门和职务的关系,要求担任该项职务者所必须具备的基本素质、技术知识、工作经验、处理问题的能力等。如 A 产品生产技术负责人的职务说明书应该包括以下内容:他的工作内容要对 A 产品的生产情况总负责;对产品的研究与开发、生产制造、质量控制有决策权,要对结果负责;他受 A 产品经理的直接领导,与营销负责人是平级关系,他领导三个下属;担任该职务的主管人员,应该具备中层管理人员的基本素质,同时要对 A 产品的生产技术熟悉。

(二) 组织设计的基本原则

组织所处的环境、采用的技术、制定的战略、发展的规模等情况不同,所需的职务和部门及其相互关系也不同。尽管如此,在进行组织机构和结构设计时,还是可以找到一些需要共同遵守的原则的。

1. 因事设职与因人设职相结合

组织设计的根本目的是保证组织目标的实现,是使目标活动的每一项内容都能落实到具体的岗位和部门,即"事事有人做",而非"人人有事做"。因此,组织设计中,自然而然地要求从工作特点和需要出发,因事设职,因职用人,但这并不意味着组织设计可以忽视人的因素,忽视人的特点和人的能力。

2. 权责对等

组织中每个部门和职务都必须完成规定的工作,而为了完成一定的工作,都需要利用一定的人、财、物等资源。因此,为了保证"事事有人做""事事都能正确地做好",在组织设计中,不仅要明确各部门的任务和责任,还要明确规定这些部门利用人、财、物以及信息等的权力。权责对等原则就是进行组织结构的设计时,既要明确规定每个管理层次和各个部门的职责范围,又要赋予完成其职责所必需的管理权限,职责与职权必须协调一致。只有职责,没有职权或权限太小,则其职责承担者的积极性、主动性必然会受到束缚,实际上也不可能承担起应有的责任;相反,只有职权而无任何责任,或责任程度小于职权,将会导致滥用权力、产生官僚主义等。在实际的组织设计中应尽量避免这两种倾向。科学的组织结构设计应该是将职务、职责和职权形成规范,订出章程,使无论什么人,只要担任该项工作就得有所遵从。

3. 目标统一

组织结构的设计和组织形式的选择必须有利于组织目标的实现。任何一个组织都与既定的组织目标有密切关系,否则它就没有存在的意义。为此,组织目标层层分解,机构层层建立下去,直到每一个人都了解自己在总目标的实现中应完成的任务,这样建立起来的组织机构才是一个有机整体,才能为保证组织目标的实现奠定基础。

(三) 职务设计与分析

组织设计的第一步是将实现组织目标和必须进行的活动划分成最小的有机联系的部分,以形成相应的职务。职务设计与分析是组织设计的最基础工作。职务设计是在目标活动逐步分解的基础上,设计与确定组织内从事具体管理工作所需的职务类别和数量,分析每个任职人员应负的责任和应具备的素质。

要使组织中的每一个职位存在并有意义,职务必须具有明确而且能够检验的目标,具有明确的职责、职权,以及使处于该职位的管理者有可能实现其目标。在确定职务工作内容时,应该既考虑工作效率的要求,又兼顾职务承担者能从中体验的内在工作满足,以便在任务和人员两方面要求的相互平衡中,确定职务的合理深度与广度。

职务设计就是将若干工作任务组合起来构成一个完整的职位。有些职务是常规性的、经常重复的,有些则是非常规性的;有些职务要求广泛、多样的技能,另一些只要求范围较小的技能;有些职务规定了非常严格的程序,另一些则具有相当的自由度。职务因任务组

合的方式不同而各异,而这些不同的组合则形成了多种职务设计方案。职务设计经历了四个发展阶段:

第一阶段,按照专业化分工原则设计职务。

这种职务设计方法是与劳动分工、工作专业化意义相同的,管理者力求将组织中的工作设计得尽可能简单、狭窄、易做。今天,大量的工作仍然是按照专业化分工原则进行的。生产工人在装配流水线上从事简单、重复的工作,办公室职员坐在计算机前从事范围狭窄、标准化的任务,甚至护士、会计及其他的职业工作都是按照同样的原则组织起来的。

专业化分工的好处是:有利于提高员工的工作熟练程度,有利于减少因工作变化而损失的时间,有利于使用专用设备和减少人员培训的要求,以及扩大劳动者的来源和降低劳动成本,等等。但职务设计得过于狭窄不可避免地会带来负面的影响,诸如在流水线上的工作,其枯燥、单调、乏味造成了人们在生理、心理上的伤害,导致了员工的厌烦和不满情绪,工作之间的协调成本上升,从而影响了总体的工作效率和工作质量。早期,人们在职务设计方面,基本上都致力于通过提高专业化和分工的程度来取得规模经济和高效率。后期的努力则转向了如何克服由于过度的专用化和分工而产生的各种弊端上。

第二阶段,职务扩大化。

这是为了克服由于过度分工而导致的工作过于狭窄的弊端而提出的一种职务设计思想。其主张通过把若干狭窄的活动合并为一件工作的方式来扩大工作的广度和范围。这样在一定程度上拓宽了职位的内容,降低了工作的单调程度。

另一种相似的做法是,让员工定期地从一项工作更换到另一项工作上去,这称为"职务轮换"。这样有利于促进员工技能的多样化,在一定程度上减少了工作的单调和枯燥的感觉,可以更好地培养和激励管理人员。

第三阶段,职务丰富化。

职务扩大化是指工作的横向扩展,职务丰富化则是从纵向充实和丰富工作内容,也即从增加员工对工作的自主性和责任心的角度,使其体验工作的内在意义、挑战性和成就感。在强调劳动分工的时代,一般主张在管理人员和作业人员之间进行明确的职责划分,由管理人员来决定工作的内容和工作的方法,而一般人员只需俯首听命。职务丰富化设计,就是要将部分管理权限下放给下级人员,使其在一定程度上自主决定工作的内容、工作的方法、工作的进度等。

第四阶段,团队。

上述几种方式均是依据个人来进行职务设计的。当职务设计是围绕群体而不是个人时,就形成了团队。近年来,团队代表了一种日益盛行的职务设计方案,越来越多的组织采用这一方式来安排工作以期提高组织的竞争力。团队有多种类型,自主管理团队是其中最具代表性的一种。这种团队享有相当大的自主权,除了安排工作进度、决定工作方法之外,团队甚至可以自主挑选成员、自主考评工作绩效以及决定对团队成员的奖惩。

工作团队目前是组织工作中非常受到重视的方式之一。所谓工作团队,是指为了实现某一目标而由相互协作的个体组成的正式群体。当管理人员利用团队作为协调组织活动的主要方式时,其组织结构即为团队结构。这种结构的主要特点是:打破了部门的界限,员工之间可以进行非常深入的合作;可以快速地组合、重组、解散,提高组织的灵活性、决策速度和工作绩效;由于实现一定程度的自我管理,使管理层有时间进行战略性思考。

二、组织结构的影响因素

(一) 战略

B. 加尔布雷斯和爱德·劳勒认为,组织从"长远来看,除了组织和管理能力,不存在能够长久保持的优势"。这一点基本是一种共识,即对组织来讲发展方面是基础性与决定性的。但是从组织的优劣评判角度来讲,其准则在于对战略的适应性,组织对战略适应性的关键又在于组织结构。战略管理中,战略实施的主体是组织,实现企业战略需要一个能够支撑战略实施的企业组织结构。

关于战略对组织结构的影响,最经典的是由美国著名的艾尔弗雷德·D. 钱德勒(Alfred D.Chandler)提出的结构跟随战略(Chandler's Structure Follows Strategy),又称为钱德勒命题。钱德勒在研究美国企业组织结构和经营战略的演变过程时发现,企业组织结构是随着经营战略的变化而变化的,企业组织结构不仅具有多样性特征,还具有动态适应性特征。企业的经营战略决定着企业组织结构模式的设计与选择,反过来,企业经营战略的实施过程及效果又受到所采取的组织结构模式的制约。两者的关系类似经济基础与上层建筑的关系:战略重点决定着组织结构,战略重点的转移决定着组织结构的调整,组织结构制约着战略重点的实施。

战略与组织结构的关系基本上是受产业经济发展制约的。从钱德勒对美国工业企业历史发展的四个阶段分析可以看出,在不同的发展阶段,企业应有不同的战略,企业的组织结构也相应做出了反应(见表 3-3)。企业最先对经济发展做出反应的是战略,而不是组织结构,即在反应的过程中存在战略前导性和结构滞后性现象。

表 3-3 不同的竞争战略和组织特点

战略	组织特点
成本领先	较强的中心权力,严格的成本控制 标准操作程序 容易掌握的制造技术 高效的获取和分销系统 密切监视,有限的雇员授权 经常而详细的控制报告
差异化	有机的、宽松式的行动,部门间有较强的协调性 创造性强,思维开阔 加强基础研究能力 加强市场能力 奖励雇员的创新 公司名誉依靠质量和技术领先

续表

战略	组织特点
集中化	高层指导性政策在特定战略目标上结合 与雇员亲密，奖励和报酬灵活 衡量提供服务的成本，保持对顾客的忠诚 加强雇员与顾客接触的授权

战略前导性是指企业战略的变化快于组织结构的变化。这是因为，企业一旦意识到外部环境和内部条件的变化提供了新的机会和需求时，首先会在战略上做出反应，以此谋求经济效益的增长。例如，经济的繁荣与萧条、技术革新的发展都会刺激企业发展或减少现有企业的产品或服务。而当企业积累了大量的资源以后，企业也会据此提出新的发展战略。一个新战略的产生，必然需要一个新的组织结构，至少在一定程度上调整原来的组织结构。如果组织结构不做出相应的变化，新战略也不会使企业获得更大的效益。

结构滞后性主要是指企业组织结构的变化常常慢于战略的变化速度。造成这种现象的原因有两种：一是新旧结构的交替需要一定的时间过程。当新的环境出现后，企业首先考虑的是战略。新的战略制定出来后，企业才能根据新战略的要求来改组企业旧的组织结构。同时，旧的组织结构中管理人员已经熟悉、习惯，且运用自如。当新的战略制定出来后，他们常常仍沿用旧有的职权和沟通渠道去管理新的经营活动，总认为原来有效的组织结构不需要改变。另一方面，当管理人员感到组织结构的变化会威胁到他们个人的地位、权力和心理的安全感时，往往会以各种方式抵制必要的改革。

公司战略的变化往往要求其组织结构发生相应的变化，尤其在公司战略发生重大变化时更是如此。组织结构要求随其公司战略变化，其主要原因有两个：①组织结构在很大程度上决定了目标和政策是如何建立的。例如，地域型组织结构企业的目标和政策会很大程度上考虑地域特点；在按产品类型构造企业组织结构的公司中，目标与政策则在很大程度上会考虑产品特性。组织结构会影响目标与政策的制定，也会对所有战略实施活动产生相当大的影响。②公司组织结构决定了资源的配置。若公司组织是按用户群体构造的，则其资源也会按这一形式进行配置。类似地，如果企业组织是按职能性业务领域构造的，那么资源也将按照业务领域进行配置。调整组织结构或重组公司组织结构的侧重点通常为战略实施活动的一部分，除非新的或修改后的战略同原战略所侧重的职能领域相同，战略的变化将导致组织结构的变化。组织结构的重新设计应能确保公司战略的实施。离开了战略或公司存在的理由（使命），组织结构就毫无意义。钱德勒发现了往往重复出现于公司的发展和战略改变过程中的一种特定的组织结构演变顺序。这种顺序关系说明了公司组织结构与战略之间是一种适应关系及滞后关系。当组织认识到战略对结构的这种依赖关系后，就开始自觉根据战略调整组织，甚至将公司组织的变革调整与战略同时考虑。

此外，战略同结构之间的关系还体现在：一方面战略的制定必须考虑组织结构的实现；另一方面，一旦战略形成，组织结构应做出相应的调整。适应战略要求的组织结构，能够为战略的实施进而为组织目标的实现提供必要的前提。设计组织结构的最根本目的是确保形式上的结构不妨碍企业主要目标的实现。战略选择的不同,在两个层次上影响组织结构:不同的战略要求开展不同的业务活动,这会影响管理职务的设计;战略重点的改变,会引起组织的工作重点乃至各部门与职务在组织中重要程度的改变,因此要求对各管理职务以及部门之间关系作相应的调整。

可以看到,在环境变化、战略转变的过程中,总是有一个利用旧结构推行新战略的阶段,即交替时期。因此,在经济发展时,企业不可错过时机,要制定出与发展相适应的竞争战略与发展战略。一旦战略制定出来以后,要正确认识组织结构有一定反应滞后性的特性,不可操之过急。但是,结构反应滞后时间过长将会影响战略实施的效果,企业应努力缩短结构反应滞后的时间,使结构配合战略的实施。

管理现象观察

组织结构与企业战略选择

不存在一种万能的组织结构能够满足所有类型的企业或各种战略选择。同样,对特定战略或特定类型的企业来说,也不存在一种最理想的组织结构设计。对于战略来讲组织结构是重要的,但又不可能完全由战略来决定公司的组织结构,组织结构中的职务、层阶还需要合适的人员来保证,没有合适的人员,只有形式上的合理组织结构并不能保证组织结构发挥积极的作用。对某一企业适用的组织结构不一定适用于另一家类似的企业,尽管特定产业中成功的公司趋向于采用相类似的组织结构。例如,生产消费品的公司倾向于按产品设置组织结构,小企业倾向于按职能设置组织结构(集中化的),中型企业一般实行分部式的组织结构(分散式的),大型企业则采用战略事业部(SBU)或矩阵式组织结构。随着企业的不断成长或多种基本经营战略的相互结合,企业组织结构将经历由简单到复杂的发展过程。企业组织要受到多种外部和内部因素的影响,没有一家企业可以对所有影响因素的变化都做出组织结构上的调整,因为这样做将导致混乱。但是,一旦企业制定了新的战略,其现行的公司组织结构有可能变得无效。组织结构无效的症状有如下方面:过多的管理层次,过多的人参加过多的会议,过多的精力被用于解决部门间冲突,控制范围过于宽广,有过多的目标未能实现。组织结构的变化有助于战略的实施,但不能期望结构的变化可以将坏的战略变成好的战略,或将不好的管理者变为好的管理者,或使不良产品畅销。从这一点来说,对于公司战略来讲组织结构不是万能的,但没有合适的组织结构又是万万不能的。公司的组织结构无可否认地可以并且的确影响着公司的战略。企业制定的战略必须充分考虑组织结构的支持能力,如果一项新战略要求进行大规模甚至是颠覆性的组织结构调整,那它在组织现阶段便不是一个理想的选择。可见,组织结构会反作用于战略选择。更重要的问题是要确定战略的实施需要组织结构有什么样的变化,现有组织是否有实现这些变化的高效方法。从这一点来讲又可以看出,战略与公司组织结构的差距不能太大,新战略在某种意义要与现行组织结构有着较高程度的相容性,当不相容性达到一定程度时就意味着公司组织将要经受震荡,其公司代价可能是巨大的。

公司战略与公司组织结构之间要求有一个相互适应的关系。一般来讲,在稳态环境下,公司战略与公司组织结构之间是有一定的超前性,要保证公司绩效的提高,必须调整其组织结构,这是公司战略决定公司组织结构的一方面。另一方面,如果公司战略冒进,造成公司组织结构与公司战略之间的极大不适应,这时候就可能有两种结果:其一,冒进的公司战略不予实施,不能实施的原因是公司组织结构决定它无法实施;其二,公司战略一定要实施,但实施的结果是公司战略失败,这也是公司组织结构决定了公司战略。

(二) 环境

组织外部环境对组织的内部结构产生的影响可以反映在三个不同的层次上:职务与部门设计层次、各部门关系层次、组织结构总体特征层次。

组织是社会经济大系统中的一个子系统,组织与其他社会子系统之间也存在分工问题,不同分工决定了组织内部工作内容、所需完成的任务、所需设立的职务和部门,因此,组织外部环境对组织的职务和部门设计产生影响。环境不同,组织中各项工作的完成以及组织目标的实现也不相同。稳定环境中的经营管理部门与人员的职责界限分明、工作内容和程序经过仔细的规定、各部门的权责关系固定、等级结构严密,而多变的环境则要求组织结构灵活、各部门的权责关系和工作内容需要经常做适应性的调整、等级关系不需要过于严密,组织设计中强调的是部门间的横向沟通而不是纵向的等级控制,因此,外部环境对组织总体结构特征产生影响。

组织会受到环境因素的影响,根源在于环境的不确定性。通常,变化频率和复杂程度是评价组织环境不确定性的两个维度。变化频率是指影响组织的环境因素的变化速度,用以区分组织运行在一个相对稳定还是相对动荡的环境中;复杂程度指影响组织的环境因素构成的复杂程度,包括影响因素的多少、变化情况是否可以预测等。根据上述两个维度,组织的外部环境可以划分为下述四种不同的情况,不同情形的外部环境要求与之相适应的企业组织形态(见图3-15)。

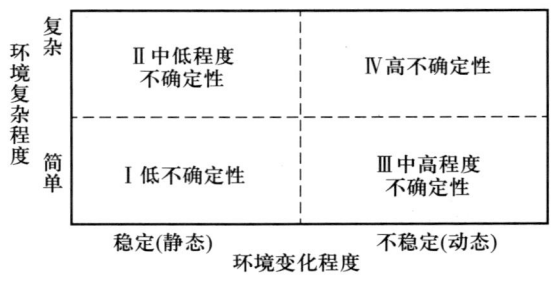

图3-15 组织的环境分析

象限Ⅰ：低不确定性——平稳而简单的环境。

这种环境中，影响组织的具体因素种类较少，因素的构成较为简单，同时变化程度较小。这些意味着组织在实际运行中，同外部环境有较清晰的边界，因此，可以较少考虑外部条件，不需要将过多管理资源放在应对外部变化上。相应的组织结构可在一定程度上忽略组织与环境的互动以及组织的对外灵活性，而应将更多的关注投入内部决策和运行的有效性上。一般而言，与这种环境相对应的企业组织结构特点为高度集权、深度的专业化分工、垂直层次多、固定或规范的联结与信息沟通方式。这样可以保证组织的快速决策、较强的执行力以及组织整体的步调一致。常见的组织如粮食加工企业。

象限Ⅱ：低中程度不确定性——相对稳定而复杂的环境。

这种环境中，影响组织运行的因素较多，各因素间有较大的差异性，但因素的变化程度不大。同平稳而简单的环境下组织结构具有相似性，尽管这种情况下环境因素的构成相对复杂，但由于其变化频率不高，对于这些环境因素，企业可以通过经验的积累以及建立成熟的分析决策机制予以分析和应对。因此，同这种环境相适应的组织结构特征也包括高度分工、规范稳定的信息沟通和决策方式以及较多的层级。但由于环境的复杂性较强，组织需要设置多样的业务单元，同时，各单元需保持较高的工作独立性，有一定程度的分权特征。常见的组织结构如大学。

象限Ⅲ：高中程度不确定性——相对动荡而简单的环境。

组织面临的环境因素较少，各环境因素间相似性较大，但是各因素的变化速度快，幅度也较大。较快的环境因素的变化对组织的应变速度提出较高的要求，意味着组织结构必须保障决策与执行的速度。因此，这种情况下，组织结构的特点呈现为：专业化的程度不高，垂直层次少，联结方式与协作关系具有较高程度的灵活性，决策权会较多保留在高层。常见的组织结构如流行服装、时尚用品企业。

象限Ⅳ：高不确定性——动荡而复杂的环境。

这种情况下影响组织的环境因素非常多，且因素间有较大的差异性，各因素快速变化而且变化幅度很大。动荡而复杂的环境中，企业受环境影响很大，其运行和决策边界同外部环境非常模糊，组织结构需要更多同外部协调，组织效率的基础体现在满足协同性和灵活性两个方面。适应于上述环境的组织结构特征包括：分权，较低的专业化程度，垂直层次少，联结方式与协作的高度灵活性。常见的组织结构如IT企业。

从上述分析中可以初步得出结论：①随着企业外部环境不确定程度的增加，相应的组织结构需要呈现更多的有机灵活性；②环境的变化对于组织结构的影响主要体现在随着变化速度的加快，组织结构从高度分工、垂直层次多、规范固定的结合方式逐步向低分工、层次少、灵活结合方式转变；③环境的复杂度对组织结构的影响则表现为随着复杂程度的增加，组织结构从集权走向分权。

(三) 技术

1. 技术的结构化程度对组织结构的影响

企业的生产技术特点会对组织结构产生影响。广义的技术可以定义为：投入产出的转化过程及使用的知识和技能。技术的特点可以从多样性和技术的结构化程度两个方面进行分析,前者指企业在生产过程中所需技术的种类;后者指技术的成熟度,即是否有可以遵循的成熟的技术规范和流程。从这两个方面看,技术特点可以划分为技艺性、常规性、非常规性以及工程性。

不同的技术特点,客观上要求有相应的组织结构予以匹配。技术的多样性反映了分工的专业化程度,多样性越强,意味着专业化的程度越高,客观上要求组织结构在水平维度上有较细致的工作划分,具体体现为职能部门的精细、明确的划分,组织依靠纵向层级控制的程度大于横向协调,组织的正式化程度较高;技术的结构化程度反映了企业所采用技术变化调整的频率以及复杂度、难度,结构化的程度越低,意味着技术变化的可能性越大,相应地要求组织结构具有一定的灵活性,体现为组织结构的扁平,以及部门间协调活动的增加,组织的正式化程度较低(见图3-16)。

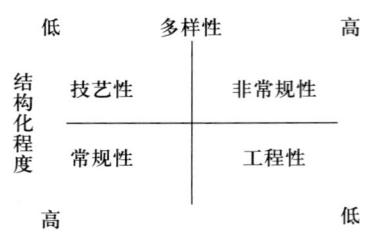

图 3-16 组织采用的技术特点分析

当组织任务完成所需的技术种类众多时,客观上就要求组织有相应的资源和管理手段与之对应,来满足管理上的需要。这时,组织的部门或岗位设置上就会更多,所需要的人员也会更多,组织相对就复杂一些。同时,组织各个业务部门的技术联系越紧密,组织机构设计越需要考虑部门之间及部门内部的相互作用,尽量避免采用分散的组织机构。这种情况下,直线职能制或矩阵式组织结构更合适。而当部门之间技术联系越不紧密,离散度越高,那么组织各部门或岗位之间的联系就越少,部门或岗位的独立性就越强。这种状况下,企业更适合采用事业部制组织结构,给下属部门更多的权力。

技术以及技术设备的水平,不仅影响组织活动的效果和效率,还会作用于组织任务的划分、职务设置等方面的相关工作。例如,生产技术越复杂,意味着依靠某一个部门完成任务的可能性就越小,这种情况下组织结构的分工就会越复杂,组织的部门数量也就会增加,从而增加了企业横向协调的工作量。而在技术水平要求不是很高的组织中,例如传统的简单手工制造企业中,每个人的技术要求都相差不多,组织结构的设置就会更多地考虑到渠道管理、成本降低等方面,并以这些因素作为组织机构设计的主线,这类组织采用标准化协调与控制结构,组织结构具有较高的正式性和集权性的可能性会更高。

2. 技术的类型对组织结构的影响

英国的产业社会学家伍德沃德(Joan Woodward)研究了技术类型对组织的影响。技术的复杂性反映了制造过程的机器化程度,较高的技术复杂性意味着绝大多数工作由机器来完成,较低的技术复杂性意味着在生产过程中工人起主要作用。按照技术的复杂度,生产制造企业一般可划分为以下三个类型(见图3-17):

(1) 单件小批量生产。以制造和装配小批订单,满足顾客的特定需要为主要特征的店铺式经营。小批量生产的标准来自顾客订制,主要依靠手工操作而不是较高的机械化大生产。例如,许多按订单制造的产品,如特殊的仪表、定制的电子仪器和服装等。

(2) 大批量生产。大批量生产是一个以长期生产标准化的零部件为特征的制造过程。由于顾客没有特别需求,产品通常由填制订单转入存货,例如大多数的装配线、汽车和挂

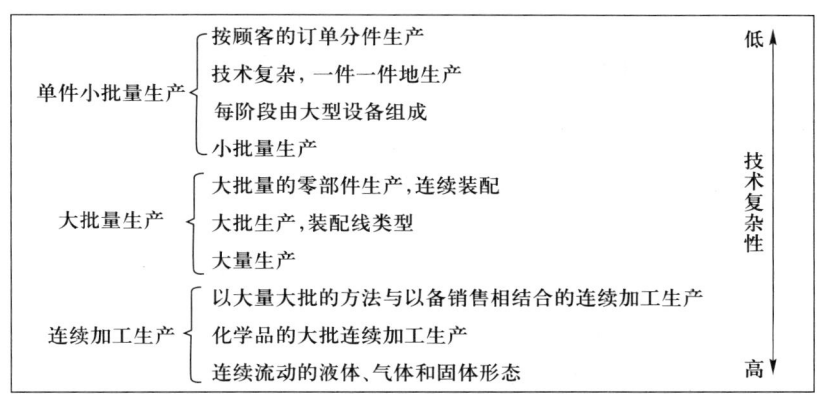

图 3-17 不同类型的生产技术

车等。

(3) 连续加工生产。在连续加工生产中整个过程是机械化的,没有间隙,其机械化和标准化超过了装配线。机器自动控制连续的加工且结果具有高度的可预期性,例如制药、石油提炼、酿酒和核电等。

不同的技术类型要求有相应的组织结构予以匹配,具体关系如表 3-4 所示。

表 3-4 技术类型同组织结构的关系

	单件小批量	大批量	连续加工生产
组织结构的特点	层级不明显 分工程度低 正式化程度低	有层级划分 分工程度高 高度正式化	层级明显 分工程度低 正式化程度低
合适的组织结构	有机的组织结构	机械的组织结构	有机的组织结构

3. 信息技术对组织结构的影响

讨论技术对组织结构的影响时,不容忽视的一个影响因素就是信息技术。信息技术的发展给企业带来无限机遇的同时,对组织结构产生了重要的影响,甚至促成了新型组织结构的产生。信息技术对组织结构的影响主要体现在以下几个方面:

第一,组织结构趋于扁平化。由于信息系统的利用,组织内部的信息传输和沟通能力大大加强,通过 OA 系统、电子邮件、BBS(电子公告牌)、视频会议等通信技术,可以快速在组织内传递信息,免去了中间层的上传下达,减少了信息流通的中间环节。这样,企业上下级之间、各部门之间及其与外界环境之间的信息交流变得十分便捷,可以随时根据环境的变化做出统一的、迅速的整体行动和应变策略。因此,信息技术代替了部分本来由中间层次来完成的信息的组织和传递工作,也一定程度上替代了部分组织制度,促使组织结构朝简化和扁平化方向发展。

第二,组织边界的模糊化,灵活应变性更强。传统的组织为保证内部的稳固和秩序,在各层次和各部门之间、同供给商与顾客之间、不同地理地位之间存在明显的界限,通过一系列行政和市场的把持手段来加强组织运作的稳固性。然而,信息技术的普及和推广,使得组织内部的管理者、技术人员以及同其他的组织成员,都更加容易交流和沟通,极大地打破了企业之间、产业之间、地区之间甚至国家之间的壁垒,企业的经营运动将越来越不受时空的局限。网络组织、虚拟企业等组织形式的出现,都是以信息技术为基础的新型组织结构形态。信息技术的发展使组织结构更加柔性,可以随环境的变化不断调整结构和业务流程,同时,对顾客和市场这两个重要的外部驱动因素可以做出更和谐、更迅速的反响。

(四) 规模与发展阶段

组织的规模往往与组织的发展阶段相联系。随着组织的发展,组织活动的内容会日趋复杂,人数会逐渐增多,活动的规模会越来越大,组织结构也需调整以适应变化了的情况。美国学者托马斯·卡曼(J. Thomas Cannon)提出了组织发展五阶段的理论,认为组织的发展过程中要经历"创业""职能发展""分权""参谋激增"和"再集权"阶段,不同的发展阶段要求有与之适应的组织结构形态(见图 3-18)。

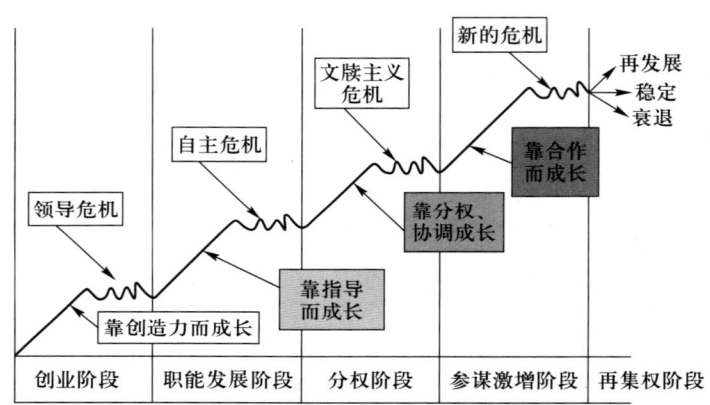

图 3-18 不同发展阶段的组织特点

1. 创业阶段

这个阶段决策主要由高层管理人员个人做出,组织结构相当不正规,对协调只有最低限度的要求,组织内部的信息沟通主要建立在非正式的基础上。

2. 职能发展阶段

这时决策越来越多地由其他管理人员做出,最高管理人员亲自决策的数量越来越少,组织结构建立在职能专业化的基础上,各职能间的协调需要增加,信息沟通变得更重要也更困难。

3. 分权阶段

组织采用分权的方法来对付职能结构引发的种种问题,组织结构以产品或地区事业部为基础来建立,目的是在企业内建立"小企业",使后者按创业阶段的特点来管理。但随之出现了各"小企业"成了内部的不同利益集团、组织资源转移、用于开发新产品的相关活动减少、总公司与"小企业"的许多重复性劳动使费用增加、高层管理人员感到对各"小企业"

失去了控制等问题。

4. 参谋激增阶段

为了加强对各"小企业"的控制,公司一级的行政主管增加了许多参谋助手,而参谋的增加又会导致他们与直线人员的矛盾,影响组织中的命令统一。

5. 再集权阶段

分权与参谋激增阶段所产生的问题可能诱使公司高层主管再度高度集中决策权力。同时,信息处理的计算机化使再集权成为可能。

三、非正式组织

(一) 非正式组织的概念

组织设计的目的是建立合理的组织机构和结构,规范组织成员在活动中的关系。设计的结果是形成正式组织,这种组织有明确的目标、任务、结构、职能以及由此而决定的成员间的责权关系,对个人具有某种程度的强制性。合理、健康的正式组织无疑为组织活动的效率提供了基本的保证。

非正式组织是伴随着正式组织的运转而形成的。在正式组织展开活动的过程中,组织成员必然发生业务上的联系,这种工作上的接触会促进成员之间的相互认识和了解,并开始工作以外的联系,频繁的非正式联系又促进了他们之间的相互了解,久而久之,一些正式组织成员之间的私人关系从相互接受、了解逐步上升为友谊,一些无形的、与正式组织有联系但又独立于正式组织的小群体便慢慢地形成了。这些小群体形成以后,其成员由于工作性质相近、社会地位相当、对一些具体问题的认识基本一致、观点基本相同,或者在性格、业余爱好以及感情相投的基础上,产生了一些被大家接受并遵守的行为规则,从而使原来松散、随机性的群体渐渐成为趋向固定的非正式组织。

正式组织与非正式组织形成过程和目的的不同,决定了它们的存在条件也不一样。正式组织的活动以成本和效率为主要标准,要求组织成员为了提高活动效率和降低成本而确保形式上的合作,并通过对他们在活动过程中的表现予以正式的物质与精神的奖励或惩罚来引导他们的行为。因此,维系正式组织的主要是理性的原则。而非正式组织则主要以感情和融洽的关系为标准。它要求其成员遵守共同的、不成文的行为规则。不论这些行为规范是如何形成的,非正式组织都有能力促使其成员自觉或不自觉地遵守。对于那些自觉遵守和维护规范的成员,非正式组织会予以赞许、欢迎和鼓励,而那些不愿就范或犯规的成员,非正式组织则会通过嘲笑、讥讽、孤立等手段予以惩罚。因此,维系非正式组织的,主要是接受与欢迎或孤立与排斥等感情上的因素。

(二) 非正式组织的作用

由于正式组织与非正式组织的成员是交叉混合的,人们感情的影响在许多情况下要甚于理性的作用,因此非正式组织的存在必然要对正式组织的活动及其效率产生影响。

(1) 非正式组织的存在,可以满足员工的社会需求。非正式组织在一定程度上是自发、自愿形成的,其成员甚至是无意间加入进来的。他们之所以愿意成为非正式组织的成员,是因为这类组织可以给他们带来某些需要的满足。比如,工作中或作业间的频繁接触以及在此基础上产生的友谊,可以帮助他们消除孤独的感觉;基于共同的认识或兴趣,对一些共同关心的问题进行谈论甚至于争论,可以帮助他们满足自我表现的需要;从属于某个非正式组织这个事实本身,可以满足他们归属、安全的需要;等等。组织成员的许多心理需要是在非正式组织中得到满足的。这类需要的满足,对工作的效率是有着非常重要影响的。

(2) 易于产生和加强合作的精神。员工在非正式组织的频繁接触会使相互之间的关系更加和谐、融洽,从而易于产生和加强合作的精神。这种非正式的协作关系和精神如能带到正式组织中来,则无疑有利于促进正式组织活动的协调进行。

(3) 帮助正式组织起到一定的培训作用。非正式组织虽然主要是发展一种工余的、非工作性的关系,但是它们对其成员在正式组织中的工作情况也往往是非常重视的。对于那些工作中的困难者、技术不熟练者,非正式组织中的伙伴往往会给予自觉的指导和帮助。同伴的这种自觉、善意的帮助,可以促进他们技术水平的提高,从而帮助正式组织起到一定的培训作用。

(4) 规范成员的行为。非正式组织也是在某种社会环境中存在的,就像对环境的评价会影响个人的行为一样,社会的认可或拒绝也会左右非正式组织的行为。非正式组织为了群体的利益,为了在正式组织中树立良好的形象,往往会自觉或自发地帮助正式组织维护正常的活动秩序。虽然有时也会出现非正式组织的成员犯了错误互相掩饰的情况,但为了不使整个群体在公众中留下不受欢迎的印象,非正式组织对那些严重违反正式组织纪律的害群之马,通常会根据自己的规范,利用自己特殊的形式予以惩罚。

此外,非正式组织也是正式信息通道的重要补充,非正式组织有十分畅通的信息渠道。这是正式组织重要的信息补充来源。当然这种信息也有两面性,错误的信息有可能形成流言蜚语的传播。

(三) 非正式组织可能造成的危害

(1) 非正式组织的目标如果与正式组织冲突,则可能对正式组织的工作产生极为不利的影响,并能扩大抵触情绪。比如,正式组织力图利用职工之间的竞赛以达到调动积极性、提高产量与效益的目标,而非正式组织则可能认为竞赛会导致竞争,造成非正式组织成员的不和,从而会抵制竞赛,设法阻碍和破坏竞赛的展开,其结果必然是影响企业竞赛的气氛。

(2) 非正式组织要求成员一致性的压力,往往也会束缚成员的个人发展。有些人虽然有过人的才华和能力,但非正式组织一致性的要求可能不允许他冒尖,从而使个人的才智不能得到充分发挥,对组织贡献不能增加,这样便会影响整个组织工作效率的提高。

(3) 非正式组织的压力会影响正式组织的变革,发展组织的惰性。这并不是因为所有非正式组织成员都不希望改革,而是因为其中大部分人害怕变革会改变非正式组织赖以生存的正式组织的结构,从而威胁非正式组织的存在。

(四) 发挥非正式组织的积极作用

非正式组织尽管称作"非正式",但它是正式组织伴生产物的客观存在,也需要管理者以正式的态度予以重视。要有效实现正式组织的目标,就要积极利用非正式组织的贡献,努力克服和消除它的不利影响。

（1）利用非正式组织，首先要认识到非正式组织存在的客观必然性和必要性，允许乃至鼓励非正式组织的存在，为健康的非正式组织的形成提供条件，并努力使之与正式组织融合，促进正式组织的正常运行。例如，正式组织在进行人员配备工作时，可以考虑把性格相投、有共同语言和兴趣的人安排在同一部门或相邻的工作岗位上，使他们有频繁接触的机会，这样就容易在组织的成员之间形成良性的合作关系，有益于工作的正常开展。又如，在正式组织开始运转以后，注意展开一些必要的联欢、茶话、旅游等旨在促进组织成员间感情交流的联谊活动，为他们提供业余活动的场所，在客观上为非正式组织的形成创造条件。

（2）通过建立和宣传正确的组织文化来影响非正式组织的行为规范，引导非正式组织做出积极的贡献。非正式组织形成以后，正式组织既不能利用行政方法或其他强硬措施来干涉其活动，又不能任其自由。因此，对非正式组织的活动应该加以引导。这种引导可以通过借助组织文化的力量，影响非正式组织的行为规范来实现。此外，还应注意做好非正式组织领导人物的工作，充分发挥他们的作用，使他们成为正式组织的重要助手。

（3）建立适合的组织文化。不少组织在管理的结构上并无特殊的优势，但却获得了超常的成功，其奥秘就在于有一种符合组织性质及其活动特征的组织文化。所谓组织文化是指被组织成员共同接受的价值观念、工作作风、行为准则等群体意识的总称，属于管理的软件范畴。组织通过有意识地培养、树立和宣传某种文化，来影响成员的工作态度，使他们的个人目标与组织的共同目标尽量吻合，从而引导他们自觉地为组织目标的实现积极工作。如果说合理的结构、严格的等级关系是正式组织的专有特征的话，那么组织文化则有可能被非正式组织接受。正确的组织文化可以帮助每一个成员树立正确的价值观念和工作与生活的态度，从而有利于产生符合正式组织要求的非正式组织的行为规范。

第五节 组 织 变 革

一、组织变革的动力

环境的变化不仅影响组织工作的绩效，而且往往是推动组织变革的主要力量。任何组织都是一个相对开放的系统，环境是组织生存与发展的土壤，环境变化往往是导致企业进行组织变革的一个最直接的原因。组织变革的动力如下：

（一）全球经济一体化

世界经济一体化的趋势已经是所有管理者都可以亲身感受到的事实，各国合作生产已经成为新的全球模式，"全球的相互依赖"的经济格局已经形成。伴随着全球经济一体化进程的加快，对于许多国家来说，国外直接投资的增长速度已经超过了国内投资，跨越国界的金融交易增长速度超过了国内金融交易，跨国公司的海外经营活动不断膨胀，生产要素（资本、技术等）在国际范围内的流动加强，企业的经营战略也相应地发生了变化。单就组织而言，世界经济一体化所带来的影响也是方方面面的。

（1）引起企业经营战略的变化。国际化经营绝对不仅仅是企业经营范围的扩大，企业也不能把已有的生产经营策略自然地套用到国际经营活动中。伴随着企业国际化经营的进程,企业往往都要修正甚至制定新的发展战略,由于组织服从于战略,企业战略的变化必然会导致企业组织变化。

(2) 全球经济一体化的事实使得远程协调控制工作变得越来越重要,管理者再也无法把一个企业组织简单地理解为由一个围墙围起来的有着有效分工协作关系的人群。例如,著名的 IBM 公司,目前拥有 20 多万雇员,这些雇员分散在全世界 105 个国家和地区,如何将这些相距遥远的员工很好地协调起来,使他们能够围绕着企业共同的目标展开工作,遵循企业共同的价值观,维持和强化企业文化,是企业组织工作所面临的新任务。

(3) 应注意不同文化的接触与交融。不同文化背景的企业成员一起工作,人们各自的思维方式、价值观念、生活习惯、宗教信仰乃至嗜好等方面的差异会反映在日常生活的工作中,容易在上下级和同事之间引起冲突和纠纷,这些都向沟通、人员培训、授权、协调等组织管理工作提出新的挑战。

(二) 知识经济社会的到来

知识经济给企业生产经营活动带来了持续而深远的影响:

(1) 信息知识取代资本成为社会中的决定因素,价值增长主要靠增加知识来实现。知识的生产力已经成为生产力、竞争力和经济成就的关键,企业正转变为以信息或知识为基础的组织,甚至有人断言,下一个经济发展浪潮将来自知识为基础的企业,在这样的企业中,晋升制度、奖惩制度等都将发生变化,人们在组织中的地位将更少地与其自身的经历、资历挂钩,那些能够掌握更多的知识而且知识更新速度快的员工将更容易进入企业的领导岗位,并在企业中发挥着更大的作用。

(2) 企业组织工作的重要任务是战略性地开发和利用知识资源,信息是一种时效性很强的资源。它客观上要求企业:接近信息源,及时准确地了解和掌握信息;尽量减少信息传递环节,保证信息传递的真实性;以最快的速度将信息转化为生产力,创造出竞争优势。在这种情况下,权力高度集中,内部沟通缓慢,决策迟钝的组织结构将无法适应今天企业竞争的需要,甚至将成为企业生存的障碍。

(3) 知识经济加速了高技术企业的发展,信息产业、微电子产业、光电产业、生物工程产业、航天和航空技术产业、生态和环保产业、生物医学工程产业、海洋工程产业等新兴产业正在飞速发展,而传统的造船、化工、机械等产业却日渐萎缩。与传统工业企业相比,高技术企业具有人才、知识和技术密集,产品生命周期短,竞争激烈,风险大,发展迅速且容易造成组织规模膨胀等一系列新的特征。传统的组织理论主要依据工业企业的情况设计并不断发展完善,无法直接运用于服务性企业和高技术企业的组织管理工作中。

(4) 信息技术的普遍性运用正改变着传统的组织管理模式。例如,计算机取代了企业大量中层管理人员的工作,减少了企业的组织层次。由于信息技术的进步,原来需要一大批工作人员埋头处理许多天的分析工作,现在利用计算机和管理分析表格,任何稍加训练的人都能在几小时内完成;计算机网络越来越多地应用于企业生产经营活动中,即使在我国目前,也已经有许多企业通过电话线将分散在各地的销售部门连接在一起,企业的高层管理者可以随时随地了解企业当天在任何一个销售网点的产品销售情况。

(三)消费市场对企业的挑战更直观

市场需求是企业经营的出发点和归宿。我们可以非常明确地看到,利润最大化和经济性组织等说法都无法准确描述出企业的实质,正确理解什么是企业的途径只有一个,即企业是创造顾客需求的组织。认真审视当今企业面临的市场环境,都会发生明显的变化。

(1)生产者(企业)与消费者(顾客)之间的天平开始真正向消费者一端倾斜,这是21世纪所发生的一件最具实质性的转变。"顾客是上帝""消费者至上"已不再是企业为了装潢门面的标语,也不再仅仅是企业的一种口头上的承诺,而正在落实到企业行动上,落实到企业的经营战略上,乃至成为组织的变革工作中的指导思想。

(2)消费者需求越来越多样化。人们的消费观念发生了变化,强调突出个性的消费,购买行为和消费方式越来越多样化,使企业根本无法仅仅依据工业品市场和消费品市场之别制定经营策略。

(3)市场变化速度惊人。"市场空隙"和市场机会往往稍纵即逝,如果企业仍按常规那样层层汇报,反复商量,然后层层下达,结果将是决策尚未制定出来,市场机会已经消失。

(4)对服务的重视大大超出对生产制造的重视。近些年来,许多学者都发现,企业的利润已不再主要来源于生产制造过程,而更多地来源于服务、营销、策划、新产品开发等一系列非制造过程。道理很简单,企业生产制造过程的竞争优势往往来源于先进的技术设备、低廉的成本、合理的生产组织等环节,这些优势会因别的企业的模仿而减弱甚至消失。但是,企业在非生产制造领域所形成的竞争优势,往往因其中包含了大量的无形资产、创新和企业家的智慧而更加难以效仿。目前,IBM曾不断公开声明自己"不是制造商,而是提供全面问题解决的服务企业"。

(四)企业竞争优势的新来源

环境的剧烈变化在很大程度上改变了企业传统的竞争方式,弱化了企业传统的竞争优势基础,并迫使企业本着创新的思想寻找新的竞争优势来源,以便在快速变化的经营环境中求生存。企业竞争优势的各种新的来源基础分别是:速度/时间、灵活性、质量/设计、信息技术、联盟/网络、快速创新改进、技能更新、服务增值等。

这从另一个侧面对企业组织提出了一系列新的要求,企业组织,不论是组织结构设计,还是组织工作的运行与管理,都必须反映出上述各方面的要求,进而将企业的竞争优势建立在企业组织的基础上。但是,对我国大多数企业来说,企业的组织结构是否在上述各方面为塑造企业新的竞争优势提供了土壤,这些都值得管理者和企业家认真思考。

二、组织变革的过程

组织变革是一个过程。为了科学、有效地进行变革,需要遵循一定的过程。目前有四种较完善的组织变革过程研究：八阶段变革过程、组织变革系统模型、组织变革三步骤模型以及组织变革活动研究。

(一) 八阶段变革过程

阶段一：形成紧迫感。通过研究有关市场和竞争激烈程度的真实状况，发现危机、潜在的危机或重大机遇，并商讨对策，在组织内形成组织必须变化的紧迫感。

阶段二：建立联合指导委员会。组织一旦决定进行变革，就应该建立联合指导委员会，规划、组织、领导组织的变革。

阶段三：努力构思设想，制定相应的战略。在联合指导委员会的领导下，提出变革的设想，指明组织变革的方向，并确定实现组织变革目标的战略。

阶段四：传播改革设想。利用所能获得的传播媒介，不断传播新的设想和战略，让联合指导委员会以自己的言行告诉员工应该怎样做。

阶段五：授权各级员工采取行动。通过消除变革的障碍、改变破坏改革设想的体制和结构，鼓励冒险和提出反传统的观念、采取不符合传统观念的行动。

阶段六：创造短期收益。制定能使经营状况有明显改善，或者是取得收益的计划，创造短期收益，并大张旗鼓地奖励那些给企业带来收益的人。

阶段七：以新计划、新观念和革新人物注入活力。利用已得到加强的信誉，改变互不相容和不符合变革设想的制度结构和政策，雇用、提拔和培养能实施改革设想的人，以新计划、新观念和革新人物给这一进程注入活力。

阶段八：使新方法在企业文化中制度化。采取面向顾客和旨在提高生产力的行动，加强领导，改变领导工作作风，通过有效的管理改善经营状况，明确新行为同企业获得成功之间的关系，采取措施加强对领导人的培养和解决领导人接班人的问题。

(二) 组织变革系统模型

组织变革系统模型主要分为三大部分：输入、改革的目标因素、输出（见图 3-19）。

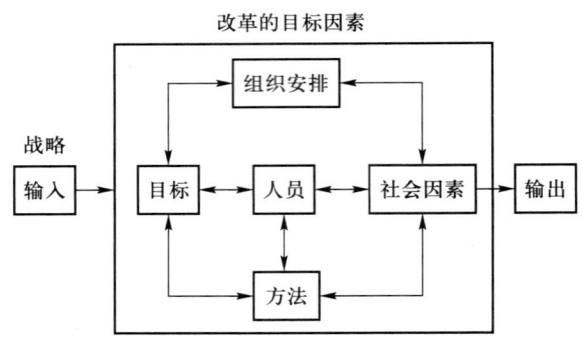

图 3-19　组织变革系统模型

(1) 输入主要是输入内部信息和外部信息。内部信息主要包括组织的长处和短处，外部信息主要包括外部的机会与威胁。输入应该与组织的战略相一致。

(2) 改革的目标因素有五个：人员、目标、组织安排、社会因素和方法。这五个因素以人员为核心,相互影响。人员主要包括人的知识、能力、态度、动机和行为;目标主要包括要达到的最终结果、优先考虑的事项、标准、资源、贯穿整个组织的联系;组织安排主要包括政策、程序、角色、结构、奖励和物资条件;社会因素主要包括组织文化、群体过程、人际关系、沟通和领导;方法主要包括工序、工作流程、工作设计和技术。

(3) 输出代表了一次变革的最终结果。

(三) 组织变革三步骤模型

有的学者认为,成功的组织变革应该遵循以下三个步骤:解冻现状、移动到新状态、重新冻结新变革。按照这一模型,现状可以看作一种平衡状态,要打破这一平衡状态,解冻就是必要的。解冻可以通过增强驱动力使行为脱离现有状态、减弱制约妨碍脱离现有平衡状态的力量,这两种方法或混合使用上述两种方法实现。

解冻一旦完成,就可以推行本身的变革。但仅仅引入变革并不能确保它的持久,新的状态需要加以再冻结。再冻结的目的就是通过平衡驱动力和制约力,使新的状态稳定下来。

(四) 组织变革活动研究

活动研究是指一种变革过程:首先,系统地收集信息;其次,在信息分析的基础上选择变革行为。活动研究的重要性在于它为推行有计划的变革提高科学的方法论。

活动研究的过程包括五个阶段:诊断、分析、反馈、行动和评价。

(1) 诊断。变革推动者在活动研究中通常是外部顾问,他们从组织成员那里收集变革需要的信息。这种诊断与医生了解病人到底患什么病相似。在活动研究中,变革推动者提出问题、与员工面谈、考察记录、倾听员工所关注的问题。

(2) 分析。对诊断阶段所收集的信息进行分析。变革推动者把信息综合成这几个方面:主要关心的问题,问题的范围和可能采取的行动。

(3) 反馈。在变革推动者的推动下,员工共同参与了解发现的问题,员工可以开发任何有关变革的行为来改进所发现的问题。

(4) 行动。变革推动者和员工采取具体行动来改进所发现的问题。

(5) 评价。最后阶段就是变革推动者评价行动计划的效果。他们以收集到的原始资料为参考点,对随之发生的变革进行比较和评价。

三、组织变革的关键因素

变革绝非易事。即使所有的人都清楚地看到组织中存在成本过高、产品质量低,或者不能不断满足顾客不断变化的需求,但必要的变革可能对管理者或组织内的员工形成威胁,这样组织就会产生惯性,促使其反对改变现状,尽管这一变革可能是有益的。因此,要成功地进行组织变革,就要了解组织变革的阻力。

(一) 变革中个体的阻力

变革中个体的阻力来源于人类的基本特征,如知觉、个性和需要。具体的阻力如下:①习惯。人类是有习惯的动物。社会生活非常复杂,必须做出许多决策,但并不是要对这些决策的所有备选方案都一一考察。为了应付这种复杂性,个体往往依赖于习惯和模式化的反应。因此,习惯成为变革的一个阻力。②安全。由于变革会给个体带来不安全感,而安全需要是个体的基本需要之一,会对变革产生阻力。③经济因素。变革必然导致产生新的工作岗位和新的工作规范,尤其是当报酬和生产力息息相关时,工作任务和工作规范的改变会引起个体经济收入的下降,这会影响个体对变革的态度。④对未知的恐惧。变革通常是用模糊和不确定性代替已知的东西,会导致个体的不适应性,从而产生阻力。⑤选择性信息加工。个体通过视觉塑造自己认知的世界,这个世界一旦形成就很难改变,为了保持知觉的整体性,个体会有意对信息进行选择性加工,即只听自己想听的,而忽视那些对自己构建起来的世界形成挑战的信息,这会成为组织变革的阻力。

(二) 变革中组织的阻力

组织中抵制变革的因素现象随处可见,主要有组织结构惯性、组织的变革点、组织群体惯性、组织已有的专业知识、组织已有的权力关系、组织已有资源的分配。①组织结构惯性是指组织有其固有的机制保持其稳定性,如组织制度规范化提供了工作说明书、规章制度和员工遵从的程序。当组织面临变革时,结构关系就充当起稳定的反作用力。②组织的变革点。组织由一系列相互依赖的子系统组成,一个子系统的变革必然会影响其他的子系统,所以子系统中的有些变革有可能因为更大系统的问题而变得毫无疑义。③组织群体惯性。即使个体想改变他们的行为,群体规范也会成为约束力。④组织已有的专业知识。组织中的变革可能威胁到专业群体的专业技术知识。⑤组织已有的权力关系。任何决策权力的重新分配都会威胁到组织长期以来形成的权力关系。⑥组织已有资源的分配。组织中已控制一定数量资源的群体常常视变革为威胁,他们倾向于保持原本状态从而感到满意。

克服组织变革阻力的方法有:①教育和沟通。通过与员工沟通和对其进行教育帮助员工了解变革的理由,会使变革的阻力减小。②参与。下属很难抵制他们自己参与做出的变革决策。在变革决策之前,应把持反对意见的人吸引到决策过程中来。如果参与者具有一定的专业知识,能为决策做出贡献,那么他们的参与就可以减少阻力,获得承诺,并提高变革决策的质量。③促进与支持。变革推动者可以通过提供一系列支持性措施来减少阻力。④谈判。变革推动者处理变革的潜在阻力的另一个方法是,以某些有价值的东西换取阻力的减少。当变革的阻力非常强大时,谈判可能是一种必要的策略。⑤操纵和收买。操纵是指隐含的影响力,收买是一种包括了操作与参与的形式。⑥强制。强制即直接对抵制者实施威胁和压力。

在组织变革的讨论中,还应理解组织发展。组织发展就是指组织为适应内外环境的变化,建立在组织价值观之上的有计划变革的干预措施的总和,它寻求的是增进组织的有效性和组织员工的安全与满足。组织发展应重视人员和组织的成长、合作与参与等精神。从这个意义上讲,组织发展的最前端话题是建立学习型组织,即使组织将学习视为一种循环方式,一直不断学习,不断发展新的技术、智慧和能力。正是在这个过程中,组织通过系统思考、个人控制、思维方式、建立共同的愿景和团队学习,提高自身的能力。学习型组织特有的技能和能力有:抱负、反省、交谈以及概念化。

管理现象观察

委员会可以解释为从事执行某些方面管理职能的一组人。在现代社会的各种组织中,委员会正在作为一种集体管理的主要形式而被广泛地采用,在管理中,尤其是在决策方面扮演着愈来愈重要的角色。

存在于各种组织中的委员会,其形式和类型可以说是多种多样的。它可以是直线式的,也可以是参谋式的;可以是组织结构的正式组成部分,有特定的职权和职责,也可以是非正式的,虽未授予职权,但常常能发挥与正式委员会职能相同的作用。此外,委员会既可以是永久性的,也可以是临时性的,达到特定目的后就予以解散。在组织的各个管理层次都可以成立委员会。在公司的最高层,一般叫作董事会。它们负责行使制定重大决策的职权。在中下层,也有类型不同的各种委员会,负责贯彻落实上级决策,切实保证任务的完成。

尽管委员会的形式与种类比较多,但是在对于诸如这样的一些问题,如委员会管理的利弊、如何成功地利用委员会等则是相通的。下面我们将就这些问题展开论述。

委员会管理的优点

(1) 集思广益。利用委员会的最重要理由,是能够取得集思广益的好处。委员会由一组人组成,其知识、经验与判断力均较其中任何一个个人为高。因此,通过集体讨论、集体判断可以避免仅凭主管人员个人的知识和经验所造成的判断错误。

(2) 协调作用。部门的划分,可能产生"职权分裂",即对某一问题,一个部门没有完全的决策权。只有通过几个有关部门的职权结合,才能形成完整的决策,解决此类问题当然可以通过提交给上一级主管人员解决,但也可以通过委员会把具有决策权的一些部门召集起来解决。这样既可减轻上层主管人员的负担,又有利于促进部门间的合作。此外,委员会可以协调各部门间的活动;各部门的主管人员可通过委员会来了解其他部门的情况,使之自觉地把本部门的活动与其他部门的活动结合起来。

(3) 避免权力过于集中。委员会做出的决策一般都是对组织前途有举足轻重影响的重大决策。通过委员会做出决策,一方面可得到集体判断的好处;另一方面可避免个人的独断专行、以权谋私等弊端,委员之间起了权力互相制约的作用。

(4) 激发主管人员的积极性。委员会可使下级主管人员和组织成员有可能参与决策与计划的制定过程。这样做可以激发和调动下级人员的积极性,以更大的热情去接受和执行这些决策或计划。

(5) 加强沟通联络。委员会对传送信息有好处。受共同问题影响的各方都能同时获得信息,都有同等的机会了解所接受的决策,这样可以节约信息传递过程中的时间。

委员会管理的局限性

委员会由一组人来执行某项管理职能,在带来优越性的同时,无疑有它的局限性。

(1) 时效较差。委员会召开会议讨论问题,一般都要花费很多的时间和经费。委员会成员是平等的,所有成员都有发言和质询的机会与权力,这种组织形式决定了只有在每一个人都充分发表意见的基础上才可能形成集体决议。因此,综合大家的正确意见又常常是与决策的迟缓、时间的延误共存的。又由于各成员的地位、经历、知识、角度均不同,许多问题争论不休、议而不决,结果有可能使最好的行动机会就在这争论不休和议而不决中悄悄丧失。

(2) 决策妥协。委员会既然是不同部门、不同层次的代表,代表着各自不同的利益,委员会内部意见的争论和分歧就难以避免。当意见分歧较大时,常常为照顾各方利益,尊重各委员的意见,决策时不得不相互妥协,采用折中的方法,影响决策的质量。所以,有的管理人员说决策的完善性与决策的局限性在机会上几乎是同等的。

(3) 权责分离。委员会有一定的权限,它必须对权力使用的结果负责,这在理论上讲是没问题的,然而,在实际执行中委员会管理并不完全如此。委员会的决策是各种利益妥协的结果,因此,决策不可能反映委员会中每个人的意见,也不会反映每个人的全部意见,可以想象,任何人都不愿意对那些只体现自己部分利益的决策及其执行结果负责,不仅一般成员如此,即使委员会主席也会如此。这是委员会管理的一个重要缺陷。

科学运用委员会管理

上面的分析表明,委员会管理有许多优点,但也有不少缺陷,怎样成功地运用,方能卓有成效地提高管理效率呢?

(1) 职权和范围要科学。委员会的职权究竟是决策直线职能还是建议参谋职能,要根据目标与任务的需要来确定。职能不明确、不合理,无论是"决断机构"还是"自由论坛",盲目地赋予委员会过多的职能,都会给委员会管理带来混乱和低效率。

从实际执行情况看,委员会的工作消耗时间和费用均较多,对那些繁杂、琐碎、具体的日常事务工作,不宜采用委员会的管理方式去处理,迟缓的决策常常会耽误日常工作。那些长远的、全局性的、战略性的问题,则适宜用委员会的方式来决策,它对时间要求较宽松,需要运用各种专业知识详细论证,这与委员会的长处正好合拍。

(2) 规模要适当。委员会的规模非常重要,人数太多,委员会开会时,每个人都难以有足够的时间和机会充分阐明自己的观点和意见,听取其他委员的观点和意见。因为人数以算术级数增加,而关系的复杂程度是以几何级数增加,委员之间的信息沟通质量与委员会的人数成反比,成员越多,信息沟通难度越大,信息沟通质量就越差,决策也就越困难。委员会规模越小,信息沟通效果越好,那么,似乎规模倾向于小一点。但委员会有时也不能太小,规模过小就与委员会本身原有的优越性相违背。人数过少的委员会,不可能集合各种专业知识,不可能真正集思广益,不可能广泛代表各种利益。因此,委员会的规模要在"沟通难度"和"广泛"这两者之间取得平衡。

(3) 成员要选择。委员会的组成成员要根据委员会的工作目的和工作性质来确定。比如,委员会的主要任务是提供咨询意见和建议方案,委员会成员就要尽可能选择与委员会研究问题所涉及专业知识相关的理论研究人员和实际工作者。如果委员会的主要目的是协调各方面的利益,那么,委员会的成员就应该选择能代表各方利益的负责人。不管委员会的目的和任务有何区别,其成员一般都要求具备独立思考和综合分析的才能,有较强的理解能力和表达能力,并富有合作精神。还要注意成员间的组织级别比较接近,这样有利于他们在委员会中畅所欲言,广开思路,相互取长补短,形成正确的结论。

(4) 主席要发挥好作用。委员会的主席非常重要,他的工作才能直接影响委员会作用的发挥,因此,委员会主席的选择一定要慎重。一个好的委员会主席,会前他会精心计划会议内容、安排会议议程、检查会议材料、控制会议进程、引导会议讨论,直至形成正确的会议决议。由于主席引导得法,决议建立在大家集思广益、不偏不倚的基础上,从而也就易于为委员们所接受,委员会的工作效率就比较高。

本章小结

组织职能的主要工作内容包括组织结构的分析设计以及组织结构的调整。本章围绕组织的基本职能,讨论了组织分析的基本要素、组织结构的基本类型、组织结构设计时的影响因素以及组织变革的相关问题。

1. 组织分析的构成要素

分析和探讨组织结构的主要因素。包括:①分工程度。分工指对生产活动的划分和独立化、专门化,实际中则指组织中的专人专职。分工程度越高,组织中的工作划分越细致。②管理者能够直接有效地指挥和监督的下属数量被称作控制幅度,又称"管理幅度"或"管理跨度"。③部门划分。组织的部门划分有不同的标准。目前,常见的划分标准包括职能、产品、地域、顾客、生产流程。④权力与职责。权力指组织中人与人之间的一种关系,特指处在某个管理岗位上的人,对整个组织或所辖单位及人员的一种影响力,简称管理者影响别人的能力。⑤集权与分权的程度。集权指决策权在很大程度上向处于较高管理层次的职位集中;分权则表示决策权在很大程度上分散到处于较低管理层次的职位。⑥正式化程度。组织的正式化程度同组织的内部相关工作是否具有明确的规章制度和流程相关,组织的正式化程度越高,相关工作的规章制度和规定就越多。不同要素相组合形成的组织结构特点各不相同,最典型的是机械式组织结构和有机式组织结构。

2. 组织结构的类型

组织结构的主要类型包括:简单的组织结构、直线职能制、事业部制、矩阵式以及多维立体型组织结构。近年来,企业组织结构形式的发展更加多样化。以扁平化、柔性化、虚拟化、无边界化为特征的许多新的组织结构包括:学习型组织、团队式结构、虚拟企业等。

3. 组织结构的设计及影响因素

组织设计就是进行专业分工和建立使各部分相互有机地协调配合的系统过程。具体地说,组织设计的任务是建立组织结构和明确组织内部的相互关系,提供组织结构图和职务说明书。影响组织结构的主要因素包括:组织所采用的战略、组织所面临的环境、组织所采用的生产技术以及组织规模和所处的发展阶段。组织结构设计中还有一个值得关注的要素即非正式组织。非正式组织是伴随着正式组织的运转而形成的,会对正式组织的活动及效率产生影响。

4. 组织变革

组织变革的动力主要来自全球经济一体化、组织面临围观环境的变化、消费市场对企业的挑战以及企业对竞争优势的追求。组织变革是一个循序渐进的过程,变革中应尽量设法排除变革中的阻力。

重点术语

工作划分	权力与职权	非正式组织	矩阵式组织
控制幅度	正式化程度	职能制	学习型组织
集权与分权	部门划分	事业部制	网络组织

即测即评

扫描二维码,可在线检验学习效果。

思考题

1. 员工反映工作单调乏味的可能原因是什么?如何解决?
2. 职能权力和直线权力、参谋权力有什么区别?
3. 很多人认为,管理能力强的管理者,有效管理下属的人数可以多一些。你怎样看待这种说法?
4. 企业中多数事情都由高层管理者定夺是否一定就好?为什么?
5. 高耸结构和扁平结构是如何形成的?各有何特点?
6. 为了保持组织最高层对各事业部的控制,最高管理层应保持什么权力?
7. 什么是"结构跟随"?你如何理解?
8. 当环境变化迅速时,组织应当采用什么样的组织结构?
9. 为什么要重视非正式组织的作用?
10. 在组织发展中,如何对待变革力量和稳定力量?

章后案例

海尔的组织结构变革之旅

海尔集团创立于1984年,由两个濒临倒闭的集体小厂发展起来。1984年张瑞敏出任厂长时,员工800人,亏损147亿元。经过20多年的持续稳定发展,海尔现已成为世界第四大白色家电制造商、中国最具价值品牌。

20世纪80年代,海尔同其他企业一样,实行的是"工厂制"。随着企业做大做强,业务不断发展,海尔的组织结构也随着企业战略目标的转移和市场环境的变化而改变。从实现海尔名牌战略的职能型结构,到实现海尔多元化战略的事业本部结构,再到实现海尔国际化战略的流程型网络结构,海尔走过了一条组织调整和创新之路。

第一阶段是直线职能制。

在海尔规模还比较小时,由于各部门间的联系长期不发生大的变化,整个组织系统有较高的稳定性,直线职能制有利于管理人员重视并熟练掌握本职工作的技能,从而强化了专业管理,提高了工作效率。

但随着企业的发展,这种模式的劣势也日益凸显,就是对市场的反应太慢。随着海尔多元化战略进程的推进,直线职能制的弊端对海尔的多元化战略产生了阻碍。第一,多元化经营加重了企业高层管理者的工作负担,这种工作负担主要集中于各个产品或服务之间的决策、协调,容易顾此失彼。第二,在直线职能制下的高度专业化分工使各个职能部门眼界狭窄,导致横向协调比较困难,妨碍部门间的信息沟通,不能对外部环境的变化及时做出反应,适应性较差。第三,直线职能制下的员工专业化发展不利于培养素质全面的、能够经营整个企业的管理人才,从而在对多元化经营特别是新经济增长的机会把握上带来损失。

企业的组织结构体系对企业的发展十分重要,如果组织结构体系不能跟上企业总的发展战略的步伐,必将阻碍企业的发展。正是基于这些弊端,在多元化经营战略下,海尔的组织架构由原有的直线职能制开始向事业部(事业本部)制模式转变。

第二阶段是矩阵式管理、事业部制管理。

海尔1996年开始实行事业部制:集团总部是决策的发源地、职能中心;下边是事业部、利润中心,也是市场竞争的主体。事业部制高度分权,对市场销售具有有效刺激。但是,在多元化经营环境下,各事业部自主经营、独立核算,考虑问题往往从本部出发,忽视整个企业的利益,影响事业部间的协作;各个事业部都需要设置一套职能结构,因而失去了职能部门内部的规模经济效应;事业部基于自身产品或服务进行自身能力的构建,往往会导致产品线之间缺乏协调,失去了深度竞争力和技术专门化,产品线间的整合与标准化变得更加困难;等等。

虽然海尔对分权大小有自己的考虑,对夕阳型产业尽可能分权划小经营单位,让其随行就市;对朝阳型产业,则集中人力、财力,做大规模,确保其竞争力。但在企业发展的大趋势下,这些还是给海尔的发展带来了新的问题,即如何为实现企业战略构建更加有效感知客户需求并更加有效利用有限资源以快速满足客户需求。

第三阶段是市场链管理模式——国际化战略下的组织结构。

为了应对网络经济和加入WTO带来的挑战,海尔从1998年就开始实施以市场链为纽带的业务流程再造。在第一个五年中,海尔主要实现了组织结构的再造:变传统企业金字塔式的直线职能制结构,为扁平化、信息化和网络化的市场链流程;以订单信息流为中心,带动物流、资金流的运动,加快了用户零距离、产品零库存和营运零资本的"三零"目标的实现。

为了适应国际化发展,1999年8月,海尔对企业内部组织机构进行了重大调整,成立了物流、商流、资金流推进本部的改革。物流与商流是把原来各事业部的职能部门剥离出来。物流,使海尔实现在全球范围内采购零部件和原材料,为全球生产线配送物资,为销售中心配送成品,降低了成本,提高了产品的竞争力;商流,通过整合资源降低费用、提高效益;资金流,保证资金流转顺畅。海尔本部物流、商流、资金流的建立,使整个企业管理与国际接轨。三流推动,是海尔创业以来组织结构调整幅度最大的一次。这种模式已列入欧盟高等学院的管理案例。

这种组织结构使海尔的整个组织形态从传统金字塔式朝流程型方向转变,优化了管理资源和市场资源的配置,实现组织结构的扁平化和网络化,提高了管理系统的效率和柔性,开始向海尔变革所设想的"速度制胜"之目的进发。

而2007年第二次以子集团形式出现的组织结构调整,使新成立的各子集团再次拥有了产、供、销资源。但是商流集团仍然保留下来,同时,金融集团的成立加大了海尔内部资金运作的监管力度。因此,这次组织结构的调整,是在以业务流程再造为基础的市场链与事业部两者优势结合、强化不同产品运营模式的结构变革。子集团结构的变革,更多的是基于适应不同类别产品运营模式差异性以及竞争策略的调整。正如海尔内部管理人员所说的,"目的是以产品运营模式为核心,重组现有集团下属的各个事业部,以提高运营的效率"。在流程型组织结构的管理模式下,海尔以物流、商流推进本部进行统一管理可能就过多地考虑统一性而不是不同产品运营模式之间的差异性。

与此同时,以子集团形式出现的组织结构,既吸收事业部制模式的部分优势,又通过产品线在子集团内部的组合,规避了事业部制模式的弊端,如重复建制的相类似职能部门。例如,以前海尔的冰箱、空调、洗衣机事业本部都各自有公关公司,帮助进行品牌或者产品推广活动,但是,新组织结构调整后,白电运营集团将会选择一家公关公司帮助它对所有白电进行市场推广活动,这样能够节约宣传成本,将白电统筹进行宣传,也更有助于海尔整体品牌形象的提升。同时,在事业部模式下,由于各种因素的影响,各事业部之间不可避免地会有资源的冲突,这时就必须由另一载体——集团总部来协调这些资源冲突。在原有事业部下,由于个别事业本部之间产品及资源需求的雷同性带来集团总部调拨资源的难度,而随着同类型产品线划分在同一子集团之下,各产品线之间的资源共享和协同作战能力则将得到加强。

2010年,海尔实施全球化品牌战略进入第五年。很久没有张瑞敏针对管理模式的声音了。在过去的中国企业几轮模式变革中,海尔一直处于前端,是中国企业学习的目标。

而今,张瑞敏带着他的全新管理模式再次站到风口浪尖,接受考验。在探索新管理模式的过程中,海尔结合互联网发展趋势,推出了"倒三角"组织结构、虚实网结合的零库存下的即需即供商业模式,以及业务流程再造等新的管理实践模式。海尔似乎从不走可借鉴的探索路线。新模式的推行,或许显得更加艰难。《经理人》杂志对海尔的这一大胆尝试表示赞同,并称"零度创新"是一套适应中国企业发展新阶段,并且可持续的创新哲学和创新方法,是中国企业未来持续成长的金钥匙。

讨论:请评述海尔的组织结构调整和变革的思路与启示。

第四章 领导

本章要点

(1) 激励的内涵与人性假设。
(2) 早期激励理论的内容。
(3) 当代激励理论的内容。
(4) 当前员工激励问题。
(5) 领导者与领导的相关概念。
(6) 领导特质理论。
(7) 领导行为理论。
(8) 领导权变理论。
(9) 领导研究的最新进展。
(10) 沟通的相关概念。
(11) 沟通障碍以及提升沟通效果的一般建议。
(12) 管理者所需的人际沟通技能。

案例导读

董明珠被称作家电业的"拼命三郎""中国的阿信"。她从底层的业务员做起,一步一步走到总裁、董事长的位置上,数次入选美国《财富》杂志"全球50名最有影响力的商界女强人",成就了一个被寄予厚望的民族品牌。在中国复杂的商业环境里,在国有体制内,她依然能坚持原则和个性,有棱有角。

在董明珠看来,"一个好的领导者,必须具有强势的责任感。我想的第一件事就是不被乌纱帽左右,如果你认为我做得太过分了,把我免掉了也不足为奇。但如果给我做,我一定要坚持原则"。偶尔,她也会检讨自己,说"可能我的原则性太强了"。然而,她还是始终坚持,"管理就是铁的、刚性的,制度是不可随意改变的"。

董明珠的下属们说,她是一个理想主义者、一个追求完美的人,对品质有极高的要求,近乎苛刻。因为"她在市场上看到过太多优秀的产品,这意味着她对时尚和品位的要求更高"。在她的苛刻要求下,他们也最终把很多不可能的事情都做成功了。

董明珠说,她希望格力在技术领域有突破性和创造性,不只是能给别人带来一种新的感受,甚至可以改变人们的生活方式。然而,董明珠始终认为,一个企业最重要的是管理,如果没有优秀的管理就不可能有优秀的人才。没有优秀的人才,一切都是空谈。

她当上董事长之后觉得,每一个干部必须更加清醒地反省自己。因为她看到,随着企业的不断扩大、时间的不断推移,干部队伍的自我约束面临更多的问题,她专门针对拥有权力的干部队伍提出了"公平公正,公开透明,公私分明"的12字管理方针,"容易犯错误的往往是手上有权力的人,而不是工人"。

"我们要求公私分明,因为有的干部权力太大,利用公家的权力为私人谋利,特别是我们上游配套,这在公司当中自然形成很坏的影响。在这个问题上,我们要求非常严格,发现一个查处一个,绝不手软。"

她承认,权力过大确实容易犯错误,但容易犯错误不代表就一定会犯错误。她说,她每天都在反思,以保持清醒的头脑。"任何时候决策,你要考虑你背后的股民利益、员工利益,这些东西如果能够随时随地记住,就不会做错误的决策。"

对于下属们来说,董明珠很不好糊弄,她最讨厌撒谎的人,"因为一个人只要说谎,他就可以做一个不忠诚于企业的人,在小事上说谎的人,在承担大事的时候也会。你可以不做,但不能对我说谎"。

她说,她唯一要做的是把干部队伍带好。"我的责任是为那些想做事业的、有理想、有追求的人,创造一个好的平台和环境,最起码给努力工作的人公平公正的机会。在格力的环境里,我们不容许偷鸡摸狗、弄虚作假的人存在。"

她认为,领导者一定要有清醒的头脑,因为不公平的政策,一定会带来不公平的结果。那些很会在你面前表现的人得到提拔,那些很卖力工作却没到你面前表现的人得不到公正对待,这样的环境很糟糕,对企业是巨大的伤害。不公平、不公正的环境和人才机制,只能培养又奸又猾的人。"为什么我要提这12字方针,就是为了渗透这种公平公正的文化。"

董明珠的下属们都说,她的这一生完全奉献给格力了。他们称赞她是一位很了不起的企业家,有很执着的敬业精神,舍弃了一切奉献企业,对企业没有私心,拥有敏锐的市场判断力,有着显赫的业绩……董明珠曾有过这样的感慨:"在这个社会,男性是主导地位。女性在这个岗位上背后要付出很多,作为一个女性,要领导一帮男士,怎么能够让他们信服你,那真的不是靠你简单的亲和力,那是要靠智慧的。而且更多的是,你要比他更加执着和拼搏,你要比他做得更好,你的判断力比他更强。"

董明珠的一位民营企业家朋友感叹说,董明珠为格力付出了太多,比民营企业家对自己企业的付出更多。"她已经这么成功了,还经常出差,一有时间就去看市场,我们自己做老板都做不到那么敬业。"董明珠几乎没什么属于自己的私人时间,见人就推销格力,句句离不开格力。在这位与董明珠有多年交往的企业家朋友看来,董明珠很廉洁,完全没有私心。在国有企业的领导人中是罕见的。

她没有亲人在格力,甚至为了格力的利益,她与自己的亲人翻脸了。在董明珠看来,"作为领导者你必须没有私心地去做事情,否则这个企业搞不好的"。她感叹:如果企业家都能放弃自我,中国有多少优秀的企业可以成长起来?"但现在的问题的是,人一旦有了权力就容易变成私用了。"

她甚至坚持认为"决定企业好坏的不是体制问题,而是领导人的能力"。"有人说把制度建好交给谁都行,我说错了。实际上不管什么时代都是一个领导人的作用,即领导力的问题。制度再好,他也可以把它推翻。格力选人的条件很简单,道德摆在第一,能力次之,坐在这个岗位的人一定是忘我的、能够舍弃自己所有利益的人,这个企业才有希望。"

董明珠自我评价是一个始终具有奉献精神和挑战精神的领导者。而从她上任的第一天起,她就有意识地以这两个标准来培养接班人。董明珠的一位下属说:很难找到一个像她这么无私和投入的人了。董明珠也坦言,这太难了。"有些人现在看起来可能很好,但掌权之后可能不一样了,现在你是看不到的。怎么找一个知足的,甚至愿意为了企业付出一生的人,真的很难,这是最大的问题。"

董明珠几乎无可复制。在格力,董明珠以她的无私、公正和奉献赢得了持久的权威和拥戴。她的下属们,敬畏她,崇拜她,支持她。最重要的是,他们愿意追随她。

在任何组织中,领导者做出决策并促使各种事情发生,他们是组织变革的引入者和推动者。董明珠凭借其超强的责任感、公正无私的奉献精神和勇往直前的挑战精神,借助其为格力营造的良好工作环境和氛围以及培养的干部队伍,带领下属一起成就了一个被寄予厚望的民族品牌。在现代组织中,如何成为一个有效的领导者?如何带领下属并影响下属实现组织目标?如何激励员工以高昂的士气和最大的努力为组织做出贡献?如何进行有效的沟通?这些就是管理过程中的领导职能所包含的主要内容。接下来,本章将对上述问题及内容进行一一阐述和说明。

第一节 激 励

一、什么是激励

(一) 需要、动机与激励

组织的生命力来自组织中每一个成员的热忱,如何激发和鼓励员工的创造性和积极性,是管理者所必须解决的问题。激励是领导工作的重要方面,激励工作的好坏直接决定着管理的效率。在生产经营活动中,只有使所有参与企业活动的人都保持高昂的士气和工作热情,才能取得最好的效果。激励能使人的潜力得到最大限度的发挥。成功的管理者必须知道用什么样的方式有效地调动下属员工的积极性。

激励(Motivation)是指影响人们的内在需要或动机,从而加强、引导和维持行为的活动或过程。所谓需要,是指人们对某种目标的渴求和欲望,它既包括基本的需求,如生理需求,也包括各种高层次的需求,如尊重、成就需求等。所谓动机,是指诱发、活跃、推动并指导和引导行为指向一定目标的心理过程。激励主要是激发人的动机,使人有一股内在的驱动力,朝着所期望的目标前进的心理活动过程。简而言之,激励是调动人的积极性的过程。

为了引导组织成员为组织目标的实现做出有益的贡献,管理者不仅要根据组织活动的需要和个人素质与能力的差异,将不同的人安排在不同的工作岗位上,为他们规定不同的职责和任务,还要分析他们的行为特点和影响因素,有针对性地开展工作,创造并维持一个良好的工作环境,以调动他们的工作积极性,改变和引导他们的行为,使之符合实现组织目标的要求。这正是管理者激励工作所需完成的任务。

激励是针对人的行为动机而进行的工作。企业领导者通过激励使下属认识到,用哪种符合要求的方式去做需要他们做的事会使自己的需求得到满足,从而表现出符合组织要求的行为。为了进行有效的激励,收到预期的效果,领导者必须了解人的行为规律,知道员工的行为是如何产生的,产生以后会发生何种变化,这种变化的过程和条件有何特点,等等。

人的行为是由动机决定的,而动机则是由需要引起的。当人们产生某种需要而未能满足时,就会引起人的欲望——想满足这种需要,它促使人处在一种不安和紧张状态之中,从而成为做某件事的内在驱动力或动机。动机产生以后,人们就会寻找、选择能够满足需要的策略和途径,而一旦策略确定,就会进行满足需要的活动,产生一定的行为。活动的结果如果未能使需要得到满足,则人们会采取新的行为,或重新努力,或降低目标要求,或变更目标从事别的活动。如果活动的结果使作为活动原动力的需要得到满足,则人们往往会被自己的成功鼓舞,产生新的需要和动机,确定新的目标,进行新的活动。因此,从需要的产生到目标的实现,人的行为是一个周而复始、不断进行、不断升华的循环过程,如图 4-1 所示。

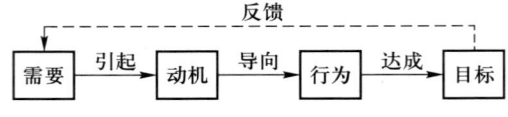

图 4-1　需要、动机与行为的关系

需要注意的是,在组织情境中,激励工作包括了个体的需求必须与组织的目标相一致这一含义。如果两者不一致,个体很可能产生与组织利益背道而驰的努力行为,而且这种现象在组织中非常常见。比如一些员工经常在上班时间与朋友长时间聊天,或登录到他们喜爱的网站和聊天室以满足他们的社会需求。员工虽然也很"努力",但对组织来说这些行为却是无效的甚至会影响组织中的正常工作。

领导者激励下属,就是使下属的动机和欲望得到满足,从而使下属产生领导者所希望和要求的行为。这里的动机和欲望、希望和要求都属于心理或精神状态。激励过程本身是一个内部的心理过程。尽管它直接引起行为,却并不是能够直接观察到的。在任何情况下,我们都无法对激励加以直接测定,而只能通过观察人的行为来推断被激励的程度。这就意味着必须从人的工作效果上确定怎样才算激励,因此,必须联系人的行为来研究激励。

(二) 人性假设

人既是管理的主体即管理者,又是管理的客体即管理对象。作为管理者,他的人性观以及他对被管理者人性方面的基本认识,决定着他将追求的目标、为实现目标所可能采取的行为以及对被管理者所采取的基本态度。激励理论都是以人性的假设为前提的,因此,人性观历来是管理学中的一个重要课题。关于人性假设的理论很多,归纳起来主要有如下四种:

1. 经济人假设

英国古典政治经济学的创始人之一亚当·斯密,在其名著《国富论》中提出了利己主义的人性观,他把资本主义社会看成一个人们相互交换的联合体,认为交换是"人类的本性",而人们交换的动机都是利己主义的,因此利己主义是"人类的本性"。作为管理者的资本家,其本性都是追求最大利润的,而作为被管理者的工人,其本性都是追求最高工资的。斯密上述对于人类本性的分析,对西方资产阶级早期的管理理论产生了广泛而深远的影响,很长一个时期被奉为西方管理上的一项基本指南。后来,美国行为科学家道格拉斯·麦格雷戈(Douglas M. McGregor)于1957年在其《企业中的人性面》一文中提出了著名的X—Y理论,对当时西方社会的两种主要人性观进行了分析研究,其中的X理论就代表了"经济人"的人性假设。

X理论的主要观点如下:①一般人都生性懒惰,尽可能地逃避工作;②一般人都缺乏雄心壮志,不愿承担责任,宁愿被人领导;③一般人都天生以自我为中心,对组织需要漠不关心;④一般人都天生反对变革,安于现状;⑤一般人都不怎么机灵,缺乏理智,易于受到欺骗和煽动。

在人际关系运动开始以前,X理论被广泛接受,所以管理者对下属的管理方式往往处在两个极端:一是严厉、强硬的管理方法,包括强迫和胁迫(通常采用隐蔽的方式),严密的监督和控制;另一是温和、软弱的管理方法,包括宽容、顺从下属的要求,以求相安无事。事实证明,管理方法不论是强硬的还是软弱的,都不能取得理想的效果。采用强硬的管理方法,会导致各种反抗行为,如产量减少、敌对情绪、怠工、组织工会等;采用软弱的管理方法,则常常导致放弃管理,对工作绩效漠不关心等。人们进而采用"胡萝卜加大棒"的方法,但随着人们对更高层次需要的强烈追求,单纯依靠"胡萝卜"已不能激发起人们的行为动机。然而,在现实世界里,确实也有有效的管理者采用X理论并取得成功的案例。如丰田公司美国市场运营部副总裁Bob McCurry就是X理论的追随者,他激励员工拼命工作,并实施鞭策式体制。在一个高度竞争的市场环境中,他的这种做法使丰田公司在增加产品市场份额方面获得了极大的成功。

2. **社会人假设**

社会人假设是由梅约通过霍桑实验提出来的。他认为,人是"社会人",影响人的生产积极性的因素,除了物质金钱外,还有社会和心理的因素,包括人们对归属、交往和友谊的追求。人们在工作中形成的社会关系,对工人的士气起着重大的影响,而工人的士气又直接影响着生产效率的高低。因此,作为管理者不能只把目光局限在完成任务上,而应当注意对工人的关心、体贴、爱护和尊重,改变对工人的态度和监督方式,建立起相互了解、团结融洽的人际关系和友好的感情,重视非正式组织的存在,鼓励上下级之间的意见沟通,以消除不满和争端。无疑,社会人假设的提出是对人性认识的一大进步。

3. **自我实现人假设**

自我实现人假设,是以马斯洛的需要层次理论和克瑞斯·阿吉瑞斯的不成熟—成熟理论为基础的。美国哈佛大学教授阿吉瑞斯对人的个性与组织的关系问题做过较多的研究,于1957年出版了《个性与组织:系统与个人之间的冲突》一书,提出了一种新的人性假设理论——不成熟—成熟理论,又称人性成熟理论或个性与组织理论。阿吉瑞斯认为,人是一个发展着的有机体,因而健康的个性都具有成长的倾向,这种个性成长的倾向包含多方面的内容,并且如同婴儿成长为成人一样,是一个从不成熟到成熟(从被动到主动、从依赖到独立、从有限的行为方式到多样复杂的行为方式、从肤浅短暂且经常变化的兴趣到浓厚且持久专一的兴趣、从目光短浅到有长远打算、从服从附属地位到平等优越地位、从缺乏自觉到自觉自制)的连续发展过程。随着个性的成长,个人的自我世界扩大了,这就是自我的形成过程,就是自我实现的过程。一个人在这个发展过程中所处的位置,标志着他的个性的成熟程度,也体现出他的自我实现的程度。但是,由于传统组织在专业化分工、等级制度、统一指挥、管理幅度等方面的严格控制、呆板规定,使组织成员处于不成熟状态,致使其自我实现的要求得不到满足,引发了种种消极后果。因此,阿吉瑞斯主张,必须改善组织设计,为组织的每个成员创造更多的成功机会,实现组织目标与个人目标的统一。

麦格雷戈在此基础上,提出了 Y 理论,他认为人的本性并非像传统的 X 理论认为的那样,而需要一种新的理论做指导,这就是自我实现人的人性假设。其主要内容如下:①人们并非天生就厌恶工作,人们在工作中的体力和脑力的消耗,就像游戏或休息一样自然,工作对人来说是一种满足;②在适当的条件下,人们不但接受,而且能主动地承担职责;③如果提供适当的机会,人们就能将个人目标与组织目标统一起来,个人自我实现的要求和组织目标的要求之间并不是对立、矛盾的;④人们并非天生就对组织的要求采取消极或抵制的态度,人们愿意也能够通过自我管理和自我控制来完成自己认同的组织目标,严格的控制和处罚并不是使人们努力达到组织目标的唯一手段,它甚至妨碍了个人的发展和成熟;⑤大多数人都具有较高的解决组织问题的想象力和创造性,但在现代工业社会条件下,人们的智慧潜力只得到了部分的发挥。

麦格雷戈提出的 Y 理论要求管理者改变自己的管理方式和对待员工的态度,应当相信:人是可以信赖的,是能够自我管理的。组织应当创造一种环境条件,不断发掘员工的潜力,激励员工自觉发挥他们的积极性和创造性,在完成组织目标的同时达到了自己的个人目标,实现个人目标与组织目标的统一。随着 Y 理论在实践中的运用,出现了很多的具体管理方法,如授权、工作扩大化和丰富化、目标管理,让员工参与决策,为员工提供富有挑战性和责任感的工作,建立良好的群体关系等,这些会极大地提高员工的工作效率并收到了一定的成效。

4. 复杂人假设

对于马斯洛、阿吉瑞斯、麦格雷戈等人主张的人性假设,西方有些管理学家也提出了不同的看法。例如,有些管理学家认为,这些学者把工作中的满足作为人们唯一的生活乐趣,而忽略了人们的经济动机。实际上,对人的本性是不能一概而论的,有的人适合于 X 理论,有的人则适合于 Y 理论。因此一些管理学家指出,人的内心世界是复杂多变的,要因人而异,简单地把人性划归一种类型是不现实的。美国心理学家约翰·莫尔斯(John J. Morse)和杰伊·洛希(Jay W. Lorsch)应用 X 理论和 Y 理论分别在两个工厂和两个研究所进行实验,结果发现:在工厂里,采用 X 理论能取得较好的效果;在研究所里,运用 Y 理论进行管理效果较好。这说明,X 理论不见得一无是处,根本就不可取;Y 理论也不见得一切都好,可以到处应用。根据这一结果的分析研究,莫尔斯和洛希提出了"复杂人"的人性假设,即超Y理论或权变理论。该理论认为,人的需要是复杂的,既不是纯粹的经济人,又不是纯粹的社会人或自我实现人。

复杂人假设的复杂性主要表现为下列几点:①不同的人有不同的需要结构。有的人追求低层次的需要,有的人追求高层次的需要;有的人要求参与决策,愿意承担更大的责任;有的人则宁愿接受正规的组织结构及其规章制度的约束,而不愿意参与决策和承担责任。而且,各个需要层次之间又是相互作用的。例如,金钱意味着社会地位,社会地位又意味着尊重的需要得到满足,因而人们便认为,金钱的满足也是社会地位、尊重等需要的满足。②人的很多需要不是生来就有的,而是在后天的环境影响下形成的。由于人的工作和生活环境总是不断变化的,因而人们已有的需要结构受环境的影响也会不断变化。可以说,人在一定时期的需要结构是已有的需要结构与环境条件相结合的产物。③人对不同的组织或组织的不同部门会有不同的需要。例如,有的人在正式组织里满足物质利益的需要,而在非正式组织里满足人际关系方面的需要。④一个人在组织中是否感到满足、肯于奉献,关键在于该组织的状况是否同他的需要结构相一致。如果两者是一致的,从而使他能在该组织中得到需要的满足,他便会为该组织效力,否则,就不会效力。因此,组织状况对人的工作态度、积极性影响很大。⑤由于每个人的需要和能力各不相同,因而他们对一定的管理方式就会产生不同的反应。也就是说,不存在一种符合任何人、任何环境的万能的管理方式,运用管理方式只能因人、因时、因地制宜。

根据上述人性假设,管理者必须具体了解不同员工之间在需要和能力方面存在的差异,并按照不同人的不同情况,采取相应的管理方式,以取得预期的效果。管理方式必须灵活,富有弹性,保证管理方式同组织目标、工作性质和职工的个人条件相适应,以使每个员工都能获得胜任感。管理方式越是能达到这种适应,员工的胜任感就越强,工作效率也就越高。由于复杂人假设强调对人性的认识要根据具体情况具体分析,因此对实际工作具有更强的实用价值。

管理现象观察

企业组织中的成员,不管是管理层还是普通员工,为什么会愿意待在这个组织里,让这个组织得以存续和发展,对于所有的企业管理者,特别是创业者来说都是恒久不变的一个话题。精神上重视你,物质上不亏待你,这其实是一个组织管理恒久且颠扑不破的真理,很可惜的是在日常生活中、在管理实践中,很多人把它给对立了,或者是顾此失彼。

为什么顺丰的员工会激情四射地工作?其中经济性的作用特别是金钱的作用占的比例并不大,而是这些公司让员工有一种信念,这种信念在鼓励并引导他们向前走。顺丰的管理包含一条规律,那就是如何重视人性,如何把他们的成就导向、价值观、信念调动起来,并让多数人的信念产生共鸣,从而形成一股合力,这才是一个企业高绩效的源泉所在。

> 这种共振在早期传递的就是一种情怀,对于顺丰来说,他们不仅仅是快递,而是速运,原来 EMS 做不到的,他们能做到,EMS 能做到的,他们做得更好,正所谓"人无我有,人有我优"。以及到后期,顺丰让那些跟不上的老员工通过开"嘿客"这种创业方式来帮助他们寻找个人的一种定位,也就是让员工明白自己不仅仅是帮老板挣钱,还有个人的情怀。
>
> 那么在这样的精神共振的基础上,每个人不仅仅是为五斗米而工作,也不仅仅是为老板王卫而工作,而是在为自己的梦想和信仰而工作,这也就是为什么顺丰的员工会拼命工作。"我们所有的企业家、高管、创业者要去思考:我们的员工为什么跟着我们干,为什么会在这个公司里面做,我们要回答一个信念的问题,信念的问题解决了,然后才是薪酬机制的问题,做到在精神上重视每个员工,包括他的价值观、成就导向、职业发展,同时能够在经济的收入分配上体现出来,不让他们吃亏。"
>
> 管理者同时应该经常想一想:当我们要求员工忠诚的时候,我们爱护他了吗?当我们要求员工爱岗敬业的时候,我们关心他了吗?当我们要求员工奉献高绩效的时候,我们培养他了吗?当员工犯错了的时候,我们有没有想过他是因为什么犯错,是能力不足还是态度问题?这就是人性和情怀,顺丰在这一点上做了非常好的诠释。
>
> 组织管理和组织成功之道,就是当管理者能够思考怎样做能让员工体会到公司的老板和高管在精神上重视他在物质上不亏待他的时候,他还有什么理由不好好干,不去拼命打天下呢?

二、早期激励理论

20 世纪五六十年代是激励理论发展的黄金时期。在这一时期出现了四种重要的理论观点:需要层次理论、ERG 理论、双因素理论、三种需要理论。尽管一直受到批评和质疑,但这些理论是当今激励理论的基础,同时对员工的激励问题依然具有很强的现实指导意义,因此有必要首先了解一下这些早期激励理论的相关内容。

(一) 马斯洛的需要层次理论

美国心理学家马斯洛(A. Maslow)在 1943 年出版的《人的动机理论》一书中,提出了需要层次理论(Hierarchy of Needs Theory)。他把人的需要归纳为五个层次,由低到高依次为生理需要、安全需要、社交需要、尊重需要和自我实现需要(见图 4-2)。

生理需要是指一个人对维持生存所需的衣、食、住等基本生活条件的需求。在一切需要中,生理需要是最基本的、最优先的。当一个人什么也没有时,首先要求满足的就是生理需要。

安全需要是指对人身安全、就业保障、工作和生

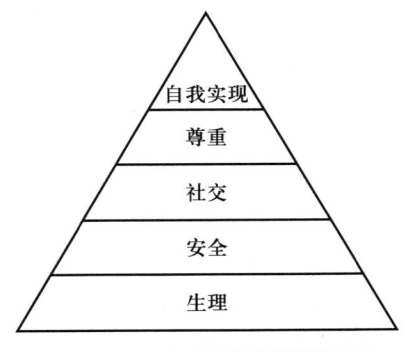

图 4-2 马斯洛的需要层次

活的环境安全、经济保障等的需求。当一个人生活或工作在惊恐和不安之中时,其积极性是很难调动起来的。

社交需要是指人希望获得友谊和爱情及归属的需要,希望得到别人的关心和爱护,希望成为社会的一员,在他所处的群体中占有一个位置,否则就会郁郁寡欢。

尊重需要是指希望自己保持自尊和自重,并获得别人的尊敬,得到别人的高度评价。这种需要可分为两类:一类是要求力量、成就、信心、自由和独立的愿望;另一类是要求名誉和威信(别人对自己的尊敬和尊重)、表扬、注意、重视和赞赏的愿望。每一个人都有一定的自尊心,这种需要得到满足,就会使人感到自信、有价值、有力量、有能力并适于生存,对世界有用而必需;若得不到满足,就会产生自卑感、软弱无能感,从而导致情绪沮丧,失去自信心。

自我实现需要是指促使自己的潜在能力得以实现的愿望,即希望成为自己所期望的人。一个人能够做什么,他就必须做什么,这样才能最终感到愉快。当人的其他需要得到基本满足以后,就会产生自我实现的需要,它会产生巨大的动力,使人尽可能地去实现自己的愿望。

马斯洛需要层次理论的基本观点如下:

(1) 人的需要是分层次等级的,一般按照由低层次到高层次的顺序发展。生理需要是人最基本的、最优先的需要,自我实现是最高层次的需要。一般来说,人们首先追求满足较低层次的需要,只有在低层次的需要满足以后,才会进一步追求较高层次的需要,而且低层次需要满足的程度越高,对高层次需要的追求就越强烈。

(2) 人在不同的时期、发展阶段,其需要结构不同,但总有一种需要发挥主导作用。因此,管理者必须注意当前对员工起主要作用的需要,以便有效地加以激励。

(3) 五种需要的等级顺序并不是固定不变的,存在等级倒置现象。一种情况是有些人的愿望可能永远保持着僵化或低下的状态,也就是说,有些人可能只谋求低层次的需要而不再追求高层次的需要;另一种情况是有些人可能牺牲低层次的需要而谋求实现高层次的需要,那些具有崇高理想、人生价值观的人,即使低层次的需要尚未得到满足,仍会追求高层次需要。一般来说,人的各种需要的出现取决于本人的职业、年龄、性格、受教育程度、经历、社会背景等。

(4) 各种需要相对满足的程度不同。实际上,绝大多数人的需要只有部分得到满足,同时有部分得不到满足,而且随着需要层次的升高,满足的难度相对增大,满足的程度逐渐减小。

马斯洛的需要层次理论揭示了人类心理发展的一种普遍特性,但也存在一些不足之处。例如,满足的含义不够明确,一种需要得到满足后很难预测哪种需要会成为下一个必须满足的需要等。虽然如此,该理论仍不失为一种重要的激励理论,对管理工作具有重要的指导作用。

【延伸阅读】

Maslow A H. A Theory of Human Motivation. *Psychological Review*, 1943, 50:370-396.

(二) 阿尔德弗的 ERG 理论

耶鲁大学的阿尔德弗(C. Alderfer)通过大量的调查研究,于 20 世纪 70 年代初提出了一种需要理论,他把人的需要归结为生存(Existence)、相互关系(Relatedness)和成长(Growth),简称为"ERG 理论"。该理论也是对马斯洛需要层次理论的一种修正。

生存需要是人最基本的需要,包含了人的一切生理上的物质需要,人的衣、食、住、行、报酬、工作环境等基本条件都包括在此种需要当中。

相互关系需要是指人际关系(社会交往)方面的需要,包括安全感、归属感、友情、受人尊重等方面的需要。

成长需要是指发展自己,使自己在事业上有所成就和能力上有所提高的需要。

阿尔德弗的 ERG 理论和马斯洛的需要层次理论比较起来,既有相似之处,又有不同之处。阿尔德弗 ERG 理论的主要观点如下:

(1) 人的各种需要一般来说是由低向高逐步发展的,而且低层次需要的满足程度越高,对高层次需要就越渴望,这是一种"满足—前进"的逻辑。但同时存在"受挫—倒退",即当较高层次的需要受到挫折时,需要的重点就可能退到较低的层次。而且,各种需要可能同时出现。

(2) 人的所有需要并不是生来就有的,有些需要是通过后天的学习、培养之后才产生的,尤其是较高层次的需要。

由此可见,阿尔德弗对人的需要的研究,并没有超出马斯洛的需要层次理论的范畴,只是马斯洛的理论揭示的是带有普遍意义的一般规律,而阿尔德弗的观点更侧重于带有特殊性的个体差异,二者对实际工作都具有一定的指导意义。

(三) 赫茨伯格的双因素理论

20 世纪 50 年代末期,美国心理学家赫茨伯格(F. Herzberg)和他的助手们在匹兹堡地区 11 家工商企业机构中对 200 多名工程师、会计师进行了大规模的调查研究,调查被访者使他们对工作感到满意和不满意的原因各是什么。目的是验证下列假设:人类在工作中有两类不同性质的需要,即作为动物要求避开和免除痛苦的需要与作为人类要求在精神上不断发展和成长的需要。调查主要围绕两个问题:在工作中,哪些事项是让他们感到满意的,并估计这种积极情绪持续多长时间;有哪些事项是让他们感到不满意的,并估计这种消极情绪持续多长时间。

赫茨伯格以对这些问题的回答为材料,着手去研究哪些事情使人们在工作中快乐和满足,哪些事情造成不愉快和不满足。赫茨伯格根据调查研究的成果,提出了著名的"双因素理论"(Two-Factor Theory),具体如图 4-3 所示。通过调查发现,使员工感到不满的往往是公司政策与管理方式、监督、薪酬、人际关系和工作条件等,这些是属于工作环境和工作条件方面的因素。这类因素不具备,容易导致员工不满意,但即使充分具备也很难使员工感到满意,因此赫茨伯格将这类因素称为"保健因素",又称作"维持因素",因为这些因素有点儿类似卫生保健对身体健康所起的作用,卫生保健不能直接提高健康状况,但有预防效果。同样,保健因素不能直接起到激励员工的作用,但能预防员工的不满情绪。同时,使员工对工作感到满意的往往是成就感、认同感、工作本身、责任和晋升等,这些是属于

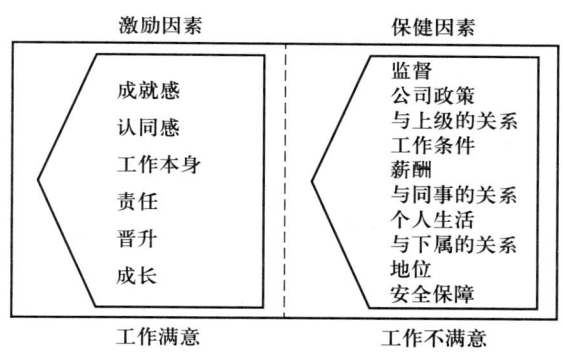

图 4-3 赫茨伯格的双因素理论

工作本身和工作内容方面的因素。这类因素具备后，可使员工感到满意，但员工感到不满时却很少是因为缺少这些因素，因此赫茨伯格将这类因素称为"激励因素"，因为只有这些因素才能激发起人们在工作中的积极性、创造性，产生使员工满意的积极效果。

进一步的分析表明，保健因素之所以能导致人们的不满意，是因为人们具有避免不满意的需要；激励因素之所以能导致人们的满意，是因为人们具有成长和自我实现的需要。但这两类性质不同的因素，是彼此独立而不同的。与此相关，赫茨伯格认为，满意的对立面不是不满意，而是没有满意；不满意的对立面也不是满意，而是没有不满意，如图4-4所示。保健因素是否具备，对应着员工"没有不满意"和"不满意"，因为保健因素本身的特性，决定了它无法给人以成长的感觉，因此它不能使员工对工作产生积极的满意感；激励因素是否具备，对应着员工"满意"和"没有满意"，因为人的心理成长取决于成就，而取得成就就要工作，激励因素代表了工作因素，所以它是成长所必需的，它提供的心理激励，促使每个人努力去达成自我实现的需要。

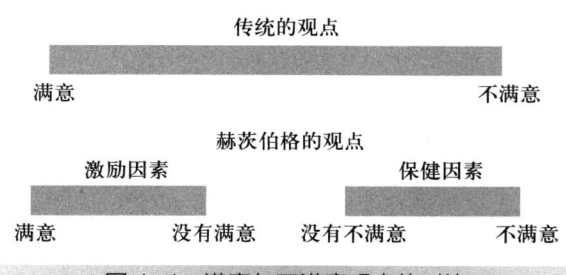

图 4-4 满意与不满意观点的对比

双因素理论就如何针对员工需要来激励员工进行了深入的分析，提出要调动和保持员工的积极性，必须首先具备必要的保健因素，防止员工不满情绪的产生；但仅仅如此还不够，更重要的是要针对激励因素，努力创造条件，使员工在激励因素方面得到满足。双因素理论在实际工作中也得到了广泛的应用，最主要的形式就是工作丰富化，其中心思想就是通过增加工作中的激励因素，来充分发挥员工的积极性和创造性。赫茨伯格的双因素理论与马斯洛的需要层次理论有着密切的联系，其保健因素相当于生理、安全、社交等低层次需要,激励因素相当于尊重、自我实现等高层次需要。

双因素理论也有一些不足之处,最主要的是赫茨伯格所调查的对象代表性不够。在美国,工程师和会计师的工资、安全、工作条件等方面都比较好,因此这些因素对他们自然不会起到激励作用,但这并不能代表一般员工的情况。实际上,对于激励因素和保健因素,人们的反应是不一样的,对一个人起激励作用的因素,对另一个人可能起保健作用,反之亦然。因此,在实际工作中要根据各人的不同情况具体分析。

【延伸阅读】

Frederick Herzberg. One More Time: How Do You Motivate Employees. *Harvard Business Review*, January-February, 1968.

(四) 麦克利兰的三种需要理论

美国著名心理学家戴维·麦克利兰(David C. McClelland)经过 20 多年的研究得出结论:人类的许多需要都不是生理性的,而是社会性的,而且人的社会性需求不是先天的,而是后天的,得自环境、经历和培养教育等。很难从单个人的角度归纳出共同的、与生俱来的心理需要;时代不同、社会不同、文化背景不同,人的需求当然就不同,自我实现的标准也不同。

麦克利兰通过研究,归纳出三大类社会性需要,即人们在工作情境中具有三种基本需要:成就需要、权力需要和归属需要。成就需要是指争取成功并希望做得最好的需要;权力需要是指影响或控制他人且不受他人控制的需要;归属需要是指建立友好亲密的人际关系的需要,即寻求被他人喜爱和接纳的一种愿望。不同的人对这三种基本需要的先后次序和重视程度是不同的。

麦克利兰认为,具有强烈成就需要的人渴望将事情做得更加完美,相信自己的能力,敢于做出决断,愿意承担责任,希望通过自己的努力获得成功,寻求能发挥独立处理问题能力的工作环境;他们对工作的结果非常关注,希望立即得到信息反馈,以便了解工作的成效;倾向于设定与自己能力相当的、中等难度的目标,对风险采取了一种现实主义的态度。权力的需求者热衷于"承担责任",喜欢竞争性强和存在地位取向的工作环境,希望影响他人,控制向下、向上的信息渠道,以便施加影响、掌握权力,他们对政治感兴趣,而不像高成就需要的人那样关心改进自己的工作。而归属的需求者寻求的是被他人喜爱和接纳,他们渴望友谊,喜欢合作,并希望彼此之间能沟通与理解。

麦克利兰指出,人的成就需要是可以通过后天培养而得到加强的,成就需要可以创造出富有创业精神的人物,他们会促进社会经济的发展,因此全社会都应当认识到这一问题的重要性,鼓励人们努力建功立业、取得成就。成就需要和权力需要都会使人们有杰出的表现,但二者还是有区别的。高成就需要的人当中,很少产生率领众人前进的领导者,原因非常简单:成就需要强烈的人习惯于独自解决问题,无须他人。一个高成就需要的人,未必能领导企业取得成就,因为领导者的责任是激励众人取得成功,而不是只顾自己的工作成就。激发他人的成就需要有完全不同的动机和技巧。如果说成就需要对应着创业精神,那么权力需要就对应着各种领导,因为领导者的首要任务是影响别人,权力需要显然是他们的主要性格特征之一。

麦克利兰的三种需要理论是马斯洛需要层次理论的重要发展和补充。该理论表明,管理者能够通过提供培训或创造适当的工作环境来培育和激发下属的三种需要,对指导组织的激励工作更具有现实的意义。

三、当代激励理论

接下来介绍的各种激励理论代表了当前理论界对员工激励问题的最新解释和认识,也许这些理论不如上一节所讨论的那些理论那样经典,但它们都得到了有关研究的支持。这里讨论的当代激励理论包括目标设置理论、工作特征模型、公平理论、期望理论、强化理论。

(一) 什么是目标设置理论

美国心理学家洛克(E. A. Locke)于1967年最先提出了"目标设置理论"(Goal Setting Theory),他认为目标本身就具有激励作用,目标能把人的需要转变为动机,使人们的行为朝着一定的方向努力,并将自己的行为结果与既定的目标相对照,及时进行调整和修正,从而能实现目标。这种使需要转化为动机,再由动机支配行动以达成目标的过程就是目标激励。目标能引导活动指向与目标有关的行为,使人们根据难度的大小来调整努力的程度,并影响行为的持久性。目标激励的效果受目标本身的性质和周围变量的影响,具体如图4-5所示。

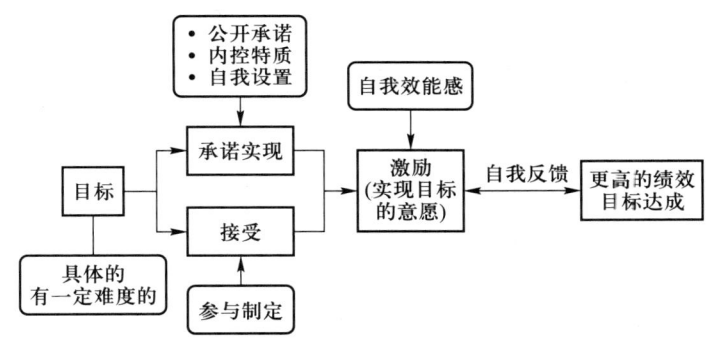

图4-5 目标设置理论

目标具有两个最基本的属性:明确程度和难易程度。具体的目标可使人们更清楚要怎么做,付出多大的努力才能达到目标。目标设定得具体,也便于评价个体的能力。因此,具体的目标有利于引导个体的行为和评价其业绩。事实上,具体的目标本身就具有激励作用,这是因为人们有希望了解自己行为的认知倾向。对行为目的和结果的了解能减少行为的盲目性,提高行为的自我控制水平。目标越具体,越有利于工作绩效的提高。从难易程度来看,有一定难度的目标如果被接受会比相对容易的目标带来更好的绩效。一般认为,绩效与目标难度水平之间存在线性关系,是因为人们可以根据不同的任务难度来调整自己的努力程度。当然,难度依赖于人和目标之间的关系,同样的目标对某人来说可能是容易的,而对另一个人来说可能是难的,这取决于他们的能力和经验。如果完成任务的人有足够的能力,对目标又有高度的承诺,在这样的条件下,目标越难达到,绩效越好。因此,就目标本身的性质来说,目标设置理论认为具体的目标有助于提高绩效,有一定难度的目标只要被接受,就会比容易达到的目标产生更高的绩效。

目标与绩效之间的关系还会受到以下因素的影响:①目标承诺。目标承诺是指个体要达到目标的决心,是个体被目标吸引,认为目标重要,持之以恒地为达到目标而努力的程度。研究发现,当人们认为目标能够达到而且达到目标又有很重要的意义时,目标承诺就加强了。如果个体公开承诺要达到某个目标,具有强烈的成就需要,认为能控制那些有助于达到目标的活动,并且目标是由本人制定的,那么个体的目标承诺水平就会比较高。②目标接受。个体越接受、认同目标,越可能带来更高的绩效和工作积极性。让个体参与目标设置有助于个体更清楚地理解目标,更易达到目标,此外还能增强个体的组织归属感,从而激发个体的工作动机,取得更好的工作绩效。③自我效能感。自我效能感是指人们对自己能否有效地实现特定行为目标的自我认知,以个体对能力、经验、过去的绩效、与任务目标相关的信息等多种资源的感知作为评估基础。自我效能感越高,个体对自己完成任务的能力、信心就越强。这是因为高的自我效能感有助于个体长期坚持在某一个活动上,尤其是当这种活动需要克服困难、战胜阻碍时。高自我效能感的人比低自我效能感的人坚持努力的时间要长。④绩效反馈。目标与反馈结合在一起更能提高绩效。目标给人们指出应达到什么样的目的或结果,同时它是个体评价自己绩效的标准。反馈则告诉人们这些标准满足得怎么样,哪些地方做得好,哪些地方尚有待于改进。个体如果能够获得自己实现目标进度的反馈信息,就可以对自己的工作进展情况有一个清晰的了解,知道与达成最终的目标还有多大差距,从而可以激发其工作热情与积极性。研究表明,自我反馈比来自他人的反馈更具有激励作用。

企业目标是企业凝聚力的核心,它体现了职工工作的意义,能够在理想和信念的层次上激励全体职工。目标设置是目标激励的重要组成部分,因此,管理者和员工在目标设置过程中应注意以下几方面的问题:①目标设置必须符合激励对象的需要。员工只有真正认识到设置的目标合乎自己的期望和需要时,才会在目标实现的过程中付出大量而有效的努力,否则不会对员工的工作产生激励作用。②目标设置的具体性和难易度。目标的内容要具体明确,具体的目标使员工能够在不断的反馈中体验到成就感,因此,企业在整体目标的指引下,设置适当的具体的目标,更能提高工作绩效。同时目标的难度拟订上要适当,过高了力所不及,过低了不需努力就能轻易得到,都不能收到良好的激励效果,因此,设置的目标既要切实可行,又要振奋人心。③目标的阶段性。实现一个短期目标可以使人较快地看到自己的进步,看到自己的努力和成绩之间的关系,并产生不断进取以达到下一个目标的愿望。如果时间制定得太长,就会使人觉得很难达到,从而挫伤人们工作的积极性。所以目标制定的时间上,既有近期目标,又要有远期目标。应将长远目标分解为阶段目标,要把长远目标同阶段目标有机地结合起来,将长远的理想同近期的需要结合起来,掌握工作节奏,分段达到预期的目标。④合理运用反馈机制。从心理学上分析,取得结果被承认后反馈于劳动者,使其产生积极的情绪反应,从而激励个人持续不断地以更高的热情进行工作。如果不让员工意识到他们的工作绩效并没有达到预期绩效的要求,则绩效不会有所改善,有效的管理者应当以一种能够诱发积极的行动反应的方式来向员工提供明确的绩效反馈。⑤鼓励员工参与个人目标和企业目标的设置。参与目标设置的员工比被领导者分配目标的员工更能建立较高的目标并取得较高的工作绩效,因为参与目标设置本身就是增强了员工对目标的承诺,而员工被动地接受目标会导致出现设置的目标与自身需要不一致的地方,因此可能影响工作效率和目标的实现。

(二) 工作特征模型

如果想激发员工的工作积极性,就必须更多地关注员工工作内容的各个方面而不仅仅是工作情境的各个方面。管理者如何设计具有内在激励性的工作呢?工作特征模型(Job Characteristics Model)理论给了我们一定的启示。工作特征模型也称作五因子工作特征理论。该模型是由哈佛大学教授哈克曼(J. R. Hackman)和伊利诺伊大学教授奥德姆(G. R. Oldham)提出的。

哈克曼和奥德姆认为,任何工作都可以通过五个核心工作维度来描述。这五个核心工作维度是:

(1) 技能多样性(Skill Variety),即一项工作所包含活动的多少进而影响完成该项工作所需的技能与技巧。

(2) 任务完整性(Task Identity),即在多大程度上工作需要作为一个整体来完成——从工作的开始到完成并取得明显的成果。

(3) 任务重要性(Task Significance),即自己的工作在多大程度上影响其他人的工作或生活——不论是在组织内还是在工作环境外。

(4) 自主性(Autonomy),即工作在多大程度上允许自由、独立,以及在具体工作中个人制定计划和执行计划时的自主范围。

(5) 反馈(Feedback),即员工能及时明确地知道他所从事工作的绩效及其效率。

工作特征模型的前三个维度(技能多样性、任务完整性和任务重要性)能共同创造出有意义的工作。拥有自主性的工作会给任职者带来一种对工作结果的个人责任感;如果工作能提供反馈,则员工就会知道自己所进行的工作效果如何。因此,不同的工作特征维度会触发个体不同的心理感知和状态(见图4-6)。

工作特征模型的关键心理状态有三个成分:体验到工作的意义,就是员工认为自己所做的工作是有价值的、重要的和值得做的;体验到对工作结果的责任,就是员工感到他们对完成的工作承担个人责任和义务的程度;了解到工作活动的实际结果。从模型来看,员工要体验到工作有意义,他的工作必须具有技能多样性、任务完整性和任务重要性这三个特征。技能多样性是为了完成工作需要用到的技能和能力的数量及知识范围的大小;任务完整性是指所做的工作有无明显的起点和终点,这个工作单元有多完整;任务重要性包括内部重要性(它对组织的重要性)和外部重要性(对组织外的人产生影响的大小)。要体验到对工作结果的责任,工作要具有自主性的特征也就是工作的独立性,即员工在安排自己的

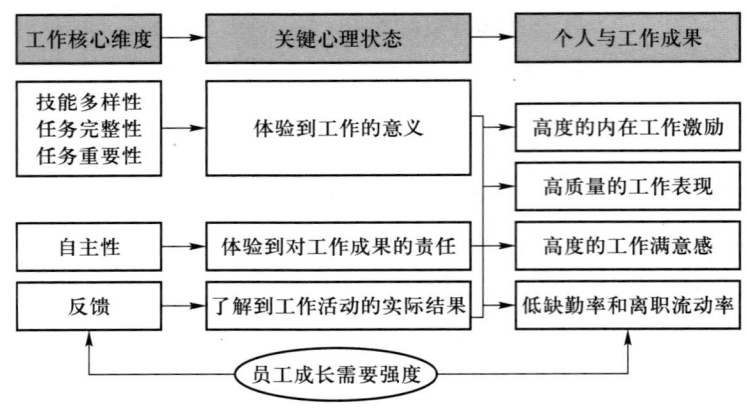

图 4-6 工作特征模型

工作、决策或者决定达到目标的途径时能有多大的自由度和控制力。来自工作的反馈直接导致了员工对工作结果的认识,反馈是关于绩效的客观信息,它来源于工作本身。

　　该模型还包括了调节变量,即员工成长需要(个人自尊和自我实现的愿望)。正如上面模型所显示的,工作维度与工作结果变量之间的联系,会受到个人成长需要强度的中和与调整。面对同样的工作,那些具有较高成长需要的个体相对于成长需要低的个体更能感受到工作的意义并做出积极的反应,从而带来更好的绩效结果。从激励的角度来看,工作特征模型指出,当一个人知道(对结果的了解)他个人(责任感的体验)所关注(有意义的体验)的任务完成得很好,他就会获得一种内在的激励。工作越是具备这三个条件,员工的激励、绩效和满意感就会越强,而旷工和辞职的可能性也会越低。

　　根据这一模型,一个工作岗位可以让员工产生三种心理状态:感受到工作的意义,感受到工作的责任和了解到工作的结果。这些心理状态又可以影响个人和工作的结果:内在工作动力、绩效水平、工作满意感、缺勤率和离职率等,从而给予员工内在的激励,使员工以自我奖励为基础的自我激励产生积极循环。工作特征模型强调的是员工与工作岗位之间的心理上的相互作用,并且强调最好的岗位设计应该给员工以内在的激励。

　　从上述五个核心维度可以得出一个预测性指标,即激励潜力分数(Motivating Potential Score,MPS)。

$$MPS = [(技能多样性 + 任务完整性 + 任务重要性)/3] \times 自主性 \times 反馈$$

　　工作特征模型为管理者如何更好地设计工作并通过工作自身来激励员工提供了一个框架。工作特征模型中的核心维度得分越高,从事这一工作的人通常获得的激励也越多,工作也越满意,工作效率也越高。核心工作维度是通过关键心理状态间接而不是直接地影响员工个人及其工作的结果。

　　工作特征模型为管理者从事职务设计提供了具体的指导。我们可以从该模型推导出如下建议,说明了职务设计中的一些变化可能导致五个核心维度特征的改善。这些建议是:①合并任务。管理者应当将现有的过细分割的任务组合起来,形成一项新的、内容广泛的工作。这将使技能多样性和任务完整性得到提高。②形成自然的工作单位。管理者应当将任务设计成一种完整的、具有同一性的、有意义的工作。这可使员工产生这项工作归属于自己的感觉。③建立起客户联系。客户是员工所提供的产品或服务的使用者。要是可能,管理者应当建立起员工与他们的客户之间的直接联系,这可增加员工的技能多样性、自主性和绩效反馈。④纵向扩展职务。纵向扩展职务可使员工产生责任感,并掌握以往保留在管理者手中的控制权。它将使一项职务的"作业"与"控制"两方面得以部分地结合,从而增大员工的自主性。⑤开通反馈渠道。通过增进反馈,员工不仅能了解他们所从事的工作做得如何,还能知道他们的绩效表现如何。

(三) 亚当斯的公平理论

公平理论(Equity Theory)是美国心理学家亚当斯(J. S. Adams)在其1965年出版的《社会交换中的不公平》一书中提出的。该理论是研究在社会比较中,个人所做出的贡献与他所得到的报酬之间如何平衡的问题,研究报酬的公平性对人们工作积极性的影响。

公平理论认为,当一个人做出了成绩并取得报酬以后,他不仅关心自己所得报酬的绝对量,而且关心自己所得报酬的相对量。也就是说,每个人都会自觉不自觉地把自己所获的报酬与投入的比率同他人的收支比率或本人过去的收支比率相比较,如下式所示。

$$(O/I)_A \longleftrightarrow (O/I)_B$$

式中:O(Outcome)代表报酬,如工资、奖金、提升、赏识、受人尊敬等,包括物质方面和精神方面的所得;

I(Input)代表投入,如工作的数量和质量、技术水平、努力程度、能力、精力、时间等;

A 代表当事人;

B 代表参照对象。参照对象通常是自己的同事、同行、邻居、亲朋好友(一般是与自己状况相当的人)等,也可能是自己的过去。

与他人的比较称为社会比较或横向比较,结果分三种情况:

如果$(O/I)_A = (O/I)_B$,当事人会觉得报酬是公平的,他可能因此而保持工作的积极性和努力程度。

如果$(O/I)_A < (O/I)_B$,这时当事人就会感到不公平,此时他可能要求增加报酬,或自动地减少投入以便达到心理上的平衡。

如果$(O/I)_A > (O/I)_B$,说明当事人得到了过高的报酬或投入较少。在这种情况下,一般来讲当事人不会要求减少报酬,而有可能自觉地增加投入量。但过一段时间后他就会因重新过高估计自己的投入而对高报酬心安理得,于是其投入又会恢复到原先的水平。还有另外一种情形,当事人开始可能暗自高兴,但高兴之余又会担心这种不公平会影响工作伙伴对自己的评价,从而影响自己在正式组织或非正式组织中的人际关系,因此会在以后的工作中谨慎小心,同样不利于调动其积极性。

与自己的过去比较称为历史比较或纵向比较,也分三种情况:

如果$(O/I)_A = (O/I)_B$,当事人会认为基本公平,积极性和努力程度可能保持不变。

如果$(O/I)_A < (O/I)_B$,当事人就会感到不公平,其工作积极性会下降(减少投入),除非给他增加报酬。

如果$(O/I)_A > (O/I)_B$,一般来讲当事人不会觉得所获报酬过高,因为他可能认为自己的能力和经验有了进一步的提高,其工作积极性不会因此而提高多少。

一般情况下,人们使用横向(社会)比较为多。总之,当事人会采取多种方法来减小和消除与参照对象比较的差异,使之相等。比如,采取一定的行动,改变自己的收支情况;采取一定的行动,改变别人的收支情况;通过某种方式进行自我安慰;采取发牢骚、制造人际矛盾、放弃工作等行为。

尽管公平理论的基本观点是普遍存在的,但在实际运用中很难把握。因为个人的主观判断对此有很大的影响,人们总是倾向于过高估计自己的投入,而过低估计自己所得的报酬,对别人的投入和所得报酬的估计则与此相反。因此,管理者在运用该理论时应当更多地注意实际工作绩效与报酬之间的合理性,同时应帮助当事人正确认识自己与别人的投入和报酬。

许多组织为了避免职工产生不公平感,往往采取各种手段,在企业中造成一种公平合理的气氛,使职工产生一种主观上的公平感。或采用秘密的单独发奖的办法,使职工相互不了解彼此的收支比率,以免职工互相比较而产生不公平感。同时,组织越来越关注程序公平,而不仅仅着眼于分配公平,因为程序公平更能够影响员工对组织的承诺和对管理者的信任。

公平理论对报酬分配在以下四个方面提供了有价值的建议:按时间付酬时,收入超过应得报酬的员工的生产率水平将高于收入公平的员工。按产量付酬时,收入超过应得报酬的员工与那些收入公平的员工相比,产品生产数量增加不多,而主要是提高产品质量。按时间付酬,对于收入低于应得报酬的员工来说,将使生产的数量或质量下降。按产量付酬时,收入低于应得报酬的员工与收入公平的员工相比,产量高而质量低。

公平理论不仅就员工对自己所得奖酬比较后的心理状态作了详尽的描述,而且对比较后可能引起的行为变化进行了预测。这些研究结果对管理者客观地评价工作业绩和确定合理的工作报酬,以及敏锐地估计员工的行为是非常重要的。

(四) 弗鲁姆的期望理论

美国心理学家弗鲁姆(V. H. Vroom)于 1964 年在其著作《工作与激励》一书中提出了期望理论(Expectancy Theory),成为这一领域的主要理论之一。弗鲁姆认为,一种激励因素(或目标)其激励作用的大小,受到个人从组织中所取得报酬(或诱因)的价值判断以及对取得该报酬可能性的预期双重因素的影响,前者称为效价,后者称为期望值(期望概率),可用下式表示:

$$激励力(M) = 效价(V) \times 期望概率(E)$$

式中:激励力指一个人受激励的程度,愿意为达到目标而努力的程度。

效价指一个人对行动的结果能满足其需要的程度的估计,其取值范围可由 +1 到 −1。结果对个人越是重要,效价值越接近于 +1;结果对个人无关紧要、是无所谓的事,效价值就接近于 0;个人很不希望发生而要尽力避免的结果,其效价值就接近于 −1。

期望概率指个人对行动会导致某一预期结果的概率的估计,其取值范围由 0 到 +1。

因此,根据期望理论,一个人决定采取何种行为与这种行为能够带来的结果对他来说是否重要有关,人就是根据他对某种行为结果实现的可能性和相应报酬重要性的估计来决定其是否采取某种行为的。弗鲁姆认为,效价和期望概率都是个人的一种主观判断,即对人的行为的激励力涉及三部分心理过程:报酬本身是否能够吸引人们去为之付出努力?付出努力的行为是否能够取得预期的结果？努力和工作绩效的结果能否带来期望的报酬？只有当人们预期到某一行为能够带来既定的成果,并且它对个人具有吸引力时,人们才会采取特定的行动,以达到组织的目标。据此,员工对待工作的态度依赖于对三种关系的判断,如图4-7所示。

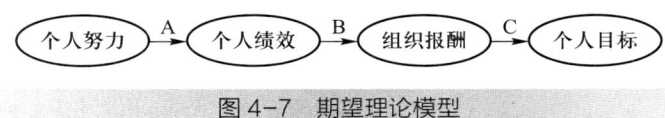

图4-7 期望理论模型

A：努力—绩效的关系,个人感觉到通过努力而达到个人绩效的可能性。

B：绩效—报酬的关系,个人相信达到一定工作绩效后可以获得所希望报酬的可能性程度。

C：报酬—目标的关系,如果工作完成,组织报酬满足个人目标或需要的程度和对于个人的重要性程度。

期望理论认为,一个人从事某项工作的动机强度是由其对完成该项工作的可能性、获取相应的外在报酬的可能性(期望值)的估计和对这种报酬的需求程度(效价)决定的。即人们的努力与其期待的最终奖酬有关,而且激励是一个动态的过程,当一个人对期望概率、效价的估计发生变化时,其积极性也将随之变化。只有当期望概率和效价都比较高时,才会产生较大的激励力量。也就是说,只有当人们认为自己的努力可以取得较好的业绩,好的业绩又会带来某种特定的奖励,而且这种奖励对其具有很大的吸引力时,激励作用才最大。

期望理论揭示出对人的行为的激励,实际上是一种很复杂的过程。管理者在向员工下达任务时,必须考虑工作本身的挑战性,使其效价能产生重要的刺激作用。同时,要考虑任务的合理性,使员工通过努力可以完成,以及员工在取得绩效之后奖励能及时得以兑现,这样才能使激励与绩效之间形成良性循环。从实用的角度讲,期望理论为管理者提高员工的工作业绩指出了一系列可供借鉴的途径。例如,为了提高期望值,目标设置要具体可行；注意培训员工以提高其完成任务的能力；通过授权等手段创造有利于完成任务的条件；言行一致,言出必行,及时兑现报酬；等等。为了提高效价,奖励要针对人们最迫切希望得到满足的需要；对不同的人可根据其需求的不同给予不同的奖励。要通过各种渠道了解员工效价、期望值的变化情况,以便及时采取措施维持员工的工作积极性等。

(五) 斯金纳的强化理论

美国心理学家斯金纳(B. F. Skinner)于20世纪50年代提出了强化理论(Reinforcement Theory)。该理论认为,人的行为是对其所获刺激的函数。斯金纳通过实验研究得出结论,认为人的行为可分为三类：本能行为,这是人生来就有的行为；反应性行为,这是环境作用于人而引起的反应；操作性行为,这是人为了达到一定目的而作用于环境的行为。

操作性行为的产生是来自环境的刺激反复作用的结果。人具有学习的能力,如果以前的某种行为满足了其某种需要,那么在以后,人们为了满足同类需要,便会根据学到的经验重复此种行为,使这种行为的频率增加,这种状况即称作强化刺激,能增强这种行为发生频率的刺激物称作强化物。由于操作性行为会随着强化刺激的增强而增强,也会随着强化刺激的减弱而减弱,人们就可以通过控制强化物来控制行为,引起行为的改变。由于这一理论的中心思想在于通过强化刺激来改变人们的行为方向,故又称作行为改变理论。

管理人员可以通过强化手段,营造一种有利于组织目标实现的环境和氛围,以使组织成员的行为符合组织的目标。强化可分成两大类:

(1) 正强化。这是指奖励那些符合组织目标的行为,以便使这些行为得以进一步加强,重复出现,从而有利于组织目标的实现。正强化的内容可以多种多样,包括物质奖励和精神奖励,如增加薪金、提升职位、对其工作成果的承认和赞赏等。采取正强化时,要注意工作方法。正强化的科学方法是,应使其强化的方式保持间断性,强化的时间和数量也不固定,就是说,管理人员应根据组织的需要和员工的行为状况,不定期、不定量地实施强化。那种连续、固定的正强化,久而久之会使组织的成员感到组织的强化是理所当然的,甚至会产生越来越高的期望,而失去了强化本身的作用。

(2) 负强化。就是惩罚那些不符合组织目标的行为,以便使这些行为消弱,甚至消失,从而保证组织目标的实现。通过这种强化方式能从反面促使人们重复符合要求的行为,达到与正强化同样的目的。负强化的方法也包括物质惩罚和精神处分。不进行强化或者忽视,也是负强化可用的方法。与正强化不同的是,负强化要维持其连续性,即对每一次不符合组织目标的行为都应及时予以处罚,从而消除人们的侥幸心理,减少直至完全消除这种行为重复出现的可能性。

在管理工作中运用强化理论时应遵循以下原则:要明确强化的目的或目标,明确预期的行为方向,使被强化者的行为符合组织的要求。要选准强化物,每个人的需要不同,因而对同一种强化物的反应也各不相同。这就要求具体分析强化对象的情况,针对他们的不同需要,采用不同的强化措施。可以说,选准强化物是使组织目标同个人目标统一起来,以实现强化预期要求的中心环节。要及时反馈,为了实现强化的目的,必须通过反馈的作用,使被强化者及时了解自己的行为后果,并及时兑现相应的报酬或惩罚,使有利于组织的行为得到及时肯定,促使其重复;不利于组织的行为能得到及时的制止。要尽量运用正强化的方式,避免运用惩罚的方式,斯金纳发现,"惩罚不能简单地改变一个人按原来想法去做的念头,至多只能教会他们如何避免惩罚"。事实上,过多地运用惩罚往往会造成被惩罚者心理上的创伤,引起对抗情绪,乃至采取欺骗、隐瞒等手段来逃避惩罚。

但是,有时又必须运用惩罚的方式。为了尽可能避免惩罚所引起的消极作用,应把惩罚同正强化结合起来。在执行惩罚时,应使被惩罚者了解受到惩罚的原因和改正的办法,而当其一旦有所改正时,即应给以正强化,使其符合要求的行为得到巩固。

> **管理现象观察**
>
> 正强化是从正方向予以鼓励,负强化是从反方向予以刺激,它们是激励中不可缺少的两个方面。俗话说"小功不奖则大功不立,小过不戒则大过必生",讲的就是这个道理。在实际工作中,只有做到奖功罚过、奖优罚劣、奖勤罚懒,才能使先进受到奖励、后进受到鞭策,真正调动起人们的工作热情,形成人人争先的竞争局面。如果良莠不分、是非不明,势必造成"干多干少一个样、干与不干一个样"的不良局面,使激励无的放矢,得不到好的效果。所以,只有坚持正强化与负强化相结合的方针,才会形成一种激励合力。正强化是主动性激励,负强化是被动性激励。就二者的作用而言,正强化是第一位的,负强化是第二位的,所以在激励中应该坚持以正强化为主、以负强化为辅的原则。
>
> 海尔集团在正负激励方面做得比较成功,比如,海尔集团开始宣传"人人是人才"时,员工反应平淡。他们想:我又没受过高等教育,当个小工人算什么人才?但是当海尔把一个普通工人发明的一项技术革新成果,以这位工人的名字命名时,在工人中很快就兴起了技术革新之风。比如工人李启明发明的焊枪被命名为"启明焊枪",杨晓玲发明的扳手被命名为"晓玲扳手"。这一措施大大激发了普通员工创新的激情,后来不断有新的命名工具出现,员工的荣誉感得到极大的满足。对员工创造价值的认可,是对他们最好的激励,及时的激励能让员工觉得工作起来有盼头、有奔头,进而也能激发出员工更大的创造性。另外,海尔集团每月还对所有的干部进行考评,考评档次分表扬与批评。表扬得1分,批评减1分,年底二者相抵,达到负3分的就要淘汰。同时,通过制定制度使干部在多个岗位轮换,全面增长其才能,根据轮岗表现决定升迁。
>
> 一正一负、一奖一罚的激励机制,树立了正反两方面的典型,从而产生无形的压力,在组织内部形成良好的风气,使群体和组织的行为更积极,更富有生气。激励的这两种手段性质不同,但效果是一样的。从管理的整体看,奖(正激励)惩(负激励)必须兼用,不可偏废。只奖不惩,就降低了奖励的价值,影响奖励的效果;只惩不奖,就会使人不知所措,人们仅知道不该做什么,却不知道应该做什么,甚至还可能由于人们的逆反心理而产生反作用。所以,必须坚持奖惩结合的制度。

(六) 如何才能整合当代的激励理论

美国行为科学家劳勒(E. E. Lawler)和波特(L. W. Porter)提出激励工作的一种总体框架模型,即综合激励理论模型,如图4-8所示。该模型反映了激励工作的全过程,也是前面各种激励理论的综合。事实上,在正确的激励工作中,需要的就是各种理论的融会贯通。综合激励理论模型为人们分析和认识管理激励的一般过程和机制提供了一个清晰的综合性理论框架。

从图4-8的模型可以看出,个人努力首先受到个人目标的影响。这表明,在组织的工作中必须重视目标的指导行为,管理者要帮助个体设置适当的目标来引导其行为。高

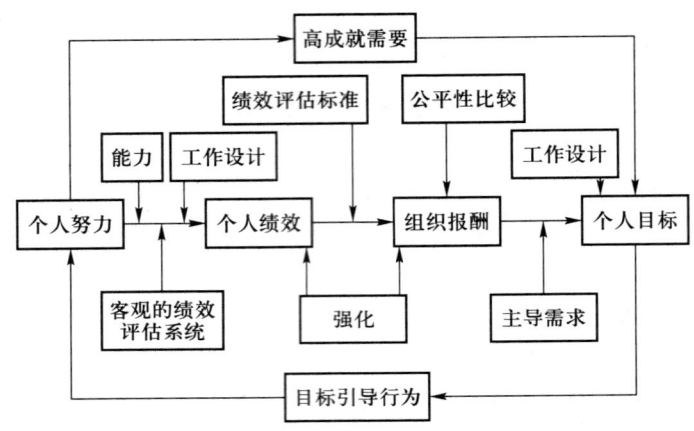

图 4-8　综合激励理论模型

成就需要的人一般会内在地受到工作本身的激励,因此只要设定他们所追求的目标,这些人就会积极主动地去完成他们的工作任务,而不太关注组织对他们的评价和组织报酬。

个人努力与个人绩效之间、个人绩效与组织报酬之间、组织报酬与个人目标之间的逻辑关系反映了期望理论的基本思想。个人努力能否取得预期的绩效并实现预期的目标,有赖于个人的能力和组织绩效评估系统的公正性、客观性,同时会受到工作设计的影响。因此,知人善任、提供培训和分配难度适合的工作任务对于组织成员的努力和行为有着重要的影响。管理者通过工作和绩效评估系统的科学设计,也可以实现对员工的激励作用。就绩效与报酬之间的关系而言,若个人感到自己所得的报酬来自自己工作的努力和绩效,组织对员工的评价是基于绩效因素而不是其他因素,组织报酬就会取得好的效果。在组织中,如果一个人的工作做得越好,所获得的奖酬就越多,这会向员工传递一种积极的信号,从而强化了绩效与奖酬之间的关系。任何个体也会对组织报酬的公平性做出判断,尽管这种判断非常主观,但却对个体积极性具有重要的影响,管理者必须关注组织报酬的公平性。在组织报酬和个人目标之间,若组织提供的报酬满足了个人目标,个人的积极性将会大大提高。管理者需要了解不同个体的主导需求,并根据主导需求设计奖酬方案,从而最大限度地发挥组织报酬的激励作用。管理者也需要根据不同个体的特征进行工作设计,通过工作本身去激励那些自主性要求较高的员工。

综合激励理论模型所描述的过程,既是组织成员个人努力、取得成绩、得到奖励、达到个人目标的过程,也是各种激励理论正确运用、选择的过程。这同时表明了激励工作是一件相当复杂的事情,充满着科学性与艺术性。管理者和领导者根据激励理论处理激励实务时,必须针对员工的不同特点采取不同的方法。

案例讨论

CC 计算机公司和许多高科技企业一样，以火箭般的速度发展，但也面临着来自其他计算机公司的激烈竞争。公司刚开张时，一切就像闹着玩似的，高层管理人员穿着T恤衫和牛仔裤来上班，谁也分不清他们与普通员工有什么区别。然而当财务上出了问题后，局面立刻大为改观，原来那个自由派风格的董事长虽然留任，但公司却引进了一位新的最高行政主管李明。李明来自一家办事古板的老牌公司，他照章办事，十分传统，与 CC 公司的风格相去甚远。公司里的行政人员总的态度是要看看这家伙能待多久。这样，矛盾就不可避免了。

第一次公司内部危机发生在新的最高行政主管首次召开的行政会议上。会议定于上午 8:30 召开，可有一个人 9 点钟才跌跌撞撞地进来。西装革履的李明眼睛瞪着那个迟到的人，对大家说："我再说一次，本公司所有的日常公事要准时开始，你们中间谁做不到，请在今天下午 5 点之前向我递交辞呈。"结果 10 名行政人员中有两人辞职。此后一个月里，公司发生了一些重大变化。李明颁布了几项指令性政策，使已有的工作程序改弦易辙。从一开始起，他三番五次地告诫副总经理，一切重大事务向下传达之前必须先由他审批。他抱怨下面的研究、设计、生产和销售等部门之间缺乏合作，而在这些关键领域，CC 公司都面临着挑战。

李明还命令全面复审公司的福利待遇制度，然后将全体高层管理人员的工资削减了 15%，惹得他身边的一位行政人员向他辞职。研究部主任这样认为："我不喜欢这里的一切，但我不想马上走，开发计算机打败 IBM 对我来说太有挑战性了。"生产部经理也算是不满现状的人，可他的话令有些人很是惊讶："我不能说我很喜欢李明，不过至少他给我那个部门设立的目标我能够达到。当我们圆满完成任务时，李明是第一个祝贺我们干得棒的人。"

事态发展的另一面是，采购部经理牢骚满腹。他说："李明要我把原料成本削减 15%。他拿着一根胡萝卜来引诱我，假如我能做到的话，他就给我丰厚的年终奖。但要达到这个目标根本是不可能的，从现在起，我要另找出路。"

但李明对销售副总经理张斌的态度却令人不解。张斌被人称为"爱哭的孩子"。以前，他每天都到最高行政主管的办公室去抱怨和指责其他部门。李明的办法是让他在门外等，冷一冷他的双脚，见了他也不予理会他的抱怨，而是直接谈公司在销售上存在的问题。没过多久，张斌开始更多地跑基层而不是每天到李明的办公室去了。

随着时间的流逝，CC 公司在李明的管理下恢复了元气。行政管理人员不得不承认，李明对计算机领域了如指掌，对各项业务的决策也无懈可击。然而，他对生产、采购部门却依然勒紧缰绳。公司里再也听不到关于李明去留的流言蜚语了，人们对他有了共识：他不是那种不了解这里情况的人，并且确实带领公司走上了正轨。

从激励角度试分析李明在 CC 公司取得成功的原因。

四、管理实践中的激励方法

员工激励问题是管理研究中最受普遍关注的领域之一。在管理实践的过程中,管理者运用激励理论创造出一系列激励技术和有效的实施方案,这一方面丰富了激励理论,另一方面给管理学中的激励问题带来了新的发展动力。

为了对每一个个体进行最大程度的激励,管理者有必要进行灵活的考虑和处理。员工是带着不同的需要、个性、技术、能力、兴趣和态度来到组织的。他们对自己的雇主有不同的期待,对于雇主有权希望他们做什么也有不同的看法。他们想从工作中得到的利益也是多种多样的。在激励理论的指导下,管理者需要选择有效的激励方法,提高员工接受和执行目标的自觉程度(提高认识),激发员工实现组织目标的热情(端正态度),最终达到提高员工行为效率的目的。常用的激励方法可以归纳为如下几种:

(一)目标激励

目标是组织对个体的一种心理引力。所谓目标激励,就是确定适当的目标,诱发人的动机和行为,达到调动人的积极性的目的。目标作为一种诱因,具有引发、导向和激励的作用。一个人只有不断启发对高目标的追求,才能启发其奋发向上的内在动力。正如一位哲人所说:"目标和起点之间隔着坎坷和荆棘;理想与现实的矛盾只能用奋斗去统一;困难,会使弱者望而却步,却使强者更加斗志昂扬;远大目标不会像黄莺一样歌唱着向我们飞来,却要我们像雄鹰一样勇猛地向它飞去。只有不懈地奋斗,才可以飞到光辉的顶峰。"

在目标激励的过程中,要正确处理大目标与小目标,个体目标与组织目标、群体目标,理想与现实,原则性与灵活性的关系。在目标考核和评价上,要按照德、能、勤、绩标准对人才进行全面综合考察,定性、定量、定级,做到刚性规范、奖罚分明。

通过在企业中全面推行目标管理(MBO),加强员工对组织管理的参与意识和行动,员工围绕企业的总目标,制定和落实个人目标和完成目标的措施,从而可以大大加强他们实现组织目标的责任感和积极性。

(二)支持性激励

支持性激励表现在领导活动中,领导者对下级的尊重、信任、关心,千方百计创造条件满足他们的合理需要,并且积极为困难员工排忧解难。感情投资在现代管理中是一个非常重要的因素,它能密切上下级关系,增强员工的动力,振奋员工的精神。上下级之间的相互理解和信任是一种强大的精神力量,它有助于单位人与人之间的和谐共振,有助于单位团队精神和凝聚力的形成。

美国学者麦克马克说:"你越使你的下级显得精明强干,就越显得你是一个精明强干的管理者。"任何高明的领导者,都应当尽可能地对下属采取更多的支持性激励手段,并尊重下属、放手使用。领导者对下属在信任基础之上的放手使用,才能最大限度地发挥下属的主观能动性和创造性。有时甚至还可超水平地发挥,取得自己都不敢相信的成绩。

(三)榜样激励

榜样激励的核心是在组织中树立正面典型和标兵,以他们良好的行为鼓舞员工,创造业绩。从人的动机看,人人都具有自我肯定、光荣、争取荣誉的需要。对于一些工作表现比较突出,具有代表性的先进人物,给予必要的精神奖励,是很好的精神激励方法。对各级各类人才来说激励还要以精神激励为主,因为这可以体现人对尊重的需要。在荣誉激励中还要注重对集体的鼓励,以培养大家的集体荣誉感和团队精神。

从心理学的观点看,任何人(特别是青少年)都有强烈的模仿心理,榜样的力量是无穷的。20世纪50年代以来,我国在各条战线上树立过一大批英雄模范人物,产生过巨大的影响,对精神文明与物质文明的建设都做出了巨大的贡献。但榜样的树立,应当坚持实事求是,不要虚构和夸张,以免引起员工的逆反心理。

(四)竞赛与评比激励

竞赛与评比激励是指通过组织开展正确的竞赛与评比活动,增加员工不甘落后的压力感和奋发向上的竞争心的激励方法。组织中经常开展必要的评比、竞赛,对调动人的积极性有重大意义,能使员工的情绪保持紧张,提高士气,克服惰性。同时,通过评比、竞赛,把大多数员工都吸引到企业这个工作大舞台上来,使他们能够大显身手、施展自己的本领、发挥自己的才能,能使劳动者的业绩得到公正合理的评价,促使他们为企业做出更大的贡献。

美国某家大公司,为鼓励员工,想出了一个很有特色的办法:给评比优异者发一块"好家伙"奖章,上面有公司总裁的亲笔签名。每得5块"好家伙"奖章,就可得一个更高的奖励——晋升。颁发"好家伙"奖章时,公司不刻意安排专门的场合。授奖仪式简短但很隆重:当某一经理走进门厅并把铃按响时,人们会立刻停下手头上的工作,从各自的办公室走出来,经理宣布公司决定:"本人谨此宣布,公司授权本人向某某颁发'好家伙'奖章一枚,以表彰他在某某工作中所做出的突出成绩。"大家报以热烈的掌声,受奖人接过奖章,仪式就此结束。"好家伙"这个奖章名称本身显得颇亲切,甚至带有点幽默感,加上经理的表现风趣,整个颁奖过程妙趣横生,所以职工们不会很认真对待这个仪式,但却都非常在乎这枚奖章,因为这枚奖章意味着公司对自己工作的肯定。

(五)强化激励

强化激励就是运用斯金纳的强化理论来实施对员工的行为改造。正强化和负强化是依据强化理论的原理而采取的激励制度,在企业中运用得比较多。正强化激励是当一个人的行为符合社会的需要时,通过奖赏的方式来鼓励这种行为,以达到持续和发扬这种行为的目的。负强化激励是当一个人的行为不符合社会的需要时,通过制裁的方式来抑制这种行为,以达到减少或消除这种行为的目的。

领导者应该经常运用表扬、奖励(包括物质奖励和精神奖励)等正强化手段鼓励员工,巩固和强化他们为组织创造更大的业绩,同时辅以批评、警告、惩罚等负强化手段削弱某些员工的不良行为。在强化手段的运用上,要坚持以表扬和奖励为主的方法,避免由于惩罚过多所带来的负面效应。

(六)领导行为激励

领导行为激励强调领导者对下属的示范作用。人们常说身教重于言教,领导者作为企业各层次的主体,对其下属有巨大的影响力。从权力的概念分析,领导行为表现就是其专长权和个人影响力的具体体现。由于企业领导者处于员工有目共睹的特殊地位,其一言一行自然就成为众人关注的焦点,因而在一个企业里,没有什么比企业最高层领导亲自过问某事或采取某项行为更能说明此事的重要性了。领导者工作中的出色成绩与深远影响都与自身的行为和修养有着密不可分的联系,这充分证明了领导行为激励的重要性。

美国管理者麦克马克在其书《营销诀窍》中讲了这样一件事:他的一位朋友在他任通用汽车公司雪佛兰车工厂的总经理不久,有一次他去达拉斯出席一项业务会议。当他抵达旅馆之后,便发现公司的人已经送了一篮水果到他房间,他看后幽默地说:"咦!怎么没有香蕉呢?"从此以后,整个通用汽车公司都流传着"狄罗伦喜欢香蕉"的说法,尽管他向人解释那只不过是随便说的,但他的汽车里、包机里、旅馆里,甚至会议桌上,总是摆着香蕉。可见,企业领导者的行为会产生多么大的作用。

(七) 员工持股激励

员工持股激励是在市场经济条件下,对员工激励的最根本方法之一。在某些西方国家已经相当普遍,其出发点是实行产权多元化,鼓励员工在企业持股,利润共享。在激励员工为公司创造价值从而获得股权分红及股权增值收益的同时建立相应的约束机制,使持股员工的个人利益与公司的长期利益相结合,实现持股员工与公司共担经营风险、共享成长收益。

在电信、IT等高科技领域,各个公司最核心的资源不是固定资产,而是掌握核心技术的员工,且行业内人员的流动性较大。正因如此,华为公司、中兴通讯等公司之间对于核心员工的争夺异常激烈,给核心员工配发公司股票和期权,以便留住人才,是这些高科技公司普遍采取的方法。华为公司即自称实行广泛的"员工持股制度",华为公司员工开始以每股1元的价格购入公司股票。在获取银行融资较困难的初期,华为公司依靠这种内部融资的方式渡过了难关,华为的内部股激励机制也一度让华为的业绩急速飙升,其原因就在于员工持股增加了他们对企业的认同感,使他们迸发出巨大的工作热情和责任感,促使了企业效益的提高。

(八) 危机激励

企业领导要不断地向员工灌输危机观念,让他们明白企业生存环境的艰难,以及由此可能对他们的工作、生活带来的不利影响,这样就能激励他们自动自发地努力工作。危机激励的实质是树立全体员工的忧患意识,做到居安思危,无论是在企业顺利还是困难的情况下,都永不松懈,永不满足,永不放松对竞争对手的警惕。日本学者小山秋义把这种激励方法称为"怀抱炸弹经营""置之死地而后生",唤醒全体员工的危机意识,从长远观点看,能确保企业立于不败之地。

对于企业来说,最大的风险就是没有危机意识。所有的成功企业,都是注重危机意识的企业。正因为这样,任正非才会警告员工:"华为的冬天很快就要来临!"惠普公司原董事长兼首席执行官普拉特才会说:"过去的辉煌只属于过去而非将来。"海尔集团以"永远战战兢兢,永远如履薄冰"为生存理念,使企业保持蓬勃向上的发展势头,这些企业做到了居安思危、防患于未然。

(九) 企业文化激励

企业文化是指一个企业全体成员所共有的信念和期望模式,推行企业文化有助于建立员工共同的价值观和企业精神,树立团队意识。许多企业在全面推行企业文化建设的过程中,取得了非常成功的经验,不但增加了员工对企业的凝聚力和自豪感,而且提高了企业素质和整体实力。优良的企业文化也是组织必不可少的激励手段。

管理现象观察

西南航空"员工第一,顾客第二"的核心是以人为本,即以实现员工价值为根本。在企业文化建设中时时处处体现对员工价值的重视,通过实现员工价值来提高顾客服务水平,实现顾客价值,进而达成公司最终目标。那么,西南航空如何在企业文化建设中体现员工价值呢?

快乐的员工:西南航空一直致力于营造轻松、幽默、富有创造力和充满欢笑的工作环境,从而使员工保持愉悦的心情。员工的心情越好就越容易产生灵感,工作就越有干劲。例如,公司取消穿着统一制服的规定,允许员工自行决定穿着来张扬自己的个性。另外,在飞行过程中,西南航空还鼓励员工与乘客进行积极互动,通过播放风趣的广播节目或者发放幽默的自编杂志,来与乘客一起分享快乐。这样,对于员工来说,工作不再无趣;对于乘客来说,旅途也不再无聊,同时实现了员工价值与顾客价值。

激发成就感:独特的庆功方式、合理的认可是激发员工成就感的重要途径,而恰当的庆功方式又是表达认可的重要手段,举办盛大晚会是西南航空一贯的庆功方式。"努力工作,尽情娱乐",在晚会上,人们可以尽情地表达诚意与热情。即使是西南航空面对困境或者不利情形时,也会举办晚会来庆祝成功,以此认可员工做出的贡献,从而满足他们内心深处对成就感的渴望。庆功除了能激发员工的成就感外,还可以带来许多好处。例如,通过庆功晚会可以拉近员工之间的距离,帮助他们建立融洽的人际关系,这样在工作的过程中,就可以更好地展现团队合作精神,从而提高生产率或者服务水平。另外,还有助于减缓员工工作压力,哪怕是小规模的庆功活动或即兴的表演,都会使员工重振精神、神清气爽,精神百倍地投入工作,为顾客提供更优质的服务。

榜样的力量:赋予赞美与荣誉,赞美、信任和期待具有一种能改变个体行为的力量,即当一个人获得他人的信任、赞美时,他便感觉获得了社会支持,从而变得自信、自尊,获得一种积极向上的动力,并尽力达到对方的期待,以避免对方失望,从而能够持续获得信任与赞美。西南航空设置了各种各样的奖项来赞美与嘉奖员工,例如 Luv 奖、最佳配偶奖、美好心灵奖、创意与勇气奖、最佳培训奖、实话实说奖、年度最佳理发师奖以及最佳客户服务奖,品种繁多,几乎每个人都可以得到赞美与嘉奖,这样人们工作起来更加卖力,同时他们的成绩会更加优秀。另外,榜样的力量是无穷的。西南航空还会设置一些大奖项,奖励那些为公司做出突出贡献的员工,并激励其他员工仿效这种行为。例如,每隔一个月,西南航空就会奖励10~12名员工,以他们做榜样,来激励其他员工。每隔一年,还要奖励那些在公司工作超过15年、20年甚至25年的员工,感谢他们对公司的忠诚、热爱与奉献,激发其他员工的忠诚感。

此外，管理者还可以采取一些其他管理措施激励员工，以提高其积极性。如财务透明式管理，即组织向全体员工公开其财务报表的一种激励方式。财务透明式管理的目的是让员工像雇主一样思考，看到他们的决策对于财务状况的影响，通过这些信息的共享，员工理解了他们的努力以及业绩与企业经营效果之间的联系。员工表彰计划，即对工作表现出色的员工给予关注、表扬、宣传和感谢的计划。员工表彰计划可以采取许多不同的形式对优秀员工进行奖励。业绩工资制，即根据业绩指标计算员工报酬的非固定薪酬制度。业绩工资制不是按照一个人的工作时间来支付报酬，而是根据某种绩效标准来调整报酬的多少。

激励是决定个体绩效的因素之一，管理者要按照员工的不同类型，利用各种手段和方法持续不断地激励员工，这样员工才能获得连续的动力，才会使得他们持续地创造更高的工作绩效。然而简单、普遍适用的激励方案并不存在，因此在激励员工的工作过程中，管理者需要注意以下几点内容：①了解个体差异。几乎所有的现代激励理论都认为员工是不同的，存在个体差异，他们有不同的需要，在观念、个性以及其他重要的个体变量方面也是不同的。②人岗匹配。许多事实表明将合适的员工放在合适的岗位上就可以起到激励的作用，员工缺乏工作所需的技能将使其处于不利地位，影响其工作积极性。③运用目标。确保员工的目标明确并具有挑战性，对他们在完成目标方面的情况提供反馈，同时，这些目标应该由员工参与制定。④确信目标是可以实现的。无论目标实际上是否可以达到，如果员工认为目标无法达到，其努力程度就会降低。因而管理者必须保证员工充满自信，让他们感到只要更加努力，就可以实现绩效目标。⑤报酬差别化。由于每位员工的需要不同，因此对某人有效的激励措施可能并不适用于其他人。管理者应当根据员工的差异对他们进行个别奖励和给予报酬，奖酬措施包括加薪、晋升、授权、参与目标的设定和决策的机会等。⑥报酬与绩效挂钩。报酬应该与绩效相关，对绩效之外的其他因素进行奖励只能强化非绩效因素。加薪、晋升等奖励应该给予那些达到特定目标的员工。⑦检查系统的公平性。员工的报酬或所得应与其投入（付出）相当，经验、能力、努力和其他明显的投入应当能解释在工资、岗位职责和其他明显结果上的差异。⑧不要忽视钱的因素。当我们专心考虑设定目标、设计有趣的工作、提供参与的机会等因素时，很容易忘记金钱是大多数人从事工作的主要原因。因此，基于绩效的加薪、计件工作奖励、员工持股计划以及其他的薪酬奖励在激励员工上起着非常重要的作用。

在激励员工的工作中，管理者需要进一步明确每一个员工在组织中的作用，向他们阐明他们的努力怎样能够对改善公司的整体状况做出贡献。另外，保持信息渠道畅通，利用高层管理者和员工之间的双向交流缓和恐惧，表达关心。采取任何行动的关键都是继续表明公司对员工的关心。公司的价值来源于受到激励而在其中工作的员工，管理者必须给员工一个他们想继续留下来努力工作的理由。

> **现代管理工具**
>
> **员工忠诚度调查**
>
> 　　员工忠诚度(敬业度)调查(Employee Engagement Surveys)测量员工是否充分投入并对他们的工作和公司充满热情。在智力和情感上敬业的员工可以帮助创造出满意的、更忠诚的客户,并改进公司业绩。员工忠诚度调查衡量员工对其工作、同事和组织的归属程度,这有助于确定他们是否愿意做超越其本职基本范围的工作。该调查可以被用来了解哪些因素对吸引员工的影响最大,还可以预测员工的留存率。员工忠诚度调查与客户忠诚度密切相关,并以相似的方式进行衡量。
>
> 　　员工忠诚度调查有助于公司识别并建立员工的优势和才能,并以此来获得竞争优势。管理者应该评估各种数据源,以了解影响忠诚度的关键驱动因素。主要的数据源通常包括匿名调查、员工建议、基于先前调查的预测建模、与各级员工的深入讨论以及社会媒体。参与的激励因素通常包括受工作、报酬、人际关系、价值观、任务、可持续性和工作环境影响的员工满意度。将关键的忠诚度激励因素转化为一项简短的调查,这项调查需尊重员工的时间,并得出最重要的见解。频繁地进行调查,以产生稳定的关于忠诚程度和改进想法的信息。确保员工忠诚度是一线管理者和员工自己的首要任务,通过可靠的程序来快速对反馈做出响应,制定出关键问题的解决方案。
>
> 　　公司通过员工忠诚度调查,给员工灌输一种使命感和自主权,以及与公司的紧密联系,培养出更有生产力、满足感和动力的员工。创造一个有安全感的环境,用合适的工具来进行公平的补偿。了解哪些投资会对员工的忠诚度产生最大的影响。通过提高员工忠诚度和整体业绩,来培养更多的具有满意度和忠诚度的客户。增加员工的留存率,减少人员流动和培训的成本。

第二节　领　　导

一、定义领导者与领导

(一) 什么是领导

　　领导是管理工作的一个重要职能。所谓领导(Leadership),就是指领导者带领、指导并影响人们去努力实现组织或群体目标的过程。管理的各种职能从根本上来说是为了保证组织既定目标的实现,因此需要对组织的各种要素和资源开展计划、组织、领导和控制等工作。人力资源作为组织最重要的资源,其运用在很大程度上能够直接或间接地决定组织目标的实现及其实现程度。领导职能则侧重于对组织中人的行为施加影响,因此,如何正确地领导组织成员、调动组织成员的积极性、实现领导与组织成员之间有效的信息沟通就成为管理的核心问题。

传统的观念认为：领导是上级组织赋予领导者一定的职位与权力，领导者通过运用这些法定的权力带领下属完成组织的任务，实现组织的目标，其核心是强调领导者的权力因素。而现代管理理论，特别是组织行为学理论则赋予领导一种全新的概念，即认为领导是指激励、引导和影响个人或组织，在一定的条件下，实现组织目标的行动过程。这一定义有以下含义：

第一，领导一定要与群体或组织中的其他人发生联系。这些人包括下属和组织中的其他成员，他们都甘愿服从或屈服于组织领导的权力而接受领导者的指导。

第二，权力在领导和其他成员中的分配是不平等的。领导者具有指导组织中其他成员活动的职权，而组织中其他成员却没有指挥领导者的权力。领导者的权力主要包括制度权、专长权和个人影响权。

第三，领导者能够对组织成员产生各种影响。领导者具有指导下属活动和影响下属思维的法定权力，不仅能够指导下属"做什么"，而且能够影响下属"如何做"。领导者能够通过影响被领导者，使其表现出某种符合组织期望的行为或做出贡献。领导的本质就是组织成员的追随与服从。正是这些下属和组织其他成员的追随与服从，才使领导人员在组织中的地位得以确定，并使领导过程成为可能。而下属和组织其他成员追随和服从某些领导人员指导的原因，就在于这些被他们信任的领导人员能够满足他们的愿望和需求，并巧妙地将组织成员个人愿望和需求的满足与组织目标的实现结合起来。这在很大程度上表明领导工作与沟通、激励工作密不可分，同时揭示了领导工作本身所包含的艺术性。

第四，领导的目的是影响被领导者为实现组织的目标做出努力，而不是更多地体现个人的权威。组织需要建立领袖的权威，但独裁的领导方式通常并不是最有效的领导方式。有效的领导者应当使被领导者在执行组织任务的过程中发挥其主动性和创造性。领导是一个有目的的活动过程，这一活动过程的成效取决于领导者、被领导者和环境三种因素，即领导 = f(领导者、被领导者、环境)。领导者是领导活动的主体，领导者必须有下属(被领导者)的追随和服从，没有下属的领导者谈不上领导。成功和有效的领导活动还取决于有利的环境因素，领导者必须依据组织内外的环境因素，因时、因人、因地制宜地开展领导活动。

从本质上而言，管理是建立在合法的职务权力基础上对下属的行为进行指挥的过程，领导则更多的是通过其个人的魅力和专长来影响追随者的行为，领导是一种影响力或者说是对下属施加影响的过程，这种影响力或这一影响过程，可以使下属自觉地为实现组织目标而努力。因此，领导者不一定是管理者，但管理者应该成为领导者。虽然管理者通过周密的计划、严密的组织、严格的控制，也能取得一定的成效，但若管理者在他们的工作中加入有效领导的成分，则收效会更大。由此可见，领导是有效管理的一个重要方面，管理学主要探讨的是管理者如何成为领导者。所以在本书中，领导者是指拥有管理职位并能影响他人行为的人。

组织的绩效是组织成员共同努力的结果。一个组织运营的绩效是由组织成员的各种行为决定的，而组织成员的工作和行为又会受到领导者及其领导行为的引导、调节与控制。从这个意义上说，领导者的行为决定着组织的绩效，特别是从事组织战略决策的高层领导者，不仅决定着组织运营的绩效，而且直接决定着组织的兴衰成败。因此，组织要生存并取得成功,就需要有效的领导。组织的领导者应当而且必须对组织的运营绩效负责,领导者的领导是否有效,取决于其组织的绩效——绩效是衡量领导者是否称职和才能大小的标准。这说明,作为组织的领导者,最重要的不是领导者的个人素质和才能,而是将个人的领导素质和领导才能转化成组织绩效的能力。一个有效的领导者能够影响其下属,使下属现有的技能、才智和技术水平得到更充分的发挥,从而使组织取得更高的绩效。

(二)领导的作用

领导活动对组织绩效具有决定性影响。在带领和指导下属为实现组织目标而努力的过程中,领导者要发挥指导、激励、协调和沟通的作用。

第一,指导作用。有人将领导者比作乐队指挥。一个乐队指挥的作用是通过演奏家的共同努力而形成一种和谐的声调和正确的节奏。由于乐队指挥的才能不同,乐队也会做出不同的反应。在组织的集体活动中,需要头脑清醒、胸怀全局、高瞻远瞩、运筹帷幄的领导者来帮助组织成员认清所处的环境和形势,指明活动的目标和达到目标的途径。领导就是引导、指挥、指导和先导,领导者应该帮助组织成员最大限度地实现组织的目标。领导者不是站在群体的后面去推动群体中的人们,而是站在群体的前列促使人们前进并鼓舞人们去实现目标。

第二,激励作用。组织由具有不同需求、欲望和态度的个体组成,因而组织成员的个人目标与组织目标不可能完全一致。领导的目的就是把组织目标与个人目标结合起来,引导组织成员满腔热情地为实现组织目标做出贡献。领导者为了使组织内的所有人都最大限度地发挥其才能,以实现组织的既定目标,就必须关心下属,激励和鼓舞下属的斗志,发掘、充实和加强人们积极进取的动力。

第三,协调作用。在组织实现其既定目标的过程中,人与人之间、部门与部门之间发生各种矛盾和冲突及在行动上出现偏离目标的情况是不可避免的。因此,领导者的任务之一就是协调各方面的关系和活动,保证各个方面都朝着既定的目标前进。

第四,沟通作用。领导者是组织的各级首脑和联络者,在信息传递方面发挥着重要作用,是信息的传播者、监听者、发言人和谈判者,在管理的各层次中起到上情下达、下情上述,以保证管理决策和管理活动顺利地进行。

(三)如何区分管理与领导

管理与领导是人们通常容易混淆的概念。事实上,领导职能与管理职能、领导者与管理者是既相互联系又相互区别。主要表现在:领导职能是管理职能的一部分,可以说管理职能的范围要大于领导职能;领导和管理活动的特点和着重点有所不同,领导活动侧重于对人的指挥和激励,更强调领导者的影响力、艺术性和非程序化管理,而管理活动更强调管理者的职责以及管理工作的科学性和规范性;如果把组织中的工作人员划分为管理人员和作业人员,则从理论上分析,管理者应当是一名领导者,不管他们处在什么层次,都或多或少地肩负着指挥他人完成组织活动的任务,但是另一方面,一个人可能是领导者,却并非是管理者,这是因为除正式组织外,社会上还存在形形色色的非正式组织,作为非正式组织的领袖,并没有得到上级赋予的职位和职权,也没有义务确立完善的计划、组织和控制职能,但是他们却能对其成员施加影响,起到激励和引导的作用,因此他们也可以称为领导者。

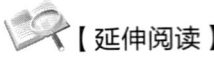【延伸阅读】

John P. Kotter. What Leaders Really Do. *Harvard Business Review*, May-June, 1990.

二、领导特质理论

在管理思想的发展史中,有很多关于领导的思考和研究,这些研究重点关注的是领导的有效性。人们对领导有效性的研究主要从三个方面进行,领导理论也相应地分为三大部分,即领导特质理论、领导行为理论、领导权变理论。

领导特质理论(Trait Theories of Leadership)是寻找领导者区别于非领导者的特性(特质)的领导理论,着重研究领导的品行、素质、修养,目的是说明优秀的领导者应具备怎样的素质。领导的素质有广义和狭义之分。狭义的素质通常是指对领导者先天的心理和生理特征的评价,如身高、天赋、智商以及气质等遗传性因素,而广义的素质则包括对领导者德、智、体方面因素的综合评估。

领导特质理论着重于研究领导者的个人特性对领导有效性的影响。领导者究竟应该具有什么样的素质?这些素质是来自先天还是后天?与组织所处的环境有无关系?这些问题历来就是管理学者争论和研究的重点。古代学者大多运用遗传观点来分析领导者的特性。古希腊哲学家亚里士多德就曾经说过:"人从出生之日起,就决定了他们是治人还是治于人。"持有这种观点的人,完全把领导者的素质说成是与生俱来的,带有强烈的唯心主义色彩。进入20世纪以来,对领导特质理论的研究有了深入的发展,学者们提出了许多不同的观点。

美国管理学家巴纳德认为,领导者应具有活力和持久力、决断力、说服力、责任感、知识和技能。

英国管理学家厄威克(Lyndall F. Urwick)认为,领导者应具有自信心、个性、活力、潜力、表达力、判断力。

美国行为科学家亨利(W. Henry)认为,一个成功的领导者应具备12种品质:成就需要强烈,他把工作成就看成最大的乐趣;干劲大,工作积极努力,希望承担富有挑战性的工作;用积极的态度对待上级,尊重上级,与上级关系较好;组织能力强,有较强的预测能力;决断力强;自信心强;思维敏捷,富于进取心;竭力避免失败,不断地接受新的任务,树立新的奋斗目标,驱使自己前进;讲求实际,重视当下;眼睛向上,对上级亲近而对下级较疏远;对父母没有情感上的牵扯;效力于组织,忠于职守。

美国管理学家埃德温·吉赛利(Edwin E. Ghiselli)在20世纪70年代提出影响领导效率的八种个性(品质)特征和五种激励特征。八种个性特征是:才智(语言与文字方面的才能);首创精神(开拓创新的愿望和能力);督察能力(指导和监督别人的能力);自信心(自我评价高、自我感觉好);适应性(善于同下属沟通信息、交流感情);判断能力(决策判断能力较强,处事果断);成熟程度(经验、工作阅历较为丰富);性别(男性与女性有一定的区别)。五种激励特征是:对工作稳定性的需要;对物质金钱的需要;对地位权力的需要;对自我实现的需要;对事业成就的需要。吉赛利对这些特征进行了科学的研究,具体分析了每个特征对领导者的领导行为的影响,并且指出了这些特征的相对重要程度。吉赛利的研究结果表明,一个有效的领导者:首先是才智和自我实现,以及对事业成功的追求等,这些特征对一个人能否取得事业的成功关系较大,而对物质金钱的追求、工作经验等则关系不大。其次,一个有效的领导者的监察能力和判断能力是十分重要的,是驾驭事业航程顺利前进所必不可少的。最后,男性与女性的区别与事业成功与否关系不大。

还有其他一些类似的研究,如吉伯(C. A. Gibb)的研究认为天才的领导者具有七项特性:智力过人;英俊潇洒;能言善辩;心理健康;外向而敏感;有较强的自信心;有支配他人的倾向。斯托格弟(Ralph M. Stogdill)发现了与领导才能有关的 5 种身体特征、4 种智能特征、16 种个性特征、6 种与工作有关的特征、9 种社会特征。

按照领导特质理论的观点,领导者之所以成为领导者,是由于他们具有与众不同的优秀品质和特殊能力,研究领导问题主要就是研究领导者应该具有哪些优秀品质和能力,并据此来培养、选拔和考核领导者。

人们所认为的素质主要是指对领导者德、智、体方面因素的综合评估。"德"是指人的品格因素,包括个性心理品质、伦理道德和政治品德。良好的个性心理品质表现为领导者的事业心、责任感、坚强的毅力、创新与开拓意识等,它是领导工作取得成功的首要条件。伦理道德表现为领导者能否正确地处理各种人际关系,严于律己,廉洁奉公,平等待人与可信赖性。领导者良好的道德观,能取得下属真诚的支持和拥护。政治品德表现为领导者在政治上能否与执政党、国家乃至高层领导在方针、政策、路线上保持一致,做不到这一点,就无法开展工作。"智"主要是指领导者能力素质,包括领导者的技术技能、人际技能和概念技能。技术技能是指领导者应该熟练掌握自身管辖区域内的本职业务,只有这样才能更好地开展工作,避免瞎指挥。人际技能是指领导者通过正确地处理各种人际关系,调动上下级的积极性。概念技能是指领导者的综合管理才能,包括决策能力、组织指挥能力、控制能力、协调能力等。一般认为处于基层的领导者,技术技能最重要,随着职务的升迁与领导范围的扩大,则应不断加强其人际关系和概念技能,而对高层领导者来说,其概念技能则显得更为重要。"体"是指领导者的身体素质,健康的体魄能确保领导者承担和完成各项管理任务,精力充沛地投入工作。

一些研究表明,某些个人品质与领导者有效性之间确实存在相互联系。例如一些研究发现领导者确实具有高超的才智、广泛的社会兴趣、取得成功的强烈欲望,以及对待员工的特别关心和尊重。另一些研究则发现个人的才智、管理能力、首创性、自信以及个性等,与领导的有效性有重要的关系,这些研究系统地分析了领导者所应具有的能力、品德、为人处事方式,向领导者提出了要求和希望。这些研究成果对我们培养、选择和考核领导者有很大帮助。

然而,随着研究的深入和实践的反馈,领导特质理论受到了各方面的异议。领导特质理论并未取得多大的成功,因为各研究者所列领导特性包罗万象,说法不一,而且互有矛盾。况且任何人都不可能具备所有这些特性,同时研究证明了:领导者并不一定都具有比被领导者高明的特殊品质,实际上他们与被领导者在个人品质上并没有显著的差异。并非所有的领导者都具备所有的品质,而许多非领导者也可能具备大部分这样的品质。此外,领导特质理论并不能使人明确一个领导者究竟应在多大程度上具备某种特性。

总而言之,许多管理学家发现,领导特质理论难以说明领导的有效性问题。于是自20世纪40年代之后,随着行为科学的兴起,对领导问题的研究重点转向了领导行为风格,形成了领导的行为理论。

管理现象观察

刘强东所创立的京东集团发展迅速,他打造了由数万人组成的配送力量,确保订单在中国超过130个区县实现当日送达。虽然公司上市后刘强东已经成为亿万富翁,但他依然充满亲和力并很"接地气",没有明星CEO的架子,每年抽出一天时间亲自为客户送货。

他是执着、敢拼的代名词,他做事的风格亦如名字强悍、直率。从中关村小柜台起步到成为中国收入规模最大的互联网企业的掌门人,他在互联网+的跑道上进行资本战略与远谋,随着京东成功登陆纳斯达克,他已完成了人生赢家的第一跨越!他是新一代商界领袖,他用事实证明,只有拼搏才能创造价值!

2014年,刘强东在中欧国际工商学院二十周年校庆特别活动"大师课堂"现场提出了针对消费品行业的"十节甘蔗"理论,即零售、消费品行业的价值链分为创意、设计、研发、制造、定价、营销、交易、仓储、配送、售后10个环节,其中前5个归品牌商,后面5大环节则归零售商。从长期来看,市场规律导致了行业和品牌的利润相对固定在一个合理的水平上。那么,如何在固定的利润水平上发掘更大的价值?京东的做法是"吃掉更多的甘蔗节数",即不只是做交易平台,还要将业务延伸至仓储、配送、售后、营销等其他环节。

2015年9月18日,刘强东受邀做了题为"互联网从业十二年思考"的内部分享。刘强东认为,"创造价值才能获得回报"是所有商业模式的基础。他提出:传统商业的价值和经济规律完全适用于互联网,任何一种互联网商业模式,如果不能够降低行业的交易成本,不能够提升行业交易效率的话,那么最后注定会失败。

2015年12月21日,刘强东做客"潘谈会",与潘石屹进行了一次深度的对话。刘强东总结12年的创业经历,得出了创业成功的"一托三"法则,即一支优秀的团队是基础,加上卓越的用户体验、低成本、高效率的运营,就能成就一个成功的商业模式。

2016年1月16日,在京东集团以"新经济,新秩序"为主题的年会上,刘强东提出:"京东始终重视商品的品质及用户的体验,并以品质、品牌、品商为核心,逐步建立互联网时代的新秩序和新规则,致力于让每个家庭对品质生活的追求触手可及。"中国经济未来的出路唯有走品质化、品牌化的道路,把质量放在第一位,扶持大量本土品牌,有了好的品牌,有了高溢价,企业才能得到利润,才可以给员工增加薪水,员工收入提高了才能买得起有品牌、高品质的产品,这样才能形成良性循环。

三、领导行为理论

领导行为理论(Behavioral Theories of Leadership)是寻找有效领导者区别于无效领导者的行为的领导理论,着重分析领导者的领导行为和领导风格对其组织成员的影响,目的是找出最佳的领导行为和风格。领导行为理论认为,领导是集体中的一种现象,领导就是领导者推动和影响集体成员或下属,引导他们的行为按领导者预期的方向发展,为共同的目标而努力。因此,它必然涉及领导者与其下属成员之间的相互关系,这就要求人们不仅考察领导者的个人特性,而且着重考察领导者的行为对其下属成员的影响,找出领导行为中的哪些因素在影响着下属成员的行为和集体的工作成效。也就是说,领导的作用是通过领导者的特定行为表现出来的,因而应把研究的重点转到领导行为上来。

(一) 勒温理论

关于领导风格的研究最早是由美国艾奥瓦大学的研究者、著名心理学家勒温(Kurt Lewin)和他的同事们进行的,他们通过各种实验和研究,将领导者在领导过程中表现出来的工作风格分为专制式、民主式和放任式三种基本的领导方式。

1. **专制式领导**

这种领导方式主要是靠权力和强制命令进行管理。其主要特点是:独断专行,从不考虑别人的意见,完全由领导者自己做出各种决策;从不把任何消息告诉下属,下属没有任何参与决策的机会,只能奉命行事;主要靠行政命令、纪律约束、训斥惩罚来维护领导者的权威,很少或只有偶尔的奖励;领导者预先安排一切工作程序和方法,下属只能服从;领导者与下属保持相当的心理距离,没有感情交流。

2. **民主式领导**

这种领导方式的主要特征是对将要采取的行动和决策同下属商量,并且鼓励下属参与决策。这种领导方式的具体特点是:各种决策都是由领导者和下属共同协商讨论决定的,决策是领导者和其下属共同智慧的结晶;分配工作时,尽量照顾到组织每个成员的能力、兴趣和爱好;对下属工作的安排并不具体,个人有相当大的工作自由,有较多的选择性与灵活性;主要运用个人权力和威信,而不是靠职位权力和命令使人服从;领导者积极参加团体活动,与下属无任何心理上的距离。

3. **放任式领导**

实行这种领导方式的领导者的主要特点是极少运用其权力,而是给下属以高度的独立性。放任式领导者采取的是无政府主义的领导方式,对工作和团体成员的需要都不重视,无规章、无要求、无评估,工作效率低,人际关系淡薄。

勒温等人试图通过实验决定哪种领导风格是最有效的。他们分别将不同的成年人训练成为具有不同领导风格的领导者,然后让这些人充当青少年课外兴趣活动小组的领导,让他们主管不同的青少年群体。进行实验的青少年群体在年龄、人格特征、智商、生理条件和家庭社会经济地位等方面进行了匹配,也就是说,几个不同的实验组仅仅在领导者的领导风格上有所区别。这些青少年课外兴趣活动小组进行的是手工制作的活动。结果发现,放任式领导者所领导的群体的绩效低于专制式和民主式领导者所领导的群体;专制式领导者所领导的群体与民主式领导者所领导的群体工作数量大体相当;民主式领导者所领导的群体的工作质量与工作满意度更高。

基于这个结果,勒温等研究者最初认为民主式领导风格似乎会带来良好的工作质量和数量,同时群体成员的工作满意度较高,因此,民主式领导风格可能是最有效的领导风格。但遗憾的是,研究者们后来发现了更复杂的结果。民主式领导风格在有些情况下会比专制式领导风格产生更好的工作绩效,而在另外一些情况下,民主式领导风格所带来的工作绩效可能比专制式领导风格所带来的工作绩效低或者仅仅与专制式领导风格所产生的工作绩效相当,而关于群体成员工作满意度的研究结果则与以前的研究结果相一致,即通常在民主式领导风格下,成员的工作满意度会比在专制式领导风格下的工作满意度高。

以上三种领导方式的领导特点明显存在差异,勒温等人根据实验得出一般结论:放任式领导方式工作效率最低,只能达到组织成员的社交目标,但完不成工作目标;专制式领导方式虽然通过严格管理能够达到目标,但组织成员没有责任感,情绪消极、士气低落;民主式领导方式工作效率最高,不但能够完成工作目标,而且组织成员之间关系融洽、工作积极主动、有创造性。

(二) 利克特的四种领导基本方式

以伦西斯·利克特(Rensis Likert)为代表的美国密歇根大学社会调查研究中心,从1947年开始,通过对大量企业的调查访问和长期研究,归纳出领导行为方式的四种类型,这些研究成果后来写进了《管理的新模式》(1961)和《人群组织》(1967)两部著作中。他们的研究成果通常被称为"密歇根研究"。

1. 专制—权威式

领导者非常专制。这种领导方式的特征是:权力集中于最上层,上级对下属没有信心、缺乏信任,下属根本不能参与决策,也没有任何发言权,下属对组织目标没有责任感,组织内部几乎不存在相互协作关系;上级经常以威胁、恐吓、惩罚以及偶尔的奖赏来激发下属人员的工作意识;沟通采取自上而下的方式。

2. 开明—权威式

采用这种领导方式的领导者对下属有一定的信任和信心。特点是:领导者仍然是专制的,但采取了家长制的恩赐式领导方式;权力控制在最上层,但也授予中下层部分权力;领导人对下属有主仆之间的那种信赖关系,一般员工都不参与决策,但有时也能听取他们的某些意见;下属人员对组织目标几乎没有责任感,组织中极少有相互协作的关系;运用奖励和有形、无形的惩罚等手段调动下属人员;有一定程度的自下而上的沟通。

3. 协商式

这种领导方式的领导者对下属报有相当大但并不是完全的信任。特征是:沟通是上下双向的,但重要问题的决定权仍掌握在自己手中,下属只能对某些特定的问题参与决策;大部分组织成员,尤其是上层人员对组织目标具有责任感;主要运用奖励,偶尔也运用惩罚手段激励下属人员。

4. 群体参与式

在一切问题上,领导对下属人员都能完全信任。特点是:上下级之间对工作问题可以自由地交换意见,上级都尽力听取和采纳下属人员的意见,组织内形成了紧密的协作关系;以参与决策、经济报酬、自主地设定目标并自我评价等手段来调动下属人员,因而组织的各类成员对组织目标都具有真正的责任感,实行集体参与、自我管理。

根据利克特的研究,由于员工参与管理的程度不同,以及在实践中相互支持程度的不同,生产率高的企业大都采取群体参与式的领导方式,生产率低的企业则大都采取专制—权威式的领导方式。因此,利克特主张,采取专制—权威式、开明—权威式的领导方式应向协商式和群体参与式的领导方式转变。他认为,领导者的职责在于,要使每个成员都能在组织中真实地感受到尊重和支持,上下级之间形成相互信任、相互支持的关系,建立有效的协作,真心实意地让职工参与管理,以充分发挥他们的智慧和潜力,并保证决策得到迅速的贯彻实施,共同努力实现组织的目标。这时,群体的所有成员包括主管人员在内都形成一种相互支持的关系。在这种关系中,所有成员感到在需求、愿望、目标与期望方面有真正的共同利益。因此,以利克特为首的"密歇根研究"又称为"支持关系理论"。

(三)斯托格弟和沙特尔的领导行为四分图理论

1945年美国俄亥俄州立大学的工商企业研究所在罗尔夫·M.斯托格弟和卡罗·L.沙特尔(Carroll L. Shartle)两位教授的领导下,开创了领导行为的研究。他们首先提出了1 000多项标志领导行为特征的因素,然后经过反复筛选、归纳,最后概括为"抓工作组织"和"关心人"(体贴)两大主要因素。

"抓工作组织"的内容包括设计组织结构,明确职责、权力,确定工作目标和要求,制定工作程序、方法和规章制度,给下属成员分配任务,等等。总之,"抓工作组织"是要求领导者运用组织手段,通过确定目标、分配任务、制定政策和措施,使其下属成员的行为纳入预定的轨道,以严密的组织和控制来提高工作效率。

"关心人"的内容包括倾听下属成员的意见和要求,注意满足下属的需要,以友好、平易近人的态度对待下属等。总之,"关心人"要求领导者与其下属成员之间建立友谊、信任、体谅的关系,以良好的人际关系来调动员工的积极性。

"抓工作组织"和"关心人"这两个因素不是互相排斥的,只有将二者结合起来,才能实现有效的领导。这两种因素可以有多种结合方式,形成不同的领导行为类型,如图4-9所示。大量研究发现,一个在"抓工作组织"和"关心人"方面均强的领导者,常常比其他三种类型的领导者更能使下属达到较高的绩效和较高的满意度。但需要注意的是,强"抓工作组织"和强"关心人"型领导者并不总是能产生积极的效果。比如,当工人从事常规任务时,以强"抓工作组织"为特点的领导行为更可能导致员工的抱怨、缺勤和离职。其他研究

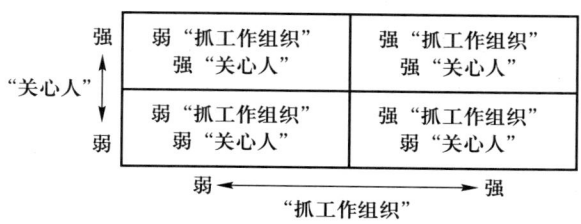

图4-9 俄亥俄州立大学的领导行为四分图

还发现,直接上级主管对领导者进行的绩效评估等级与强"关心人"呈负相关关系。

总之,俄亥俄州立大学的研究说明,一般来说,强"抓工作组织"和强"关心人"型领导风格能够产生积极效果,但同时发现了足够的特例表明这一理论还需要加入情境因素来解释领导的有效性。

(四)管理方格理论

在俄亥俄州立大学提出的领导行为四分图的基础上,美国得克萨斯大学教授布莱克(Robert R. Blake)和穆顿(Jane S. Mouton)在他们的《管理方格》一书中提出了管理方格(Managerial Grid)理论。他们将对生产的关心和对人的关心这两个方面的程度各划分为九等分,1代表关心程度最小,9代表关心程度最大,交叉形成81个方格。每一方格代表对生产的关心和对人的关心这两个方面以不同程度结合的不同的管理方式,如图4-10所示。

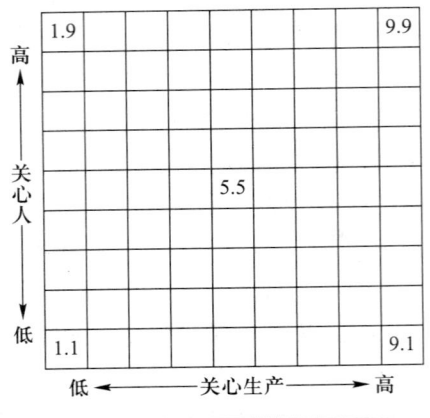

图 4-10 管理方格图

布莱克和穆顿在管理方格图中列出了五种典型的领导行为方式:

1.1 为贫乏式管理,采取这种领导方式的管理者希望以最低限度的努力来完成组织的目标,管理者对员工和生产都极不关心,领导效果最差。

1.9 为乡村俱乐部式的管理,管理者充分注意搞好人际关系,注意对职工的支持与体谅,以创造一个舒适的、友好的组织气氛和工作环境,但对工作效率和规章制度、指挥监督很少关心。

9.1 为任务式管理,管理者的注意力集中于任务的效率,但不关心人的因素,对下属的士气和发展很少注意。在安排工作时,尽量把人的因素的干扰减少到最低限度,以追求高效率。

9.9 为团队式管理,管理者对生产和人都极为关心,努力协调各项活动,生产任务完成得好,职工关系和谐、士气旺盛,职工个人目标与企业目标相结合,形成一种团结协作的管理方式。

5.5 为中间式管理,对人和生产都有适度的关心,保持完成任务和满足职工需要之间的平衡,追求正常的效率和令人满意的士气,都过得去又不突出,倾向于维持现状。

管理方格理论对于培养有效的管理者是有用的工具,它提供了一个衡量管理者所处领导形态的模式,使管理者较清楚地认识到自己的领导方式,并指出改进的方向。但上述五种典型的领导方式仅仅是理论上的概括,在实际工作中,很难出现这样一些特殊的领导方式。

到底哪一种领导方式最佳呢?布莱克和穆顿组织了许多研讨会,参加者绝大部分人认为9.9型最佳,但也有不少人认为9.1型最佳,还有人认为5.5型最佳。后来布莱克和穆顿指出,哪种领导方式最佳要看实际工作情况,最有效的领导方式不是一成不变的,要依情况而定。

领导者倾向于采用何种领导方式,往往与他们对人性的认识有关,也要视具体的工作环境而定。领导者在紧急状态下可能是十分专断的,如在有火灾发生的情况下,消防队长很难花更长的时间同消防队员商量灭火的最好方式;同科研人员打交道的领导者则可能在研究过程中给科研人员以更充分的自由。

> **案例讨论**
>
> 优秀的领导者应该具有什么样的素质或行为风格？许多公司一直在寻求这一问题的答案。有些公司有自己的领导力开发项目，也有一些公司从其外部寻求优秀的领导者。一家生产化工产品的跨国公司的香港亚太地区办事处在寻求优秀领导者方面结合了上述两种方法。
>
> Christopher Yim，作为亚太地区办事处总经理，管理着超过1 000名员工。Yim是一个要求很高的人，总是设置具有挑战性的目标。一旦他做出了决定，就会立即与他的员工进行沟通，并希望他们努力工作，把工作做好。Yim认为自己是一个非常能干的人，他期望他的员工同样如此。因此，他相信员工能够提供给他期望的结果。一旦清楚地向员工传达了他的决定，Yim就会将任务授权给他们，几乎不提供任何指导。如果员工不能完成分配给他们的任务，Yim会查找原因并通过分享在该领域他自己的经验和知识给予员工帮助。与他共事的员工都感受到了Yim对工作的激情。Yim通过花更多的时间陪伴员工来支持他们的工作，并确保员工有完成任务所必需的资源。他对员工的成绩给予认可，并通过晋升和加薪的形式给员工提供奖励。
>
> "Christopher非常苛刻。他要求我们以最快的速度提供结果。有时候我感觉到很多来自他的压力。不过，我尊重他，因为他真的有激情和精力去完成他想要的东西。受其影响，我对我的工作也充满激情。"Yim的一名员工说道。
>
> 公司拥有一系列的领导力开发项目，以迎合不同层次人员的需求。一些项目为基层管理者提供软技能培训。来自世界各地不同区域办事处的高级管理人员会参加全球领导力培训项目，在该项目的培训中包含对公司愿景和使命的阐述，以及分享各区域办事处管理层管理员工的经验。培训师据此确定公司那些最成功的领导者所展现出来的共同特质并形成一个有效领导者的图像。Yim在培训会后被认为是最成功的领导者之一。
>
> 请结合上述资料从领导素质和行为视角分析Yim的管理工作。如果你是Yim，你会如何进一步完善自己的领导工作？

四、领导权变理论

20世纪60年代之后，管理研究中出现了领导的权变理论或情境理论。领导权变理论（Contingency Theories of Leadership）着重研究影响领导行为和领导有效性的环境因素，目的是说明在什么情况下，哪一种领导方式才是最好的。该理论认为，领导行为的有效性不单单取决于领导者的个人行为，某种领导方式在实际工作中是否有效更主要取决于具体的领导情境和场合。从领导权变理论来看，没有最好的领导模式，只有最合适的领导模式。领导是一种动态的过程，其有效性将随着被领导者的特点和领导环境的变化而异。领导权变理论是在领导的特质理论和行为理论的基础上发展起来的。

(一) 领导行为连续统一体理论

1958年,坦南鲍姆(Robert Tannenbaum)和施米特(Warren H. Schmidt)在《哈佛商业评论》杂志上发表了《怎样选择一种领导模式》一文,提出了领导方式的连续统一体理论。他们认为,并不存在一种固定的理想领导模式,在领导者与下属的关系中,究竟应当给予下属多少参与决策的机会,是采取专制式更好一些,还是采取民主式更好一些,取决于多种相关因素,因而要采取随机相宜的态度。在专制式和民主式两种极端的领导方式中间,存在许多种过渡型的领导方式,这些不同的领导方式构成领导行为的连续统一体,如图4-11所示。

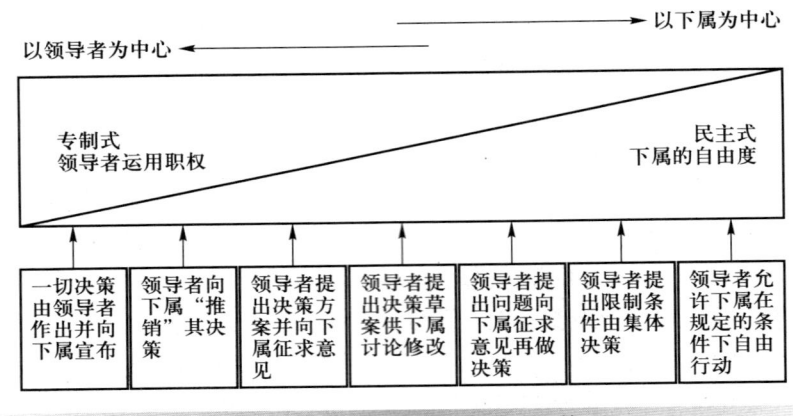

图4-11 领导行为的连续统一体

从图4-11中可以看出,领导者的领导行为或作风有多种选择,其中有两种极端类型的领导作风:一种以领导者为中心(在连续统一体的左边),这样的领导者具有独裁的领导作风,往往自己决定所有的政策,对下属保持严密的控制,只告诉下属他们需要知道的事情并让他们完成任务;另一种以下属为中心(在连续统一体的右边),这样的领导者具有民主的领导作风,允许下属对所从事的工作有发言权,不采取严密的控制,鼓励下属参与决策、自我管理。从左到右领导者行使越来越少的职权,而下属人员得到越来越多的自主权。模型中列举了七种有代表性的领导风格。

领导行为的连续统一体理论描述了从以领导者为中心到以下属为中心的一系列领导方式的转化过程,这些方式因领导者授予下属的权力大小的差异而不同,这一理论很好地说明了领导风格的多样性和领导方式所具有的因情况而异或随机制宜的性质。

坦南鲍姆和施米特认为,对上述七种领导方式,不能说哪一种总是正确的,或哪一种总是错误的。人们究竟应当采取哪一种领导方式,不能一概而论,应主要考虑以下三个方面的相关条件而定:①领导者方面的条件。包括领导者自己的价值观念、对下属的信任程度、领导个性(是倾向于专制的还是倾向于民主的)等。②下属方面的条件。包括下属人员独立性的需要程度,是否愿意承担责任,对有关问题的关心程度,对不确定情况的安全感,对组织目标是否理解,在参与决策方面的知识、经验、能力等。③组织环境方面的条件。包括组织的价值标准和传统、规模，集体的协作经验，决策问题的性质及其紧迫程度等。

总之，必须全面考虑以上各方面的条件，以确定一种适当的领导方式。但是，有人也批评这个模型只是描述性的，对实际工作没有很大的帮助。

(二) 费德勒模型

美国管理学家弗雷德·费德勒（Fred E. Fiedler）在大量研究的基础上提出了有效领导的权变模型（Fiedler Contingency Model），他认为普遍适用于各种情景的领导模式并不存在，任何领导方式均可能有效，其有效性完全取决于领导方式与所处环境是否适应，即有效的群体绩效取决于下属相互作用、领导者风格、情景以及下属状况对领导者的影响程度间的合理选择。这是一个较全面的领导权变理论。

费德勒认为，影响领导成功的关键因素之一是领导者的基本风格。费德勒以一种被称为"你最不喜欢的同事"（Least-preferred Co-worker，LPC）的调查问卷来反映和测定领导者的领导风格。他把领导方式分为两大类：以人为主（关系导向）和以工作为主（任务导向）。一个领导者如对其最不喜欢的同事仍能给予较高的评价，那说明他关心人，对人宽容、体谅，提倡人与人之间的友好关系，是宽容型的关系导向型领导者，有民主式的领导风格，他的LPC值就较高；如果对其最不喜欢的同事给予很低的评价，则是以工作任务为中心的领导者，领导风格是专制型的，惯于命令和控制，他的LPC值就较低。

费德勒把领导的环境具体化为三种情景因素：①领导者与下属的关系。指领导者与其组织成员的关系。如果双方高度信任、互相尊重、互相支持和友好，则相互关系是好的；反之则是差的。②任务结构。指组织工作的程序化、明确化的程度，如工作的目标、方法、步骤等是否清楚，有无含糊不清之处等。如果工作是例行性的、明确和容易理解以及有章可循的，则任务结构属于明确的或高的。③职位权力。指领导者的职位所能提供的权力和权威是否明确、充分，在上级和整个组织中所得到的支持是否有力，对雇佣、解雇、纪律、晋升和报酬等的影响程度的大小等。

费德勒将三个环境变量组合成八种情况，对1 200个团体进行了观察，收集了将领导风格与工作环境情况关联起来的数据，得出了在各种不同情况下的有效领导方式。其结果如图4-12所示。

费德勒认为，对于各种领导情景而言，只要领导风格能与之适应，都能取得良好的领导效果。在对领导者最有利和最不利的情况下（例如Ⅰ、Ⅱ、Ⅲ、Ⅶ、Ⅷ），采用任务导向型领导方式，其效果较好；在对领导者中等有利情况下（例如Ⅳ、Ⅴ、Ⅵ），采用关系导向型领导方式，效果较好。另外，领导行为与领导者的个性是相联系的，所以领导者的风格是稳定不变的。要提高领导有效性的方法仅有两条途径：替

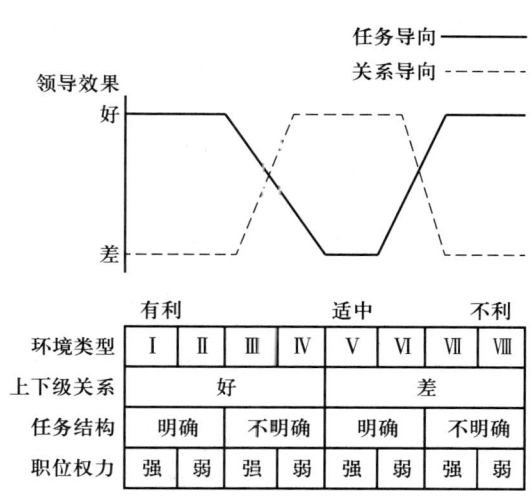

图4-12 费德勒模型图

换领导者以适应环境,或改变环境以适应领导者。

费德勒主张,提高领导的有效性应从两方面着手:一是先确定某工作环境中哪种领导者工作起来更有效,然后选择具有这种领导风格的管理者担任领导工作,或通过培训使其具备工作环境要求的领导风格;二是先确定某管理者习惯的领导风格,然后改变他所处的工作环境(在上下级关系、任务结构、职位权力等方面做些改变),使新的环境适合领导者自己的风格。同时,费德勒认为,第一种方法是传统的人员招聘和培训方式,而第二种方法(按照管理者自己固有的领导风格分配他们担任适当的领导工作)可能比第一种方法(让管理者改变自己的领导作风以适应工作)更容易做得到。这说明,通过组织设计和变革(改变组织环境)可能成为一种非常有用的工具,使得管理阶层的领导潜能得以更充分地利用和发挥。

【延伸阅读】

F.E. Fiedler. *A Theory of Leadership Effectiveness*. New York: McGraw-Hill, 1967.

(三)情境领导理论

情境领导理论(Situational Leadership Theory)也称为领导生命周期理论,由美国管理学家科曼(A. K. Korman)于 1966 年首先提出,后经赫塞(P. Hersey)和布兰查德(K. Blanchard)加以发展而形成。赫塞和布兰查德认为,领导的有效性取决于工作行为、关系行为和下属的成熟程度。在领导有效性的研究中之所以重视下属,是因为不管领导者做什么,其有效性都取决于下属的行为,是下属决定接受还是拒绝领导者,而很多领导理论都忽视或低估了这一因素的重要性。从这一点来看,该理论是一个重视下属的权变领导理论。该理论认为有效的领导风格应随下属成熟度的变化而变化。

情境领导理论以领导行为四分图理论和管理方格理论为基础,同时结合了克瑞斯·阿吉瑞斯的"不成熟—成熟理论"。该理论在前二者二维结构的基础上,又加上了成熟度这一因素,形成了一个由工作行为、关系行为和成熟程度组成的三维结构,如图 4-13 所示。

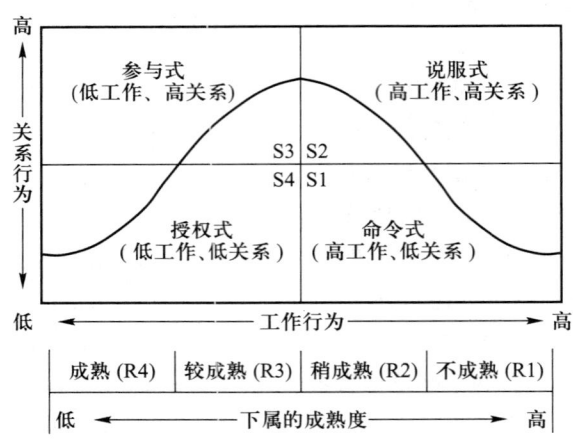

图 4-13 情境领导理论模型

其中，工作行为是指领导者和下属为完成任务而形成的交往形式，代表领导者对下属完成任务的关注程度；关系行为是指领导者给下属以帮助和支持的程度；成熟度是指人们对自己的行为承担责任的能力和意愿的大小。成熟度包括两个要素：工作成熟度和心理成熟度。工作成熟度指一个人的知识和技能，如果一个人拥有足够的知识、能力和经验完成他的工作任务而不需要他人的指导，则其工作成熟度就高，反之则低。心理成熟度指一个人做某事的意愿和动机，如果一个人能自觉地去做某事而无须太多的外部激励，则其心理成熟度就高，反之则低。

由工作行为和关系行为相组合形成四种情况，对应着四种领导方式：

（1）高工作低关系——命令式S1。领导者对下属的工作进行详细、具体的指导，告诉下属应该做什么、怎么做、何时做、何地做等，强调直接指挥。

（2）高工作高关系——说服式S2。领导者既给下属以一定的指导，又注意保护和鼓励下属的积极性。

（3）低工作高关系——参与式S3。领导者与下属就工作问题共同决策，领导者着重为下属提供便利条件和支持，搞好协调沟通。

（4）低工作低关系——授权式S4。领导者提供极少的指导或支持，授予下属一定的权力，由下属自己独立地开展工作，完成任务。

同时，赫塞和布兰查德又把下属按成熟度分为四个等级：

（1）不成熟R1。下属对工作任务缺乏接受的意愿和承担的能力，既不能胜任工作又不被信任。

（2）稍成熟R2。下属愿意承担工作任务，但缺乏足够的能力，他们有积极性，却没有完成任务所需的技能。

（3）较成熟R3。下属有能力完成工作任务，但却没有动机，不愿去做。

（4）成熟R4。下属既有能力又愿意去做领导者分配给自己的工作。

赫塞和布兰查德认为，随着下属从不成熟走向成熟，领导者不仅可以逐渐减少对工作的控制，而且可以逐渐减少关系行为。当下属不成熟（R1）时，领导者必须给予下属明确而具体的指导以及严格的控制，需要采取高工作低关系的行为，即命令式（S1）领导方式；当下属稍微成熟（R2）时，领导者需要采取高工作高关系的行为，即说服式（S2）领导方式，高工作行为可以弥补下属能力上的不足，高关系行为可以保护、激发下属的积极性，给下属以鼓励，使下属领会领导者的意图；当下属比较成熟（R3）时，由于下属能胜任工作，但却没有动机，或不愿意领导者对他们有过多的指示和约束，因此领导者的主要任务是做好激励工作，了解下属的需要和动机，通过提高下属的满足感来发挥其积极性，宜采用低工作高关系的行为，即参与式（S3）领导方式；当下属成熟（R4）时，由于下属既有能力又愿意承担工作、担负责任，因此领导者可以只给下属明确目标、提出要求，由下属自我管理，此时可采用低工作低关系的行为，即授权式（S4）领导方式。

总之，情境领导理论揭示出，随着下属成熟度的提高，领导者应相应地改变自己的领导方式。从另一方面来说，对于不同成熟程度的下属，领导者应该采用不同的领导方式。

情境领导理论实际上是科曼通过父母对子女在不同的成长时期所采取的不同管理方式

类比而来的：①当人处在儿童时期，一切都需要由父母照顾和安排，此时父母的行为是高工作低关系。在这里要注意，疼爱不是高关系，高关系涉及尊重、信任、自立、自治等。②当孩子进入小学和初中时，父母除安排照顾外，必须给孩子以信任和尊重，增加关系行为，即采取高工作高关系。③当孩子进入高中和大学时，他们逐步要求独立，开始对自己的行为负责，此时父母过多的安排照顾在孩子心中变成了干预，因此应采取低工作高关系。④当孩子成人走向社会、成家立业以后，父母即开始采取低工作低关系的行为。在组织中，随着下属成熟度的提高，领导者对下属的管理也表现出类似的规律。由此，可以更好地理解、掌握该理论。

情境领导理论告诉我们，领导的有效性在于把组织内的工作行为、关系行为和下属的成熟度结合起来考虑，随着下属从不成熟走向成熟，领导行为也要作出调整以保持有效性。

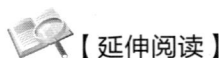【延伸阅读】

P. Hersey and K.H. Blanchard. So You Want to Know Leadership Style？*Training and Development Journal*, February 1974, 1-15.

（四）领导者参与模型

领导者参与模型（Leader-Participation Model）最初是由弗鲁姆和耶顿（P. Yetton）提出的。该模型的目的是用于决定管理者在解决某些问题时，让下属参与的时机和参与的程度。这一模型试图确定出适合某些特定环境和情景的领导方式，这些不同的领导方式是由下属参与决策的程度决定的。该理论强调在各种决策活动中允许下属参与，因此它也为决策包括下属参与决策确定了标准和准则。

该模型认为，决策的有效性可用决策的质量和决策被接受程度来衡量。决策的质量客观上影响了下属的绩效，而下属对决策的接受程度又将影响他们对此决策的执行和负责任程度。为了提高决策效果，领导者需要根据七种不同的权变因素问题确定其所面对的决策情境，然后在五种可供选择的领导方式中进行选择。五种领导方式具体如表 4-1 所示。

表 4-1　领导者参与模型中的五种领导风格

决策方式（领导方式）	定义
独裁方式 Ⅰ（A1）	领导者独自作决定
独裁方式 Ⅱ（A2）	领导者向下属取得资料，然后独自作决定，下属不一定被告知决策情况
协商方式 Ⅰ（C1）	领导者以个别接触的方式，让下属了解情况，征求下属的意见并获取信息，再由管理者自行作出决定
协商方式 Ⅱ（C2）	领导者和下属一起讨论问题，征求集体的意见和建议，但决定仍由管理者作出
集体决策方式（G）	领导者和下属共同讨论问题，一起提出并评估各备选方案，最后由集体决定

领导者在决定采用哪一种领导方式时，可以通过对下述七种不同权变因素问题的回答（是或否）确定具体决策情境，以此决定领导者合适的领导风格：

第一,此决策是否有质量上的要求?如果有此要求,则领导者应当寻求提供一个能够达到所需质量的方案。

第二,是否有足够的信息作出高质量的决策?如果没有,让下属在一定程度上参与显然是合适的。

第三,决策是否明确需要哪些信息以及如何获得?

第四,下属是否接受决策对有效地执行此决策很重要吗?如果是肯定的,那么就应当让下属更多地参与决策。

第五,下属对领导者单独作出决策的接受程度如何?如果是否定的,那就应当让下属更多地参与决策。

第六,下属是否明确此决策与实现组织目标的联系?

第七,如果采用所选的方案,在下属中是否会引起矛盾?

前三个问题主要是针对如何确保决策的质量提出的,而后四个问题则强调下属对决策的接受程度。弗鲁姆和耶顿认为,对上述七个问题的不同回答可组合成各种情景,运用决策树的方法可相应地选择各种领导决策方式,其中,A1、A2 为集权方式或称独裁方式,C1、C2 为协商方式,G 为集体决策方式。在近期的研究中,弗鲁姆和亚戈(A. Jago)又对上述模型进行了修订,修订模型中五种领导方式没有改变,但是将权变因素由原来的 7 个问题扩展到了 12 个,具体包括决策的重要性、下属承诺的重要性、领导者是否有足够的决策信息、决策问题的结构化程度、独裁式决策能否获得下属的支持、下属是否认同组织目标、下属对决策方案是否有冲突、下属是否有决策所需的必要信息、时间限制、成本限制、快速决策的重要性、培养下属决策技能的重要性。领导者参与模型进一步表明了有关领导理论的研究应该更多地关注领导情境而非领导者个人,谈论专制式或参与式的领导情境比专制式或参与式的领导者更有意义。

(五)途径—目标理论

途径—目标理论(Path-Goal Thoery)是由加拿大多伦多大学教授罗伯特·豪斯(Robert J. House)等人提出的。该理论的基本观点是:领导者的工作实质就是帮助下属达成他们的目标,并提供必要的指导和支持以确保下属的目标与组织的目标一致。途径—目标理论认为,领导者是使下属获得更好的激励、更高的满意程度和工作成效的关键人物,提出领导的主要职能是为下属在工作中获得满足需求的机会,使下属清楚哪些行为能导致目标的实现并获得价值及奖励,简而言之,领导者应为下属指明达到目标的途径,具体如图 4-14 所示。

途径—目标理论是以期望理论和领导行为四分图理论为依据建立起来的。该理论将领导行为分为四种类型:

第一,指令型领导方式。这种类型的领导者发布指示,明确告诉下属做什么、怎样做。决策完全由领导者作出,下属不参与。

第二,支持型领导方式。这种类型的领导者考虑下属的需要,努力营造愉快的组织气氛,当下属受挫和不满意时,能够对下属的业绩产生很大的影响。

第三,参与型领导方式。这种类型的领导者在做出决策时征求、接受和采纳下属的建议,允许下属对领导决策施加影响,并以此来提高激励效果。

第四,成就导向型领导方式。这种类型的领导者设置富有挑战性的目标,希望下属最大限度地发挥潜力,对下属能够达到这些目标表示出信心。

对于一个领导者来说,没有什么固定不变的领导方式,领导者需要根据不同的环境选用适当的领导方式来取得最佳的领导效果。途径—目标理论提出两类环境因素:下属的特点,如下属受教育的程度,下属对于参与管理、承担责任的态度,下属对自身独立自主性的要求程度等;工作环境的特点,包括任务结构、正式职权

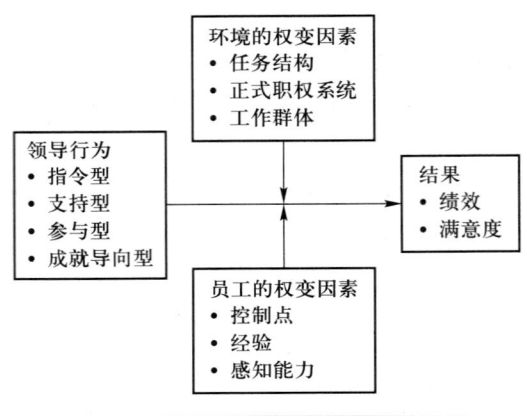

图 4-14　途径—目标理论

系统、工作群体等情况。环境因素决定了要求的领导者行为类型,而下属的特点决定了如何解释环境和领导者行为。下属的权变因素和环境的权变因素共同决定了领导者使用何种领导方式才能产生较好的领导效果。根据途径—目标理论,得出四类指导性建议如下:

第一,指令型领导方式运用的情境。在任务不明确、压力过大或下属能力较低时,指令型领导方式更合适,这种领导方式能帮助人们理解应当做什么;对知觉能力强或经验丰富的下属,指令型领导方式可能被视为累赘多余。

第二,支持型领导方式运用的情境。组织中的正式权力关系越明确、越官僚化,领导者越应表现出支持型行为,降低指令型行为;当下属执行结构化任务时,支持型领导可带来其较高的绩效和满意度;当下属缺乏自信时,支持型领导可以增强下属自信,从而达成目标。

第三,参与型领导方式运用的情境。参与型领导方式更适合内控型下属,因为这类下属更愿意把控自己的生活;参与型领导可以通过与下属交谈,了解他们的需要,根据其需要实施奖励,从而达到提高下属满意度以及改善绩效的目的。

第四,成就导向型领导方式运用的情境。下属如果感到工作缺乏挑战性,成就导向型领导可以为他们设置更高的目标,这会提高下属的努力程度,从而提高其绩效。

由此可以看出,领导者对下属或工作环境不足的弥补有助于提高下属的绩效与满意度,进而取得较好的领导效果,即领导行为方式与下属或环境因素之间应该是相互补充的关系。

五、领导理论研究的最新进展

领导理论的最新进展是有关变革型领导(Transformational Leadership)的研究。变革型领导是继领导特质理论、领导行为理论、领导权变理论之后,在20世纪80年代由美国政治社会学家伯恩斯(James M. Burns)在他的经典著作《领袖论》中提出的一种领导类型。伯恩斯认为传统的领导可以称为一种契约式领导,即在一定的体制和制度框架内,领导者和被领导者总是进行着不断的交换,领导者的资源奖励(包括有形资源奖励和无形资源奖励)和被领导者对领导者的服从作为交换的条件,双方在一种"默契契约"的约束下完成获得满足的过程。整个过程类似于一场交易,所以传统领导也被称为交易型领导。交

易型领导者是主要通过社会交换(交易)方式进行领导的领导者。交易型领导者鼓励追随者诉诸他们的自我利益,但是交换的过程以追随者对领导者的顺从为前提,并没有在追随者内心产生一股积极的热情,其工作的内在动力也是有限的,因此,交易型领导不能使组织获得更大程度上的进步。伯恩斯将领导者描述为能够激发追随者的积极性从而更好地实现领导者和追随者目标的个体,进而将变革型领导定义为领导者通过让员工意识到所承担任务的重要意义和责任,激发下属的高层次需要或扩展下属的需要和愿望,使下属为团队、组织和更大的政治利益超越个人利益。因此,变革型领导者是通过激发和鼓动(改变)跟随者,实现超常后果的领导者。

变革型领导者不同于交易型领导者,他们鼓励下属为了组织的利益而超越自身的利益,并能对下属产生深远而不同寻常的影响;变革型领导者更注重为组织的下属提供远见和使命感,逐步向下属灌输荣誉感,以赢得下属更多的尊重与信任;变革型领导者以更简单明了的方式表达重要意图,使用各种方式强调努力的重要性,以传达对下属更高的期望;变革型领导者鼓励有利于组织的智力、理性活动和周到细致的问题解决活动并更为关注组织内的每一个人,针对每一个人的不同情况给予培训、指导和建议。总的来说,变革型领导理论把领导者和下属的角色相互联系起来,并试图在领导者与下属之间创造出一种能提高双方动力和品德水平的过程。拥有变革型领导力的领导者通过自身的行为表率,对下属需求的关心来优化组织内的成员互动。同时通过对组织愿景的共同创造和宣扬,在组织内营造起变革的氛围,在富有效率地完成组织目标的过程中推动组织的适应性变革。

Bass 等人最初将变革型领导划分为六个维度,后来又归纳为三个关键性因素,Avolio 在其基础上将变革型领导行为的方式概括为四个方面,即理想化影响力(Idealized Influence)、鼓舞性激励(Inspirational Motivation)、智力激发(Intellectual Stimulation)、个性化关怀(Individualized Consideration)。具备这些因素的领导者通常具有强烈的价值观和理想,他们能成功地激励员工超越个人利益,为了团队的伟大目标而相互合作、共同奋斗。这四个方面具体如下:①理想化影响力。理想化影响力是指能使他人产生信任、崇拜和跟随的一些行为。它包括领导者成为下属行为的典范,得到下属的认同、尊重和信任。这些领导者一般具有公认较高的伦理道德标准和很强的个人魅力,深受下属的爱戴和信任。大家认同和支持他所倡导的愿景规划,并对其成就一番事业寄予厚望。②鼓舞性激励。领导者向下属表达对他们的高期望值,激励他们加入团队,并成为团队中共享梦想的一分子。在实践中,领导者往往运用团队精神和情感诉求来凝聚下属的努力以实现团队目标,从而使所获得的工作绩效远高于员工为自我利益奋斗时所产生的绩效。③智力激发。是指鼓励下属创新、挑战自我,包括向下属灌输新观念、启发下属发表新见解和鼓励下属用新手段、新方法解决工作中遇到的问题。通过智力激发领导者可以使下属在意识、信念以及价值观的形成上产生激发作用并使之发生变化。④个性化关怀。个性化关怀是指关心每一个下属,重视个人需要、能力和愿望,耐心细致地倾听,以及根据每一个下属的不同情况和需要区别地培养和指导每一个下属。这时变革型领导者就像教练和顾问,帮助员工在应付挑战的过程中成长。

与变革型领导相关的理论有魅力型领导理论(Theory of Charismatic Leadership)

和愿景型领导理论(Theory of Visionary Leadership)等。以下分别简要说明之:

(一) 魅力型领导理论

魅力(Charisma)一词源自希腊文,意为不凡的天赋,如过人的智慧、预知的能力等。魅力型领导理论认为追随者看到领导者的特定行为时,会将之归因为英雄型或卓越型的领导。魅力型领导者是激进且自信,并且其个性和行为以特定方式影响跟随者的领导者。其研究重点在于借由追随者的角度区分魅力型领导者与缺乏魅力的领导者。根据其研究结果,魅力型领导者通常有下列几项特质:自信、坚持理想、表达力佳、行为异于常人等。这种类型的领导者通常能善用其天赋与独特的人格特质,透过沟通能力及形象塑造影响其追随者。由上可知,魅力型领导是指领导者具有特殊不凡的能力或人格吸引力,成员能够感受到领导者这一特质,而对其产生情感上的依附。变革型领导强调领导者借由个人魅力来激起成员对领导者的信任与遵从,可见魅力型领导理论乃变革型领导理论之重要基础。

> **管理现象观察**
>
> 马云在塑造品牌、自我宣传、鼓舞人心方面有天生的优势。马云的自信心指数,是一个优秀的商业领袖所需的最佳水平——充满自信但绝不至于自负。马云是一个真正经历了风雨的人,在最寒冷的冬天,当他们用自己的左手握住右手相互温暖时,其信心便由生铁炼成了钢。成功之后,马云还是这样说:"如果我马云能够创业成功,那么我相信中国80%的年轻人都能创业成功。"这句话当然是谦虚之言,却表明他已经非常成熟。
>
> 马云具备领导力的核心特征:提出大家都认同的愿景,并使用有效的激励手段。从创业的第一天起,马云就宣称,阿里巴巴会成为最伟大的电子商务公司,他也让部将们相信公司上市时会得到更多。两三年前,阿里巴巴的员工特别辛苦,待遇也不好。也有人抱怨,宁愿不要期权,多发点工资。马云的解决方案是:要有信心,我把我的股份稀释点给你们。
>
> 马云在工作中也非常注重激励员工。激励的出发点是满足组织成员的各种需要,即通过系统地设计适当的外部奖酬形式和工作环境,来满足企业员工的外在性需要和内在性需要。科学的激励工作需要奖励和惩罚并举,既要对员工表现出来的符合企业期望的行为进行奖励,又要对不符合员工期望的行为进行惩罚。
>
> 愉悦、快乐、被团队成员和社会认可非常重要。马云用自身的这一优势营造出一个热情、快乐、充满激情的企业文化。一支团队能支撑着走到现在,靠的就是价值观、使命感。企业文化是空的、虚的,没有支撑着的东西是无法前进的。价值感与工资是阴阳八卦、阴阳调和,两手都要硬。马云的公司成立的第一天起从CEO到保安每个人都持有股份。我们要用智慧、眼光来引导员工。我们对进来的员工都给予他们三样东西:一是良好的工作环境(人际关系);二是钱(今天是工资,明天是奖金,后天是每个人手中的股票);三是个人成长。第三点是非常重要的,公司要成长首先要让员工成长,人力资源不是人力总监一个人的事,是从CEO到每个员工都要认真对待的事。要让员工成长是件很困难的事,需要很长的一段时间,我们还要做到的是帮助外面刚进来的员工怎样融入我们这个团队。

(二) 愿景型领导理论

伯特·纳努斯(Burt Nanus)在其《愿景领导》一书中正式提出"愿景型领导"一词并强调在所有领导功能中,领导者对愿景的影响最深远,同时许多有关领导的研究发现有效能的领导者往往是具有愿景的领导者。愿景领导力是一种提出并阐释现实的、可信的、具有吸引力的改变现状的未来愿景的能力。纳努斯认为愿景型领导是指组织可靠的、真实的、具有吸引力的未来,它代表所有目标努力的方向,能使组织更成功、更美好。愿景包括组织长期的计划与未来发展的景象,是组织现况与未来景象间的桥梁。对于领导者而言,它提供行动的目标,并帮助领导者超越目前的情境,达到组织的改进与成长。在组织发展的过程中,愿景型领导者常常会提出真知灼见,并驱使成员采用新的行动,去完成新的目标,因此也常被视为革新者或理想的楷模。

从变革型领导的定义可以看出,这种领导理论之所以成为目前领导学研究的热点,在于它迎合了时代发展的需求。变革型领导理论非常重视员工自身的价值实现,把他们当作能动的人看待,鼓励他们自我实现,相信他们有无限的潜能。在目前的一些知识型的企业里,员工的文化素质都比较高,如果领导者把他们当作机械的人看待,以命令的方式领导他们,效果一定不会好。所以说,变革型领导在经济比较发达的社会环境下,在人口文化素质比较高的情形下,是很有它诞生的意义和应用价值的。

变革型领导还有一个很好的理念,在于它对领导者本身的内涵的理解。领导者的影响力包括职权影响力和个性影响力。职权影响力不能有持久的影响作用,也不能对人的心灵深处产生深远影响,而个性影响力恰能弥补这个不足。变革型领导就是这样一种把二者结合起来并对个性影响力更倚重的理论,它强调领导对下属的模范作用,首先领导者注意自身的操行,勇于承担责任和风险,给下属做好模范带头作用,在不确定的环境里有效地指引下属团结一心共渡难关。同时以员工的需求为中心,充分了解下属的个性化需求,向下属提供富有挑战性的工作和智力激励,通过这些过程,领导者和下属的需求统一到团队的目标里,领导者和下级的目标合二为一,团队上下群策群力,为实现共同的目标而奋斗。

变革型领导理论关注人的发展,这是个巨大的进步,在现代社会被广泛地学习和应用,但同时它不是一个非常成熟、系统的理论,这就需要在理论研究和实践应用中去发展它。变革型领导理论已经在招聘、甄选、晋升以及培训与发展中发挥了一些作用,同时它可适用于改善团队发展、制定决策、质量创新和机构重组等,今后很长一段时间它都将在领导学领域起着举足轻重的作用。

当今环境中影响领导有效性的两个关键性问题为:情商和信任。

研究表明,情商(Emotional Intelligence,EI)而非智商(IQ)、专业技能或任何其他单一因素,是预测谁将成为领导者的最重要因素。正如特质研究所描述的,领导者需要基本的智力和与工作相关的知识。但智商和专业技能仅是"入门能力",它们是领导的必要而非充分条件。情商(自知、自我管理、自我激励、移情和社交技巧)可以使一个人成为明星人物。一个人可能有出色的教育背景、高超的思维能力、长期的愿景、无穷无尽的绝妙点子,但如果没有情商,则仍然不能成为伟大的领导者。研究表明,当我们对比高层管理岗位上的明星人物和普通一员时,接近90%的工作效率差异可以归因于情商因素而非基本智力。

对企业领导来说，情绪方面的因素更为重要。处于有挑战性的高难度工作岗位的企业领导人通常都具有高于常人的智商，这时候，拥有高超情商能力便可使某些领导者在工作中更胜人一筹。在企业高级管理层中，只有"情绪智力"而不是"理性智力"才标志着谁是真正的领导者。

领导中的另一个问题是信任，为什么说信任是领导的实质呢？当员工信任领导者时，他们愿意服从领导者的行动，相信他们自己的权利和利益不会被践踏。领导的有效性在现在比过去的任何时候都更依赖于获得追随者信任的能力。因为当今是一个变革和动荡的时代，人们依赖个人关系来指导行动，这些关系的质量在很大程度上取决于信任水平。另外，当代管理方法如授权、工作团队等，也要求信任。事实上的确如此，无论是我们在项目过程中，还是在我们现实的工作中，信任都是特别重要的。大家可以想象一下：如果我们是工作在一个人际关系紧张，彼此之间钩心斗角、尔虞我诈，工作的效率、成就感等必然大打折扣。因此，我们一定需要一个相互信任的组织氛围。

领导力始于你和你对自己的信任。但是，只有当他人也信任你时，你的领导才能继续。作为管理者，首先要正直，以坦诚精神、透明度和声望，建立别人对自己的信赖感。如果追随者不信任领导者，所有发展领导力的项目、所有提供建议和技能的决策都是毫无意义的。只有人们信任你，只有你诚实可信，只有他们知道你会支持和维护他们——只有如此，你才能从人们那获得支持。作为领导，应该真诚、坦率，言出必行，勇于承担责任，让员工始终知道自己的业绩表现如何，公司的业务进展怎么样。作为领导者，你必须战胜自己的本能，不要试图掩盖或者粉饰那些糟糕的信息，否则，你就可能损失自己团队的信任和能量。

尽管人们认为某些领导风格在各种情境中都是有效的，但是领导工作可能并不总是重要的。研究表明，在某些情境中，领导者表现出来的任何行为都是不相关的。换句话说，个人、工作和组织的某些特征变量都能成为"领导的替代物"，从而使领导者的影响失效。例如，下属的某些特征，如经历、培训、职业取向或者对独立性的要求会弱化对领导的需求。这些特征可以代替领导者的支持或高结构化的任务。同样地，明确的、常规性的或者具有内在激励作用的工作，这些都可以代替对领导工作的要求。最后，组织方面的某些特征，如明确的正式目标、严格的规则和程序或者凝聚力强的工作群体都可以发挥正式领导的作用。

第三节　沟　通

"管理问题就是沟通问题。"管理工作的方方面面都离不开沟通，都需要建立在信息有效传递的基础上。沟通对每个管理者来说，如影随形，无处不在，沟通是管理者工作中最重要的组成部分。随着信息时代的迅猛发展，由于信息交流方式的日益多样化，沟通的外延也得到不断发展。沟通可以在人与人之间进行，也可以在人与机器之间或机器与机器之间进行。沟通是信息的传递与理解，与管理成效密切相关。在知识经济时代，沟通在企业管理活动中起着越来越重要的作用。

一、管理者如何进行有效的沟通

(一) 什么是沟通

一个企业要实现高速运转,要让企业充满生机和活力,有赖于下情能为上知,上情迅速下达,有赖于部门之间互通信息、同甘共苦、协同作战,充分调动员工的积极性和创造性。良好的沟通让员工感觉到企业对自己的尊重和信任,从而产生极大的责任感、认同感和归属感,促使员工以强烈的责任心和奉献精神为企业工作。此外,沟通还能化解矛盾、澄清疑虑、消除误会。管理者最重要的任务就在于培养起员工之间的一种健康向上的关系。沟通在管理中的作用可概括为以下四个方面:

第一,沟通传递企业信息,促使企业各项工作的顺利运行。企业的任何一项工作都离不开信息传达。管理者要向下属下达工作指示,下属要向上级反馈意见、建议;部门之间只有进行信息交流才能开展合作。

第二,沟通满足员工的心理需求,激发员工的工作热情。员工对自己工作的企业信息有很强的知情欲望,有参与的需求。企业应该向员工公开信息,把员工当作主人。管理者常常与员工沟通还可以鼓舞士气。

第三,沟通促使团队和谐,改善组织人际关系。工作群体中成员相互交流思想和感情,在沟通中产生共鸣,消除误解,创造"人和"的工作环境。

第四,沟通使企业获得内外全面客观的信息,有利于科学决策。沟通还促使组织内员工参与决策,群策群力,将决策民主化和科学化结合起来。

沟通是信息发送者凭借一定的渠道(也称媒介或通道),将信息发送给既定对象(信息接收者),并寻求反馈以达到相互理解的过程。沟通是一个复杂的过程,由信息发送者发布的信息经过编码(将想法转化为有意义的符号的过程)进入某种信息渠道(文件传递、电话、视频、广播、面谈等)进行传播,最后经过译码(信息接收者对于信息发送者传递的符号的解释)传递给信息接收者,这就构成了思想、意见或信息的沟通过程(Communication Process)。信息的沟通过程如图4-15所示。

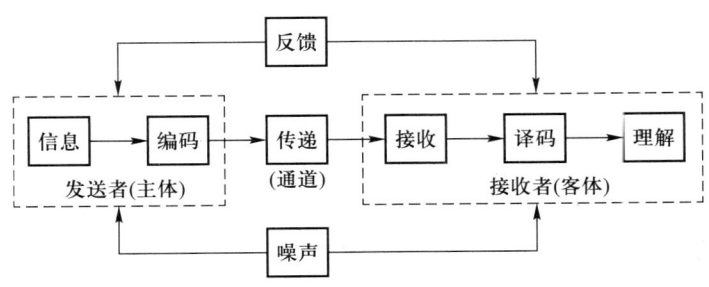

图4-15 沟通过程模型

以上所示的信息沟通过程既适用于电话、电报等通信工具,也适用于机器与人以及人与人之间的沟通,在管理工作中主要指的是人际沟通,即存在于两人或更多人之间的沟通方式。

同机器相比，人与人之间的信息沟通有以下特点：沟通主要通过语言交流，但也有姿态、手势等非语言交流；沟通包括信息、思想、感情、观点的沟通；由于每个人的知识、经历不同，人与人之间的沟通常常受到复杂心理过程的影响而易造成信息失真。

（二）有效沟通的障碍以及如何克服沟通障碍

信息沟通由于受到各种因素的影响，容易发生障碍。在管理活动中，人们都希望明白无误地正确传递信息，克服沟通的障碍，提高沟通的效果。根据沟通的基本过程，沟通障碍产生的因素有三个方面：

1. 信息发送者对信息表达的障碍

信息发送者是信息沟通中的主体因素，起着关键性作用。要想提高信息传递的效果，信息发送者必须注意：

（1）要有认真的准备和明确的目的性。信息发送者首先要对沟通的内容有正确、清晰的理解。在沟通之前，要做必要的调查研究，收集充分的资料和数据，对每次沟通要解决什么问题，达到什么目的，不仅自己心中要有数，也要设身处地地为信息接收者着想，使他们也能清晰理解。

（2）正确选择信息传递的方式。信息发送者要注意根据信息的重要程度、时效性、是否需要长期保存等因素，选择不同的沟通形式。例如，对于有重要保存价值的文件、材料，一定要采用书面沟通形式，以免信息丢失。而对于时效性很强的信息，则要采用口头沟通，甚至运用广播、电视媒体等形式，以迅速扩大影响。

（3）沟通的内容要准确和完整。信息发送者应当努力提高自身的文字和语言表达能力，沟通的内容要有针对性，语义确切，条理清楚，观点明确，避免使用模棱两可的语言，否则容易造成信息接收者理解上的失误和偏差。此外，信息发送者对所发表的意见、观点要深思熟虑，不可朝令夕改，更不能用空话、套话、大话对信息接收者敷衍搪塞。若处理不好，常常会引起信息接收者的逆反心理，形成沟通中不应有的壁垒和障碍。

（4）信息发送者要努力缩短与信息接收者之间的心理距离。沟通是否成功，不仅与沟通的内容有关，而且与信息发送者的品德和作风有很大的关系。一位作风民主、密切联系群众的领导者，常常会被下属看成"自己人"，而愿意与其沟通，并自觉地接受他的观点和宣传内容。所以，信息发送者在信息接收者心目中的良好形象是至关重要的因素。

（5）信息发送者要注意运用沟通的技巧。沟通的形式要尽量使用信息接收者喜闻乐见的方式，必要时可运用音乐、戏剧、小品等形式，寓教于乐，达到下属接收信息的目的。根据心理学中"权威效应"的概念，尽量使各个领域的权威、专家、名人等参与信息发布，通过他们的现身说法，往往可以使信息传递更具影响，达到事半功倍的效果。

2. 信道选择产生的障碍

信道选择也会对信息沟通的效果产生影响，主要表现在以下几个方面：

（1）尽量减少沟通的中间环节，缩短信息的传递链。在沟通过程中，环节和层次过多，特别容易引起信息的损耗。从理论上分析，由于人与人之间在个性、观点、态度、思维、记忆、偏好等方面存在巨大差别，因此信息每经过一次中间环节的传递，将丢失30%的信息量。所以，在信息交流过程中，要提倡直接交流。作为领导者要更多地深入生产一线，多做调查研究，对信息的传播和收集都会有极大的好处。

(2) 要充分运用现代信息技术，提高沟通的速度、广度和宣传效果。现代科学技术的进步，以及广播、电视与现代通信技术的发展，为管理沟通创造了良好的外部条件和物质基础。在沟通过程中，应该充分利用这些条件，提高沟通效果。例如，运用电话或可视电话召开各种会议，既可以克服沟通活动中地域和距离上的障碍，快速传递信息，又可以减少与会者旅途时间和财力上的损失。此外，利用广播、电视进行广告、新闻发布比起传统的沟通手段，在速度和波及范围等方面也有无可比拟的巨大优越。

(3) 避免信息传递过程中噪声的干扰。组织中要注意建设完全的信息传递系统和信息机构体系，确保渠道畅通。无论是信息发送者还是信息接收者，都要为沟通创造良好的环境，使信息发送者有充足的时间为信息发布做准备，也使信息接收者有更多的时间去收集、消化所得到的信息，真正做到学以致用。

3. 信息接收者方面的障碍

为提高信息沟通的效果，信息沟通的另一方即信息接收者需注意以下几点：

(1) 信息接收者要以正确的态度去接收信息。沟通的最终目的在于信息接收者对所传递信息的接收和理解，否则沟通将失去意义。在管理活动中，作为领导者应当把接收和收集信息看成正确决策和指挥的前提，也是与下属建立密切关系、进行交流与取得良好人际关系的重要条件。而对被领导者，应当把接收信息看成一次重要的学习机会。社会的发展更要求人们不断地进行知识更新，而沟通就是一种主要手段。而且，通过沟通可以更好地理解组织和上级的决策、方针和政策，开阔视野，提高工作水平和工作能力。如果人们都能正确认识接收信息的重要性，沟通的效果就会大大提高。

(2) 信息接收者要学会"听"的艺术。在口头传递信息的过程中，认真地听，不仅能更多更好地掌握许多有用的信息和资料，也体现了对信息发送者的尊重和支持，尤其是各级领导人员在听取下级汇报时，全神贯注地听取他们反映的意见，并不时地提出问题与下属讨论，就会激发下属发表意见的勇气和热情，把问题的探讨引向深入，并进一步密切上下级之间的人际关系。

此外，沟通过程中还可能出现以下的一般性障碍：过滤，出于博取信息接收者喜欢的目的而故意操纵信息；选择性认知，按照自己的需要、动机、经验和其他个人因素有选择地接受或听取沟通信息；信息过载，信息量超出信息处理能力的状态；情绪，信息接收者接收信息时的感觉状况；语言，同样的语言对不同的人来说含义是不一样的，信息接收者使用他所理解的含义；性别，男性和女性对沟通的反应方式可能有所不同，他们拥有不同的沟通风格；民族文化，沟通的差异源自个人用以沟通的语言差异和他们所属的民族文化差异。

总体而言，管理者可以通过以下几个方面克服沟通障碍，并进行更有效的沟通：运用反馈，核对已沟通的信息或者你认为你所听到的信息；简化语言，使用听众能够理解的语言；积极倾听，善于听取完整的信息而不预做结论或解释，也不急于思考如何对所接收的信息做出反应；抑制情绪，认识自己的情绪，情绪激动时不要沟通，等平静下来时再做沟通；注意非语言信息，应该意识到行动比语言更有说服力，保持语言和行动的一致。

(三) 沟通的分类

按照不同的标准,沟通可以有不同的分类方式。以下对几种常见的沟通分类方式进行说明和描述。

1. 正式沟通和非正式沟通

信息沟通是通过一定的通道进行的。按照通道不同,沟通可以分为正式沟通和非正式沟通两种。

正式沟通一般指在组织系统内,依据组织明文规定的原则进行的信息沟通,具有严肃性、规范性。由于信息发送者往往是代表组织本身,因此有一定的权威性。不足之处是信息采用层层传递的方法,速度较慢,并且有刻板性。

非正式沟通是正式途径以外的沟通,信息发送者一般不代表组织和上级,主要是通过个人之间的接触进行的,是由社会成员在感情和动机上的需要而形成的信息交流,其传播的范围能远远超越部门和层次之间的限制,具有随意性、非正规性,并带有较强的感情色彩。非正式沟通由于不必受到规定程序或形式的种种限制,比较灵活方便。非正式沟通能够发挥正面作用的基础是组织中良好的人际关系。在相当程度内,非正式沟通对于信息沟通是必要的,但也要注意其负面影响。非正式沟通往往是人们常说的"小道消息"的策源地,传递速度较快,既可以为人们提供一些有用的情报,又容易失真,造成流言蜚语的传播。

2. 书面沟通和口头沟通

按传播媒体的形式划分,沟通可以分为书面沟通和口头沟通。

书面沟通是以书面文字(近代还包括计算机、磁带、光盘等现代化媒体)的形式进行的沟通,信息可以长期得到保存。在组织中,一些重要文件如合同、协议、规章、制度、规划等都要运用书面沟通。文字上要求准确、简练,避免在解释上出现二义性。

口头沟通是以口头交谈的形式进行的沟通,包括人与人之间面谈、电话、开讨论会以及发表演说等。口头沟通的特点是信息传递快,双向交流,信息能够立即得到反馈,是最常见的一种沟通形式。口头沟通也常常具有感情色彩,其规范性方面不及书面沟通。

3. 上行沟通、下行沟通和横向沟通

按信息传播的方向划分,沟通可划分为上行沟通、下行沟通和横向沟通三种。

上行沟通是指自下而上的沟通,即信息按照组织职权层次由下向上流动,如下级向上级汇报情况、反映问题等。这种沟通既可以是书面的,也可以是口头的。为了做出正确的决策,领导者应该采取措施如开座谈会、设立意见箱和接待日制度等鼓励下属尽可能多地进行上行沟通。

下行沟通是指自上而下的沟通,即在组织职权层次中,信息从高层次成员向低层次成员流动,如领导者以命令或文件的方式向下级发布指示、传达政策、安排和布置计划工作等。下行沟通是传统组织内最主要的一种沟通方式。

横向沟通主要是指同层次、不同业务部门之间以及同级人员之间的沟通。横向沟通符合过程管理学派创始人法约尔提出的"跳板原则",它能协调组织横向之间的联系,在沟通体系中是不可缺少的一环,具有业务协调的作用。

4. 链式、环式、Y式、轮式和全通道式沟通

按沟通网络的基本形式划分,正式沟通可以分为链式、环式、Y式、轮式和全通道式五种网络形式。沟通网络是指各种沟通路径的结构形式,它直接影响沟通的有效性。几种沟通的网络形态如图4-16所示。

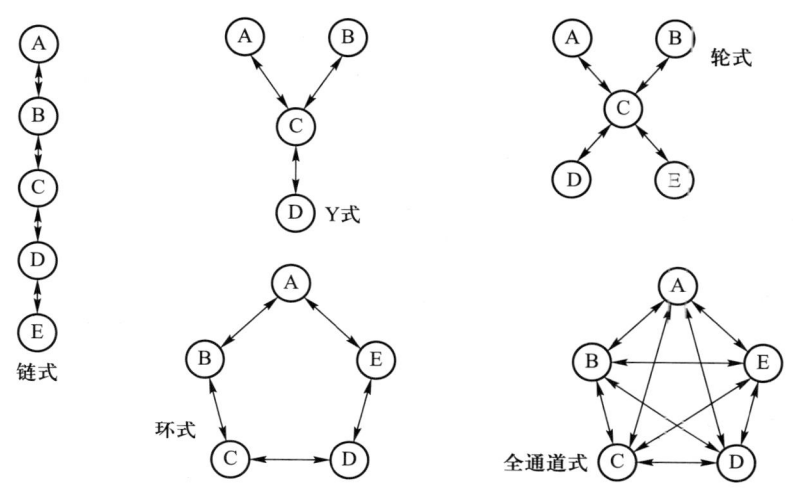

图4-16 五种沟通形态图

链式沟通属于控制型结构,在组织系统中相当于纵向沟通网络。网络中每个人处在不同的层次中,上下信息传递速度慢且容易失真,信息传递者所接收的信息差异大。但由于结构严谨,链式沟通形式比较规范,在传统组织结构中应用较多。

轮式沟通又称主管中心控制型沟通。该种沟通网络图中,只有一名成员是信息的汇集发布中心,相当于一个主管直接管理几个部门的权威控制系统。这种沟通形式集中程度高,信息传递快,主管具有权威性。但由于沟通渠道少,组织成员满意程度低,士气往往受到较大的影响。

Y式沟通又称秘书中心控制型沟通。这种沟通网络相当于企业主管、秘书和下级人员之间的关系。秘书(C)是信息收集和传递中心,对上接受主管(D)的领导。这种网络形式能减轻企业主要领导者的负担,解决问题速度较快。但除主管人员以外,下级人员平均满意度与士气较低,容易影响工作效率。

环式沟通又称工作小组型沟通。该网络图中,成员之间依次以平等的地位相互联络,不能明确谁是主管,组织集中化程度低。由于沟通渠道少,信息传递较慢。但成员之间相互满意度和士气高。

全通道式沟通是一个完全开放式的沟通网络,沟通渠道多,成员之间地位平等,合作气氛浓厚,成员满意度和士气均高。全通道式沟通与环式沟通的相同之处在于:网络中主管人员不明确,集中化程度低,一般不适用于正式组织中的信息传递。

除此以外,在非正式组织中还存在一种葡萄藤式的沟通形式,即沟通随处延伸,无确定的方向和固定的形式,也即"小道消息"所传播的一种渠道与方式。

沟通的类别还可以按照沟通的方法分为口头沟通、书面沟通、非语言沟通和电子媒介沟通等；按照是否进行反馈分为单向沟通和双向沟通等。

二、管理者如何提升人际沟通技能

由于人际沟通技能欠缺而被解雇的管理者多于因技术欠缺而被解雇的管理者。一项对《财富》500强公司高层经理的调查发现，人际沟通技巧是公司雇用高级员工时最重要的考虑因素。因为管理者最终是通过别人来完成工作的，所以在沟通技巧及其他人际交往技能等方面具有优势是有效管理的前提条件。接下来集中讨论管理者所需要的关键的人际沟通技能。

（一）如何积极倾听

积极倾听（Active Listening）技能是管理者要培养的最重要的人际关系技巧之一。对于大多数人来说，倾听从我们听到别人讲话的声音时开始。但是，倾听和听是有区别的。听是人体感官对声音的一种生理反应，是感官对外界声音的接收，是一种被动的行为。而倾听虽然也以听到声音为前提，但它更多地体现在听话人对所听到的声音的反应上。倾听是对信息进行积极主动的搜寻，是接收口头和非语言信息、确定其含义和对此做出反应的过程。因此，倾听必须是人主动参与的过程。在这个过程中，人必须参与和理解，并做出必要的反馈。积极倾听需要完整听取意见，避免草率的判断或解释。

倾听的"倾"字，在中文中表示一种倾斜的姿势，寓意交流时用身体的前倾表示关注和尊重。同时，"倾"代表完全的、毫无保留的意思，如倾家荡产意味着付出全部财产去做一件事情，倾囊而出意味着全体出动，倾听也暗含着付出自己全部的精力和心智去听的意思。有心理学家指出："积极倾听的人把自己的全部精力——包括具体的知觉、态度、信仰、感情以及直觉——都或多或少地加入倾听的活动中去；消极地听，则仅仅把自己当作一个接收声音的机器，既不加入任何个人的感觉或印象，也不产生什么好奇心。"哲学家苏格拉底说过："自然赋予人类一张嘴、两只耳朵，也就是要我们多听少说。"有资料表明，我们每天用于沟通的所有时间中，45%用于倾听，30%用于交谈，16%用于阅读，9%用于写作，由此可见倾听在沟通中的重要性。倾听是对他人的一种激励；倾听有助于了解全部信息；倾听有助于相互改善关系；倾听是一种有效的解决问题方式；倾听有助于帮助讲话者廓清思想。

比较听与倾听的不同，倾听具有以下四个方面的特点：

第一，专心原则。倾听要求沟通者以专心、专注的态度去听。好的倾听者希望了解到一些东西，他们愿意尽力去听，因为有可能从中受益。有效倾听不是被动、照单全收，它应该是积极主动地倾听，这样你才会更了解说话内容，更懂得欣赏对方，回答也更能切中要点。

第二，移情原则。倾听要求将自己置身于说话者的位置上，去理解说话者的意图而不是你想理解的意思。好的倾听者知道自己内在的情感、观念和偏见可能会阻碍新的思想。在与不同文化背景的人进行沟通时，好的倾听者会努力超越自己狭隘的文化观念，敞开心胸接受新的思想。

第三，客观原则。倾听要求沟通者客观听取内容而不迅速加以价值判断，不要以自我为中心。客观原则要求沟通者不要不自觉地被自己的想法缠住,而漏掉别人透露的语言和非语言信息。很多时候,我们都有这种体会:当听到自己不同意的观点时,会在心中反驳他人所言,结果导致沟通中的主观偏见和信息遗漏。

第四,完整原则。完整原则要求沟通者对信息发送者传递的信息有一个完整的理解,既获得传递的沟通内容,又获得信息发送者的价值观和情感信息;既理解信息发送者的言中之义,又挖掘出信息发送者的言外之意;既注意其语言信息,又关注其非语言信息。

从以上四个特征来看,倾听与听之间的本质不同在于心态上的差别。

积极倾听要求集中注意力听对方讲话,不只是听词、句,还包括尽力去理解和领会说话人的意思。如何培养并提升自己的积极倾听技能?以下这些建议会有所帮助:①眼神接触。当你在说话时对方却不看你,你感觉如何?多数人会将其解释为冷漠或不感兴趣。与说话人进行目光接触能使你集中注意力,减少走神的可能性,而且可以鼓励讲话者。②展现赞许性的点头和恰当的面部表情。有效倾听者会通过非语言信号对听到的信息表现出兴趣。赞许性的点头、恰当的面部表情与积极的目光接触相配合,向说话人表明你在倾听。③避免分心的举动或表示厌倦的动作。除了表现出兴趣外,还必须避免那些表示心不在焉的举动。倾听时,不要看手表、不要随手翻阅文件或把玩铅笔等。这些动作让说话人觉得你感到厌烦或不感兴趣,或者表示你没有集中精神。④提问。批判性的倾听者会分析他们所听到的内容,并提出问题。这一行为能够澄清认识、保证理解并使讲话者确信你在倾听。⑤用自己的语言复述。有效倾听者常常使用这样的语句:"我听到你说的是……"或"你的意思是……"复述是一种测试你是否认真倾听以及你所理解的内容是否正确的有效工具。⑥避免打断讲话者。先让讲话者讲完自己的想法,你再做出反应。在别人说话时不要去猜测他的想法,当他说完时你就会知道了。⑦不要说得太多。大多数人乐于表达自己的想法而不愿聆听他人说话。尽管说话可能更有乐趣而沉默使人不舒服,但我们不可能同时做到听和说。一个好的听众知道这个事实并且不会多说话。⑧顺利转换倾听者与讲话者的角色。有效倾听者能够顺利地从讲话者转为倾听者,再由倾听者转为讲话者。从倾听的角度而言,这意味着全神贯注于讲话者所表达的内容,而不是老想着一有机会你怎么说。

案例讨论

王岚是一个典型的北方姑娘,在她身上可以明显感受到北方人的热情和直率。她坦诚,有什么说什么,总是愿意把自己的想法说出来和大家一起讨论。今年,王岚从西安某大学的人力资源管理专业毕业。为了实现自己的梦想,她毅然只身去广东求职。经过将近一个月的反复投简历和面试,在权衡了多种因素的情况下,王岚最终选定了东莞市的一家研究生产食品添加剂的公司。之所以选择这家公司是因为该公司规模适中、发展速度很快,最重要的是该公司的人力资源管理工作还处于尝试阶段,如果王岚加入,她将是人力资源部的第一个人,因此她认为自己施展能力的空间很大。

但是到公司实习一个星期后,王岚就陷入了困境。原来该公司是一个典型的小型家族企业,企业中的关键职位基本上都由老板的亲属担任,其中充满了各种裙带关系。尤其是老板给王岚安排了他的大儿子做王岚的临时上级,而这个人主要负责公司研发工作,根本没有管理理念,更不用说人力资源管理理念。在他的眼里只有技术,认为公司只要能赚钱其他的一切都无所谓。

但是王岚认为越是这样就越有自己发挥能力的空间,因此在到公司的第五天王岚拿着自己的建议书走向了直接上级的办公室。

"张经理,我到公司已经快一个星期了,我有一些想法想和您谈谈,您有时间吗?"王岚走到经理办公桌前说。

"来来来,小王,本来早就应该和你谈谈了,只是最近一直扎在实验室里就把这件事忘了。"

"张经理,对于一个企业尤其是处于上升阶段的企业来说,要持续企业的发展必须在管理上狠下功夫。我来公司已经快一个星期了,据我目前对公司的了解,我认为公司主要的问题在于职责界定不清;雇员的自主权力太小致使员工觉得公司对他们缺乏信任;员工薪酬结构和水平的制定随意性较强,缺乏科学合理的基础,因此薪酬的公平性和激励性都较低。"王岚按照自己事先所列的提纲开始逐条向张经理叙述。

张经理微微皱了一下眉头说:"你说的这些问题我们公司也确实存在,但是你必须承认一个事实——我们公司在赢利,这就说明我们公司目前实行的体制有它的合理性。"

"可是,眼前的发展并不等于将来也可以发展,许多家族企业都是败在管理上。"

"好了,那你有具体方案吗?"

"目前还没有,这些还只是我的一点想法而已,但是如果得到了您的支持,我想方案只是时间问题。"

"那你先回去做方案,把你的材料放这儿,我先看看然后给你答复。"说完张经理的注意力又回到了研究报告上。

王岚此时真切感受到了不被认可的失落,她似乎已经预测到了自己第一次提建议的结局。果然,王岚的建议书石沉大海,张经理好像完全不记得建议书的事。王岚陷入了困惑之中,她不知道自己是应该继续和上级沟通还是干脆放弃这份工作,另找一个发展空间。

试分析此案例中存在的主要沟通问题并给出解决方案。

(二) 怎样进行反馈

人们对正面反馈(Positive Feedback)的感知比负面反馈(Negative Feedback)更容易、更准确,而且,正面反馈几乎总是被接受,负面反馈则常常会遇到抵制。这是因为人们总是希望听到好的消息,而对不好的消息则不愿接受。正面反馈是大多数人希望听到的,而且人们总是认为自己确实如此。当进行负面反馈时,需要注意到可能出现的抵触,并学会在最有可能接受的情况下使用负面反馈。研究表明,当负面反馈来自可靠的信息源或其内容客观时,最可能被接受。只有当负面反馈来自地位很高或很值得信赖的人时,主观印象才会有分量。对于经验丰富的管理者,尤其是那些在组织中地位很高、赢得员工尊重的管理者来说,主观的负面反馈也可以成为一种有效手段。而对那些缺乏经验、组织地位较低或尚未树立威信的管理者来说,主观的负面反馈自然不大可能被很好地接受。

在现实的管理工作中,如何才能进行有效的反馈？以下建议有助于管理者更有效地提供反馈：

（1）注重具体行为。反馈应该是具体的而不是笼统的。我们应该避免说"你的态度不好"或"你工作很出色,给我留下了很好的印象"。这样的反馈过于模糊,尽管这种反馈也提供了信息,但是这种方式没有告诉信息接收者足够的信息,不利于他们纠正"不良态度",也没有讲清哪方面的工作做得好,因此,信息接收者不知道哪些行为可以重复。

（2）反馈不针对人。反馈,尤其是负面反馈,应该是客观描述而不是判断或评价。无论你多么生气,都应该使反馈针对与工作有关的行为,绝不可因某人一个不恰当的行为而指责这个人。说某人"没能力""懒"之类的话,往往会产生事与愿违的结果,会激起很大的情绪反应,以致工作本身的偏差易被忽视。当你进行批评时,记住你指责的是与工作相关的行为,而不是某人。

（3）反馈有目标导向。反馈的主要目的不是冲着某个人一股脑儿倒出你想说的话。如果你不得不说一些不好的话,应明确指向信息接收者的目标。问问自己希望通过反馈帮助谁。如果答案只是"为了帮助你自己"（自己只想一吐为快）,那么你应该保持缄默,不发表任何意见。那种一吐为快的反馈会损坏你的信誉,降低将来反馈活动的意义和作用。

（4）把握反馈时机。只有当信息接收者行为的发生与得到对该行为的反馈时间间隔非常短时,反馈才对信息接收者最有意义。如果你需要花时间重新回想起当时的情形,那么你所提供的反馈可能是无效的。另外,如果你尤其注重改变员工的行为,拖延对不当行为的反馈则会降低反馈能起到的预期效果。当然,如果你尚没有获得足够的信息,或者你很恼火,此时仅仅为了快速的目的而匆忙提供反馈则会适得其反。在这种情况下,反馈良机也许是指稍作等待。

（5）确保理解。你的反馈是否足够简洁、完整？信息接收者是否能够全面准确地理解你的意思？记住每一次成功的沟通都需要信息的传递与理解。要使反馈有效,必须确保信息接收者理解反馈的内容,让信息接收者复述你的信息以了解其是否完全领会你的本意。

（6）使负面反馈指向信息接收者可控制的行为。负面反馈应指向信息接收者可以改进的行为。如果负面反馈是信息接收者可以控制的方面,进一步指明如何做能够改进局面会更好。这不但减弱了批评造成的伤害,并且给那些知道自己存在问题却不知如何解决的信息接收者提供了指导。

（三）如何向下属授权

授权（Delegation）是指授予他人执行特定活动的职权。授权下属做决策,也就是说,将决策的职权从组织中的一个层级移至另一个更低的层级。授权不等于参与决策。在参与决策中,实行职权共享,而授权则是由下属自己做出决策。在当今的组织中,管理者越来越多地采用授权的领导方式,这是由于：其一是需要那些最了解问题的人做出快速的决策,这使得决策向组织的较低层次转移。其二是组织规模调整使管理者的管理幅度比以前更大了,由于管理负担加重,管理者不得不进行授权。当然,有效授权也有利于培养下属并调动下属的工作积极性。管理者在授权的过程中,需处理好"收"与"放"的关系,避免出现一收就死、一放就乱的局面,要掌握一个合适的"度"。

管理者应该下放多少权力呢?这取决于影响授权的权变因素。以下是管理者授权时需要考虑的影响因素:①组织规模。组织规模越大,需要做的决策也越多。由于高层管理者的时间、精力有限,获得的信息有限,在规模较大的组织中,他们更多地依赖较低层次的管理者做决策。因此,大型组织中的管理者较多采用授权。②责任或决策的重要性。一项责任或决策越重要(以其成本和对组织未来的影响来衡量),则越不大可能授权给下属。③任务复杂程度。任务越复杂,高层管理者越难获得充分和最新的技术信息以做出有效的决策。复杂的任务要求更专业的知识,与此工作有关的决策应该授权给掌握必要技术知识的人。④组织文化。如果管理者信任下属,则支持较高程度的授权。如果上级管理部门对较低层次管理者的能力没有信心,则只有当绝对必要时才会授权,也就是说,他们会尽可能减少权力的下放。⑤员工素质。授权要求员工具备一定的技能、能力和接受并运用权力的动机,如果缺乏这些条件,高层管理便不愿意将权力下放。

管理者如何才能有效授权?为使授权工作更有效,管理者需注意以下几点内容:

第一,明确任务。首先要确定授予什么权力和对谁授权。你需要选择一个最有能力完成任务的人,然后确定他是否有时间和动力从事此项工作。假设有一个愿意从事此工作的下属,你的责任是提供清楚的信息以明确授予什么权力,希望得到的结果,以及你对时间和绩效方面的要求。如果项目不是非采用特殊方法不可,一般情况下,则只要求员工提供你所希望的结果。也就是说,仅在要做什么与预期结果方面达成一致,而让员工自己决定完成工作的办法。只关注目标,让下属自由决定如何达成目标,可以增进你与员工之间的相互信任,提高员工的积极性,强化对结果的责任感。

第二,规定下属的权限。每一授权行为都应有相应限制。你是下放用于某项工作的职权,而不是无限制地下放职权。你所下放的是在某些条件下处理某些问题的职权。你需要明确指出这些条件是什么,使下属确切地知道他们的权限范围。清楚地表达这一信息,可以使你和下属在权限及决定权方面达成共识。

第三,允许下属参与。确定完成某项工作必须拥有多大权力的最好办法是让负责此项任务的下属参与该项决策。但要注意,由于下属在评估自身能力上的自我利益和偏见,参与本身会产生一系列潜在问题,一些下属可能极力争取超出其需要或能力的权力。让这样的人过多地参与将要执行什么工作以及完成工作需要多大权力的决策,会降低授权的有效性。

第四,告知相关人授权情况。不仅管理者和下属需要明确知道授予什么权力以及授予多少权力,还应告知组织内外与授权活动有关的其他人。尤其需要传达的信息包括授予什么权力(任务与职权的多少)以及授予谁。不告知其他人可能产生冲突,并且会减少下属有效完成所交付任务的机会。

第五,建立反馈控制。仅有授权而不实施反馈控制会产生问题,下属可能滥用其所获得的决策权。建立控制机制以监督下属的工作进度,这增加了及时发现重大问题的可能性,并能保证任务按时按预期要求完成。理想的情况下,在最初任务分配时就应该决定有关的控制。首先要对任务完成的具体时间达成协议,而后确定进度日期,在此期间下属需要汇报工作进展情况以及遇到的主要问题。然而需要注意的是,如果控制过度,则剥夺了下属建立自信的机会,授权所带来的许多激励效果也会丧失。一个设计良好的控制系统允许员工犯小错误,但能在重大错误来临之际使你迅速警觉。

> **管理现象观察**
>
> 海底捞 200 万元以下的开支均由副总负责,而他们同张勇都无亲无故。大区经理的审批权为 100 万元,30 万元以下各店店长就可以签字。40 多岁的张勇,如今已经"半退休"。授权如此放心大胆,在民营企业实属少见。
>
> 如果说张勇对管理层的授权让人吃惊,他对一线员工的信任更让同行匪夷所思。海底捞的一线员工都有免单权。不论什么原因,只要员工认为有必要就可以给客人免费送一些菜,甚至有权免掉一餐的费用。在其他餐厅,这种权力起码要经理才会有。
>
> 聪明的管理者能让员工的大脑为他工作。为此,除了让员工把心放在工作上,还必须给他们权力。张勇的逻辑是:客人从进店到离店始终是跟服务员打交道,如果客人对服务不满意,还得通过经理来解决,这只会使顾客更加不满,因此把解决问题的权力交给一线员工,才能最大限度消除客户的不满意。
>
> 当员工不仅仅是机械地执行上级的命令,他就是一个管理者了。按照这个定义,海底捞的员工都是管理者,海底捞是一个由 6 000 名管理者组成的公司!难怪张勇说:"创新在海底捞不是刻意推行的,我们只是努力创造让员工愿意工作的环境,结果创新就不断涌出来了。"如果你是海底捞的同行,想想看,你怎么跟这 6 000 个总是想着如何创新的脑袋竞争?
>
> 有人会问:难道张勇就不怕有人利用免单权换取个人利益?这种情况确实发生过,只不过极少,而且那些员工做第二次的时候就被查处开除了。
>
> 两个因素决定海底捞一线员工不会滥用免单权:第一,管理层除了财务总监和工程总监外,全部从服务员做起。这条政策极端到包括厨师长的职位,理由是不论你的厨艺有多好,没有亲自服务过客人,就不会知道服务员需要什么样的后厨支持才能把客人服务好。管理 3 000 多名员工的北京和上海大区总经理袁华强,就是从门童、服务员一路做起来的。至今他还骄傲地说,我是超一流服务员,可以一个人同时照顾 4 张台。他和手下每一层的管理者都非常清楚,什么时候用免单的方式才能让客人满意。因此,作弊的人怎能骗过他们?
>
> 第二,人的自律。人都有邪恶和正义两重性,两者谁占上风经常是生存环境使然。孟子有言:君视臣如手足,则臣视君如腹心;君视臣如犬马,则臣视君如国人;君人视臣如土芥,则臣视君如寇仇。海底捞把员工视为姐妹手足,员工自然把海底捞当作自己的心脏来呵护。那些被偷垮的餐馆,员工在那里很可能受到了土芥般的轻视。设身处地想想看,如果你既喜欢这个工作,又感激这个公司,特别是你还在意亲戚朋友、同学和老乡对你的看法,你愿意用几百元钱去交换它们吗?如果对员工连这样的信任都没有,你怎么能期望员工把心给你?

(四)如何管理冲突

冲突管理(Conflict Management)能力毫无疑问是管理者需要拥有的最重要的管理技能之一。美国管理协会所做的一项对中层和高层管理人员的研究表明,一般管理者大约花费20%的时间处理冲突。冲突是指导致抵触或对立的认知差异。差异是否真实存在无关紧要,只要人们感觉到差异的存在,冲突状态也就存在。对于冲突有三种不同的观点:冲突的传统观点认为所有冲突都不是好事,应尽量避免;冲突的人际观点认为冲突是自然的,无法回避且有可能转化成积极力量;冲突的互动观点认为一定的冲突对于组织的有效运转是必要的。冲突的互动观点表明并不是所有的冲突都是有害的,在组织中,冲突有恶性冲突——阻碍组织目标实现的破坏性冲突,也有良性冲突——支持组织实现目标的建设性冲突。图4-17展示了冲突与组织绩效之间的关系。

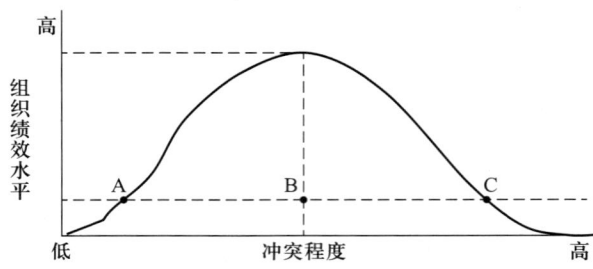

情境	冲突程度	冲突类型	组织内部特征	组织绩效水平
A	低或者无	恶性冲突	冷漠、迟钝、对变化反应慢、缺乏新观念	低
B	最优	良性冲突	生命力强、自我批评、有创新性	高
C	高	恶性冲突	分裂、混乱、不合作	低

图4-17 冲突与组织绩效的关系

冲突不可避免地存在于一切组织中,并且保持适度的冲突,使组织养成批评与自我批评、不断创新、努力进取的风气,组织就会出现人人心情舒畅、奋发向上的局面,这时组织会保持旺盛的生命力。因此,管理者处理冲突的思路不是消除、回避或掩饰冲突,而是保持适度的冲突。这就需要管理者进行明智的判断,评估冲突类型是良性还是恶性,并了解其组织中的冲突水平程度是太高、太低抑或最优。

当组织冲突水平较高时,管理者可以从这五种冲突处理方式中进行选择:回避、迁就、强制、妥协以及合作。没有一种适合任何情况的理想的解决方案,使用哪种方式要视具体情况而定。当冲突较小,情绪过激难以平静,或武断的行动所带来的潜在破坏会超过冲突解决后所获得的利益时,应采用回避策略;当争论的问题对你不是很重要或者你希望为以后的工作建立信任时,应采用迁就策略;当需要采取不受欢迎的措施迅速解决重大问题,或他人的支持对你解决问题不十分重要时,可以采用强制策略;当冲突双方势均力敌时,希望对复杂的问题取得暂时的解决办法,或者时间紧迫需采取权宜之计时,可以使用妥协策略;当时间压力很小,各方均非常希望双赢的局面出现,或问题特别重要不可妥协时,可以考虑使用合作策略。

无论我们的愿望如何,现实告诉我们:有些冲突很难处理。当对抗的根源很深,当冲突中的一方或双方想拖延冲突时间,或当双方情绪非常激烈,建设性的沟通不可能时,你在冲突处理上所付出的努力不大可能获得什么回报。不要天真地认为优秀的管理者可以有效处理每一个冲突。有些冲突根本不值得花费精力,还有一些冲突则超出了你的能力,另有一些可能是良性的,对这些冲突最好置之不理。

冲突管理的另一个方面,即要求管理者激发冲突。当冲突水平太低时,会影响组织的绩效,组织变得缺乏创新,不思进取,这时需要管理者在组织中引入冲突。激发良性冲突首要的一步是管理者应向员工传递这样的信息:冲突有其合法地位,并辅以行动支持。这一步可能要求改变组织文化,应该给那些敢于向现状挑战、倡导革新观念、提出不同看法和独创性思考的员工以实际的回报,如晋升、加薪或其他正面鼓励。运用沟通手段可以激发冲突,如小道消息、模棱两可或具有威胁性的信息均可以引发冲突。通过从外界招聘或内部调动的方式引进背景、价值观、态度或管理风格与当前群体成员不相同的外部人员也可以达到激发冲突的目的。改变组织结构变量可以引发冲突,如使决策集中化、重组工作团体、提高规范性和增加单位之间的相互依赖等都是打破现状并提高冲突程度的结构手段。最后一点激发冲突还可以借助伪装反派者——刻意与大多数人的观点唱反调或反对现行实践的人。他们扮演批评家的角色,这些人本质上起着审视团体惯性思维和行为的作用,认真听取他们的意见可以提高团体决策的质量。

(五) 怎样进行谈判

管理者在工作中会花费很多的时间用于谈判,如与新员工协商薪水、与上司讨论工作削减、处理与同事的意见分歧、解决同员工的冲突等,谈判(Negotiation)是指具有不同偏好的两方或多方达成一致的共同决策的过程。为了实现这一目标,谈判各方通常会采用不同的谈判策略。谈判一般可以划分为两种基本方法:①零和议价(也称分配型议价、零和谈判),是零和条件下的谈判,即一方之所得来自另一方之损失。在零和谈判中,每一方均有他所希望实现的目标点,也有自己的坚守点,坚守点表明最低可接受的水平。双方坚守点之间的区域为和解范围,如果他们的期望范围中有一定的重叠,就存在双方愿望均能实现的和解区域。因此,零和谈判能够成功,在于双方的目标都有弹性并有重叠区存在,重叠区就是双方和解达成协议的基础。谈判双方只进行谨慎的交流,不完全信任对方,甚至欺骗、威胁对方。②共赢议价(也称整合型议价、共赢谈判),是寻求双方皆无损失的方案的谈判。共赢谈判比零和谈判更可取,这种谈判要求双方对另一方的需求十分敏感,各自都比较开放和灵活,双方都对另一方有足够的了解和信任。在此基础上通过开诚布公的谈判,就可能找到双赢的方案,从而建立起牢固的长期合作关系。

管理者如何培养有效的谈判技巧?关于有效谈判技巧的要点可以归结为以下几个方面:①研究谈判对手。尽可能多地获得有关谈判对手兴趣和目标方面的信息。他会对什么人让步?他采取什么样的策略?这些信息有助于你更好地理解对手的行为,预测他对你报价的反应,并按照他的兴趣构建解决方案。②以积极主动的提议开始谈判。研究表明,让步可能得到回报并导致达成协议。因此,以积极主动的提议开始谈判,也许一个小的让步就会得到对手同样的让步。③对事不对人。着眼于谈判问题本身,而不针对对方的个性特征。当谈判进行得十分艰难时,应避免攻击对手的倾向。你不同意的是对手的观点或者立场,而不是他这个人。④不要太在意最初的报价。仅把最初的报价作为一次谈判的开始。每个人都须有自己最初的价位,它们往往是极端的和理想化的,不必太在意。⑤重视双赢的解决方式。如果条件允许,寻求共赢解决办法。按照对手的利益构建选择方案,并寻求能够使你和对手均可声称成功的解决办法。⑥营造开诚布公、信任的氛围。优秀的谈判者能更好地倾听他人,能问更多的问题,能更快地把注意力集中在要点上,较少辩论,并学会避免使用可能激怒谈判对手的词或短语。换言之,他们更擅长营造一种达成双赢所必需的开诚布公和信任的氛围。⑦如果必要,可以以开放的态度接受第三方的帮助。陷入对峙僵局时,应考虑求助中立的第三方——调停人、仲裁者或和解员。调停人能帮助各方达成协议,但不强求解决问题;仲裁者则听取各方意见,然后强加一种解决方法;和解员则更不正式,主要充当沟通渠道,在各方之间传递信息、解释信息并澄清误解。

本章小结

本章全面探讨了管理工作中与领导职能有关的内容、原理和方法,其中主要包括激励、领导与沟通三大部分。领导是与人最相关的一项管理职能。企业中的管理者需要了解组织中进行人员激励、指导员工工作以及开展管理沟通的基本原理、方法和技能。本章的具体内容总结如下:

1. 定义和解释激励

激励是指影响人们的内在需求或动机,从而加强、引导和维持行为的活动或过程。简而言之,激励是调动人的积极性的过程。遵循 X 理论的管理者相信人们并不喜欢工作,也不想承担责任,所以他们只有受到恐吓和威胁才会工作。遵循 Y 理论的管理者假定人们喜欢工作,愿意承担责任,所以他们具有自我激励和自我管理的能力。

2. 早期的激励理论

需要层次理论(个体逐层满足五个层次——生理、安全、社交、尊重和自我实现的需要)、ERG 理论(人的需要可以归结为三种,即生存、相互关系和成长)、双因素理论(与工作满意有关的内在因素具有激励作用,与工作不满意有关的外在因素只能预防员工的不满)和成就需要理论(满足成就、权力和归属这三种需要是人们工作的主要动机)为管理者提供了不同的诱发和激励员工需求的手段。

3. 当代的激励理论

期望理论认为,一个人从事某项工作的动机强度是由其对完成该项工作的可能性、获取相应的外在报酬的可能性(期望概率)的估计和对这种报酬的需求程度(效价)来决定的。公平理论突出了公平感受的作用,强调员工会与相关人员比较他们的劳动付出与所得报酬的比率。如果员工认为自己待遇不公平,会影响他们的行为。程序公平与分配公平相比,对员工满意度有更大的影响。

组织也可以通过强化人们的行为结果来修正员工的行为;目标设置理论认为目标本身

就具有激励作用,目标激励的效果受目标本身的性质和周围变量的影响;根据工作特征模型的五个核心工作维度(技能多样性、任务完整性、任务重要性、自主性、反馈)设计工作,可以使工作本身具有内在的激励作用。

4. 定义领导者和领导

领导就是指领导者带领、指导并影响人们去努力实现组织或群体目标的过程。领导者是指能够影响他人并拥有管理职权的人。领导权力可以来自职位——法定权、强制权和奖赏权,也可以来自非职位——专长权和个人影响权。

5. 领导特质理论与领导行为理论

领导特质理论和领导行为理论的研究均从领导者的角度出发,领导特质理论是寻找领导者区别于非领导者的特性的领导理论,领导行为理论是寻找有效领导者区别于无效领导者的行为的领导理论。领导者的行为风格可以根据领导者权力的运用方式和领导者与下属互动中的关注点的不同进行分类,如根据领导者权力运用方式的不同,领导风格可划分为专制式、民主式和放任式;根据领导者与下属互动中关注点的不同,领导风格可划分为任务导向和关系导向。

6. 领导权变理论

领导的有效性是领导风格与情境相适应,下属的权变因素和环境的权变因素共同决定了适当的领导方式对于领导效果的影响。费德勒模型认为团组绩效取决于领导者的领导风格与其对环境的控制和影响能力之间的匹配。情境领导理论主要关注下属的成熟度,面对不同成熟度的下属,领导者的行为风格应相应改变。领导者参与模型是用一套顺序的规则指导领导者根据不同情境确定下属的决策参与度。途径—目标理论认为领导者的工作就是帮助跟随者实现他们的目标,领导者通过指导和提供支持,保证跟随者的目标与组织目标或团组目标相容。

7. 沟通的内涵

沟通是一个人向另一个人传递理解和意义的过程。沟通障碍可产生于信息发送者、信息接收者和信道选择三个环节。具体来说,有效沟通的障碍包括过滤、选择性认知、信息过载、情绪、语言和民族文化等。管理者克服沟通障碍的技巧包括运用反馈、简化语言、积极倾听、抑制情绪、注意非语言信息。

8. 管理者需要的人际沟通技能

管理者需要的人际沟通技能包括积极倾听技能、反馈技能、授权技能、冲突管理技能和谈判技能等。

重点术语

激励	需要层次理论	双因素理论	期望理论
公平理论	工作特征模型	领导	领导特质理论
领导行为理论	管理方格理论	费德勒模型	情境领导理论
沟通过程	授权	冲突管理	谈判

即测即评

扫描二维码,可在线检验学习效果。

思考题

1. 比较马斯洛需要层次理论中较低层次需要和较高层次需要的不同。
2. 如果你接受Y理论,你将如何去激励员工?
3. 为了鼓励和支持员工多样化,管理者可以采用什么激励理论或方法?请解释。
4. 金钱在下列激励理论中的作用是什么?①需要层次理论;②双因素理论;③公平理论;④期望理论;⑤激励有高成就需要的员工。
5. 讨论领导特质理论的优点和缺点。
6. 管理者使用费德勒模型时需要了解哪些知识?请详细描述。
7. 下属是否会对领导工作的有效性产生影响?请讨论。
8. "所有的管理者都应该是领导者,但并非所有的领导者都是管理者。"你是否同意这一观点?请论述你的观点。
9. 在何种情况下,领导者可能无关紧要?
10. 在组织中,你认为哪一种沟通方式最有效?为什么?
11. "沟通无效是信息发送者的错误。"你同意这个说法吗?为你的观点提供支持证据。
12. 比较冲突的传统观、人际观和互动观。你认为哪一种观点为更多的管理者所支持?

章后案例

腾讯发红包背后的领导力解析

大年初八天刚蒙蒙亮,腾讯总部大楼前就已经有数百人在排队,排在第一位的小伙子居然是凌晨三点就来排队了。为了突出狗年的特色,还特别设计了一个"旺"字形的排队路线,象征企业兴旺发达。马化腾和多位腾讯高管也如约出现在办公室门口,为员工们挨个派发红包,并送上一句"新年快乐"。

腾讯的离职员工"小狗跳舞"在知乎上留言说"腾讯可能是大公司里最容易见到大领导的一家公司了,小马哥的开工利是封我现在都舍不得拆啊!"。"讨利是"是广东地区的习俗,寓意"大吉大利,好运连连",一般在开工第一天,由公司高管发"利是"给年轻同事。在互联网企业中,腾讯每年正月初八开工、马化腾亲自发红包已经成为一道风景线,这个传统据说起源于腾讯创业的1999年,一直坚持到现在,其热闹程度不亚于公司年会。

马化腾在最近的媒体沟通会上表示:"微信红包月活用户已经超8亿,是一个很大的数字。"他还表示:红包其实是一个带着钱的表情包,是一种文化的沟通,所以不能单纯从钱的角度考虑。《2018胡润全球富豪榜》显示,47岁的马化腾以财富2 950亿元人民币正式成为全球华人首富。作为互联网起家的CEO,马化腾深刻了解分享的重要性,并身体力行,发红包只是其中一个具体行动。

"分享"不仅体现在发红包上,同样体现在对员工的长期回馈上。2016年11月11日是腾讯公司的"18岁成人礼"。马化腾为感谢员工过往的努力付出,分享公司18年来的成长,为员工准备了一份特殊的"感恩礼包":每人300股腾讯股票。按照当天200港元的股价计算,腾讯每位员工可以获得6万港元,总价值约达17亿港元(约15亿人民币)。表面上是一次员工福利行为,但实际上是一次全员持股,马化腾真正将公司的员工从"你我"变成了"我们"。

要分析红包背后的领导力,首先要理解中国人的人情世故。中国自古以来就是人情社会、熟人社会,历来讲究礼尚往来,适当的礼仪有助于人际关系的建立和维护。腾讯的核心领导层大都是70后,而大多数员工和用户却是80、90后。腾讯能在互联网创业而且一直保持前列,马化腾对全公司影响最大的就是尊重文化。在清华全球管理论坛上,马化腾在谈及自己的领导力风格时说,"我的风格不强势,也不是一言堂,创业团队要互相商量。腾讯的风格也是这样,比较民主、多元化。"

腾讯文化很包容,以正向激励来带动整个团队。腾讯是很强的集体决策机制,腾讯在对待产品上有一种自下而上的环境和氛围。腾讯在内部讨论事情的时候,无论职位高低,一定有人站出来敢和老板叫板。最终大家要讲理由,为什么这个不能改,那个能改。在每一个理由里,大家都用逻辑思维来考虑这个事情的时候,房间里就充斥着理性,而不是权威和职务。这种文化是支撑产品组合得以存在和持续运营的基础。

马化腾的管理风格是,除非他强烈希望干预的事情,否则他都愿意让团队去试,并让不同的团队去竞争。这就是腾讯特别的地方,即使有很多很重要的人持有不同的看法,但如果你过去证明过自己值得信任,并保持沟通这个事情仍然可以继续往前走。当然,过程中你也需要阶段性地证明一些事情。大家都不是外行,把握好自己的节奏,就可以保证自己的门不被公司关上。

在接受《哈佛商业评论》中文版的采访中,马化腾在谈及如何形容自己的领导风格和公司的企业文化时说道:"我一直比较内向低调,主要精力放在产品创新方面。我的风格是:要务实和专注,永葆激情,求知若渴;要快速思考,坚定执行;要关注战略、速度与细节,亲力亲为。腾讯创始人及过半数员工都是技术背景,崇尚实干文化,往往以解决问题为第一要务,这也是公司的DNA。目前公司高管有15人,在各自领域都有深厚的专业知识及管理经验,并领导各业务的发展战略及团队管理。对于公司的日常运营以及企业传承,腾讯有一套全面的机制,确保公司持续健康发展。"

马化腾表示:"创新来源于对用户需求的准确把握和对产品的不断打磨。平时我花大量时间使用我们的产品,从一个产品经理的角度把握产品走向和用户体验,找出不足,迭代完善。我自己一直坚持这么做,身体力行感染和带动他人。"

这是一条孤独之路,但用最笨的方法往往才能最快地跑完全程。不积跬步,无以至千里。要像"小白"用户那样思考,并每天高频使用产品,不断发现不足,一天发现一个,解决一个,就会引发口碑效应。要抹掉身份去用户那里潜水,听取不同的声音和反馈。在腾讯,有一个"10/100/1 000法则"——产品经理每个月必须做10个用户调查,关注100个用户博客,收集反馈1 000个用户体验。这个方法看似很朴素,但行之极难。

产品体验和用户需求因时而变,真正的产品经理应该努力发掘用户深层次且不断变化的需求,不断迭代改进,如此才能实现更好的产品体验。做好一款产品并不太难,难的是如何让它持续地运营下去,更难的是如何移植一款产品的成功基因,从而复制创造一系列的成功产品。最简单的东西恰恰是做起来最难的事情——人性对工具的要求就是清晰、简单、自然和好用。

要选择适合自己的领导方式,而专注、开放的心态是成功的必需特质。一家公司的成功永远不只是钱或资源够不够的问题,关键的还是团队精神。尤其是将帅相当重要,将帅无能,累死三军。传统行业会有资金密集型扭转的机会,但移动互联网基本不太可能,这个市场不是拼钱、拼流量,更多是拼团队,拼使命感和危机感。一切取决于你能不能做出精品,是不是 Be the Best。资源只是加法,产品力才是王道。10个都弱不如1个很强。否则一堆做不起来的产品,只能减分、分散精力。行动要专注,做不好就要砍掉,关停并转。

马化腾说:"我喜欢用'半条命'来形容现在的腾讯。过去我们有很多不放心和不信任,出于本能全部自己做;但现在我们真的是半条命,另外半条命属于合作伙伴。"

领导力提升的重点在于重新学习人性,一个具有卓越领导力的企业家能够给企业带来生机与活力,带领企业团队在激烈竞争中持续的发展。在以人为本的社会里,人的主体地位和价值应得到充分的尊重。管理的人性化不仅凸现了领导者的决策水平和管理能力,也符合作为个体的人的心理期望。一个优秀的领导者所要努力做的,就是为员工提供或创造愉悦的工作环境,使员工体会到工作的乐趣,满怀信心与希望。

领导力不是让你发号施令,而是影响他人、激励他人实现个人的自我成长,并成就某些事情。真正对领导力的诠释应该是一种存在、一种关系。领导者和员工是一种关系,它非常暖性,不存在绝对的领导者与跟随者的对立。未来,领导力将会变得越来越非正式化,团队和员工的个性化被认可被尊重,以往行之有效的简单粗暴式的管理无法真正激励和笼络人才。只有人性化管理才能够让员工充分挖掘自身的潜能,从优秀到卓越。

讨论:
1. 结合有关激励理论具体分析资料中马化腾所采用的激励方法和措施。
2. 总结马化腾之所以能够在腾讯拥有巨大影响力的原因,判别马化腾的领导风格类型。
3. 从本案例中看,有效领导、激励和沟通的关键分别是什么?

第五章 控制

本章要点

(1) 控制的定义及重要性。
(2) 描述控制过程的三个步骤。
(3) 说明测量实际工作的方法。
(4) 管理者针对差异可采用的管理措施。
(5) 区别三种不同的控制类型。
(6) 不同控制领域的具体控制方法和手段。
(7) 有效控制应遵循的基本原则。

案例导读

"你贪十万,我就是花一千万也要把你查出来!"京东集团创始人、董事局主席兼首席执行官刘强东谈到内部腐败问题时,言辞激烈。

京东为什么要坚决对内部腐败动刀?这与刘强东的经历相关。

"我第一次创业开餐厅失败了,当时因为收钱的小女孩跟大厨谈上了恋爱,他俩把公司所有的钱都给贪了。"

第二次创业创立京东时,刘强东就坚定了一个信念:要做一家走正道、没有贪污腐败的企业。

正如中纪委机关报评价的那样,像京东这样的民营企业加入反腐阵营,值得赞赏。

1. 实名通报内部腐败,为什么这么狠

2017年5月3日,京东公布了6起反腐败案例,涉及收受商家贿赂及虚报费用,多人被辞退,京东商城原服饰家居事业部服装部以及京东商城家电事业部有经理或主管均因涉嫌非国家工作人员受贿罪,被公安机关刑事拘留。

此前,2016年10月24日,京东通过公众号"廉洁京东"发布文章《京东集团反腐败公告》,将过去一段时间查处的10起内部腐败案件集中进行了实名公布,其中多名员工在办公室现场被警方带走、刑拘。

据公告显示,这些内部腐败事件涉及收受供应商贿赂、职务侵占、索要供应商礼品、接受供应商宴请等违法违规行为,京东对涉及员工进行了移交司法机关或辞退的严肃处理;违反国家相关法律的行贿商家也被移交司法机关处理。

有人说,"京东这样做是不给人留活路",但京东方面也重申,"京东秉持反腐败零容忍原则,任何腐败事件涉及的人员均会被实名公告,从即日起,每查处一起公告一起,公司 ERP 公告、京东 ME 反腐公告及廉洁京东公众微信号联合发布"。

刘强东表示,"这不是我狠,是因为你做的事情完全违背了我的价值观,颠覆了我的梦想。所以,别说几万块钱、几千块钱,就是你敢拿一分钱我也一定把你开掉,我不会跟你讲任何感情,我不会有一丝一毫的犹豫"。

从中关村摆柜台开始到 2004 年进入电商领域,直至今日成为连续入榜《财富》全球 500 强、年交易额剑指万亿的互联网企业,京东始终对腐败行为采取零容忍的态度,诚信更是成为京东价值观之一。

2. 京东内部的反腐机制已日臻成熟

京东治内部腐败有一套办法。《京东集团反腐败条例》是集团反腐败的根本制度,以条例为中心,增加了配套制度,形成了健全的反腐制度体系。

为鼓励员工、供应商及其他合作伙伴全面深度参与到京东诚信经营的监督体系中,京东宣布出台《京东集团举报人保护和奖励制度》,并设立每年高达 1 000 万元的反腐奖励专项基金,同时上线了反腐网站廉洁京东,开通微信公众号廉洁京东,联合全社会力量共同参与净化商业环境。

2017 年 3 月发布《京东集团廉洁奖励试行办法》进一步完善了京东反腐体系,对于行贿者按照《反商业贿赂协议》进行处理,从而达到从源头上让行贿的行为得到有效控制,同时通过奖励的方式对员工做正确事情给予特别认可,鼓励员工拒收贿赂,两者相辅相成。

据报道,《廉洁奖励试行办法》中规定,对拒收商业贿赂表现出色的员工进行高额奖励,奖金高达贿赂金额的 50%。同时规定,对拒收商业贿赂的员工,升职加薪时给予优先考量。既有高额奖励,又有升职加薪的优先考量,难怪网友称赞,"将极大激发员工的正能量"。

涉及资金来往的领域相对风险会高,易产生腐败问题。京东对于反腐预防主要措施为:文化、制度及系统三方面并重。

以文化建设为例,京东新员工入职必须接受反腐的培训和考核,同时员工会签署员工反腐承诺书。内控合规部将根据培训对象的情况,制定反腐培训方案从而实施阶梯性培训。

技术作为反腐败的工具,京东一方面用技术不断完善公司的系统,减少员工犯错的机会;另一方面针对风险领域运用技术手段,并结合公司的大数据平台建立了反腐监控系统,有效提升查处腐败能力及效率。

3. 有人给她打款 5 万元,她却……

京东相关部门负责人介绍,京东自成立之初,始终重视反腐工作并建立了完善预防机制和反腐体系,持续推进反腐工作,不断通过培训、制度、宣传三大方面提升全体员工的反腐意识,营造人人反腐的文化氛围。

公司规定:针对供应商及合作伙伴的馈赠,京东员工第一时间进行拒收。对于无法退回的,员工会根据公司相关规定进行处理。

2017年2月18日,京东一位员工温女士打开自己的金融支付工具给公交卡充值,但一打开软件,却发现余额中多了5万元。翻看转账记录,发现该转账竟分五次,每次分别转账1万元。这引起了温女士的注意,仔细查看对方信息后发现,该转账人为前几日因刷单被关店处理的一个商家。

她突然想起商家最后回的一封邮件:短信说。于是,她打开数条未读短信,才发现商家写道:"短信说是为了避嫌,也没人知道,您可以灵活处理一下,先付你5万,事成之后,再付5万。"温女士丝毫没有犹豫,直接把钱退回给卖家,并将此事上报给上级领导。

据了解,温女士当时已通过邮件清楚地告知该商家刷单行为事实、处罚结果以及管理规则。商家还多次暗示她灵活处理,取消关店处罚。温玉杰明确回复:您的行为确实违背了京东对商家的管理规则,我个人也没有可操作的空间,规则就是规则。根据《京东集团反商业贿赂协议》的规定,将该商家纳入京东集团供应商管理黑名单系统,永不合作。

京东不仅内部开展诚信宣传,对外部供应商及合作伙伴也持续宣传京东反腐文化。在此期间,供应商更是积极参与到京东的反腐体系中,主动举报内部员工腐败行为并积极协助调查工作。

控制是管理过程的最后一步。管理者必须对是否有效完成了在计划过程中制定的目标进行监控,这是他们在控制时从事的主要工作。正确的控制一方面能帮助管理者找到问题所在,发现绩效差异和可改进的领域;另一方面,有效的控制体系应能做到预防问题发生从而降低因问题所导致的损失和成本。正如引例中所描述的,京东集团通过其内部反腐体系和制度的建立以预防问题发生。企业在运营的过程中会出现各种问题,事情并非总是按计划进行,而这正是控制如此重要的原因。本章将分析控制工作的主要内容,包括控制过程、控制类型以及控制领域等。

第一节 控制的概念和重要性

控制是管理工作的重要职能。控制工作的主要目的在于确保组织活动得以按计划完成,并能够纠正任何明显偏差。控制工作与计划工作密切相关。一方面,计划工作为控制提供标准。没有了目标与计划,控制就丧失了方向,控制工作将无法进行,也就不可能进行控制,人们将不会知道要控制什么以及如何进行控制。另一方面,控制是计划工作得以实现的保证。没有控制,计划工作可能流于形式,得不到实效,人们无法知道自己干得怎样,存在哪些问题,哪些地方需要改进。

在管理工作的实际过程中,管理者即使能够制定出完备的计划、设计出精密的组织结构、调动并激发起员工的积极性,但如果没有有效的控制工作,仍然不能保证组织所有的行动都按计划执行,不能保证管理者追求的目标一定能达到。因此,作为管理过程的最后一环,控制工作是一项非常重要的活动。控制工作是其他管理职能活动有效进行的必要保证。

一、什么是控制

计划职能选择并确定了组织的目标和实现目标的战略,组织职能构建了完成这些目标和战略所需的结构与人员配置,领导职能营造了组织成员努力工作以达成目标的环境氛围,而控制职能提供了有关偏差的信息以及确保与计划相符的纠偏措施。在现实工作中,管理控制的结果很可能导致组织确立新的目标、提出新的计划,并在组织结构、人员配备和领导等方面做出相应的改变和调整。因此,控制可以说既是一个管理工作过程的终结,又是一个新的管理工作过程的开始。正是在这一意义上,控制工作与计划、组织以及领导工作密切相关。管理工作本质上就是由计划、组织、领导、控制等职能有机地联系而构成的一个不断循环的过程。

管理的控制职能是指管理者为了确保组织的目标得以实现,根据事先确定的标准对于计划的进展情况进行测量和评价并在出现明显偏差时及时进行纠正的过程。因此,控制(Control)是一项监督组织活动以确保其按计划完成并纠正明显偏差的管理职能。简单地说,控制就是使事情按计划进行,就是纠正实际执行情况与所计划的理想状态之间的偏差,从而确保结果和计划相一致的过程。控制是使组织的活动达到预期目标的保证。所有的管理者都应当承担控制的职责,因为管理者在对已经完成的工作与计划所应达到的目标进行比较之前,并不清楚其部门的工作是否进展正常,而一个有效的控制系统则可以保证组织各项活动完成的方向是朝着其既定目标前进的。总之,控制系统越完善,管理者实现组织的目标就越容易。

任何组织、任何活动都需要进行控制。通过控制工作,能够为管理人员提供有用的信息,使之了解计划的执行进度和计划执行中出现的偏差以及偏差的大小,并据此分析偏差产生的原因。同时,控制工作通过纠正偏差的行为与其他三个管理职能紧密地结合在一起,使管理过程形成了一个相对封闭的系统。一旦计划付诸实施,控制工作就必须穿插其间进行。控制对于衡量计划的执行进度,乃至发现并纠正计划执行中的偏差都是非常必要的。

二、管理控制的目的

管理控制并不是管理者主观任意的行为,而总是受到一定的目标指引,受到客观规律的制约。规律活动的突出特征是具有目标性,管理活动的目标性把战略或策略的制定者与执行者统一起来,从而形成一个具有特定目的的组织。在组织的动态发展中,目标既是控制活动的起点和依据,又是控制过程循环发展的终点。目标贯穿于整个管理控制过程的始终。在现代管理活动中,管理控制的目的主要有两个:

(一)限制偏差的累积

一般来说,任何工作的开展都不可避免地会出现一些偏差。虽然小的差错和失误并不会立即给组织带来严重的损害,然而时间一长,小的差错就会得以累积、放大,并最终影响组织目标的实现甚至对组织产生灾难性的后果。防微杜渐,及早地发现潜在的错误和问题并及时进行处理,有助于确保组织按预定的轨迹运行下去。有效的管理控制系统应当能够及时地获取偏差信息,及时地采取有效的矫正措施,以防止偏差的累积进而影响组织目标的顺利实现。

（二）适应环境的变化

组织的计划和目标在制定出来后总要经过一段时间的实施才能实现。在这段时间内，组织内部的条件和外部环境可能发生变化，如竞争对手可能推出新产品和新的服务项目，新材料和新技术可能出现，政府可能制定新的法规或对原有的政策进行修正，组织内部的人员可能产生变动等。这些变化不仅会妨碍计划的执行和目标的实现，甚至可能要求视情况的变化对计划和目标本身进行修改。因此，需要构建有效的控制系统帮助管理者预测和确定这些变化，并对由此带来的机会和威胁做出反应。组织预测变化和做出反应的能力越强，对外部环境的适应能力就越强，从而在激烈变化的环境中生存和发展的可能性就越大。

三、管理控制的特点

不管是管理工作中的控制活动，还是物理、生物、经济及其他方面的控制，控制的基本过程和基本原理都是一样的。然而，管理控制又不同于物理、生物、经济及其他方面的控制，管理控制有其自身的特点。具体如下：

（1）管理控制具有整体性。这有两层含义：一是管理控制是组织全体成员的职责，完成计划是组织全体成员的共同责任，参与控制是全体成员的共同任务。二是控制的对象是组织的各方面。确保组织各部门和单位彼此在工作上的均衡与协调是管理工作的一项重要任务，为此，需要了解掌握各部门和单位的工作情况并予以控制。

（2）管理控制具有动态性。管理工作中的控制不同于电冰箱的温度调控，后者的控制是高度程序化的，具有稳定的特征；组织不是静态的，其外部环境及内部条件随时都在发生变化，从而决定了控制标准和方法不可能固定不变。管理控制应具有动态的特征，这样可以提高控制的适应性和有效性。

（3）管理控制是对人的控制并由人执行控制。管理控制是保证工作按计划进行并实现组织目标的管理活动，而组织中的各项工作要靠人来完成，各项控制活动也要靠人去执行。所以，管理控制首先是对人的控制。

（4）管理控制是提高职工工作能力的重要手段。控制不仅仅是监督，更重要的是指导和帮助。管理者可以制定偏差纠正计划，但这种计划要靠职工去实施，只有当职工认识到纠正偏差的必要性并具备纠正能力时，偏差才会真正被纠正。通过控制工作，管理者可以帮助职工分析偏差产生的原因，端正职工的工作态度，指导他们采取纠正措施。这样，既能达到控制目的，又能提高职工的工作成效和自我控制能力。

四、控制为何重要

控制工作的重要性可以从以下三个方面来理解：

（1）控制能提供必要的信息和反馈，从而使管理者放心地实施员工授权。控制工作能够为主管人员提供有用的信息，使之了解计划的执行进度和执行中出现的偏差及偏差的大小，并据此分析偏差产生的原因。一种有效的控制系统能够对员工绩效提供相关信息和反馈，从而使管理者愿意向自己的员工授权。很多管理者不愿向员工授权，因为他们担心会出错，并会为此承担责任。但有效的控制系统可以提供员工执行情况的信息和反馈，使出现潜在问题的可能性降到最低。

(2) 管理职能的相互关系及控制在管理职能中所处的地位。计划的基础是向员工和管理者提供方向明确的目标,然而,仅仅确定目标或让员工接受目标并不能保证他们会采取必要的行动。有效管理者必须进行追踪以确保员工采取了期望的行动,并实现了预期的目标。控制与管理过程的第一步——计划存在重要联系。如果管理者不进行控制,他们就无法了解目标与计划是否实现,以及未来应该采取什么行动。控制工作通过纠正偏差行为与其他三个管理职能紧密地结合在一起,使管理过程形成了一个相对封闭的系统。一旦计划付诸实施,控制工作就必须穿插其间进行。控制对于衡量计划的执行进度,发现并纠正计划执行中的偏差都是非常必要的。因此,控制是极为重要的,因为管理者只有通过控制这一唯一的方法,才能了解组织目标是否实现及目标没有实现的原因。

(3) 保护组织及其资产。在当今的环境中,自然灾害、财务丑闻、工作场所暴力、供应链中断、违反安全条例的行为等,都会给组织带来重大威胁。全面的控制措施和应急计划可以保护组织的资产。

管理现象观察

怒不可遏的旅客们在机场大排长队,至少要等上两个半小时才能办理登机手续。出现在希思罗机场和盖特威克机场的拥堵场景折射出了英国航空业现状:欧盟官方出台了更严格的护照及通行证控制政策,导致英国人出行面临严重的延迟风险。

2017年夏季,预计飞行出游到外地度假的英国人数量已经超过历史纪录,这将为航空业带来更严峻的考验。《太阳报》旅行版编辑Lisa Minot谈道:"伴随英国航空公司(BA)IT系统的混乱,周末假期出行高峰的到来,以及欧盟严苛的安检措施,机场必将遭受一场长队风暴。"除此之外,乘客们还受到巴塞罗那及里斯本罢工以及米兰行李员罢工的影响。

英航IT系统的崩溃意味着乘客无法打印登机牌,只能通过人工办理。飞往欧洲各地的航班大面积延误,乘客只能无奈地在机场等待。事实上自14个月前启用了新的登机系统之后,这已经是系统第7次出现崩溃。随后不久,英航就声称系统问题已经修复完毕。但这也激起了某些恐慌情绪,担心或许会出现更多的故障问题。"工作人员不得不人工操作登机手续,后来运行李的机器也崩溃坏掉了,所有人都筋疲力尽。"来自伦敦西南部韩国城58岁的滞留旅客Pip Davis谈道。

普遍人手不足的欧洲机场,正在艰难地向欧盟申根护照自由区之外的游客们介绍最新护照规则,主要包括英国和爱尔兰。入境管控政策之所以收紧,是因为欧洲恐怖袭击事件在逐渐增多。大量取消和大面积延误的班机让旅客们形容机场简直"惨绝人寰""疯狂"。

航空公司要求政府向欧盟申请,适当放宽过境管控力度。英航表示早在2017年5月就已针对此事向交通部提出过警告,但得到的回复是相关问题已经得到解决。高级部长们纷纷指责布鲁塞尔在英国"退欧"事件上有所干涉,糟糕的护照政策几乎毁掉了英国人的假期。有人认为,欧盟在英国退出之后匆匆建立起严格的护照政策,是

"对未来可能出现的局面所做的隐匿提示"。交通方面负责人则表示,相比较英国退欧的影响,机制不全才是根本原因。

一位欧盟委员会女发言人表示:"我们无法做到两全其美,一方面通过更多的检查和管控确保安全,另一方面又去安抚因为排长队而引起的不满情绪。有所得就必定有所失。"Lisa Minot 则建议旅客们保持手机电量以查询最新航班信息。"最近法国火灾中围困的游客们发现,唯一可靠的信息源就是自己的手机。同时也要在手机里存好旅行公司的联系方式,以防不备之需。"

第二节 管理者如何从事控制工作

控制标准是控制目标的表现形式,是测定实际工作绩效的基础。对照控制标准,管理人员可以对工作绩效好坏做出判断。没有一套完整的控制标准,衡量绩效和纠正偏差就会失去客观的依据,控制也就成了一项无目的的行动,不会产生任何效果。

控制是确保工作按计划进行的一项管理活动,控制职能一般在计划确定之后发挥作用,标准是对工作预期成果的规范,计划与标准都是按组织目标的要求编制的,并以实现组织目标为目的。一般来说,标准来自组织计划,但又不等同于组织计划,不能完全用计划来代替标准进行控制。如果直接用计划作为控制标准并对全部计划内容进行控制,会使控制工作因缺乏规范化、庞杂不清而导致混乱,结果会降低控制效果。在组织制定计划时,由于计划的详细程序和复杂程序不一,计划中的目标和标准不一定适合控制工作的要求,而且控制工作需要的不是计划中的全部指标和标准,而是用来衡量工作业绩的几个关键点。因此,人们是在一个完整的计划程序中选出众多关键点,把处于关键点的工作预期成果作为控制标准。这样的话,管理者就可以对照选定的控制标准分析和评价实际工作的进展情况,而无须在实施计划过程中对每一步都亲自加以过问。计划、标准、控制与目标的关系如图 5-1 所示。

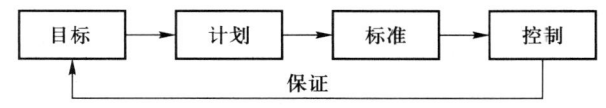

图 5-1 计划、标准、控制及目标的关系

虽然控制具有多种不同的形式,控制的对象也千差万别,但控制过程(Control Process)基本上是一致的。一般可以划分为如下三个步骤:测量实际业绩;将实际业绩与标准进行对比;采取管理措施,纠正业绩偏差或修改不合适的标准。测量实际业绩、与标准进行对比和采取管理措施是控制工作的三项基本要素,它们相互关联,相互依存,缺一不可。控制过程假定业绩标准已经存在,业绩标准是依据计划过程中所制定出来的具体目标确定的,是预定的工作标准和计划标准,业绩标准是检查和测量实际工作的依据。如果没有业绩标准,测量实际业绩便失去了根据,控制工作也就无法进行。实际业绩与标准对比

后可确定偏差信息,因此偏差信息是实际工作情况或结果与控制标准或计划要求之间产生偏离的信息。了解和掌握偏差信息,是控制工作的重要环节,如果没有或无法得到这方面的信息,那么控制活动便无法继续开展。根据偏差信息,采取管理措施,做出调整决策,并付诸实施。根据实际情况和需求,或矫正实际工作,或修正计划和标准,是管理控制的关键环节。具体的控制过程如图 5-2 所示。

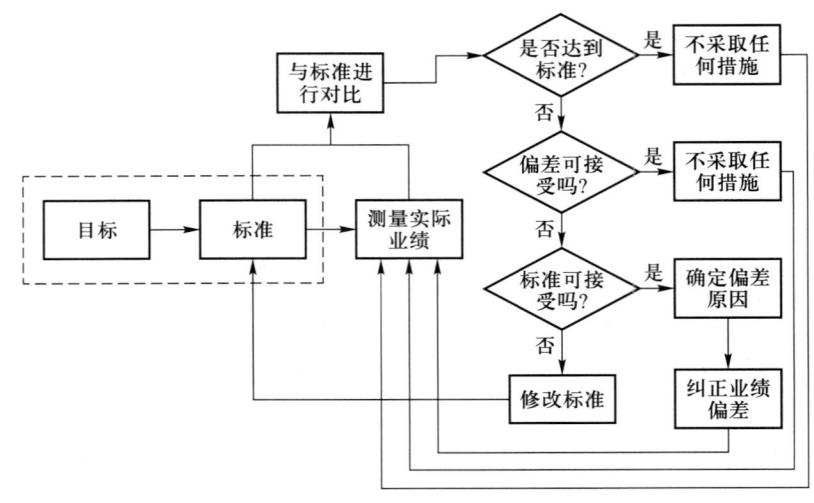

图 5-2　控制过程

一、测量实际业绩

（一）管理者如何测量

有了控制标准后,还需要了解实际工作的进展情况,以便确定偏差信息。测量实际工作的本质就是获取控制对象的有关信息。为了获得实际工作绩效的有关信息,管理人员通常可以采用亲自观察、统计报告、口头报告和书面报告等方法。

1. 亲自观察

亲自观察能为管理者提供有关实际工作的第一手的、未经他人过滤的信息。亲自观察覆盖面广泛,因为大大小小的工作活动都可以被观察,而且给管理者提供了寻查隐情的机会,获得其他来源所疏漏的信息,及时地发现并解决问题。走动管理（Management by Walking around, MBWA）是亲自观察的典型形式。走动管理的基本思想是领导者通过深入基层,自由接触职工,进而在企业内部建立起广泛的、非正式的、公开的信息沟通网络,做到体察下情,沟通意见,共同为企业目标奋斗。目前,西方企业管理人员普遍认为,行动重于空谈,深入现场解决实际问题远比组织名目繁多的委员会和撰写冗长的研究报告更有意义。所以,一个运转有效的企业,其领导者很少坐在办公室里发号施令,而是深入现场和基层,发现问题,解决问题。这种新型的领导方式不仅会极大地提高管理的效率,而且会极大地促进上下级之间的思想交流和感情联系,有利于提高全体组织成员的士气,促进组织目标的实现。但是,当衡量活动所需的信息量很大时,这种方式的局限性就会显现出来。

亲自观察不仅需要花费大量的时间和精力,而且易受个人偏见的影响,不同的观察者对同一事件可能形成不同的印象。此外,这种方式如果不能被员工正确理解,则会被认为是对员工不信任的标志,从而招致他们的抵触。

2. 统计报告

利用报表和大量统计资料了解实际工作情况也是一种常用的方法。当前,计算机在组织中的广泛应用使得管理者越来越多地依赖统计报告来衡量实际工作。统计报告能提供大量的数据、图表,不仅一目了然,而且能显示各项指标之间的相互关系。但是这种方法所提供的显示也是有限的,它只能为一些可以量化的工作情况提供数字显示,而忽略了其他重要的、主观的因素。这种方法节省了时间,但获取的信息是否全面、准确往往完全依赖于报表和统计资料的真实性和准确性。

3. 口头报告

信息可以通过口头报告,如会议、面谈或电话交谈获得。这种测量实际工作的方法的优缺点与亲自观察相似。虽然信息被过滤了,但这种方法较为快捷,能够带来反馈信息,并且能借助表情、声调、言语等加深管理者对信息的理解。以往,口头报告的主要缺陷是难以做成信息文件以备日后参考,然而随着技术水平的提高,口头报告也可以像书面报告一样被永久记录下来。

4. 书面报告

信息也可以通过书面报告获得。和统计报告一样,书面报告在速度上慢一些,但更为正式。这种方法比口头报告更为综合、简捷,而且易于归档,便于查找。

除以上几种获取信息的方法外,组织中也会存在很多无法直接测量的工作,而只能凭借某些现象进行推断来获取信息。如从职工的合理化建议增多或许可以推断企业的民主化管理有所加强,职工工作热情下降现象增多可能是管理工作不当所致等。事实上,各种获取信息的方法都有其优缺点,具体测量实际工作时应综合利用不同的方法,这样可以大大增加信息的来源并提高信息的可信度。为了进行有效的控制,所获取的信息除了必须尽可能准确以外,还必须及时、可靠和适用。

管理现象观察

走动管理是指高阶主管经常抽空前往各个办公室走动,以获得更丰富、更直接的员工工作问题,并及时了解所属员工工作困境的一种策略。走动管理的概念起源于美国管理学者汤姆·彼得斯(T. J. Peters)与罗伯特·沃德曼(R. H.,Jr. Waterman)在1982年出版的名著《追求卓越》(*In Search of Excellence*)一书。书中提到,表现卓越的知名企业中,高阶主管不是成天待在豪华的办公室中,等候部属的报告,而是在日理万机之余,仍能经常到各个单位或部门走动走动。这是世界上流行的一种新型管理方式,它主要是指企业主管身先士卒,深入基层,体察民意,了解真情,与部属打成一片,共创业绩。简单地说,走动管理是管理者走进工作现场与员工互动的做法。

> 麦当劳快餐店创始人雷·克罗克,是美国有影响的大企业家之一,他不喜欢整天坐在办公室里,大部分时间都用在走动管理上,即到所属各公司、各部门走走、看看、听听、问问。公司曾有一段时间面临严重亏损,许多一线经理把宝贵的时间耗费在抽烟和闲聊上。于是克罗克想出一个"奇招",要求将所有经理的椅子靠背都锯掉,经理们只得照办。开始很多人骂克罗克是个疯子,不久大家悟出了他的一番苦心,纷纷走出办公室,开展走动管理,及时了解情况,现场解决问题,终于使公司扭亏转盈,有力地促进了公司的生存和发展。
>
> 日本经济团体联合会名誉会长士光敏夫采用身先士卒的做法,一举成为日本享有盛名的企业家。在他接管日本东芝电器公司前,东芝已不再享有"电器业摇篮"的美称,生产每况愈下。士光敏夫上任后,每天巡视工厂,遍访东芝设在日本的工厂和企业,与员工一起吃饭,闲话家常。清晨,他总比别人早到半个钟头,站在厂门口,向工人问好,率先示范。员工受此气氛的感染,促进了相互间的沟通,士气大振。不久,东芝的生产恢复正常,并有很大发展。
>
> 沃尔玛公司的山姆·沃尔顿每周大部分时间都在各个沃尔玛分店穿梭。他喜欢跟顾客和员工面对面地交流。沃尔玛成长为巨无霸企业后,山姆不惜自己驾驶飞机巡视,再后来又投巨资建立了全球卫星网络系统,保证每周都要让每一个沃尔玛员工看到来自董事长的热情鼓励。
>
> 杰克·韦尔奇在领导通用电气的生涯中经常喜欢"深潜",与员工一起工作,一起思考,一起兴奋,一起展开激烈的辩论。韦尔奇在获得大量鲜活思想的同时,得到了极大的满足和乐趣。通过一次次"深潜",韦尔奇识别并提拔了一大批人才,把握了一系列商机。

(二) 管理者测量什么

测量有助于人们了解工作中的因果关系,从而使人们工作得更好。对控制过程来说,测量什么也许比怎样测量更为重要。测量内容的选择在很大程度上会决定组织成员努力的方向,而测量指标选择错误很可能导致组织控制功能失效的严重后果。管理实践中,这方面存在的问题不胜枚举。政府测量GDP,有的地方官员盲目发展,出现了大量资源消耗、面子工程和环境污染;医院测量病床的入住率,有的医生为此篡改患者的检验结果;科研机构测量研究人员的论文数,有的学者发表低水平、重复的论文,甚至出现学术造假。因此,测量指标体系和制度设计得有问题的话,会让人们的行为出现偏差,甚至会导致人们走火入魔。

由于控制的对象不同,测量指标多种多样。某些测量指标适用于任何管理情况,例如,对管理者来说,诸如员工满意度、辞职率和缺勤率等指标可作为测量的内容,把成本控制在预算内也是一种相当常用的控制措施。然而,任何一个全面的控制系统都必须认识到不同管理者之间的活动差异。

最理想的情况是将可考核的目标直接作为测量标准,但更多的情况往往是将某一计划目标分解为一系列的测量指标,例如将利润率目标分解为产量、销售额、制造成本、销售费用等测量指标。在工业企业中,最常用的测量指标大致可划分为四类:时间指标(如工时、交货期等)、数量指标(如产品数量、废品数量)、质量指标(如产品等级、合格率)和成本指标(如单位产品成本)。组织中所有的运营活动都可依据这四类指标进行测量。如对企业生产工作的测量,可检查产量是否达到数量指标、原材料规格及产品合格率是否达到质量指标、产品的时间上是否按期完成并如期交货、原材料成本及职工工资是否超出成本费用限制等。这四类测量指标是相关的,对于一项工作,人们总是可以近似或准确地找出数量、质量、时间及成本间的内在联系。如对产品质量要求过高会导致成本上升并延长生产周期,大量生产会降低单位生产成本,等等。所以,在大多数情况下,只需运用1~2个指标便可达到控制目的,其他指标则是次要的、辅助性的。如生产控制往往注重质量和时间指标,而销售控制更多侧重于成本和数量指标。上述这些定量的指标很容易理解、测量和控制。

当然现实中很多指标是无法量化的,因此,测量指标也可以定性描述,如工作作风、道德标准、企业价值等。但有一点需要注意,无论什么样的测量指标都应该是客观的、可以核实的。因此,当业绩指标无法量化时,管理者应寻找并使用主观的测量指标。当然,主观指标存在很大的局限性,但总比根本没有测量标准并因此忽略控制职能要好。

根据各类组织长期实践的经验,一个合理的测量指标体系应具有四个方面的特征,即与组织的战略和目标的一致性、均衡性、完整性和可控性。测量是为了保证组织目标的实现,测量指标的含义和内容必须与组织的战略和目标是一致的。如果希望通过测量来调整和引导人们的行为,那么所选择的指标就必须与组织的战略和目标相一致。在现实的管理实践中,对于活动成效(工作绩效)的测量也需要从多个方面综合地进行。测量指标必须均衡、全面。例如,既要有财务指标,也要有非财务指标;既要重视数量指标,也要重视质量指标;既要关注结果,也应关注过程;等等。需要注意的是,测量指标并非越多越好,或者是越多越能够保证均衡。指标数量的增加会降低其边际效益。在某些情况下,过多的指标反而会产生负面效果。测量指标的完整性是指指标能够全面反映测量对象(企业、部门、小组或个人)绩效状况的程度。缺乏完整性的指标只能反映出测量对象局部的活动及其影响,而未被衡量的方面就有可能得不到重视。测量某个部门的指标如果只受到该部门可控因素的影响,这样的绩效指标就具有可控性,它对该部门绩效的反映就是可靠的。理论上讲,对人员的衡量只应针对他们所能控制的部分,但是要确定绩效的某个方面是否可控并非易事。总的来讲,在设计测量指标体系的时候应该注意从上述四个方面来把握。但是要同时满足这四个方面的要求,实际上是有难度的,有时必须在这几方面要求之间进行权衡。

二、与标准进行对比

测量实际工作情况的目的是为管理者提供有用的信息,为矫正偏差提供依据。由于组织中的不同部门收集数据资料信息的目的是不同的,所以工作人员要对测量工作所获得的信息进行整理分析,并保证在管理者需要的时候提供尽量精简、但能满足控制所需的全部信息。管理者根据所获得的信息将实际工作结果与控制标准进行比较,就能够确定有无偏差以及偏差的大小,从而判断计划执行中是否存在问题。

需要强调的是,并非所有偏离标准的情况都需要作为问题来处理。对一个组织而言,其经营活动出现一定的变异和波动是不可避免的,因此管理者需要确定一个可接受的偏差范围(Range of Variation)(见图5-3)。偏差范围(允许偏差)是实际测量值与标准值之间可以接受的差距,只有超过这一范围的偏差(超出标准很多或低于标准很多)才应该给予关注。

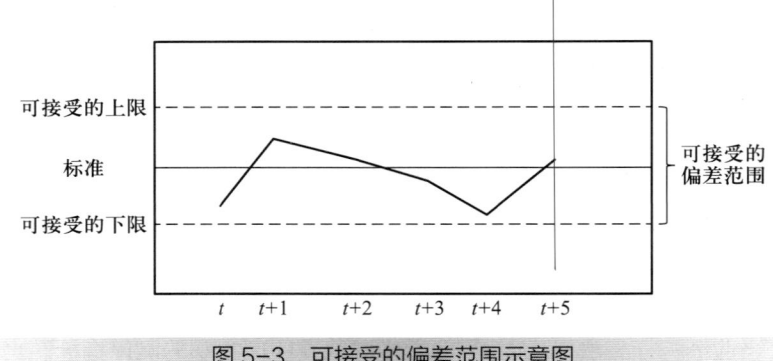

图 5-3　可接受的偏差范围示意图

三、采取管理措施

解决问题首先需要找出产生偏差的具体原因,然后根据原因采取相应措施。在对实际工作与控制标准进行比较之后,管理者便可以对比较结果进行评价,并依据比较结果(偏差)的程度和性质,分析其产生的原因,采取相应的措施:或维持现状,或矫正偏差,或修改标准。当没有偏差或偏差处于可接受范围之内时,虽然不需采取任何矫正措施,但对这样一个成功的控制循环也应分析其中的原因,以便积累经验,为今后的控制活动提供参考与借鉴。同时,管理者应向具体工作人员及时反馈信息,必要时可给予适当的奖励,激励他们继续努力工作。

实际上并非所有的偏差都会影响企业的最终结果,有些偏差可能是由于计划本身和执行过程中的问题造成的,而另一些偏差则可能是由于一些偶然的、暂时的、局部性因素引起的,从而不一定会对组织活动的最终结果产生重要影响。因此,在采取纠正措施以前,必须首先对反映偏差的信息进行评估和分析。评估和分析偏差信息时,首先要判别偏差的严重程度,判断其是否会对组织活动的效率和效果产生影响;其次要探寻偏差产生的主要原因。

在实践中,偏差很可能由复杂原因引起,因此,必须花大力气找出造成偏差的真正原因,而不能仅仅是"头痛医头、脚痛医脚"。也就是说,如果发现偏差之后,管理者只是采取一些临时性的矫正措施,而不去分析偏差产生的真正原因,这种治标不治本的做法也许会收效一时,但对长期的工作往往容易产生不良影响。为了从根本上解决问题,管理者必须把精力集中于查清问题的原因上,既要查内部的因素,也要查外部环境的影响,寻找问题的本质,以求治标治本之策。例如,销售收入的明显下降,无论是用同期比较的方法还是用年度计划目标来衡量都很容易发现,但引起销售收入下降的原因却不那么容易一下就找准:

到底是销售部门营销工作出了问题或是对销售部门授权不够？还是生产部门产品质量下降或是不能按期交货？还是技术部门新产品开发进度太慢致使产品老化，竞争力下降？还是宏观经济政策调整或消费者偏好发生了变化？如此等等。每一种可能的原因与假设都不可能通过简单的判断确定下来。如果对造成偏差的原因判断得不准确，纠正措施就会是无的放矢，不可能奏效。

针对产生偏差的主要原因，在纠偏工作中采取的方法主要有：第一，对于由工作的失误而造成的问题，控制工作主要是加强管理、监督，确保工作与目标的接近或吻合；第二，若计划或目标不切合实际，控制工作主要是按实际情况修改计划或目标；第三，若组织的运行环境发生重大变化，使计划失去客观的依据，控制工作主要是启动备用计划或重新制定新的计划。此外，管理人员可以运用组织职能重新分派任务或目前职责来纠正偏差，还可以采用增加人员，更好地选拔和培训下属人员，或是最终解雇、重新配备人员等办法来纠正偏差。管理人员还可以采用更高明的领导方法，如对工作做出更全面的说明和采用更有效的领导方式来纠正偏差。

管理人员所采取的纠正措施和行动有两种具体模式：一种是立即执行的临时性应急措施，也称立即纠错行动（Immediate Corrective Action），即立即采取行动解决问题，使运行回到正常轨道；另一种是永久性的根治措施，也称彻底纠错行动（Basic Corrective Action），即在分析偏差发生过程及其原因的基础上，清除偏差根源。对于那些迅速、直接地影响组织正常活动的急性问题，多数应立即采取补救措施。例如，某一种规格的部件一周后如不能生产出来，其他部门就会受其影响而出现停工待料。这种部件如果在加工过程中出现了问题，此时不应花时间考虑该追究什么人的责任，而要采取措施确保按期完成任务。管理者可以凭借手中的权力采取如下行动：一是要求工人加班加点，短期突击；二是增添工人和设备；三是派专人负责指导完成；等等。危机缓解以后，则可转向永久性的根治措施，如更换车间管理人员、变更整个生产线或者重新设计部件结构等。现实中不少管理者在控制工作中常常局限于充当"救火员"的角色，没有认真探究"失火"的原因，并采取根治措施消除偏差产生的根源和隐患。长此以往，管理者必将自己置于被动的境地。

从上面的介绍可以看出，控制工作实际是一个连续的过程，它使管理工作成为一个闭环系统。在多数情况下，实施控制既是一个管理过程的终结，又是一个新的管理过程的开始。控制绝不是限于测量计划执行中出现的偏差，控制的目的在于通过采取纠正措施，把那些不符合要求的管理活动引回到正常的轨道上来，使管理系统稳步地实现预定目标。纠正偏差的措施可能涉及重新拟订计划、修订标准、改变组织结构、调整人员配备，并对指导或领导方式做出重大的改变等。这实际上是开始了一个新的管理过程，因此，控制不仅是实现计划的保证，而且可以积极地影响计划的制定。正是由于这个原因，控制活动成为一条贯穿于整个管理活动始终的主线，只要有管理，就必然意味着有控制。随着管理活动的发生、管理系统的运行，控制过程也不断地、周而复始地连续展开。

第三节　管理者应该控制什么

一、控制何时发生

按照不同的划分标准,控制可以分成许多不同的类型。其中最主要的分类是根据控制时点的不同,将控制划分为前馈控制(Feedforward Control)、同期控制(Concurrent Control)和反馈控制(Feedback Control)三种类型(见图5-4)。

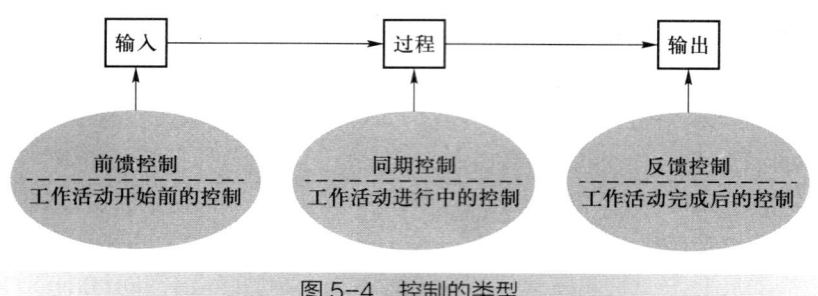

图 5-4　控制的类型

(一) 前馈控制

前馈控制又称预先控制或事前控制,它是在实际工作开始之前就进行的控制。前馈控制是最理想的控制类型,因为它能避免预期出现的问题。前馈控制以未来为导向,在工作开始之前对工作中可能产生的偏差进行预测和估计并采取防范措施,将可能的偏差消除于产生之前。可以说,计划是典型的前馈控制。在企业中,制定一系列规章制度让员工遵守进而保证工作的顺利进行,为了生产出高质量的产品而对原材料质量进行控制等,这些也都属于前馈控制。

前馈控制的实施要求和条件比较高,它要求管理人员充分认识到控制因素与计划工作的影响关系,掌握及时和准确的信息,从现实看要做到这些往往是比较困难的。但是,前馈控制是在工作开始之前进行的控制,因而可防患于未然,可以避免事后控制对于已铸成的差错无能为力的弊端。此外,前馈控制是针对某项计划行动所依赖的条件进行的控制,不针对具体人员,不会造成心理冲突,易于被员工接受并付诸实施。

> **管理现象观察**
>
> 来自宝钢股份梅钢炼钢厂转炉分厂二转炉乙班作业区精炼班的隐患查改最佳实践案例《小手势解决大问题——指唱确认,确保接放电极作业安全》,经层层选拔评审,在上海市数百个优秀案例中脱颖而出。作为宝武集团唯一代表案例参加上海市安康杯竞赛典型案例发布评审会,荣获上海市最高奖项——"安康杯"竞赛典型案例发布特等奖。

《小手势解决大问题——指唱确认,确保接放电极作业安全》推行"一人独唱、两人互唱"的指唱确认方法,将更换精炼炉电极时的特殊操作转化为易辨认、易执行的简单手势,消除了"员工相互确认不便"的安全隐患。

LF精炼炉更换电极时接放电极是一项频繁而又高危的操作,需要两人以上配合作业,涉及高空作业、临边作业、物体打击等危险因素,因此作业规程要求人与行车、员工相互之间做好沟通确认。但是现场环境复杂,噪声很大,两人之间站位有5~8米之远,近年来因为两人之间信息传递失误曾发生3起险情。

3号精炼炉乙班在学习作业规程时发现,作业规程并没有明确细化如何确认。以"安康杯"活动开展为契机,班组组织员工头脑风暴,分析探讨隐患成因及消除改进的方法。

用口哨进行确认沟通?一些特殊操作无法用哨音表达。做到大声呼喊?现场嘈杂容易出错,用对讲沟通又存在占用频道和延时的问题。操作人员两边来回跑进行确认?路上都是楼梯会增加新的不安全因素。如何把所需要的特殊操作转化为简单的手势呢?班组着手编制指唱手势标准,并细分为"一人独唱、两人互唱"。

实践表明,这个办法简便易行且实施效果明显,得到了大家的赞同。新标准实行以来,员工沟通变得简单明晰,作业流程更加顺畅,彻底消除了安全隐患。

炼钢厂还在液态熔融金属吊运作业、炉修期间生产与检修交叉作业中推广他们的经验,衍生出"五确认、两鸣铃、旗语引车"等指唱确认方法,解决了行车司机与地面人员的信息沟通、行车运输线路作业人员疏散、行车安全通过交叉作业区域等问题。

宝武集团安监部、工会结合宝武集团重点工作计划,把安全管理标准化示范班组创建活动融入集团安全"1000"班组创建活动中,扎实推进"我的安全我管理、我的生命我珍惜"为主题的岗位安全风险描述活动,通过在全体员工中大力推进岗位安全风险描述活动,组织和动员广大员工参与企业安全生产的民主管理和民主监督,持续强化基层基础管理,"我的安全我管理、我的生命我珍惜"的安全文化氛围初显成效,并不断提升安全本质化水平和安全工作的价值创造,推进公司安全生产形势的持续稳定。

(二)同期控制

同期控制是在实际工作进行中的控制。同期控制也称现场控制或事中控制。在活动进行之中予以控制,管理者可以在发生重大损失之前及时纠正问题。同期控制主要有监督和指导两项职能。监督是按照预定的标准检查正在进行的工作,以保证目标的实现;指导是管理者针对工作出现的问题,根据自己的经验指导下属改进工作,或与下属共同商讨矫正偏差的措施,以便使工作人员能正确地完成所规定的任务。同期控制具有指导职能,有助于提高工作人员的工作能力和自我控制能力。管理者亲临现场观察就是一种最常见的同期控制活动。当管理者直接视察下属的行动时,管理者可以同时监督员工的实际工作,并在发生问题时马上进行纠正。

同期控制的效果依赖于管理者的个人素质、作风、指导方式以及下属对于指导的理解和接受程度。同期控制的运用容易受管理者的时间、精力、业务水平的制约。同时,同期控制容易在控制者与被控制者之间形成心理上的对立,容易损害被控制者的工作积极性和主动性。但随着计算机和网络技术的发展,实时信息可以在异地之间迅速传播,这样在一定程度上突破了同期控制的现场限制。

(三) 反馈控制

反馈控制又称事后控制,是在工作结束之后进行的控制,也是最常见的控制类型。反馈控制把注意力主要集中于工作结果,通过对工作结果进行测量、比较和分析,采取措施,进而矫正今后的行动。如企业对不合格产品进行修理,发现产品销路不畅而减产、转产或加强促销活动,学校对违纪学生进行处理,等等,都属于反馈控制。在组织中应用最广泛的反馈控制方法有财务报告分析、标准成本分析、质量控制分析和工作人员成绩评定等。

反馈控制类似于成语"亡羊补牢"。它的最大弊端是在实施矫正措施之前,损失或偏差就已经产生。但是在实践中的很多情况下,反馈控制又是唯一可选择的控制类型。反馈控制是组织中最常使用的控制类型,反馈控制可以避免下一次活动发生类似的问题;反馈控制可以消除偏差对后续活动过程的影响;反馈控制可以提供员工奖惩的依据。总之,反馈控制能为管理者评价今后的计划制定与执行提供有用的信息,同时人们可以借助反馈控制认识组织活动的特点及规律,为进一步实施前馈控制和同期控制创造条件,实现控制工作的良性循环,并在不断的循环过程中提高控制效果。

总的来说,三种控制方式都各有优缺点。有效的管理控制不能只依靠某一种控制方式,而必须根据特定情况将各种控制方式各有侧重地结合起来使用,以取得综合控制效果。

案例讨论

前景内燃机公司最高层主管人员长期忧虑的一个问题是:生产车间的工人对他们的工作缺乏兴趣。其结果就是产品质量不得不由检验科来保证。对于那些在最后检验中不合格的产品,公司想到的唯一方法就是在一个特别的车间内设置一个由技术高的工匠组成的班组,安排在生产线的最后,在那里解决质量问题。由于这种方法费用高,而且发现的质量问题大多是装配时不小心等可以实现预防的差错造成的,因此,公司中很多人对于使用这种事后处理方法感觉不满意。当然,也有的差错是由于设计不合理造成的。

在公司总裁的催促下,分公司总经理召集他的主要部门主管开会研究这个问题该如何解决。生产经理刘伟断言,这些问题是工程设计方面的事情。他认为,只要工程设计人员仔细地设计部件和整体结构,许多质量问题就不会出现。他又责怪人事部门没有更好地挑选工人,并且没有让使用部门的员工参与到选拔工作中来。他特别指出装配工人的流动率每月高达5%以上,且星期一的旷工率经常达到20%。他的见解是:用这样的劳动力,没有一个生产部门能够有效地运作。

总工程师王选认为，部件和整机结构都设计得很好。如果标准要求再严格一点儿，生产就会非常困难和费时，产品的成本就会大幅度提高。

人事经理刘彦从多方面来说明人事问题。首先，她指出，由于本公司有强有力的工会，她的部门对公司雇用和留用工人有很少或根本没有控制权。其次，她观察到车间的工作是单调和非常辛苦的。所以公司不应该期望工人对于这种工作除了领取工资外还会有什么兴趣。但是刘彦说，她相信公司可以想办法提高工人的兴趣。如果工人承担的工作范围能够扩大的话，必然会出现高质量的工作以及较低的缺勤率和流动率。当问她建议是什么时，她向公司推荐做两件事：一是要工人掌握集中操作技能，而不只是做一项简单的工作。二是工人每星期轮流换班，从生产线的一个位置换到另一个位置上，这样可以为工人提供新的和更有挑战性的工作。

这些建议被采用并付诸实行。使每个人觉得意外的是：工人对新计划表示极大的不满。一个星期后，工人罢工，装配线关闭。工人们声称，新计划只是一种管理上的诡计：使他们要做比以前更多的工作，并且训练他们去替代其他工人而不增加任何工资。

试分析该公司在管理控制方面存在的主要问题并给出一个综合的解决方案。

二、管理者需要控制哪些领域

控制的领域或者说控制的内容实际上反映了控制过程中管理者控制的焦点和重心所在。一般来说可以分为以下几类：对人员的控制；对财务活动的控制；对运营活动的控制；对信息的控制；对组织绩效的控制。

（一）对人员的控制

"管理就是通过他人和与他人一起有效且高效地完成任务的过程"，从管理概念的这一基本界定中，我们可以看出，本质上来说，对组织中任何领域或对象的控制最终都可以落实到对人的行为的控制上。因此，控制工作从根本上来说是对人的控制，因为任何组织活动的开展都有赖于员工的努力，其他几方面的控制也都要靠人来实行和推行。由于人的行为是由人的价值观、性格、经验、社会背景等多种因素综合作用的结果，而这些因素本身又很难用精确的方法加以描述，这就使得对员工行为的控制成了控制工作中最复杂困难的一部分。掌握对人员的控制方法、技巧是管理者最基本的素质之一。人员控制的方法大致可划分为两大类：一是通过直接巡视、观察，发现问题，现场解决；二是对员工进行系统评估，找出原因，寻求系统解决方案。

具体来说，对员工行为的控制手段主要包括：①甄选。识别和雇用那些价值观、态度、个性和技能要求符合管理者期望的人。②目标。为员工设定工作目标，用目标指导和限制他们的行为。③职务设计。通过职务设计决定人们的工作内容、职责范围等，从而影响其行为。例如，为减少组织内部舞弊现象的发生，常常使某些职务分离以达到相互牵制的效果。④直接监督。监督人员现场限制员工的行为。⑤培训与传授。通过正规的培训制度以及员工间非正式的交流,向员工传递期望的工作知识和方式。⑥制度化。利用组织正式的规章制度来规定允许的行为和禁止的行为。⑦绩效评估。动态保证组织员工行为方式与组织目标一致。⑧报酬系统。利用奖勤罚懒的报酬机制来强化和鼓励期望行为,弱化甚至消除非期望行为的发生。⑨组织文化。通过组织的事迹、仪式和高层的表率作用,影响员工的价值观和行为模式。

（二）对财务活动的控制

任何组织要生存发展,投入和产出之间需要实现一种平衡关系,而这种投入和产出平衡关系的实现要依赖对组织财务活动的控制。组织中任何业务活动的开展,几乎都伴随着资金的运动,因此管理控制中最广泛运用的一种方法就是财务控制。财务控制通过对一个组织中资金运动状况的监督和分析,对组织中各个部门、人员的活动和工作实施控制。对财务活动的控制主要包括控制会计记录信息的准确性、定期审核财务会计报告、保证财务目标的实现等几个方面的工作。当然财务控制不局限于营利组织,对非营利组织同样适用,如预算控制对于学校、医院和政府组织也是极为重要的控制手段。

最常见的财务控制方法有预算控制、会计稽核、财务报表分析等。预算(Budget)是指针对特定活动进行资源分配的数字化计划,是关于为完成组织目标和计划所需资源的来源和用途的一项书面说明。预算可以控制各项活动的开展,并为工作效果评价提供检验标准。通过将实际使用的资源与预算指标进行对比,就能够判断计划的进展是否正常,必要时就能采取适当的纠正行动,从而确保资源的分配和使用按计划进行。会计稽核是通过对财务成本计划和财务收支计划的审核,以及对会计凭证和账表的复核,及时发现会计中存在的问题。财务报表是用于反映组织期末财务状况和计划期内的经营成果的数字表。财务报表分析就是以财务报表为依据来分析判断组织的经营状况和经营成果,从中发现问题。

> **管理现象观察**
>
> 如何让航线成本核算成为航空公司制定有效营销策略的重要依据?如何有效控制企业经营成本?如何实现低成本战略,在市场竞争中脱颖而出?为此,深航找到了国内最大的ERP软件制造商用友公司。根据深航的战略目标及经营管理的具体情况,用友采用NC全面预算系统的费用计划及财务计划,并结合应收、应付、报账中心、总账等系统对运营成本与费用进行全面计划与控制。用友NC预算管理解决方案为深航走出中国特色的低成本航空发展道路奠定了坚实的基础。
>
> 1. 预算体系
>
> 公司的计划/预算管理工作由财务部负责,财务部每年10月下达预算样表,两周内集团本部的各部门及下级二级公司根据自身情况安排编制本公司预算。根据深航的管理需求,按照各部门的费用项目进行预警控制,部分费用项目要求进行事前控制。预算体系为以下两部分:财务预算,按照会计科目、辅助项制定预算样表;费用预算,按照收支项目、部门制定预算样表。

2. 预算编制

按照费用最大集合、虚拟部门制定预算样表;垂直分解样表到各部门,各部门填制计划。对于应该由专项归口部门管理的预算须由归口部门操作员根据各部门填制的计划,按垂直汇总生成预算汇总部门专项预算的合计数。多部门、多费用列示表通过表间取数生成。

3. 预算控制

费用计划控制方案:费用计划通过 NC 应付、报账中心系统控制。控制对象为收支项目及部门。各部门通过权限设置实时查询自己部门的预算执行情况,并进行分析,不能看到其他无业务权限的部门的预算及执行情况。

4. 预算分析

以预算为基准,对照实际执行的结果,考察预算差异和预算执行进度;在进行分析的过程中,考虑到异常因素,提供了异常因素剔除的分析;可以针对预算数据或者实际数据进行剔除;预算分析中,最经常用到的就是预算数据与实际执行数据的差异分析,包括分析差异率和差异额;用户可以进行更进一步的分析,包括因素分析、多维 OLAP 分析等。

从 2001 年开始,深航实行全面预算管理,坚持以降低成本作为预算管理的总体指导思想,将一切经济业务纳入预算管理,做到事前有预测,事中有控制,事后有反馈考核。由于采用用友 NC 系统预算管理模块,对预算实行实时监控,把预算控制落实到各个部门的各项工作之中,对生产经营链条中每一环节进行财务成本控制,确定一个标准来核定预算指标,确保一切业务活动受控于预算。通过全方位的预算控制,将成本控制落实到公司生产经营的各个方面,最大限度地降低公司成本水平,从而大大提高了公司的经济效益。

(三) 对运营活动的控制

所有的组织都通过一定的转换过程来生产产品或提供服务,简单地说,每个组织都存在一个运营系统,即将投入转换为产出从而创造价值的系统。所谓运营活动,就是指从人员、资本、设备、材料等投入要素到最终产品或服务等产出的转换过程。运营活动的有效和高效很大程度上决定着组织是否能够成功,运营控制为此提供了保证。

典型的运营控制包括:生产控制,监督生产活动以保证其按计划进行;采购(库存)控制,评价购买能力,以尽可能低的价格提供所需质量和数量的原材料;质量控制,监督组织所提供的产品或服务的质量,以满足预定的标准;维护控制,对组织生产所使用的设备质量加以控制,保证生产的顺利进行。近些年,运营控制中出现了很多新技术和新工具,如全面质量管理(Total Quality Management)、PDCA(Plan-Do-Check-Act)循环、精益生产(Lean Production)等,甚至成为一些企业竞争优势的直接来源。

现代管理工具

全面质量管理

全面质量管理(TQM)是将产品和服务规范与客户绩效结合起来的一种系统的质量改进方法。TQM 的目标是致力于实现零缺陷,这可带来对生产、客户满意度和利润的持续改善的良性循环。

为了取得成功,TQM 项目需要管理者:评估客户需求;了解当前和未来的客户需求;设计有效地满足或超过这些需求的产品和服务;提供高质量;确定流程中的关键问题领域,并对其进行处理,直到达到零缺陷水平;培训员工使用新流程;制定有效的产品和服务质量措施;建立与质量目标相关的激励机制;在所有的活动中推广一个零缺陷的理念;鼓励管理层以身作则;制定反馈机制以确保持续改进。

通过关注质量改进和处理组织内部的相关挑战,TQM 提高了盈利能力。TQM 可被用于:提高生产率、较低的废品和返工成本、提高产品可靠性、减少投放市场的时间周期、减少客户服务问题、增加竞争优势。

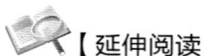

【延伸阅读】

[1] Grant Robert M, Rami Shani, and R Krishnan. TQM's Challenge to Management Theory and Practice. *MIT Sloan Management Review*, Winter 1994, 25-35.

[2] Choi Thomas Y, Orlando C Behling. Top Managers and TQM Success: One More Look After All These Years. *Academy of Management Executive*, February 1997, 37-47.

[3] Camison Cesar. Total Quality Management and Cultural Change: A Model of Organizational Development. *International Journal of Technology Management* 16, Nos. 4-6, 1998, 479-493.

(四) 对信息的控制

随着人类进入信息时代,信息(包括组织内部和外部的信息)在组织运行中发挥着越来越大的作用。管理者一般采用两种方式来对待组织的信息控制:①作为一种帮助其控制其他组织活动的工具;②作为他们需要去控制的组织领域。对信息的控制就是要建立一套运转有效的管理信息系统,用以解决组织内部对各类信息的获取、加工、传递和存储之要求。管理信息系统是用于定期向管理层提供所需信息的系统。管理信息系统特别强调向管理者提供信息(处理和分析过的数据),而不仅仅是数据(原始的、未经分析的数据)。因此,管理信息系统收集数据,并将其转化为可供管理者使用的相关信息。

值得一提的是,随着知识经济的来临,组织对知识管理的水平提出了较高的要求,管理信息系统转换为知识管理系统是每一个学习型组织的必由之路。当前很多学者的研究表明,对信息(知识)的有效控制和利用是形成企业核心能力的重要保障。

(五) 对组织绩效的控制

组织绩效是反映组织效能的一系列指标体系,但是如何测量组织绩效进而更好地促进组织目标的实现,始终是组织高层管理者所遇到的难题。显然单一的指标如利润、生产率、产量、员工士气等都不足以全面测量组织的绩效,合理的方法应该是通过一套较完整的指标体系加以衡量。平衡计分卡(Balanced Scorecard)就是一种考察内容不限于财务方面的绩效测评工具。平衡计分卡主要审视对组织绩效做出贡献的四个方面,即从四个方面来构建测量组织绩效的指标:财务、客户、内部业务流程、学习与成长。根据这一方法,管理者必须提出这四个方面的目标,然后测量这些目标是否达成。这种方法有其合理的一面,但对于管理者而言,要求他们面面俱到,关注各方面的利益,有时难免顾此失彼,反而不利于组织绩效的控制。

> **现代管理工具**
>
> **平衡计分卡**
>
> 平衡计分卡定义了组织的业绩,并衡量管理是否达到预期的结果。平衡计分卡将使命和愿景陈述转化为一套全面的可以量化和评估的目标和绩效评估。这些评估通常包括以下类别的表现:财务业绩(收入、收益、资本回报、现金流),客户价值表现(市场份额、客户满意度测评、客户忠诚度),内部业务流程表现(生产率、质量测评、及时性),创新业绩(来自新产品的收入百分比、员工建议、改进指数),员工表现(士气、知识、人员流动、最佳实践的运用)。
>
> 为了构建和实施平衡计分卡,管理者应该:阐明企业的愿景和战略;确定最能将公司的愿景和战略与其结果联系起来的绩效类别(例如财务表现、运营、创新、员工绩效);建立支持企业愿景和战略的目标;制定有效的措施和有意义的标准,建立短期目标和长期目标;确保全公司接受这些措施;创建适当的预算、跟踪、沟通和奖励系统;收集和分析业绩数据,并将实际结果与期望的业绩进行比较;采取行动来缩小不利的差距。
>
> 平衡计分卡被用于:弄清或更新业务战略;将战略目标与长期目标和年度预算联系起来;追踪经营战略的关键要素;将战略目标并入资源分配过程;促进组织变革;比较地理上不同的业务单元的业绩表现;提高全公司对公司愿景和战略的理解。

【延伸阅读】

[1] Kaplan R S, Norton D P. The Balanced Scorecard—Measures That Drive Performance. *Harvard Business Review*, 1992 Jan-Feb 70(1):71-79.

[2] Robert S. Kaplan, David P. Norton. Using the Balanced Scorecard as a Strategic Management System. *Harvard Business Review*, 1996 Jan-Feb 74(1):75-85.

管理现象观察

可口可乐瑞典饮料公司(简称CCBS)正在其不断发展的公司中推广平衡计分卡的概念。若干年来,可口可乐公司的其他子公司已经在做这项工作了,但是,总公司并没有要求所有的子公司都用这种方式来进行报告和管理控制。

作为推广平衡计分卡概念的第一步,CCBS的高层管理人员开了3天会议,把公司的综合业务计划作为讨论的基础。在此期间每一位管理人员都要履行下面的步骤:
- 定义愿景
- 设定长期目标(大致的时间范围:3年)
- 描述当前的形势
- 描述将要采取的战略计划
- 为不同的体系和测量程序定义参数

在构造公司平衡计分卡时,高层管理人员已经设法强调了保持各方面平衡的重要性。为了达到该目的,CCBS使用的是一种循序渐进的过程。第一步是阐明与战略计划相关的财务措施,然后以这些措施为基础,设定财务目标并且确定为实现这些目标而应当采取的适当行动。第二步,在客户和消费者方面重复该过程,在此阶段,初步的问题是:"如果我们打算完成我们的财务目标,我们的客户必须怎样看待我们?"第三步,CCBS明确了向客户和消费者转移价值所必需的内部过程。然后CCBS的管理层问自己:是否具备足够的创新精神?是否愿意为了让公司以一种合适的方式发展而变革?经过这些过程,CCBS能够确保各个方面达到平衡,并且所有的参数和行动都会导向同一个方向。但是,CCBS认为在各方达到完全平衡之前有必要把不同的步骤再重复几次。

CCBS已经把平衡计分卡的概念分解到个人层面上了。在CCBS,很重要的一点就是,只依靠那些个人能够影响的计量因素来评估个人业绩。这样做的目的是,通过测量与其职责相关联的一系列具体目标来考察他的业绩。根据员工在几个指标上的得分而建立奖金制度,公司就可以控制或者聚焦于各种战略计划。

平衡计分卡不是一成不变的,相反,对所有问题的考虑都是动态的,并且每年都要不断地进行检查和修正。按照CCBS的说法,在推广平衡计分卡概念过程中最大的挑战是,既要寻找各层面的不同测量方法之间的适当平衡,又要确保能够获得所有将该概念推广下去所需要的信息系统。此外,要获得成功,重要的一点是每个人都要确保及时提交所有的信息,信息的提交也要考虑在业绩表现里。

此外,目前很多企业还采用标杆管理也称对标(Benchmarking)的方法对企业绩效进行测量并控制。标杆管理是指从竞争对手或非竞争对手那里搜寻到的能使组织获得出色业绩的最佳实践方法。这种方法的基本思想是管理者可以通过分析和模仿不同领域的领先企业,以其绩效指标作为控制标准,用以改进自身组织的绩效。

现代管理工具

标　杆　管　理

标杆管理旨在通过在运营和销售活动中确定和应用最佳实践来改善其业绩。对于外部,管理人员将其产品或流程的绩效与竞争对手和一流公司进行比较;对于内部,对在自己公司进行的其他类似活动的运营进行比较。标杆管理的目标是找到优异绩效的例子,并了解驱动绩效的过程和实践。公司通过调整并将这些最佳实践融入自己的运营中来提高他们的绩效——不是通过模仿,而是通过创新。

标杆管理包括以下步骤:选择一个产品、服务或流程作为参照;确定关键的绩效指标;选择公司或内部区域活动作为标杆;收集关于绩效和实践的数据;分析数据并确定改进的机会;调整并实施最佳实践,制定合理的目标,确保公司广泛接受。

公司使用标杆管理:改善绩效——标杆管理确定了提高运营效率和产品设计的方法;理解相对成本地位——标杆管理揭示了公司相对成本的地位,并指出了改进的机会;获得战略优势——标杆管理帮助企业专注于那些对建立战略优势至关重要的能力。提高组织学习的速度。标杆管理为公司带来了新的想法,并促进了经验分享。

【延伸阅读】

[1] Stauffer David. Is Your Benchmarking Doing the Right Work? *Harvard Management Update*, September 2003, 1-4.

[2] Denrell Jerker. Selection Bias and the Perils of Benchmarking. *Harvard Business Review*, April 2005, 114-119.

第四节　有效控制的原则

控制是一项很重要的管理职能,控制工作的基本运行过程和原理具有普遍性。有效控制必须具备一定的条件,遵循科学的控制原则。

一、控制应该同计划与组织相适应

管理的各项职能是相互关联、相互制约的。控制是为了保证计划得以顺利实施,这就要靠组织中的各单位、各部门及全体成员来执行。所以,控制系统和控制方法应当与计划和组织的特点相适应。不同的计划有不同的特点,因而控制所需的信息各不相同。例如,对成本计划的控制主要是各部门、各单位甚至各种产品在生产经营过程中发生的费用;对产品销售计划的控制主要是销售产品的品种、规格、数量和交货期。控制工作越是考虑到各种计划的特点,就越能更好地发挥作用。

同样,控制还应当反映组织结构的类型和状况。组织结构既然是明确企业内每个人应当担任什么职务的主要依据,因而它也就成了明确计划执行的职权和产生偏差的职责的依据。为此,控制必须反映一个组织的结构状况并由健全的组织结构来保证,否则只能是空谈。健全的组织结构有两方面的含义:一方面,要能在组织中将反映实际情况和工作状态的信息迅速地上传下达,保证联络渠道的畅通。另一方面,要做到责权分明,使组织结构中的每个部门、每个人都能切实担负起自己的责任。否则,偏差一旦出现就难以纠正,控制也就不可能实现。

二、控制应该突出重点,强调例外

控制要突出重点,不能只从某个局部利益出发,要针对重要的、关键的因素实施重点控制。作为管理人员,都希望对自己所管理的人员和工作活动进行全面的了解和控制。但组织中的工作活动往往错综复杂、涉及面广,谁也无法对每一方面甚至每一件事均予以控制。因此,找出或确定最能反映或体现经营成果的关键因素并加以控制是一种有效的控制方法。

控制也应强调例外。控制工作着重于计划实施中的例外情况,可使管理者把精力集中在需要他们注意和应该加以注意的问题上。但是,仅仅注意例外情况是不够的,对组织的例外情况还应区别对待。有时,管理费用高于预算5%可能无关紧要,而产品的合格率下降1%却可能使所有产品滞销。所以,在实际管理工作中,例外原则必须与控制关键问题的原则结合起来,注意关键问题上的例外情况。

案例讨论

联合技术公司(United Technology Company,UTC)是一家总部位于美国康涅狄格州哈特福德的全球性企业,业务遍及世界180多个国家和地区,员工超过22万人。2013年,公司营业额为581.9亿美元,在《财富》杂志全球500强企业中名列第163位。

联合技术公司能够取得并保持竞争优势地位,与其长期推行和坚持ACE管理体系有着密切的关系。联合技术公司前任董事长兼首席执行官乔治·大卫1992年上任时,发现整个公司的不良质量成本(包括售后保修、报废、返工和检修)高达16亿美元,几乎相当于公司的年度总利润。联合技术公司的财务前景令人担忧。乔治·大卫曾经在日本任职,对于日本企业的质量管理和控制颇为赞赏。于是,他聘请松下公司的质量专家伊藤让担任顾问,帮助联合技术公司解决存在的问题。

乔治·大卫对于伊藤让推崇备至,他认为,"实际上,他对我们公司的影响超过了其他任何人。他把QCPC、5S等日本的管理方法带到了联合技术公司中并使之发扬光大,他将管理观念——要保证质量,就要从一开始不出坏产品,不是靠复杂的检验机制,也不是靠自动化的统计过程控制,而是靠每个员工的参与——带到了联合技术公司。他教给我们消灭过程开始时产生的缺陷的方法(追根溯源,RRCA)。他强调任何缺陷都是一块宝石,因为弄清开始时出现缺陷的原因将有助于这种缺陷不再出现"。

第四节 有效控制的原则

在伊藤让的指导下,联合技术公司借鉴日本企业的经验并结合本公司的实际,于1996年创造了"取得竞争优势"(Achieving Competitive Excellence,ACE)管理体系,随后在整个公司推广。目前,ACE管理体系已经渗透到联合技术公司在全球的900多家子公司。

ACE管理体系由三个关键因素组成,即文化、工具和能力。ACE管理体系的最大特点在于建立了一套评价认证体系。推行ACE的卓越程度可以分为合格、铜牌、银牌和金牌四个等级。联合技术公司将所有子公司的ACE评价等级在信息系统上实时公布,以激励所有员工和组织为提升价值创造能力而努力。联合技术公司的目标是让80%的公司工作场所和75%的主要供应商达到银牌和金牌级别。

我国中航工业南方公司借助与联合技术公司合作的机会,从2005年起开始尝试学习和导入ACE管理并取得了良好的效果。其董事长、总经理李宗顺认为:"我感觉ACE管理不像丰田生产系统有那么多的概念和方法,它的思想和工具简单易懂,只要用心,每个人都能学会;它也不像六西格玛有那么多的统计方法,令人望而却步。ACE管理就是以'品质'为核心,以'精益思想'为基础,以'客户'为导向,利用12个简单的工具持续改善流程,简单有效,化繁为简,使工作更有效率和效益。"

试讨论联合技术公司ACE管理体系的特点和启示。

三、控制应该具有灵活性、及时性和经济性的特点

灵活的控制是指控制系统能适应主客观条件的变化,持续地发挥作用。控制工作本是变化的,其依据的标准、测量工作所用的方法等都可能随着情况的变化而变化。如果事先制定的计划因为预见不到的情况而无法执行,而实际的控制系统仍在如期运转,那将会在错误的道路上越走越远。例如,假设预算是根据一定的销售量制定的,那么,如果实际销售量远远高于或低于预测的销售量,原来的预算就变得毫无意义了,这时就要求修改甚至重新制定预算,并根据新的预算制定合适的控制标准。

控制工作还必须注意及时性。信息是控制的基础,为提高控制的及时性,信息的收集和传递必须及时。如果信息的收集和传递不及时,信息处理时间又过长,偏差便得不到及时矫正。更有甚者,实际情况已经发生了变化,这时采取的矫正措施不仅不能产生积极作用,反而会带来消极的影响。如何解决由于时滞给控制带来的困难?较好的办法是采用前馈控制,采取预防性控制措施,使实施的最初阶段就能按照标准进行。一旦发现偏差,就要对以后的实施情况进行预测,使控制措施针对将来,这样即使出现时滞现象,也能有效地加以更正,以保证控制的及时性。

为进行控制而支出的费用和由控制而增加的收益,都直接与控制程度相关。这就是说,控制工作一定要坚持适度性的原则,以便提高经济性。所以,从经济性角度考虑,控制系统并不是越复杂越好,控制力度也不是越大越好。控制系统越复杂、控制工作力度越大,所需信息反馈的数量和频率就会越大,这将占用更多的时间、精力、资源和资金,从而导致整个

控制系统的成本的增加。与此同时,由于控制力度的加大,可能出现的不利偏差就会减少,损失也会减少,从而体现出控制工作所带来的收益。这两类费用的相互关系可由图 5-5 来表示。通过图 5-5 可以看到,控制量的多少有一个最佳水平,在这一水平下可以使控制总成本最小。因此,无论是控制系统的设计,还是控制系统的运转,都要服从经济性的要求。但是选择一个绝对最优的控制水平又几乎是不可能的,因此,经济性也只能是一个相对的概念。

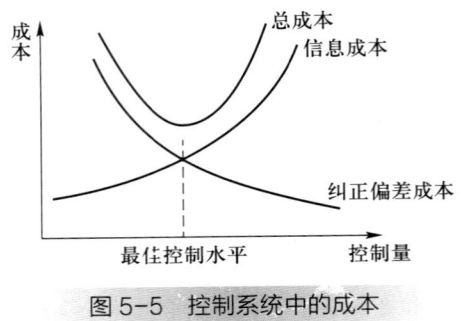

图 5-5 控制系统中的成本

四、控制过程应避免出现目标扭曲问题

组织在将规则、程序和预算等这些低层次的计划作为控制标准时,最容易发生混淆目标与手段的问题。本来,规则、程序和预算等只是组织实现高层次计划目标的手段,但是在实际控制过程中,有关人员对这些手段的关注可能超过对实现组织目标的关注,或者忘记了这些手段性措施只是为实现组织目标服务的,以致出现了为遵守规定或完成预算而不顾实际控制效果的种种刻板、僵硬和扭曲的行为。控制的功能性障碍也就由此产生。

当人们丧失了识别组织整体目标的能力时,往往会出现"不是组织在运用控制职能,而是控制在束缚着组织"的不正常现象。因此,管理者在控制工作过程中特别要注意次一层级控制标准的从属性和服务性地位,这点对于成功、有效地实施控制至关重要。

五、控制工作应该培养组织成员的自我控制能力

职工在生产和业务活动的第一线,是各种计划、决策的最终执行者,所以,职工进行自我控制是提高控制有效性的根本途径。在所有用来实施控制的方法中,可以说自我控制是实施控制的最好方法。这个方法将实施控制的责任从上级转移到了下级。当员工参与到控制系统的规划与执行中时,他们就不大可能抵触它。管理中的参与方式鼓励了这种控制,并成为有效的激励因素。比如,要提高产品质量,仅靠工商部门监督和新闻报道是不够的,重要的是企业改善管理、加强控制;在企业中,光靠管理者重视和完善控制制度也是不够的,广大职工应加强质量意识,并对产品生产的每个环节严格把关,这才是提高产品质量的最终保证。

自我控制具有很多优点:首先,自我控制有助于发挥职工的主动性、积极性和创造性。自我控制是职工主动控制自己的工作活动,是自愿的。这样,他们在工作中便能潜心钻研技术,对工作中出现的问题会主动设法解决。其次,自我控制可以减轻管理人员的负担,减少企业控制费用的支出。再次,自我控制有助于提高控制的及时性和准确性。实际工作人员可以及时准确地掌握工作情况的第一手材料,因而能及时准确地采取措施,矫正偏差。自我控制是减少控制网络系统和职能中官僚作风的最好途径。大量研究已经证明,比较成

功的管理者都能允许他们的下级计划自己的工作和实施自我控制。

当然,鼓励和引导职工进行自我控制,并不意味着对职工可以放任自流。职工的工作目标必须服从于组织的整体目标,并有助于组织整体目标的实现。管理者要从整体目标的要求出发,经常检查各单位和职工的工作效果,并将其纳入企业全面控制系统之中。

本章小结

控制的过程是与计划、组织和领导等管理职能密切相关的。控制是管理的基本职能之一,也是管理的基本手段。本章的主要内容总结如下:

1. 解释控制的性质和重要性

控制是一种监督组织活动以确保其按计划完成并纠正明显偏差的管理职能。作为管理过程中的最后一环,控制提供了与计划的联系。如果管理者不进行控制,他们将无法知道目标是否得以实现。同时,控制工作是其他管理职能活动有效进行的必要保证。因此,控制工作是一项非常重要的管理活动。

2. 描述控制过程的三个步骤

控制过程的三个步骤是测量、比较和采取行动。测量阶段包括决定如何衡量实际表现以及衡量什么的问题。比较阶段需要审视实际表现与标准(目标)之间的差异,可接受范围外的偏差需要引起关注。采取行动阶段包括以下具体措施:无须采取任何措施、纠正业绩偏差或修订标准。纠正业绩偏差可以采取两种不同的纠偏行动方案,即立即纠错行动和彻底纠错行动,业绩标准可根据实际情况通过提高或降低来对其进行修正。

3. 区别三种控制类型

前馈控制发生在工作开始之前,是面向未来的,通过预测来防止可能出现的问题。同期控制发生在工作过程中,对出现的问题可及时予以解决。反馈控制发生在工作完成后,是组织中最常见的一种控制类型。

4. 管理者在哪些领域需要控制

管理者在组织中需要控制的领域一般来说可以分为以下几类:人员行为、财务活动、运营活动、信息、组织绩效。在员工行为控制中经常用到的控制方法是理念引导、规章约束和各种工作表现鉴定。财务控制主要包括财务比率和预算分析。对运营活动的控制主要涉及生产、采购、质量等相关环节。信息控制主要借助管理信息系统向管理层提供的信息来开展。对组织绩效的控制需要一套综合的绩效评价指标体系,近年来出现的平衡计分卡和标杆管理是应用于该领域比较常见的管理工具。

5. 了解有效控制的原则

有效控制需坚持以下原则:控制应该同计划与组织相适应;控制应该突出重点,强调例外;控制应该具有灵活性、及时性和经济性的特点;控制应该具有客观性、精确性和具体性的特点;控制工作应该培养组织成员的自我控制能力。

重点术语

控制	控制过程	走动管理	偏差范围
立即纠错行动	彻底纠错行动	前馈控制	同期控制
反馈控制	预算	平衡计分卡	全面质量管理
对标管理	PDCA		

即测即评

扫描二维码,可在线检验学习效果。

思考题

1. 控制在管理中的作用是什么?
2. 控制职能和其他三项管理职之间有什么关系?请解释。
3. 控制过程一般由哪几个基本步骤构成?
4. 描述管理者获取有关组织实际业绩信息的四种方法。
5. 为什么说对控制过程而言测量什么比如何测量更重要?
6. 通过示例比较立即纠错行动和彻底纠错行动。
7. 前馈控制的优缺点是什么?请解释。
8. 你为何认为反馈控制是组织最常见的控制类型?试举例予以说明。
9. 为什么说员工进行自我控制是提高控制有效性的根本途径?

章后案例

星巴克的控制之术

从一个咖啡店发展成咖啡帝国,星巴克以事实证明关系资产与有形资产一样至关重要。

1986年,霍华德·舒尔茨购买并改造星巴克。15年后,星巴克已经成为全球最大的咖啡零售商、咖啡加工厂及著名咖啡品牌。目前,该公司已从西雅图的一个小公司发展成为一个在全球四大洲拥有5 000多家零售店的大型企业。星巴克给品牌市场营销的传统理念带来的冲击同星巴克的高速扩张一样引人注目。在各种产品与服务风起云涌的时代,星巴克公司却把一种世界上最古老的商品发展成为与众不同的、持久的、高附加值的品牌。

然而,星巴克并没有使用其他品牌市场战略中的传统手段,如铺天盖地的广告宣传和巨额的促销预算。在过去的20年中,星巴克在广告上的支出大约为2 000万美元,平均每年100万美元。2001年《商业周刊》分析的世界前100名品牌的资料中,宝洁公司的"帮宝适"(Pampers)品牌排在第92位(星巴克排名第88位),其每年在广告上的支出大约为3 000万美元。

那么,星巴克从一个西雅图小公司发展成为全球的商业帝国,其秘密究竟何在?事实上,"关系理论"作为星巴克的核心价值观,同烤制高品质的咖啡豆一样重要。星巴克的核心价值观贯穿于公司的业务始终,这种核心价值观起源于并围绕着人与人之间的关系。

现代的企业当集中精力做好主营业务的时候,越发地依赖同主要股东们的合作关系——使客户们参与产品的开发、与供应商共享信息资源、与合作伙伴建立广泛和持久的沟通桥梁,企业的各个部门必须步调一致。历史证明,许多企业已有了一定的心得体验并在不断地完善。随着知识经济全球化的发展,企业应该以星巴克公司为榜样,用同样严格的手段,管理自己的关系网络。

一、员工关系资产

星巴克的成功主要得益于对关系理论的重视,特别是同员工的关系。后来,舒尔茨写道:知名的品牌和尊重员工使我们挣了很多钱和很具竞争力,两者缺一不可。

舒尔茨意识到员工在品牌传播中的重要性,他另辟蹊径开创了自己的品牌管理方法。本来用于广告的支出被用于员工的福利和培训。1988年,星巴克成为第一家为临时工提供完善的医疗保健政策的公司。1991年,星巴克成为第一家为员工(包括临时工)提供股东期权的上市公司。通过一系列"员工关系"计划,公司确实收获不浅。在改革福利政策之后,员工的流动率大幅下降。

星巴克通过有效的奖励政策,创造环境鼓励员工们自强、交流和合作。因为所有的员工都拥有期权,他们同样被称为"伙伴"。即使星巴克公司的总部,也被命名为"星巴克支持中心"——说明管理中心的职能是提供信息和支持而不是向基层店发号施令。

星巴克公司通过权力下放机制,赋予员工更多的权力。各地分店也可以做出重大决策。为了开发一个新店,员工们团结于公司团队之下,帮助公司选择地点,直到新店正式投入使用。这种方式使新店最大限度地同当地社会接轨。创造"关系"资本,跨越企业内部障碍,实现文化、价值观的交流,是创造企业关系资本的基础。

二、客户资产

星巴克认为他们的产品不但是咖啡,而且是咖啡店的体验。研究表明:2/3的成功企业的首要目标就是满足客户的需求和保持长久的客户关系。相比之下,那些业绩较差的公司,这方面做得就很不够,他们更多的精力是放在降低成本和剥离不良资产上。

星巴克一个主要的竞争战略就是在咖啡店中同客户进行交流,特别重要的是咖啡生同客户之间的沟通。每一个咖啡生都要接受24小时培训——客户服务、基本销售技巧、咖啡基本知识、咖啡的制作技巧。咖啡生需能够预感客户的需求,在耐心解释咖啡的不同口感、香味的时候,大胆地进行眼神接触。星巴克也通过征求客户的意见,加强客户关系。每个星期总部的项目领导人都当众宣读客户意见反馈卡。

当星巴克准备把新品发展成为一种品牌的时候,客户关系是星巴克考虑的因素。他们发现:客户们会建议将新品改良成为另一品种。客户们能够看到一种新产品或服务与星巴克品牌的核心实质的关系。例如,客户不认可咖啡与冰激凌口味的不一致性。

三、供货商资产

星巴克的关系模式延伸到供货商们。包括咖啡种植园的农场、面包厂、纸杯的加工厂等。

通过我们对"关系"资本的研究表明:星巴克遵从着成功企业的模式。当企业把工作的重心放在主业的时候,同供应商的关系至关重要,特别是关键商品和附加服务的供应商。成功企业知道商业交易和相互信任之间的根本区别,他们使相互信任在采购过程中制度化,因此在进行正常业务的时候,成功企业进一步密切与供应商的关系,最后捆绑和整合成战略伙伴。供应商将承担更多的责任和义务。

企业希望同供应商保持长久的合作关系,这不像从一个价格比较低廉的供应商那里买东西那么简易。星巴克的采购经理 Buck Hendriy 说:"质量放在第一位,服务放在第二位,价格放在第三位。我们不会因为低价格而在质量和服务方面放宽标准。"

挑选供应商是一个相对漫长和正规的过程,各部门有关员工都将参与进来,由采购部门牵头,履行程序,提供范围。产品开发、品牌管理和业务部门的员工也会参与其中,这使星巴克公司了解整个供应渠道及对今后业务的影响。为达到特殊的质量标准,星巴克从生产能力、包装和运输等多个方面对供应商进行评估,只有具备发展潜力的供应商才能与星巴克荣辱与共。

星巴克已经花费大量人力、物力、财力来开发供应商,所以希望长期稳定的关系,积极配合控制价格而不只是简单地监管价格。星巴克副总裁 John Yamin 说:失去一个供应商就像失去我们的员工——我们花了许多时间和资金培训他们。

双方合作的合约一旦签订,星巴克公司希望得到特惠待遇——价格、折扣、资源等。作为回报,供应商的营业额将会随着星巴克的壮大而上升。由于星巴克极其严格的质量标准,供应商们也会得益于星巴克良好的品牌。长期的合作提升了供应商的声誉,也会收到更多的订单。

一旦采购程序开始履行,星巴克会积极地同供应商建立良好的工作关系。在开始的第一年合作双方的代表会见面3~4次,以后每半年或一年做一次战略业务评估。战略性的产品或战略性的地域越多,高层人员介入的也越频繁。评估的内容包括供应商的产量、需要改进的地方等。另外,双方还会就生产效率、提高质量、新品开发进行频繁的接触。星巴克希望供应商了解业务需求——包括产品的趋势发展、成本的理想化、生产效率等诸多因素,以求得牢固的合作关系。

四、特许经营模式

在舒尔茨的精心呵护下,星巴克凭借日益强大的品牌,通过各种联盟来销售和开发星巴克的产品。为使客户在更多的地点感受星巴克的服务,除星巴克分店之外,星巴克通过机场、书店、酒店、百货店来销售产品。"在星巴克严格的质量管理和特许销售行为之间,产品品质的控制是有风险的,"舒尔茨说,"这是一种内在矛盾。"因此,星巴克制定了严格的选择合作者的标准:合作者的声誉、对质量的承诺和是否以星巴克的标准来培训员工。

星巴克的特许业务包括业务联盟、国际零售店许可、商品零售渠道许可、仓储娱乐部项目、直销合资厂等。星巴克的第一张许可证是给 HMS(美国最大的机场特许经营服务商)。如今,星巴克的特许经营店已经发展到 900 多家,包括 Barnes & Noble 书店、零售连锁店 Target Albertson。另外,美联航与 Marriot 等公司也已经和星巴克签订协议,只提供星巴克的咖啡。

星巴克在许可经营和特许加盟连锁店之间,更倾向于前者,因为前者更容易控制。两者在销售品牌上是最近似的,但因为许可经营者不像后者拥有加盟店的产权,只是付费经营,因此更容易控制管理。星巴克希望合作者们赢利,对于合作者提供的相关产品(比如运输和仓储等)都不赚取利润,星巴克只向合作者收取一定的管理费用。

Barnes & Noble 公司是同星巴克合作最成功的公司之一。他们认为书籍和咖啡是天生的一对。Barnes & Noble 书店早已发起一项活动——把书店发展成人们社会生活的中心。为吸引更多的顾客,这里需要一个休闲咖啡店。1993 年 Barnes & Noble 开始与星巴克合作,星巴克在书店里开设自己的零售业务,双方都从中受益。早晨星巴克已把人流吸引进来小憩而不是急于购书,而书店的人流则增加了咖啡店的销售额。

以后,Barnes & Noble 书店在星巴克没有业务的地区或暂没有开店计划的地区,设立了 Barnes & Noble 咖啡店。它得到星巴克的许可证经营星巴克咖啡,星巴克的 Hendrix 说:由于该公司的经营理念与星巴克相近似,使合作顺利进行。

当星巴克在美国中西部开始设立自己分店的时候,尽管双方都试图尽量不侵犯对方领地而又要确保自己的业务量增长,但是双方的矛盾冲突却不可避免。最终双方坐下来解决矛盾,达成一致。星巴克不在 Barnes & Noble 设立咖啡专卖店。而在 400 多家 Barnes & Noble 图书连锁店内只提供星巴克咖啡,拥有大量不可缺少的客户。Hendrix 说:你可以设想一下在这 400 多家书店里,顾客品尝的是另外品牌的咖啡是什么感觉?

星巴克还同食品公司和消费品公司结成战略联盟。例如,食品服务集团和指南针集团,为公司、学校、医院提供晚餐,在这里人们可以喝到星巴克咖啡。通过同百货公司如 Kraft Peps 和 Dreyer 等公司的合作,星巴克的品牌延续到了百货零售渠道中,充分利用了现有的分销网络,并共同分担了物流费用。星巴克同 Kraft 公司的合作起始于 1998 年,它使人们可以在商店里买到星巴克的咖啡豆和咖啡粉。Kraft 公司拥有 3 500 名销售人员,食品工业中最大的直销团队,成为星巴克最大的零售商之一。它还为星巴克展开一系列市场推广活动。人们可以从咖啡车上得到星巴克咖啡的样品。

不过,在迅猛的扩张过程中,星巴克在关系资本的管理方面,也面临一系列挑战,比如如何使用先进技术工具提高服务质量,又不会破坏咖啡调制生和顾客的亲密关系?如何使新的合作者接受企业文化,理解其在组织机构的重要地位?如何使更多的供货商保持卓越的质量、合理的价格?

对这些问题,舒尔茨的看法是:"更多的分店使人们感到星巴克正变得无处不在,如果我们始终保持同合作者们相互信任这个优势,能否会使一个 25 000 人的企业发展到 50 000 人的企业?对实现这个目标,我坚信不疑。而关键问题在于我们如何在高速发展中保持企业价值观和指导原则的一致性。"

讨论:

1. 从控制角度来看,星巴克的管理活动属于什么类型的控制?
2. 星巴克把握了哪些关键控制点?控制的有效性是如何体现的?
3. 试分析星巴克管理控制的艺术性体现于什么地方。
4. 星巴克是如何解决与利益相关者冲突的?如何获取合作价值的?

参考书目

【1】芮明杰.管理学:现代的观点.3版.上海:上海人民出版社,2013.
【2】焦叔斌,杨文士.管理学.4版.北京:中国人民大学出版社,2014.
【3】邢以群.管理学.3版.北京:高等教育出版社,2017.
【4】戴淑芬.管理学教程.4版.北京:北京大学出版社,2013.
【5】周三多,陈传明,贾良定.管理学——原理与方法.6版.上海:复旦大学出版社,2016.
【6】王利平.管理学原理.4版.北京:中国人民大学出版社,2017.
【7】罗珉.管理学原理.2版.北京:科学出版社,2016.
【8】方振邦,鲍春雷.管理学原理.北京:中国人民大学出版社,2014.
【9】聂正安.管理学.北京:高等教育出版社,2010.
【10】乔忠.管理学.3版.北京:机械工业出版社,2013.
【11】[美]彼得·圣吉.第五项修炼——学习型组织的艺术与实务.2版.郭进隆,译.上海:上海三联书店,2004.
【12】[美]斯蒂芬·罗宾斯,玛丽·库尔特.管理学.13版.刘刚,等,译.北京:中国人民大学出版社,2017.
【13】[美]罗伯特·N.卢西尔.管理学基础:概念、应用与技能提高.2版.高俊山,戴淑芬,译.北京:北京大学出版社,2007.
【14】[美]里基·W.格里芬.管理学.8版.刘伟,译.北京:中国市场出版社,2006.
【15】[美]斯蒂芬·罗宾斯,戴维·德森佐,玛丽·库尔特.管理学原理(英文版·第9版).北京:中国人民大学出版社,2016.

郑重声明

高等教育出版社依法对本书享有专有出版权。任何未经许可的复制、销售行为均违反《中华人民共和国著作权法》，其行为人将承担相应的民事责任和行政责任；构成犯罪的，将被依法追究刑事责任。为了维护市场秩序，保护读者的合法权益，避免读者误用盗版书造成不良后果，我社将配合行政执法部门和司法机关对违法犯罪的单位和个人进行严厉打击。社会各界人士如发现上述侵权行为，希望及时举报，本社将奖励举报有功人员。

反盗版举报电话　（010）58581999　58582371　58582488
反盗版举报传真　（010）82086060
反盗版举报邮箱　dd@hep.com.cn
通信地址　　　　北京市西城区德外大街4号
　　　　　　　　高等教育出版社法律事务与版权管理部
邮政编码　　　　100120

教学支持说明

　　建设立体化精品教材,向高校师生提供系列教学解决方案和教学资源,是高等教育出版社"服务教育"的重要方式。为支持相应课程的教学,我们向采用本书作为教材的教师免费提供教学课件。

　　为保证该课件仅为教师获得,烦请授课教师填写如下开课情况证明并发送邮件至下列邮箱或致电索取。

　　我们的联系方式:
　　电话:010-58581968,58581020
　　邮箱:niujie@hep.com.cn;guanli@hep.com.cn

证　　明

　　兹证明＿＿＿＿＿＿＿＿＿＿大学＿＿＿＿＿＿＿＿＿＿系/院第＿＿＿＿学年开设的＿＿＿＿＿＿＿＿＿＿＿＿＿＿＿＿＿＿课程,采用高等教育出版社出版的＿＿＿＿＿＿＿＿＿＿＿＿＿＿＿(书名、作者)作为本课程教材,学生共计＿＿＿＿个班共＿＿＿＿人。

　　授课教师信息:
　　姓名:＿＿＿＿＿＿＿＿＿＿＿＿＿＿＿＿＿＿＿＿＿＿
　　电话:＿＿＿＿＿＿＿＿＿＿＿＿＿＿＿＿＿＿＿＿＿＿
　　E-mail:＿＿＿＿＿＿＿＿＿＿＿＿＿＿＿＿＿＿＿＿＿
　　地址:＿＿＿＿＿＿＿＿＿＿＿＿＿＿＿＿＿＿＿＿＿＿
　　邮编:＿＿＿＿＿＿＿＿＿＿＿＿＿＿＿＿＿＿＿＿＿＿

系/院主任:＿＿＿＿＿(签字)
(系/院办公室盖章)
20＿＿年＿＿月＿＿日